外国伦理学名著译丛

罗国杰　郑文林　主编

德 性 之 后

［美］阿拉斯代尔·麦金太尔　著

龚群　戴扬毅　等译

中国社会科学出版社

图书在版编目(CIP)数据

德性之后 / (美) 阿拉斯代尔·麦金太尔著; 龚群等译.
—北京: 中国社会科学出版社, 2020.9 (2022.3 重印)
(外国伦理学名著译丛 / 罗国杰、郑文林主编)
ISBN 978-7-5203-1993-5

Ⅰ.①德… Ⅱ.①阿…②龚… Ⅲ.①伦理学—研究
Ⅳ.①B82

中国版本图书馆 CIP 数据核字(2018)第 015718 号

出 版 人	赵剑英
责任编辑	冯春凤
责任校对	张爱华
责任印制	张雪娇

出 版	中国社会科学出版社
社 址	北京鼓楼西大街甲 158 号
邮 编	100720
网 址	http://www.csspw.cn
发 行 部	010-84083685
门 市 部	010-84029450
经 销	新华书店及其他书店
印 刷	北京君升印刷有限公司
装 订	廊坊市广阳区广增装订厂
版 次	2020 年 9 月第 1 版
印 次	2022 年 3 月第 2 次印刷
开 本	880×1230 1/32
印 张	12.625
插 页	2
字 数	327 千字
定 价	88.00 元

凡购买中国社会科学出版社图书, 如有质量问题请与本社营销中心联系调换
电话: 010-84083683
版权所有 侵权必究

外国伦理学名著译丛序

出版一套外国伦理学名著译丛，我们素有此愿，但碍于各种原因，一直未能实现。近几年来，一些同志已经努力译出了一批国外伦理学专著，但毕竟力量分散，也难见系统。现在由中国社会科学出版社出面组织并承担出版，这套丛书方得以陆续问世，这是一件值得拍手称庆的好事。

中国历来号称文明古国、礼义之邦，伦理思想一向发达，特别是值此加强建设社会主义精神文明的时期，伦理学更有勃兴之势。为了迎接和促进伦理学的发展和繁荣，最重要的当然是研究当前我国社会主义社会的道德现象，按照党和人民的要求，探讨建设社会主义精神文明、提高全社会的道德水平和人们的精神境界的规律和方法，这是我们的主要着力点。但是，也有必要整理我国历史上留传下来的丰富的道德文化遗产，有必要借鉴国外从古典到当代的各种独特的伦理思想成果，这是我们不能忽视的两翼。

这一套外国伦理学名著译丛，我们力求选入已有定论的古典名著和有较大影响的当代专著，包括较好的伦理学史和教科书；在翻译上，则力求做到文从字顺，不走原意。我们不仅希望伦理学专业的同志，也希望其他研究领域的同志来参加这一工作。本着贵精勿滥的原则，准备一年先出两三本，积数年之功，想必会做出较大的成绩。

国外的伦理思想所产生的社会历史条件、所处理的道德问题和依凭的价值观念，跟我国目前的情况均有不同，所以，一番批判改造和消化吸收的功夫自然是不可少的。相信我们的读者，一定能以马克思主义的立场、观点、方法，带着中国的问题去阅读这些书，并从中得到正反两方面的启发借鉴，这也正是我们出这套丛书的希望所寄。

罗国杰　郑文林
1986 年 4 月

译者前言

阿拉斯代尔·麦金太尔（Alasdair MacIntyre，1929— ），英美著名哲学家。1929年生于苏格兰的格拉斯哥。1969年来到美国。1949年在伦敦大学玛丽女王学院获得文科学士学位。1951年和1961年，分别获得曼彻斯特大学和牛津大学硕士学位。曾任曼彻斯特大学（1951—1957）和利兹大学（1957—1961年）讲师。1961—1966年在牛津大学纳费尔德学院、美国普林斯顿大学任特别研究员。1966—1969年任艾色克斯大学社会学教授。1969年移居美国后，曾任马萨诸塞州布兰迪斯大学思想史教授，1972—1973年任波斯顿大学文学院院长、哲学和政治学教授。1980—1982年，任韦尔斯利大学哲学教授，1982—1989年，任维特比德大学哲学教授，1989年至今，任鹿特丹大学哲学系的麦克马洪和哈克荣誉席教授。1984年任美国哲学协会东部分会主席。

麦金太尔是位多产的学者。著有《马克思主义和基督教》（1953）、《论无意识》（1957）、《伦理学简史》（1966）、《对时代自我形象的批判》（1971）、《德性之后》（1981）、《谁的正义？何种合理性？》（1988）、《三种对立的道德探索观点：百科全书、谱系学和传统》（1990）、《第一原理、终极目的与当代哲学问题》（1990）等。其研究领域包括哲学、心理学、社会学、政治学、马克思主义、宗教尤其是基督教，但他的主要兴趣是道德哲学。他以在道德哲学（伦理学）领域的独树一帜的观点而蜚声于西方学术界,早年出版的《伦理学简史》,其非凡才气和理论勇气为学术界所瞩目。而他的最杰出的学术成就,则是以这部《德性之后》为代表的。《德性之后》的出版问世,对西方学术界造成了巨大的冲击和影响,为80年代学术评论界的一部热点著作,由于其理论观点对当代道德哲学富有挑战性,因而引起了人们的激烈争议,对其褒贬毁誉不一。尽管如此,美国著名的哲学家如罗蒂等人都不得不承认,"这是近十年来最重要的一部著作","这是近年来最好的哲学著作","这是伦理学研究的新的转折点。"

麦金太尔的德性理论不仅对我们中国学术界和理论界来说,是富有新意的,而且对于当代西方学术界来说,也颇为新颖而不同凡响。麦金太尔的德性理论,则是在这部《德性之后》中集中阐述,并在其后的《谁之正义?何种合理性?》等著作中得到进一步完善。具体来说,麦金太尔的德性理论包括如下基本内容:一、当代的道德危机和道德理论危机,二、西方的德性传统,三、德性论。

一　当代的道德危机和道德理论危机

在麦金太尔看来,当代人类的道德实践处于深刻的危机中,这一危机体现在三个方面:(1)社会生活中的道德判断的运用,是纯主观的和情感性的;(2)个人的道德立场、道德原则和道德价值的选择,是一种没有客观依据的主观选择;(3)从传统的意义上,德性已经发生了质的改变,并从以往在社会生活中所占据的中心位置退居到生活的边缘。第三点结合德性论一并进行论述,下面我们对前两点展开论述。

麦金太尔认为,当代西方道德文化的基本特征是由情感主义所代表的。情感主义是元伦理学流派中的一个派别。现代西方伦理学林林总总。在元伦理学的流派之中，就还有直觉主义伦理学、语言逻辑分析伦理学等；在整个当代西方伦理学思潮中，还有宗教伦理学、功利主义伦理学，以及存在主义伦理学等等，真可谓"百花齐放，百家争鸣"。麦金太尔所说的"道德文化"，既指的是这种理论现象，也指的是社会道德实践状况。麦金太尔的一个基本理论观点就是：道德理论是随着社会生活本身的变化而变化的，任何一种道德理论都有其社会学的背景。也就是说，理论本身是社会现实的反映，一定的理论体现了一定的社会现实。而情感主义仅仅是这诸多道德理论中的一种，它又何以能代表当代道德文化呢？这是因为，按照情感主义的基本论点，道德言辞和道德判断的运用主要是个人情感和个人好恶的表达。麦金太尔认为，从情感主义的基本论点投射到整个当代道德文化，不难发现，它是我们时代的道德文化的实质所在。如属于元伦理学的分析伦理学家（又称分析哲学家）拒绝情感主义，但其核心仍隐含着情感主义的主张。因为在分析哲学家看来，具有道德理性的行为者所依据的某种具体原则，其合理性总可以依据某种普遍的原则来得到证明，而这种普遍原则的合理性又可以在某些更为普遍的原则那里得到证明，但理由之链总有终点，而论证的终点永远是一种没有得到进一步证明其为合理性的选择。在这样一种选择基点上，每个人都或隐或显地不得不采用他（她）自己的第一原则。对任何普遍原则的表述，最终都是个人意志所好的一种表述。并且，对于个人意志而言，它的原则所具有的权威性，仅仅是因为采用了它们而已，或者说，原则的权威性仅仅在于这是我采用的，所以它对我是有权威的。因此，在当代的道德文化中，没有绝对的合理的权威，所谓的权威都是主观的、相对的，这也就是当代的道德理论纷争无法得到合理的解决的根本原因所在。麦金太尔认为，就是在那与情感主义相当不同的当代哲学背景条件中，也有非常相似于力图把道德压缩到个人偏好程度的情感主义的企图的东西，它们持续重复地出现在那些并不把自己看作是情感主义者的著作中。麦金太尔把欧洲大陆哲学家尼采和萨特也看作是属于此列。众所周知，尼采的生命意志（权力意志）哲学是萨特的存在主义的先驱。尼采和萨特都给予了世俗道德有力的批判。尼采以意志为原点提出了一种"超人道德"，而萨特则以自由为基点提出了一种存在主义的道德，麦金太尔认为，尽管他们的论点甚至道德言辞都相差甚远，但他们的主张都不是有着客观依据的、非个人的标准的主张，而是某种个人偏好性的主张。在这个问题上，麦金太尔的眼光又无不是犀利的，因为尼采企图在古希腊荷马时期的贵族那里寻找某种超人道德的依据，但实际上，尼采的这种"贵族道德"（超人道德）与真正的荷马时期的贵族道德风马牛不相及，而仅仅是尼采式的个人的主张。同时，萨特的存在主义，则显然主张没有先验抽象的人类共同本性，没有规范个人本质的上帝，个人本质是个人自己所自由创造的。因而尼采和萨特同样在承认情感主义所坚决主张的东西。

其次，社会大众的道德生活同样没有客观的非个人的道德标准可以依从。麦金太尔说，日常的道德争论的一个显著特征就是它的无休无止性。这不仅仅是说它们没完没了，而且是说它们显然找不到终点。麦金太尔在书中列举了日常生活中的三大论争来说明这个问题，第一大论争是关于现代战争的论争。这一论争的参与者有三个不可通约的论点：（1）现代战争由于无从计算将要涉及的无辜的非战斗人员，因而不可能是正义战争，因而我们都应成为和平主义者；（2）获得和平的唯一方法是阻止潜在的侵略者，因此如果你希望和平，就得准备战争；（3）超级大国之间的战争纯粹是毁灭性的，但解放被压迫人民的战争，则是必要的，是摧毁阻止人类幸福的剥削统治的合理手段。第二大争论则是有关人工流产的争论，参与这一争论的人又有三个无从驳难对方的论点：（1）每个人对自己本人都拥有某些权利，其中包括对自己身体的权利，因而当胎儿在本质上是母亲身体的一部分时，母亲有权在不受强制的情况下，决定自己是否流产。（2）假设当我母亲怀着我时，我是不可能愿意我母亲做人工流产的。我对自我生命权利的维护使我否定母亲一般有人工流产的权利，并因此而维护了类似我的他人的生命的权利。（3）谋杀是错误的，一个胎儿不过是处于通向成人的漫长道路上的一个较早阶段的个人，如果杀婴是谋杀，那么人工流产也是。第三大争论则是关于教育与医疗权利的争论，这里也有无从说服对方的论点：（1）公民享受教育和医疗保健的权利应是人人平等的权利，因而正义的要求就包括没有一个公民能够以金钱来买到这些服务中的不平等的份额，这就要求必须废除私人学校和私人医疗行业；（2）个人有选择医生的权利，医生有自由开业的权利；孩子和父母有按自己愿望选择教育地点的自由，教师有按其选择进行教育的自由。（麦金太尔的《德性之后》出版于20世纪80年代初期，现在已是21世纪，我们还可以补充一个20世纪80年代末期以来美国社会生活中的重大争论：关于私人是否有拥有枪支的权利的争论。）麦金太尔指出，这些争论的各方谁也说服不了谁，没有任何可以使对方信服的理由，因为争论的各方都站在与对方无法沟通的理论立场上。某人之所以采取这种立场，并不是因为有某种令人信服的理由，而仅仅是某种非理性的决定所使然。因此，这种相互都据有对方无从接受的论点的辩论，结果变成了仅仅是断言和反断言的争吵。在这里，客观的统一的非个人的道德尺度不存在了，绝对的道德权威不存在了，所有的仅是个人的偏爱和好恶。那么，我们还能够讨论社会道德问题吗？而且，麦金太尔还意识到，在日常生活和政治生活中，到处都充斥着这种个人偏好；在报纸上、兵营里，甚至在中学生那里以及在国会议员那里，都充满着那种因坚持个人独断而没完没了的道德争论。这意味着什么？

麦金太尔认为，这是当代严重的道德危机的征候，是严重的道德无序状况。为什么会出现这种状况？麦金太尔一是从社会现实中追寻了这种危机的社会根源，二是从理论的历史变迁中追寻了危机的理论历史根源。三是他把这种危机看成是人类道德衰退的最后一个阶段。下面简述这三个方面。

就社会现实而言，人们通常把摆脱了身份、等级和出身等封建传统对个人的制约的现代的自我的出现看成是历史的进步，麦金太尔与此相反，认为这种没有任何社会规定性的自我，即不具任何必然的社会内容和必然的社会身份的自我，是当代道德问题的最深刻的根源所在。在这个意义上，也就是在社会道德意义上，麦金太尔并不认为现代自我的出现意味着历史的进步。他认为，人们在庆贺自己获得了挣脱封建等级身份制约的历史性胜利的同时，并不知道自己已经丧失了什么，这种丧失就是：人类传统德性的根基丧失了。因而进入现代以来，客观的、非个人的道德标准丧失了，道德判断的标准只能出于自己，对任何事物都可以从自我所采取的任何观点出发，每个人都可以自由选择那种他想成为的人以及他所喜欢的生活方式。这种自我可以是任何东西，可扮演任何角色，采纳任何观点。因为他本身什么都不是，自我不过是角色之衣借以悬挂的一个"衣夹"。这种社会现实导致了道德的解体和道德相对主义。它既使我们在理论和实践上丧失了对道德的明辨力，又使我们无从有客观的标准来判断和识别善恶。麦金太尔认为这种危机不仅给我们带来了灾难性的后果，而且将会累及我们的后代和整个人类文明。

麦金太尔进而追述了自从启蒙运动以来西方道德理论的演变。启蒙运动以来，诸子百家蜂起，理论大师辈出。但是，麦金太尔认为，伴随着从封建神学关系的束缚中解放出来的自我出现的这一系列道德理论为道德所进行的合理性论证，都没有确立道德的合理权威，都经不起理性的驳难，因而都是失败的。狄德罗认为可以诉诸欲望和激情来证明道德规则的合理性。麦金太尔指出，把欲望作为标准，无从回答哪些欲望须被承认为行为的合理指导，哪些欲望应予禁止或受到约束。同时，欲望本身的这种区分性就破坏了他要在人的生理本性中发现道德基础的努力。休谟认为道德是激情的产物，但休谟同时也意识到了普遍道德原则与特殊环境下的欲望情感及判断之间的鸿沟。在这里，休谟把同情看作是从特殊道德境况到普遍道德原则之间的桥梁。而麦金太尔认为，休谟的同情仅仅是一个理论的虚构，这一虚构并没有消除这两者之间的分野。我们知道，英国自从17世纪以来的经验主义伦理学，就有一派强调良心、仁爱、同情等道德感理论的伦理学派。这就是以沙夫茨伯里·哈奇逊以及巴特勒等人为代表的伦理思想倾向，休谟继承了这种强调"善感"的道德理论，强调"同情"的作用，认为是同情这种人类的普遍的情感，得以建立普遍的道德原则，维持社会和社会的公共利益。但是，休谟又同时认为，利己心是人的道德之源，德性的原始动机是"自私"的动机。而在一个天性自私的人类社会之所以还能实行普遍的道德原则，原因在于，人性中除了自爱自私之外，还有利他和同情的情感。休谟力图以经验事实证明这样一个结论：自私只是建立道德原则的原始动机，而对他人利益的"同情"和关切，则是道德标准。这也就是麦金太尔所说的"特殊"与"普遍"之间的鸿沟，很清楚，休谟的同情这一"虚构"并没有使这一鸿沟的两岸因此而联结起来。对狄德罗和休谟诉诸欲望和激情的失败的历史反应，使康德转而诉诸理性。康德认为，实践理性不适用任何外在于自身的标准，它不诉诸任何来自经验的内容，理性的本质就在于制定普遍的、无条件的、具有内在一致性的原则，从而，合乎理性的道德所规定的原则能够也应该为所有人遵循。遵循这种推理，康德提出，检验人们所持准则的标准是：我们能不能够一致地愿意每个人都永远遵照它行动，也就是说，康德的标准是：我的标准是否可以普遍化，成为人人愿意遵守的。然而，康德从普遍理性所作的论证也是失败的，他的失败在于：不道德的准则也可以被康德的标准证明得与他本意所要确立的准则一样正确。如"人不为己，天诛地灭"，也是完全可以不相矛盾地被普遍化的，又如麦金太尔所举的"除我之外，把每个人都当作手段"这个例子。这虽是不道德的，但它并无前后不一致处，即使在充满依据这种准则生活的利己主义者的世界，假如所有人都照此准则生活，人们的生活也许会很不方便，但这种生活并非没有可能。麦金太尔认为，康德的失败激发了克尔凯郭尔，在克尔凯郭尔这里，是以选择来完成理性所无法胜任的工作的。而克尔凯郭尔的对生活方式和生活准则的选择是没有根本理由和根本权威的，这种根本性选择的权威恰恰在于选择本身。但问题在于，我们毫无理由采纳的东西怎么可能对我们具有权威呢？因此克尔凯郭尔的论证同样失败了。

不可否认，麦金太尔的分析是十分深刻有力的。自从启蒙运动以来，西方理论学术界空前繁荣，其理论建树的成就是不可磨灭的。然而，在休谟、康德等人为人类留下丰富的理论遗产的同时，他们也留下了失败的记录。麦金太尔进而分析了功利主义的问题。麦金太尔认为功利主义的兴起的根源就在于18世纪以来的道德哲学家为道德进行合理论证的失败，正是这种失败促使19世纪的道德哲学家如边沁、密尔等人在现代自我把自身构想为个人道德的权威统治者的社会背景条件下，为社会道德寻找某种新的合理权威。但是，功利主义仍然失败了。麦金太尔指出，首先，功利主义把道德原则确立在趋乐避苦的心理学基础上，但趋乐避苦并不能告诉我们在众多的幸福和快乐之间，哪种是我们所应当选择的，而许多不同性质的快乐和幸福都是不可同日而语的。其次，功利主义既强调个人的幸福和快乐，同时又强调大多数人的最大幸福，但是，责成我们追求普遍幸福的戒律既逻辑地独立于、也不可能出自任何责成我们追求个人自身幸福的戒律，这两者之间并没有必然的逻辑联系。麦金太尔甚至认为，功利主义的"功利"概念本身就不是一个清楚明确的概念。这是因为，在功利主义者那里，功利概念成了一种可以概括全部人类的完满的经验和活动的概念，但是，人与人之间欲求的对象差异之大，几乎是风马牛不相及的，因而为个人或所有人总结概括这种对象的概念就毫无清楚含义。麦金太尔指出，西季威克是最晚出的功利主义者，他清楚地意识到了功利主义的致命弱点。他认识到了在功利主义的范围内，对于某些道德原则、某些道德陈述的真理性是无法给出任何理由的，而他就把这都称为"直觉"。而且正是在西季威克的直接启发下，才产生了20世纪以摩尔为代表的现代直觉主义伦理学。我们知道，摩尔既然是现代直觉主义伦理学、也就是元伦理学的开创者，那么，功利主义就历史地把18世纪论证道德合理性的运动与20世纪道德理论向情感主义的衰落联结起来了。

麦金太尔就是这样描画了一幅三百年来西方学术界一系列论证道德失败的历史、直至情感主义对道德表述的用法。历史表明，三百年来最有才学、最有思想、最富理论洞察力的大师们都无回天之力，都无力挽狂澜于既倒，无从指出一条摆脱道德危机的途径，因而社会生活的道德危机的日益深重也就是势不可挡的了。同时，理论巨匠们的失败又成了这种道德危机本身的一个显著症状，表明现代社会陷于危机中已无从自拔。

麦金太尔认为，当代道德危机是道德权威的危机，人们无从找到这种合理的权威。而这种权威危机的一个深刻的现代社会根源在于：道德行为者虽然从似乎是传统道德的外在权威（等级、身份等）中解放出来了，但是这种解放的代价是新的自律行为者所表述的任何道德言辞都失去了全部权威性内容。各个道德行为者在获得这种解放以后，可以不受外在神的律法、自然目的论或等级制度等权威的约束来表达自己的主张，但问题在于，其他人为什么应该听从他的意见呢？麦金太尔认为，以往的功利主义和现今的分析道德哲学所力图给予有说服力的答案的正是这一问题，但它们恰恰又没有能作出有说服力的答案，无从把当代自律道德行为者从其道德困境中拯救出来。当代情感的道德表述，恰恰是所有这类哲学论证全部失败之后的用法。

毋庸置疑，麦金太尔在这里所说的，就启蒙运动以来的现代社会史和理论史而言，也是显而易见的事实。但是，为什么一个接一个的道德哲学家竞相失败而没有自知？为什么自律道德行为者与普遍的道德原则之间的紧张关系无法从理论上化解？或者说，为什么他们全部失败是必然的？麦金太尔认为，必须把他们与人类社会的道德衰退图景联系起来考察才可弄清楚。麦金太尔认为，人类社会的道德衰退，经历了这样三个相互联系的阶段：在第一个阶段，价值理论尤其是道德理论和实践所体现的真正客观的非个人的标准，为特定的政策、行为和判断提供了合理的正当的理由，这些标准本身也可以合理地证明为正当的；这个阶段就是以亚里士多德主义为中心的道德传统占支配地位的历史时期。第二个阶段，存在着维护客观的非个人的道德判断的不成功的企图，而且依据标准和为标准提供合理的正当的理由的运动持续地失败，这就是自从启蒙运动的思想家直至功利主义者为道德进行合理论证全部失败的历史时期，这个时期由于社会历史的变迁，客观的非个人的标准虽然还存在，但使这种标准赖以存在的社会背景条件正在丧失或已经丧失。麦金太尔把它称为社会"大灾变"。这个时期的思想家由于处于这种灾变之中，因而他们并不自知这种灾变的性质。而且他们本身的那种维护客观标准的不成功的努力，就是灾变的一种症状。麦金太尔无不讥讽地说，启蒙运动的思想家自认为他们在为人们启蒙，而把中世纪的过去称为"黑暗时代",但由于他们对自己的处境的不自知,因而他们是在这样一个转变时期,作为"盲人"来欢庆他们的"视力"。第三个阶段,客观的非个人的标准已不适用,情感主义的主张已为社会所接受。这是从20世纪初直至现在这个当代的历史时期,其开端以直觉主义的出现为代表。在这个时期,普遍性道德已变得不可诠释,善已不可定义了。按照麦金太尔的解释,这已变得如同库克船长当时发现波利尼西亚人所使用的"禁忌"一样,禁忌由于远离当时使之起作用的背景条件,在使用禁忌的波利尼西亚人那里,已是不可解释但必须遵循的,而这种已剥夺了背景条件但还发挥其作用的道德"禁忌",还能持续多久呢?麦金太尔认为,这种没有理由被人遵循的东西是最容易被人抛弃的,情感主义式的用法实质上就意味着普遍性道德已在任人肆意践踏。因此,麦金太尔提出了一个十分严肃的人类存在的问题:如果德性对于人类来说没有价值,那么这意味着什么?他认为,这只能意味着人类处于"黑暗时期",我们现在就处于这种"黑暗"之中。

麦金太尔还认为,道德衰退进入第三阶段的一个突出表现还在于,当代道德处于严重的无序状态中,前面所说的日常生活的三大论争的各个论点,都有从不同的背景条件下产生的道德观点作为支撑。也就是说,在这些论争中所运用的相匹敌的论证的不同的、在概念上不可通约的前提,有一个广泛多样的历史起源。如关于现代战争的论争的三个论点,第一个论点中的正义的概念源自于亚里士多德的德性论,第二个论点则有一个通过俾斯麦和克劳塞维茨而可直接追溯到马基雅弗利的起源,第三个论点源自马克思,但更深的根源则在费希特那里。因此,我们已经承继了从不同的背景条件下产生的互不相容的道德观念和道德标准,这些道德观念和道德标准作为过去的残存物存活于我们的生活中,这些残存物由于脱离了原本发挥它们作用的历史背景条件,因而已面目全非，而它们都加入到当代的道德论争中来，因而承继了这些残存物的当代道德生活，就是一个有着许多不相容的道德观点和道德观念的道德大杂烩。麦金太尔指出，当代对多元论沾沾自喜，但是，多元有有序和无序之分。这种无休无止、无法找到终点的互不相容无从对话的道德争论，只能证明当代道德处于严重的无序之中。他认为，这种多元无序现象并不值得人们欣慰，因为只能把它看成是一种社会的灾难。

二 西方的德性传统

麦金太尔不仅提出了一个理论内涵规模宏大且又十分深刻地触及当代道德生活各个方面的危机理论，而且提出了他的有关德性的传统理论。他认为，当代西方的道德衰退的根本原因是由于历史的变迁而拒斥了以亚里士多德为中心的德性传统。因此，要清楚地认识当代道德危机的性质，就必须追述这个传统。

麦金太尔追述了以荷马为代表的英雄社会的德性、雅典的德性、亚里士多德的德性论和中世纪的德性。指出中世纪的伦理学体系是以亚里士多德的《尼各马科伦理学》为教本的体系，而亚里士多德的德性论则是他那个历史时代的德性的理论表现。因而在西方的长久的历史发展中，存在着一个以亚里士多德主义为中心的德性传统。

英雄社会的德性。所谓英雄社会，是指古希腊和中世纪欧洲各国基督教传入前后的英雄传说或传奇反映的社会。这些人类社会虽在时间跨度上很大，但有着相类似的社会结构。麦金太尔认为，荷马的社会、冰岛和爱尔兰的英雄社会本身，是一个得到明确界定的并具有高度确定性的角色和地位系统。这个系统的关键结构是亲属关系的和家庭的结构。在这个系统里，每个人都有既定的角色和地位。一个人是通过认识他在这个系统中的角色来认识他是谁的,并且通过这种认识他也认识到他应当做什么,每一其他角色和位置的占有者应把什么归于他。这不仅意味着每一社会地位都有一套规定了的责任、义务和权利,而且人们对于需要什么行为来履行这些责任和权利,什么行为又不能合乎这种要求,也有一个清楚的认识,而德性就表现在他的角色所要求的行为中。因此,判断一个人也就是判断他的行为,判断一个人的德性和恶行的依据,在于他在具体环境中所作的具体行为。个人行为与社会结构这样密切相关,使德性在社会结构中占有一个关键性的位置。如勇敢,它是维持一个家庭和一个社会共同体的必需的品质。同样,如果把英雄社会的德性从这种社会结构的社会关联中抽取出来,就不可能对这种德性进行恰当的论述。因此,麦金太尔认为,在英雄社会,道德和社会结构事实上是同一回事,这里只有一套社会联结物,与社会结构性质不同的道德是不存在的。

雅典的德性。麦金太尔认为,不论英雄社会是否存在过,英雄时代的文学却是类似雅典这样的后来社会的道德经典的主要部分,而且,正是由于这些经典与现实活动相联系的困难,才产生了这些后来社会的许多关键的道德特征。在公元前5世纪的雅典时期,存在着从英雄社会承继而来的德性和雅典的现实的城邦生活所产生的德性的冲突和对立。在雅典社会生活中,这是两种不相容的有关荣誉和行为的观念,两种相互匹敌的行为标准。家庭和家族关系仍是社会结构的一个基本方面,贵族式的家庭既在诗的形式中也在生活中保留着大量的荷马韵味。但血缘关系的社会结构已是更大社会结构城邦国家的一部分,因而,道德权威的中心已从家庭和家族转换到了城邦。虽然许多荷马的德性仍被认为是德性,但荷马的价值标准不再能界定道德的领域。而从上述扼要的说明中就可看出,从雅典的社会存在到道德观念都存在着新旧并存的紧张和冲突。

这种冲突和分歧还因为希腊社会本身的多样性而进一步扩大。公元前5世纪的希腊人有一套被普遍接受的德性概念。如友谊、勇敢、自制、智慧、正义等。但是，在各个德性的要求是什么、为什么把这些看作是德性等问题上都存在广泛的分歧。因此，在希腊社会生活中，存在着相匹敌的德性概念，对一种德性，有着相匹敌的多样性论点。

麦金太尔又指出，尽管希腊的道德词汇和道德观念本身有着内在的不一致，但是，希腊人（我们常说的希腊人实际上是雅典人）的有着内在分歧的、关于德性的观点有一个共同处：承认德性与城邦的不可分离性，德性的实践是在城邦这个环境中进行的，而且是依据城邦，德性才可得到界定。由于德性在城邦生活中的不可或缺的作用，因而做一个好人与做一个好公民是紧密相连的。

与德性的内在不相容性和多样性相一致的是智者的论点。在每一城邦中，德性都是他们认为在该城邦中是德性的东西，没有一般的正义，只有在不同的城邦中被不同城邦所理解的不同的正义。

与智者的论点相反，柏拉图所信奉的是，不论是在城邦之内还是在个人那里，德性都不能与德性处于冲突中，在政治与人格领域中，冲突与德性是互不相容与相互排斥的。在他看来，存在着一个宇宙秩序，这一秩序规定着人类生活的总的和谐系统中的每一德性的位置。道德领域的真理就在于道德判断与这个系统秩序的一致。

亚里士多德的德性论。麦金太尔认为，亚里士多德的德性论决定性地建构了为英雄史诗所意示的作为一个道德思想传统的古典传统。按照麦金太尔的理解，亚里士多德的德性论有如下几个重要方面：（1）人性与德性的关系。在亚里士多德的伦理学体系中，存在着一种"偶然成为的人"与"一旦认识到自身基本本性后可能成为的人"之间的重要对照。伦理学是一门使人们懂得如何从前一种状态转化到后一种的科学。对于这种转化的可能，要把人看作是有理性的动物，要有对人的目的的阐释。亚里士多德认为，善是人类本性意义上的目的，是人作为一个种类所特有的追求目标，善对人类最终意味着幸福（eudimonia），或者说，拥有善，就会使一个人获得幸福。因此，就亚里士多德的本意而言，善是人所过的全部最好生活，而在这种生活中，德性的践行是其必要的和中心的部分。这样，德性在人认识到自身的目的后向人自身的目的的追求过程中，起了一个关键性作用，而能够使人从偶然形成的人性向认识到目的后可能形成的人性转化的，就是德性。

（2）共同体与德性。麦金太尔认为，亚里士多德的德性与法则的关系，所隐含着的是德性与共同体的关系。他认为，在任何一个时代建立一个社会共同体，所要涉及的是：要实现共同计划，要为参与共同体的所有成员带来共同享有的利益。共同体的成员有两种不同类型的实践价值观。一是把有助于实现他们的共同利益的行为实践看作是德性行为，二是把有损于共同利益的行为看作是恶，这种损害毁坏了共同体中的连接纽带，使得至少在某些时候和某些方面，既不能从事相关的活动，也不能获得善。而在一个大范围内对犯罪行为的严重程度的一致看法，总是部分地构成这样一个共同体的要素，如同对各种德性的性质和意义的一致看法也是其构成要素一样。因为按照亚里士多德的看法，共同体成员对善与德性的广泛一致的看法，使得公民之间的联结成为可能，而就是这种联结构成了城邦。

麦金太尔又指出，在亚里士多德的德性论中，德性与法律还有一个非常关键的联系，因为只有那些具有正义德性的人才有可能知道怎样运用法律，要做到公正就是要把每人应得的给予他。在一个共同体内，正义德性的兴盛的社会先决条件是双重的：对功过有一些理性的标准,对这些标准是什么有一个社会确定的一致看法。不过,合乎功过的赏罚分配的大部分是为规则支配的,在城邦范围内公职的分配和对犯罪行为的惩罚都是依照城邦的法律来具体确定的。但是,在一定程度上由于法律具有普遍性,而特殊案件总在发生,在特殊案例的情形中,并不清楚法律应该怎样运用以及正义的要求是什么。因此,就一定会出现没有现成的公式可套的情况,这就需要"依据正确的理性"。

（3）核心德性。亚里士多德的德目表中的核心德性是理智德性。德性实践是一种采取正确行动的选择的行动,是以正确合理的判断为基础的;德性实践需要一种对时间、地点、方式是否恰当的判断能力,以及在恰当的时间、地点、方式下做正当的事的能力。因此,核心的德性是智慧。智慧是一种理智德性,没有这种理智德性,品格中的任何德性都难以践行,实践理智需要善的知识,理智德性是通过教育获得的。因此,亚里士多德既强调了善,又强调了道德教育的作用。亚里士多德认为,智慧本身需要在它的拥有者里有某种善,除非他是善的,否则不可能有实践理智。

同时,麦金太尔也承认,亚里士多德夸大了各种德性的统一性,亚里士多德像柏拉图一样,他的这一信念是对一个完善的人或一个完善的城邦的生活中的冲突的厌恶和拒绝。对亚里士多德而言,人的完善生活本身是单一的和统一的,它由阶梯式的一系列善组成。

中世纪的德性。麦金太尔认为,亚里士多德之后,西方的德性传统一般是用《尼各马科伦理学》和《政治学》为其主要教本,但这决不意味着完全照搬亚里士多德的理论,而是一个始终处于与亚里士多德对话关系中的传统。

中世纪之所以是一个始终与亚里士多德对话的历史时期,这是因为,（1）中世纪的社会秩序不可能拒斥英雄的德目表。中世纪社会是通过多样性途径完成从英雄社会到它自身的转变的，因而，英雄社会的德性观又是中世纪的德性观的起点。当12世纪的神学家和哲学家明确提出异教与基督教的德性关系的问题时，神学学者们与之斗争的异教信仰部分地就在他们自身和他们的社会之内。麦金太尔指出，中世纪的文化虽是基督教的《圣经》文化占支配地位，但古典传统在不同程度上影响了整个中世纪。因此，整个中世纪的德性观不仅是基督教与异教相斗争的过程，也是基督教与异教相融合的过程。12世纪的著作家以德性的方式提出了这样的问题：如何使正义、审慎、节制、勇敢这四主德的实践与神学的德性——信仰、希望和慈爱相符。

（2）中世纪的社会结构是亚里士多德的德性得以践行的社会结构。麦金太尔指出，中世纪社会像许多其他前现代社会一样，个人是通过他的角色来识别的，这种角色把个人与各种社会共同体紧密相连，因而把个人与共同体分离开来，就没有实质意义的个人。同时，在《圣经》文化中，对于基督教徒而言，不论我属于尘世中的什么样的社会共同体，我都同时被看作是天国的一个成员，在这个永恒的共同体中，我也有一个角色。因此，中世纪的道德争议，是在一个概念背景一致、有着共同的德性标准的历史条件下的争议。这个背景框架是中世纪的亚里士多德信徒所力图表述的。

（3）中世纪社会中亚里士多德的德性，是在基督教的律法道德占中心位置的历史条件下被践行的，中世纪需要一种这样的社会秩序，神的律法能够实施并且在修道院外的世俗社会中站住脚，因此，德性的问题就不可回避：要以德性来培养和教育并能够做到这点的人。神学家们认为亚里士多德的学说并不代表一种相匹敌的道德，而是创造和维持世俗社会秩序的有用学说。他们认为，德性的实践通向人的超自然的和天堂的归宿。因而在这个意义上，中世纪的德性既有亚里士多德主义的，又有神学的。如在基督教的"宽恕"中体现的"慈爱"（又可译为"慈悲"）的德性，是不为亚里士多德时代的希腊人所知的。因此，麦金太尔认为，中世纪的德性既有基督教神学的特色，又有亚里士多德主义的特色。并且认为，中世纪运用、修正和扩展亚里士多德观点的多样性，真正推进了这一德性传统。

三 德性论

在对西方前现代社会长久存活着的亚里士多德主义的德性传统的认知前提下，麦金太尔依据这一传统，提出了他的德性论。在具体介绍他的德性论以前，我们有必要指出麦金太尔提出这一德性论的理论意图。麦金太尔面对着西方道德衰退的现代社会，从传统中提升出这一德性理论，揭示其生命力，从而使它成为活生生的传统，以补救现代社会。这就是麦金太尔打算完成的任务。

麦金太尔的德性论有一相连贯的三个方面：第一，德性与实践的关系。在麦金太尔看来，要阐明德性，首先要阐明实践。麦金太尔赋予"实践"这一概念不同于学术界通常使用它的含义，认为实践就是通过一定的人类协作性活动方式，在追求这种活动方式本身的卓越的过程中，获得这种活动方式的内在利益。"内在利益"的概念是理解麦金太尔的德性论的一个关键因素。在麦金太尔看来，人们在实践活动中所获利益有内在利益和外在利益的区分。所谓外在利益，就是在一定的社会条件下，人们通过任何一种形式的实践（并非某种特定实践）可获得的权势、地位或金钱。外在利益所获总是某种个人的财产和占有物，它的特征是某人得到的更多，就意味着其他人得到的更少。外在利益在本质上是竞争的对象，在竞争中，既有胜利者，也有失败者。所谓内在利益，是某种实践本身内在具有的，除了这种实践活动，任何其他类型的活动不可能获得。因而这种利益只有依据参加那种特定的实践所取得的经验才可识别和判断，那些缺乏相关经验的人是无法判断的。也就是说，每一种实践活动都有它的内在利益，麦金太尔认为，这种内在利益是在追求这种实践活动本身的卓越的过程中获得的。麦金太尔所举的中世纪优秀的肖像画画家的例子很能说明这个问题。他举出这方面的历史证明，这些画家一方面可以得到外在的名声、地位和权势，另一方面，在绘画生活中，至少可以获得两种内在利益：（1）产品的卓越；（2）在追求卓越的过程中，艺术家所发现的是一种生活的意义。因此，内在利益既是这一实践本身的成果（卓越），又是内心的充实，是作为人而言的好生活。

麦金太尔依据他的这个实践概念对"德性"进行界定，他说："一种德性是一种获得性品质，这种德性的拥有和践行，使我们能够获得对实践而言的内在利益，缺乏这种德性，就无从获得这些利益。"[①] 麦金太尔认为，他的这个初步的定义已经阐明了德性在人类生活中的位置。从麦金太尔的这个定义我们也可知，麦金太尔把德性与实践的关系看成是内在不可分割的关系。在他看来，没有德性，实践就不可能维持下去，有着内在利益的任何实践和实践的卓越标准都必须把德性作为必要成分而包括进去。没有德性的活动不是麦金太尔的这种实践意义上的活动，以麦金太尔所举例的话来说，只是获得外在利益的"诡计"而已。在这个意义上，善与实践是内在统一的。

麦金太尔不仅认为他的德性观是传统意义的，而且认为进入现代以来的德性观是与传统不相容的。他举富兰克林的德性观为例。富兰克林以功利主义作为个人行为的标准，以有用性来看待德性，并以实效来规定德性作为个人道德价值的一部分。因此，

---

① 本书第14章。

在富兰克林对德性的阐述中，无从进行内在利益与外在利益的区分，而且，他的阐述又是以外在关系和外在利益为框架的。因此，麦金太尔认为，要接受富兰克林和功利主义观点，就要拒斥传统。与此相联系的是，麦金太尔把现代大多数人的实践活动，看作是并不能获得内在利益的活动。他认为，现代性诞生的关键时刻就是生产走出家庭，为非人格的资本服务。这种劳动的意义在于，一方面为生物性生存和劳动力的再生产服务，另一方面为机构化了的贪欲（资本利润）服务。艺术、科学、体育竞赛只被少数专门家理解为劳动，其余人则只能在闲暇时间作为旁观者获得一些附带的好处。不可否认，麦金太尔从传统意义上对资本主义生产的批判，是深刻有力的。同时，我们要认识到，麦金太尔的理论又是在一般意义上的对现代性的否定。因而我们看到，他同时也指出了现代技术化生产（如生产流水线）把人作为工具，劳动者无从在其劳动中获得内在利益的问题，认为这种劳动的目的——手段关系是外在于劳动者的利益追求的。在这里，我们同样不可否认，现代技术与人性的关系问题是当代社会生活的一个重大问题。

第二，德性与个人生活整体的关系。麦金太尔认为，德性不仅与各种实践密不可分，而且体现在一个人的生活整体中。麦金太尔把只在某种特定场合或特定类型的活动中使人获得成功的人的内在品性称为技能。而称某人有一种德性，就应当希望他在不同场合中表现出来，而某人生活中的一个德性的整体，唯有从他的生活整体特征中才可体现出来。在这里，麦金太尔把德性与个人生活整体相联系，认为只有从生活整体的善才能适当地说明德性的背景条件。

麦金太尔把德性与个人生活整体相连，是要强调这样一个问题：现代个人生活已不成整体，个人生活已被分割成不同碎片，在不同的生活片段有不同的品性要求，而作为生活整体的德性已没有存在余地。他认为，这个问题的表现在于：自我已被消解成一系列角色扮演的分离的领域，因而不允许被真正看作是德性的那种在亚里士多德主义意义上的品质有践行的余地。而前现代的自我概念，则是把诞生、生活和死亡联结起来作为一个整体的概念，生活就是那种对作为生活整体的善的寻求。在这个意义上，麦金太尔进一步扩展了他的德性概念的内涵。他认为，德性不仅能够维持实践，使我们获得实践的内在利益，而且将使我们能够克服在生活的旅途中所遭遇的伤害、危险、诱惑或涣散，以使我们在对相关类型的善的追求中支撑我们，并且还将用不断增长的自我认识和对善的认识充实我们。

对于麦金太尔的这一论点，我们认为，他看到了现代社会道德生活的一个基本特征，这就是：角色道德和职业道德准则的兴盛，不同的职业有不同的准则要求，而人们的生活又被自身的不同的角色所分割。现代自我被分割了，现代社会生活因而也把人们遵循职业角色的道德规范看作是合乎社会道德的要求的。因此，在这个意义上，传统的德性——作为生活整体的道德要求的德性确实没有践行的余地。但是，我们又认为，现代自我作为心灵的自我有他从生到死的内在历程，这一历程也为精神分析心理学家们不断从其负面反复探讨过。而恰是在其整体性意义上，我们仍可发现现代自我与传统德性的沟通。我们认为这一问题是不容忽视的。

第三，德性与传统的关系。麦金太尔认为，亚里士多德主义的道德传统是依靠亚里士多德的德性的践行来维持的。广而言之，相关的德性的践行使相关传统得以维持。麦金太尔又认为，传统又不能简单等同于德性的践行。就一个历史传统而言，它内含着个人和实践活动的历史关联条件。一种存活着的传统，就是对在这一传统内构成的传统的利益的持续论证。个人生活是这个传统的一部分，每个人都因所继承的东西而具有特殊的道德规定性。麦金太尔认为，处在这样一种传统中，我就可以发现我自己所属的那个历史的部分。并且不论是否自我意识到，我都是传统的承载者。因此，个人对他的利益的寻求，其一般特征是在这些传统所限定的背景条件的范围内被人引导的。麦金太尔一再强调，个人与历史的关联是通过传统实现的，而这种把历史关联条件提供给个人和维持实践传统的是德性。在这个意义上，麦金太尔把德性看成是建构传统的要素。同时，麦金太尔又把德性看成是传统所建构的，这是因为，麦金太尔反复强调，道德不是抽象的、超历史的，道德就存在于持续着的传统中。而传统的维持就是德性的维持，同时，德性的维持也维持着传统。只有相关德性的践行，才可使传统得到维持和强化。麦金太尔认为，现代社会缺乏亚里士多德主义的德性的践行，必然败坏这一传统，也败坏实践。

麦金太尔从上述三个方面提出了一个在传统意义上的德性论。麦金太尔认为，进入现代社会以来，具有内在利益的实践概念和人类生活整体的概念这样一些背景概念从大部分人类生活领域被驱除出去，结果就是对亚里士多德哲学的坚决摈弃，同时，社会变迁的这种结果就是使德性丧失了社会背景条件。麦金太尔进而认为，这就使得17世纪以来不能提供任何传统阐释的东西，也不能对德性进行合理论证。社会生活所发生的巨大变化是：把德性与传统的概念背景分离开来，因而传统意义上的德性如同德性一样，就只是在现代生活的边缘才可发现。同时，麦金太尔也看到，新的德性概念随之出现了，德性本身也发生了变化，对德性也有了新的理解：德性是与自然感情相关或约束自然感情的破坏作用的个人心理气质。功利和权利的概念取代了以往的德性概念在社会生活中的中心位置。麦金太尔认为，在现代人的生活中，（并非传统意义上的）德性已沦为实现外在利益——功利的工具的地位了。正因为如此，麦金太尔认为，现代社会正处在

"德性之后"。顺便指出，本书书名英文为："After virtue"，作者告诉我们，具有"德性之后"和"追寻德性"的双重含义。本书中文译名取具有警世之意的前者。

四 几点评价

以上介绍了《德性之后》的基本理论，下面作一简短评论。

本书是一部麦金太尔站在亚里士多德的德性传统的立场上，对启蒙运动以来的现代社会的哲学、文化以及社会生活所作的全面而又深刻的检讨；并且，在这一立场上，对以功利和权利概念为中心的现代西方道德生活乃至整个现代性，作了有力的否定性的批评。应当看到，这是继萨特的存在主义对资本主义社会里的人的境况的反省和以马尔库塞为代表的法兰克福学派对发达资本主义的文化政治的批评之后，更为深刻的对社会文化的批评。这种对现代文化性质的批评是如此有力，以致迫使人们不得不考虑现代性本身的价值问题。在某种意义上也可以说，这是自尼采提出"价值重估"从而摧毁启蒙运动以来的虚假道德之后的一次更为哲学化的努力。诚如麦金太尔自己所指出的，尼采并没有超出启蒙运动以来的个人主义文化，尼采所要摈弃的，不论是功利主义的还是康德式的，都不必然扩展到早期的亚里士多德的传统；而麦金太尔本人则是完全从亚里士多德的传统的眼界来得出这一结论的。我本人认为，麦金太尔在本书中对以西方为代表的现代性所作的否定性批判，比他在书中对亚里士多德的传统所作的积极论述，更富有理论的和实践的价值。这是因为，按照麦金太尔的理解，在一个有着共同利益（善）的共同体内的对共同利益（善）的共同追求，是传统德性赖以存在的一个基本社会背景条件。他认为，前现代的家庭、氏族、部落、城邦和王国都是这种意义上的共同体。而现代个人主义理解的社会共同体，不过是各人追求自己的利益的竞技场所而已，到处都充满了互不相容的目标和利益，因而没有为传统的德性留下践行的余地。我认为，麦金太尔的这一论点，深刻地认识到了现代资本主义社会与前现代社会的利益关系上的一个根本区别，尽管他对前现代社会的利益关系的一致程度有某种程度的美化。正确地说，前现代社会并非没有利益冲突，只是与现代资本主义社会的表现形式不同。奴隶阶级和奴隶主阶级的利益冲突、封建领主阶级和农奴阶级的利益冲突，是最基本的社会利益冲突。不过，在这种利益冲突的背后，仍有某种共同体的利益，如家庭、氏族等共同体的利益，而在现代资本主义社会，这种共同体的利益已被消解了。因此，要在现代资本主义的社会条件下，重现、确立和履行传统的德性，按照麦金太尔本人的前提条件而言，就遇到了一个不可克服的社会实践层面的困难。因此，麦金太尔希求于像圣·本尼迪克特建立修士制度那样的教团共同体的条件的重现就决非偶然。而在现代主流社会的边缘建立某种教团式的共同体以保持传统德性，虽不是一个幻想，但毕竟没有多少重大的实践意义。

麦金太尔对以西方为代表的现代性所作的否定性批判揭示了一个重大理论问题：如果在这个现代化即功利[①]化的过程中，德

[①] 本书的"功利"这一概念是在功利主义对"功利"概念的界定意义上被使用的。指出这一点在于表明，麦金太尔谈到亚里士多德的传统时，他强调传统中的德性的中心位置，但并没有否定德性与利益有密不可分的关系。但是，现代的功利追求与传统的在德性的追求中获得利益需求，这两者在概念和行为方式上的不同，表明现代与传统的根本区别。而说现代化即为功利化，就是指现代的利益追求方式与传统社会的不同，并不表明传统社会只求德性，不求利益。同时，"功利"概念被强化，也表明功利问题在现代生活中具有特别重要的意义。

性在生活中没有位置,或德性的位置只在生活的边缘,那还有没有对人类而言或对个人而言的至善目标?实际上,在麦金太尔看来,没有德性,人类生活的性质本身已经改变。社会道德如此贫乏,只能意味着一个新的黑暗时代已经来临。也许麦金太尔对现代西方社会的道德文明状况的诊断过于严重,但他向我们揭示了西方社会自从启蒙运动以来摈弃德性传统、全面功利化这样一种历史选择带来的自身难以克服的道德困境。对于我们这样的正在向现代化迈进的后发现代化的国家来说,西方社会的这种选择恰如一面令我们清醒的镜子。实际上,现代社会学家和人类文化学者都已指出,现代化并非是西化,并非只有一个模式。在亚洲,就有日本模式和新加坡模式,这两个国家在迈向现代化的过程中,都特别注重如何保持已有的文化传统,其中尤其是德性的传统。在这方面,它们都有成功的经验可供我们借鉴。因此,我们又可以说,麦金太尔在西方自身的文化模式内无法求得一条德性传统与现代性相结合的方式,而如果他把目光转向东方,也许他能发现一些有益的启示。

在阅读麦金太尔的《德性之后》的同时,我们也要清醒地看到,功利观念,在一定的意义上也是麦金太尔的外在利益的观念,已经在我们的社会生活中发挥着越来越大的作用,因此,我们同样面临着一个在现代化的过程中,如何处理德性与功利的关系问题。在某种意义上,我们可以说,我们有着一个比亚里士多德的德性传统更悠久、更博大精深、更辉煌灿烂的德性传统。这一传统源自以周公、孔子和孟子等为代表的先秦文化,历演几千年而不衰。在这一德性传统的发展过程中,在不同的时代和文化背景条件下,不乏富有创造性的思想家,始终既与这一传统的源头思想对话,又不断开出新生面,既迎接了新的挑战,又演化和拓宽了这一传统的内涵。因而既葆有了传统,又活化了传统。今天,我们正在经历一个西方社会所经历过的现代化过程。毋庸置疑，我们的现代化是有着中国特色的现代化。而既然是现代化，那么，我们的现代化就必然有着一般现代化的特征；而同时，又应有着体现我们的社会制度和文化传统的特征。从前者看，功利因素在社会生活中的作用的增长是一般现代化过程的必然趋势，而从后者看，就要使文化传统（其中包括德性传统）在现代条件下发扬光大。厘定我们的德性传统的现代意义和价值系统，使传统重开新生面，这就是我们义不容辞的责任。正如麦金太尔所意识到的，丢失亚里士多德的德性传统是西方社会的重大文化丧失，这种丢失扭曲了西方的社会生活，扭曲了人性，同样，我们认为，如果我们丢失我们的德性传统，也将是我们民族的重大文化丧失，我们的生活和人格也将被扭曲。东亚新生文明国家新加坡以及韩国、日本等国的现代化的实践已经证明，现代化所需的功利观念与东方的德性传统并非是相抵牾的，而是可以很好地结合起来的。因而，我们作为东亚后发现代化的文明古国，已有资可鉴。

这里值得指出的是，《德性之后》能够在西方哲学界引起巨大反响，一个重要原因在于麦金太尔的哲学方法。麦金太尔一贯认为，道德与社会生活和历史传统密切相关，从而一向拒斥分析哲学脱离社会背景条件去分析伦理命题的作法。他的历史主义倾向，把理论分析和社会生活紧密相扣的历史的逻辑的方法，反映出他的思想所受的马克思主义影响。麦金太尔熟识马克思的著作，他在《德性之后》中不时地几乎自如地运用马克思的思想观点甚至某些典籍。然而，他在书中也表现出了他所处的社会对马克思主义的态度，而这种态度是马克思主义的立场所不能接受的。

本书第三、四、五、六章为戴扬毅译出，第十二、十六、十八章为赖波所初译，其他部分均为龚群译出。戴扬毅在国内时，曾初步校阅了龚群所译的十一章以前的译文。全书译出后，由龚群统一校订，先后两次通改了译文（但对戴扬毅所译动得不大），尔后定稿。赵艳霞曾译出第十二章，因有他人译出而没有用，在此谨表歉意。

本书的翻译，得到了廖申白、何怀宏、苏晓离、林灿初等同志的真诚帮助，梁晓燕和苏晓离同志为此书的编辑出版，付出了辛勤的劳动，在此对他们表示最深挚的谢意。

本书中文版得以出版发行，又承蒙作者麦金太尔先生的热情支持和鹿特丹大学出版社的许可，并借以表达对中国人民的友情。译者在此代表中文读书界的朋友们对作者和鹿特丹大学出版社表示最诚挚的谢意。

通过此书的翻译和校阅，本人深感翻译工作的不易。囿于我们的水平，译文中难免还有不当甚至错误的地方，恳切希望读书界的朋友们指出，以使此书更臻于完善，我们亦不胜感激。

这次修订本的出版，我的博士生任继琼做了大量的工作，冯春凤编审付出了辛勤劳动，在此一并致谢。

龚　群
2006 年 5 月

目 录

译者前言………………………………………………（3）
  一 当代的道德危机和道德理论危机………………（4）
  二 西方的德性传统……………………………………（14）
  三 德性论………………………………………………（20）
  四 几点评价……………………………………………（25）
第一章 一个令人忧虑的联想……………………………（1）
第二章 当代道德分歧的性质和情感主义的主张…………（7）
第三章 情感主义：社会内容和社会背景条件……………（29）
第四章 先前的文化和启蒙运动对道德合理性的论证……（46）
第五章 论证道德合理性的启蒙运动为什么失败…………（65）
第六章 启蒙运动论证失败的某些后果……………………（80）
第七章 "事实"、阐释与专门知识……………………（100）
第八章 社会科学中普遍概括的特征及其预言力量
        的缺乏……………………………………………（111）
第九章 尼采还是亚里士多德？………………………（138）
第十章 英雄社会中的德性………………………………（153）
第十一章 雅典的德性……………………………………（166）
第十二章 亚里士多德的德性论…………………………（185）
第十三章 中世纪的状况…………………………………（208）
第十四章 德性的性质……………………………………（230）

第十五章　德性，个人生活的整体和传统的概念……………（259）
第十六章　从诸德性到德性及德性之后…………………………（288）
第十七章　正义：变化中的德性概念……………………………（311）
第十八章　德性之后及追寻德性：尼采或亚里士多德、
　　　　　托洛茨基和圣·本尼迪克特………………………（325）
第十九章　第二版跋…………………………………………………（335）
　一　哲学与历史的关系……………………………………………（336）
　二　德性和相对主义的问题………………………………………（346）
　三　道德哲学与神学的关系………………………………………（352）
参考书目………………………………………………………………（354）

中文本序言

1981年,《德性之后》第一版在美国出版发行。此后,它被译为西班牙文、意大利文和德文。这并不奇怪,因为此书所涉及的道德历史和道德状况,就所有国家——不论是北美、西欧还是中欧而言,都是相同的。《德性之后》译成中文,标志着此书所致力的道德问题的当代论争有了一个新发展;同时,对译者的辛勤劳动,我也十分感激。

对《德性之后》所叙述的道德史以及所描述的欧洲和美国道德文化的现代条件,中国读者将有你们自己的明显不同于欧洲人和美国人的理解、特定的观点和眼界,因为你们有自己的文化立场和道德经验的历史。西方历史的关键性的一步是在18世纪启蒙运动的鼓舞下,企图发现一套合乎理性而又公正的道德原则。它对所有有理性的和反思性的存在物,不管其文化传统、宗教背景、政治秩序或道德结构的特殊性质如何,都是同样有效和同样具有制约力的。这个企图在政治上体现在美国革命和法国革命的主要宣言中。在哲学家中,休谟、狄德罗、边沁和康德等都企图从理论上阐述这些原则。《德性之后》的一个中心论题是:发现这类(为启蒙运动所系统提出的)原则的运动已经决定性地失败了,认识到这一点的时代也已经到来。

这一失败的后果是,在西方现代社会的基本道德问题上出现了普遍性的论争,并且这类论争不可能从理论上得到合理的解决。《德性之后》提出了一个问题:一个社会的成员们是否有可能以某种不同于启蒙运动及其西方后继者们的方式在基本的道德问题上达到真正合乎理性的一致。

当然，这对于所有现代社会的成员，包括中国的成员来说，都是一个至关重要的问题。并且，即使《德性之后》的中国读者拒绝我所提出的答案（这个答案吸收了为亚里士多德第一次清楚确定的道德传统所提供的智慧），我也希望，对我的观点和论证的批评将有助于阐明你们自己的答案。在相互批评的过程中，我们可以彼此向对方学习系统地提出较好的问题和给予更适当的回答；只有通过相互批评，建设性的道德论争才能够出现。在这种论争中，至关重要的是在西方应该能够听到中国人的声音，学到中国人的东西，正像在中国应该能够听到西方人的声音、学到西方人的东西一样。

A. 麦金太尔
鹿特丹大学，1989 年 8 月

序　言

　　这部著作的问世，既是对我自己在道德哲学方面的早期著作中的某些不足之处长期思考的结果，也是对把"道德哲学"概念看作是孤立的研究领域越来越不满的产物。我的大部分早期著作（《伦理学简史》，1966 年；《世俗与道德变化》，1967 年；《对时代自我形象的批判》，1971 年）强调了一个中心论题：我们不得不从有着多样性的道德实践、信念和思想体系的历史和人类学中学习。有一种观点认为（牛津的理论风格就是如此）：道德哲学家仅仅通过思考他或她及其周围人们的所说所做，就能够研究道德的诸概念。然而，我认为这种观点是无益的。我对此确信无疑，并认为没有任何充分的理由可以放弃它；而且移居到美国后，我发现在马萨诸塞州的坎布里奇，或新泽西州的普林斯顿，牛津理论风格所起的作用也并不更好。不过，在我确信道德信念、实践和概念的变化和多样性的同时，有一点变得很清楚了：我自己正在致力于对不同的特殊信念、实践和概念进行评价。例如，对不同的道德精神的兴衰我给予了阐明，或试图给予阐明；而且正如对其他人来说是清楚的，对我来说也应当是清楚的是：我的历史学的和社会学的阐明是，并且不可能不是站在一个独特的评价立场上进行的。尤其是我似乎正在断言，在颇具特色的现代社会中，道德共同体和道德判断的性质使得我们不再可能以其他时代和地方以可能的方式诉诸道德标准——而且断言这是一种道德灾难！但假若我自己的分析是正确的，我能诉诸什么呢？

同时，自从我被特邀为极出色的杂志《新理性者》的撰稿人以来，我一直就在思考着从道德上摈弃斯大林主义的根据是什么的问题。许多摈弃斯大林主义的人都重新求助于某种自由主义的原则，而马克思主义就是起源于对这种自由主义的批判。既然我仍然并将继续接受这种批判的大部分要义，重新诉诸这种自由主义对我就是无益的。在回答莱扎克·科拉科斯基当时的见解时我写道："一个人不可能在马克思主义的范围内，通过简单地采取斯大林主义的历史发展论和增加自由主义的道德而复活道德。"① 并且我逐渐认识到，马克思主义本身所患的严重的有害的道德贫困症，既是因为它背离了自由主义，又是因为它继承了自由主义的个人主义。

我所得出的、并体现在这本书中的结论是——虽然马克思主义本身仅是一种介乎二者之间的成见——马克思主义的道德上的不足和失败产生于这样一种局限性，就这种局限性而言，像自由主义的个人主义一样，马克思主义体现了颇具特色的现代和正在现代化的世界的社会思潮；而恰恰是对于这种思潮的大部分内容的抵制，将给我们提供一个既合理在道德上又可辩护的判断和行动的立场，以及据以评价种种竞相要求我们信奉的彼此敌对而又各具特性的道德体系的立场。这一我无需再作补充的激烈结论，不能归因于那些对我的早期著作进行了宽宏而又公正的批评的人，他们使我认识到了我的早期著作中的许多错误（虽然到目前为止可能还未认识到全部错误），如埃里克·约翰，J. M. 卡梅伦和艾伦·瑞安。这个结论也不能归咎于那些若干年来对我有着持续影响、并使我格外感激的朋友和同事：海因茨·卢柏斯和马克斯·沃托斯卡。

波士顿大学的我的两位同事，托马斯·麦卡茨，伊丽莎白·拉伯波特读了大部分原稿，并且提了许多有益的和富有启迪性的

---

① 《新理性者》第 7 期，第 100 页。

意见。我非常感激他们。以不同方式提出相似建议的其他地方的同行马乔里·格伦和理查德·罗蒂，也是我应感谢的。我还要深深地感谢朱莉·古斯·康利，是她多次打印书稿。我还必须感谢罗莎莉娅·卡尔森和扎拉·蔡平，他们在原稿的创作过程中，给予了我多种帮助。我还应当向波士顿图书馆和伦敦图书馆的职员们致以深切的谢意。

这部著作的各部分已被不同团体的读者阅读过，他们给予的广泛批评对我是最有价值的。我特别需要提到的是综合研究伦理学基础的一个团体，它得到人文科学国家基金会的资助，在哈斯丁斯中心研究达三年之久。提交给这个团体的收入《伦理学基础及其与科学的关系》系列丛书第三卷和第四卷（1978 年和 1980 年）的论文的某些片断，在本书第九章和第十四章中再次出现；我十分感谢哈斯丁斯社会、伦理和生命科学研究院准许重印这些片断。我还必须以深深的感激之情提及另外两个团体：鹿特丹大学哲学系的教职人员和研究生，邀请我参与他们的"展望系列演讲"，给了我某些最重要的机会来扩展本书中的思想；1978 年夏季，我在波士顿大学举办的人文科学国家基金会研讨班的成员们，对本书的长处进行了令人愉快的评论，给了我很深的教诲。因此，我必须再一次地对人文科学国家基金会表示谢意。

本书的献辞表达了一种更基本的感谢。倘若我能够早些时候认识到这种感激的基本特征，我推出本书结论的进程就不会有很多曲折。但倘若没有我的妻子林恩·萨米戴·侨尹的帮助，或许将永远不可能以一种有助于得出上述结论的方式认识到这种感激——在本书中像在其他书中一样，我妻子的帮助都是一个不可缺少的必要条件。

阿拉斯代尔·麦金太尔
写于马萨诸塞州的沃特敦

题献词

纪念我的父亲和父辈的亲人们

第一章

一个令人忧虑的联想

想象一下由于一场大灾变而使自然科学蒙难的情形。公众把一系列环境的灾祸归咎于科学家。骚乱四处发生；实验室被焚毁，自然科学家被处私刑，书籍和仪器被毁坏。最后，一场愚昧的政治运动得逞了，成功地废除了各类学校和大学中的科学教育，监禁和处决了幸存的科学家。然而后来还是出现了一种反对这一破坏性运动的倾向，明智的人们寻求科学的复兴，虽然他们在很大程度上已忘了科学本来是什么。此时人们所具有的只是以往科学的残章断片：实验知识与任何能赋予它们意义的理论背景知识相脱节；理论也已或者本身支离破碎，或者与实验无关；仪器的用法也已遗忘，书籍因遭撕毁和焚烧而残破不堪，字迹模糊。但所有这些残骸又重现在已复活了的所谓物理学、化学和生物学的实践中。成年人在相对论、进化论和燃素论各自有何优点的问题上争论不休，尽管他们对各个理论仅有极有限的知识。儿童默识着化学元素周期表的残留片段，背诵着某些咒语般的欧几里德几何学定理。但没有人或几乎无人认识到，他们正在从事的并非是全然真正意义上的自然科学。因为那合乎具有稳固性和连贯性的一定准则的言行和那些使他们的言行具有意义的必要的背景条件都已丧失，而且也许是无可挽回地失去了。

在这种文化里，人们将会以一种多少类似于科学认识如此大规模丧失之前的早期时代使用科学词汇的方式来系统地、常常是相互关联地使用"中微子"、"质量"、"比重"、"原子量"等词汇,但是,作为使用这些词汇的前提的许多信念已经丧失,因此,在这些词汇的运用中,就将有一种武断的、甚至任意的成分,而这将是我们不可理解的。到处都将充塞着相互敌对的和相互匹配的却不可能进一步论证的论断。主观主义的科学理论将会出现,而那些持有体现在他们认为是科学的东西中的真理观念与主观主义毫不相容的观点的人,将会起来批评主观主义的科学理论。

这个想象的可能存在的世界非常像某些科学幻想作家虚构的世界。我们可以把它描绘为这样一个世界:在这个世界里,自然科学的语言、或至少是这种语言的某些部分还在继续使用,但却处在一种严重的无序状态里。我们可以说,在这想象的世界里,即使分析哲学很盛行,它也决不可能揭示这一无序事实。因为分析哲学的方法在本质上是描述性的,而且是对现存语言的描述。在这个想象的世界里,分析哲学家能够阐明被认为是科学思考和讨论的东西的概念结构,他所采用的方法恰恰是他如实阐明自然科学的概念结构时所采用的。

现象学或存在主义同样不能够察觉任何不正常之处。意向性的所有结构都将仍然是它们现在的状态。就现象学而言,为这些自然科学的假象提供一个认识论基础的任务,不会不同于这一任务现在的情形。胡塞尔或梅洛—庞蒂类型的人将像斯特劳森或奎因类型的人一样受骗。

勾画这样一个既有虚构的伪科学家又有现实的真正哲学的想象世界的意义是什么?我想要提出的假设是,我们所处的现实世界的道德语言,同我所描绘的想象世界的自然科学语言一样,处于一种严重的无序状态。如果这个论点是正确的,那么我们所拥有的也只是一个概念体系的残片,一些现在已丧失了那些赋予其意义的背景条件。而我们确实所拥有的是道德的假象,我们仍在继续使用许多关键性词汇。但在很大程度上(如果不是全部的

第一章 一个令人忧虑的联想

话),我们在理论和实践(或道德)两方面都已丧失了我们的理解力。

但何以致此呢?把这整个联想拒之门外的冲动肯定非常强烈。我们在道德推理的指导下使用道德语言,并以道德术语来界说我们与他人交往的能力,这对于我们自己的观念来说是如此重要,以致于即使只是设想我们在这些方面有根本无能的可能性,就将要求转变有关我们所说所做的我们的观念,而这将是难以达到的。但是,关于这一假设我们已经认识到两点。假如我们要在观念上获得上述转变的话,这两点对于我们具有起始性的重要性。一是哲学的分析将无助于我们。在现实世界中,当今占统治地位的哲学,不论是分析的或是现象学的,都将无力察觉出道德思想和实践中的无序性,如同它们面对想象世界中的科学的无序性时无能为力一样。然而,哲学的这种无能并非使我们完全束手无策,因为理解想象世界中存在的无序状态的先决条件是理解它的历史,一种必须以三个截然不同的阶段来撰写的历史。第一个阶段是自然科学的繁荣,第二个阶段是受大灾变之害,第三个阶段是以残缺和无序的形式复苏的自然科学。请注意,这个历史是依据某些标准而可知的一个衰微与下降的历史。它并不是一个在评价上中性的编年史。叙述的形式和阶段的划分依据成功与失败、有序与无序这些标准。这就是黑格尔认为哲学史、而科林伍德认为所有好的历史著作应当做到的。因此,不管这一有关道德的假设对你而言显得多么古怪和不太可能,但只要我们想找到研究这一假说的方法,我们就一定会问道:我们是否能够在诸如黑格尔和科林伍德这样的作家(他们彼此当然是迥然相异的)所提出的哲学和历史学的类型中,找到我们在分析哲学或现象学中不可能找到的资源?

这个联想立即使我想到我的假说所面临的一个严重困难。对有关我所建构的想象世界的观点(更不必说我关于现实世界的观点）所持的一个异议是，想象世界里的居民已处在这样一个阶段：他们已不再认识到他们曾遭受的大灾变的性质。然而，这样一个昭然于世界历史范围内的事件，真的会从视野中消失，以致于既从记忆中抹去，又不可依据历史记录复原吗？虚构世界中的问题真的甚至比我们自己的现实世界中的问题还要严重吗？假如发生了一个足以把道德的语言和实践抛入严重的无序状态的大灾变，毋庸置疑，我们都将认识到它，而且它将确实是我们历史中的重要事实之一。但是，我们的历史明摆在公众面前，而据说是并没有这类大灾变的任何记录，这样，我的假说就应当完全被摈弃。对于这一点，我至少应当退一步承认，我的假说必须进一步扩展。然而，不幸的是，在以提出假说的这种方式将假说扩展的开端，如果可能的话，会比以前更难使人信服，因为这种大灾变将必然是这样一种情况：可能除了极少数人持有异议外，它以前并且至今不被认为是一场大灾变。我们将不得不寻找的，不是一些其性质清楚无疑的明显事件，而是一个在时间上久远得多，在性质上复杂得多因而很难辨认的过程，并且可能是一个其性质本身就易于引起对立解释的过程。然而，人们对我的假说的这一部分的最初的难以置信，可能会被另一个联想稍许减弱。

在我们的文化中，历史现在已经意味着学院化的历史，而学院化的历史还不到两百年。假如我的假设所言及的大灾变整个或大部分在这以前就发生了，那么，学院化历史的基础，以及其道德和其他评价前提是从大灾变所引起的无序形态中产生的。假定情况就是如此，学院化历史的观点就使得从它的价值中立的观点出发，肯定依然基本上看不到道德的无序。历史学家将借助他的学科的准则和范畴来考察，而所看到的一切将是多种道德的相续发生：十七世纪的清教主义，十八世纪的快乐主义，维多利亚女王时代的工作伦理……但这有序和无序的语言，将在他的视野之外——这就历史学家而言是真实的，社会科学家在特征上也如

第一章 一个令人忧虑的联想

此。假定情形确是如此，这至少可以解释为什么我认为是现实世界和它的命运依然没被学院教程所觉察。因为学院教程的形式本来就是灾难的一种征候，学院教程当然不承认灾难发生了。如同大多数学院化哲学与黑格尔和科林伍德的哲学观大相径庭一样，多数学院化历史学和社会学——类似纳米尔或霍夫施塔特的历史学和默顿或利普森的社会学——毕竟也是与黑格尔和科林伍德的历史观相去甚远。

在许多读者看来，当我详述我的初步的假说时，就已逐步地把可能有的我自己的辩论盟友都排斥掉了。但这不正是假说本身所要求的吗？因为假如我的假说是正确的，就将必然显得难以置信，这是因为，这个假说已述部分的一个方面，恰恰就是断言，我们处在一种几乎无人认识，或者说，可能根本就没有人能充分认识的状况中。如果我的假说一开始就显得可信，那肯定是虚假的。因而，至少我希望即使这个假说把我放到一个对手的位置上，那也是一个非常不同于，比如说，现代激进主义的对手位置。因为现代激进分子如同任何保守分子以往一样，同样坚信对自己处境的道德表述，从而对道德言语的武断使用深信无疑。不论他谴责我们文化中什么别的东西，总是确信这一文化仍拥有的道德的资源，为了批判这一文化，他需要这一资源。在他眼里，任何别的事情都可能是无序的，但道德语言是有序的，恰如它现在所是的那样。至于他本人也许可能恰被他所使用的语言出卖，则是他不可能想到的。这本书的目的就在于使激进分子、自由主义者和保守分子们都意识到这一问题。不过，我不敢奢望能使他们惬意地得到这种认识，因为假如我的假说是正确的，我们就都已经处在一种无以大的补救的灾难之中了。

不过，我并不认为我的结论将是一个令人绝望的结论。烦(angst)是一种间歇发生的时髦情感，并且由于对某些存在主义者的著作的误读，已使绝望本身成为一种心理上的灵丹妙药。但如果我们确实处在我所认为的那样糟的状况中，悲观主义也将证明更是一种文化奢侈品，而为了在这些艰难的日子里活下去，这种文化奢侈品将是我们不得不放弃的。

当然，我不能否认，虽然道德的完整实体在很大程度上已成碎片，并且尔后已部分地被毁，但道德语言和道德现象仍持续着——这也是我的论题所需要的。也正因为如此，在我的对当代道德态度和论争的论述中不会有前后不一致之处——正如我即将要做的那样。我在此谨对当代使我能用它自己的词汇来论述它表示谢意。

第二章

当代道德分歧的性质和情感主义的主张

当代道德言词最突出的特征是如此多地用来表述分歧,而表达分歧的争论的最显著特征是其无终止性。我在这里不仅是说这些争论没完没了——虽然它们确是如此,而且是说它们显然无法找到终点。似乎在我们的文化中没有任何确保道德上一致的合理方法。让我们看看依据颇具特色的和人所熟谙的对立性道德论证所形成的这种当代道德论争的三个例证:

1(a)一场正义的战争是这样一场战争:它带来的好处将超过在战争进行过程中造成的伤害;并且在战争中,能够鲜明地区分这样两类人员:一是有关的战斗人员(他们处于危险中),二是无辜的非战斗人员。但在现代战争中,对将涉及的范围的计算极不可靠,并且不可能实际区分战斗人员和非战斗人员。因此,现代战争都不可能是正义战争,我们现在都应成为和平主义者。

(b)如果你希望和平,就得准备战争。获得和平的唯一方法是阻止潜在的侵略者。因此必须扩充军备,并且清楚地表明你准备打任何规模的战争。要清楚表明这点,就不可避免地要不仅准备打有限的常规战争,并且随时准备打不断升级的核战争。否则你就无法避免战争,而且将被打败。

(c)超级大国之间的战争纯粹是毁灭性的,但解放被压迫群体的战争,尤其是解放第三世界中被压迫者的战争,则是必要的,这种战争是摧毁阻止人类幸福的剥削统治的合理手段。

2(a)每个人对自己本人都拥有某些权利,其中包括对自己身体的权利。从这种权利的性质中可作出这样的推论:当胎儿在本质上是母亲身体的一部分时,母亲有权在不受强制的情况下,决定自己是否流产。因此,人工流产在道德上是许可的,而且应当为法律所允许。

(b)当我母亲怀着我时,我不可能愿意我母亲做人工流产,除非作为胎儿的我已死亡,或受到了致命伤害。但是,如果涉及自身时我不愿我母亲做人工流产而主张生命的权利,又怎么可能前后一致地否定他人对其生命的权利呢?如果不否定母亲一般有人工流产的权利,那就得打破所谓的金规。① 当然,我并不因此责成自己承认应当在法律上禁止人工流产。

(c)谋杀是错误的。谋杀就是消灭一个无辜的生命。一个胎儿可看作是个人,他与新生儿的不同仅仅在于他处在通向成人的漫长道路上的一个较早阶段上,而且,假如任何生命都是无罪的,那一个胎儿也是。假如杀婴是谋杀,那人工流产也是谋杀。所以人工流产不仅在道德上是错误的,而且在法律上也应当禁止。

3(a)在可能的范围内,正义要求每一个公民应享有发展他的天资和其他潜能的平等机会。而这种平等机会的条款的先决条件是有医疗保健和教育的平等权利的条款。因此,正义内含医疗和教育服务的政府条款,使之得到来自税收的财政保障,并且正义还内含着没有一个公民能够用金钱买到这些服务中的不公平的份额。而这就必须废除私人学校和私人医疗行业。

---

① 指西方的道德箴言(Golden Rule):一个人应当待人如他愿别人待他一样。——译者

(b) 每个人都有权担负且仅担负他所希望担负的责任，都有权自由地缔结并且仅仅缔结他所想要的契约，都有权决定自己的自由选择。因此，依据这些理由，医生必须有能遂其所愿地开业的自由，而病人也必须有选择医生的自由；同样依据上述理由，教师必须有依其选择进行教育的自由，而孩子和父母则必须有按自己愿望选择受教育地点的自由。因此，自由所要求的不仅是私人医疗机构和私人学校的存在，而且要求废除由诸如各类大学、医学院、全美医学协会和政府等各种团体凭借许可权和规章强加于私人业务上的那些约束。

这些论争只要被陈述，就可知它们在我们社会中的广泛影响。当然，它们有其能言善辩的老练代言人，如赫尔曼·卡恩、波普、奇·格瓦拉和米尔顿·弗里德曼，都是制作这种种不同说法的作者中的人物。但正是因为它们不断出现在报刊社论和高级中学的争论中，出现在电台广播和致国会议员的信里，出现在酒吧间、兵营和公寓中，也就是说，它们所具有的典型意义使我列举它们。但是这些争论和分歧所共有的突出特征是什么？

这些特征有三个。第一个特征可以采用一个科学哲学的表述：即在三个争论中的每一个，相匹敌的论证都具有概念上的不可通约性（incommensurability）。[①] 每一个论证都有逻辑上的正当性，或很容易经过推演达到这点；而其结论也确源于其前提。但是这些相互匹敌的前提却使我们没有合理的方式来倾向某一主张而反对另一主张。因为各个前提中使用的准则或价值概念是完全不同的，所以形成了相当不同的主张。例如，在第一个争论中，诉诸正义和无辜的前提与诉诸成功和生存的前提相抗衡，在第二

---

① 不可通约（incommensurability）：为一数学概念，泛指在通常范围内的某个量（如价值、尺寸等），缺乏比较的共同基础，也就是说，是不能比较的，无共同尺度的。——译者

个争论中，诉诸权利的前提与诉诸可普遍化的前提相争；在第三个争论中，平等的主张与自由的主张相匹敌。恰恰因为在我们社会中没有任何确定的方式来决定这些主张，所以道德论争必然无休无止。从这些相互匹敌的结论我们可争论着回到那些相匹敌的前提上去；但是，当我们回到那些前提时，论争就停止了，援引一个前提反对另一个前提成了纯粹是断言与反断言的问题。而这可能就是道德争论中如此多的尖声叫喊。

但是，这种叫喊还可能另有原因。因为不仅在与他人争论时，我们不得不如此快速地退到断言与反断言，而且我们自己内心中发生的争论也同样如此；因为每当一个争论者进入公共争论场所时，在他心中，就大抵已经或明或暗地拿定了自己的主意。而假如我们并没有任何不容置疑的标准，没有任何可以使对方不得不信服的理由，那就意味着我们在作出决定的过程中并没有诉诸这样的标准或这样的理由。如果我不能诉诸任何充足的理由来反对你，那必定意味着，我缺乏任何充足的理由。因此，这似乎在我自己立场的深层次，必定是某种非理性的决定使我采取了这个立场。这与公共的争论无休止性相一致的是，至少也有一种恼人的个人独断。而当我们只有防守而不得不喊叫起来，又有什么可奇怪的呢？

和上述特征同样重要但形成对照的第二特征是：这些论争没有一个不是旨在作出一种非个人的合理论证，因而通常它们都以某种非个人性的模式出现。这是一种怎样的模式呢？让我们看看对于一个要某人从事某种具体行为的命令给予支持的两种不同方式。第一种方式：我说：'如此这般地去做'，被我命令的那人回答："为什么我应'如此这般地去做'？"我说："因为我希望这样。"在这里，我没有给对方任何理由去做我所命令或请求做的事，除非他另有某种理由来尊重我的希望。如果我是你的上司，如在警察局、军队、或对你具有其他权力或权威，或者当你爱我，惧怕我，想从我这得到什么时，那么，说"因为我希望这样"，对于做那我命令你做的事而言，就确实给了你一个理由，虽然也可能不是一个充足理由。请注意，在这类情形里，我的话是否给了你一个理由，取决于你听话时所具有的某些特征，或者是你对那些言辞的领会。这命令所具有的给予理由的力量，正是以这种方式取决于言谈的个人背景条件。

与这相对照的第二种方式是，在回答"为什么我应'如此这般地做'（在某人说了"如此这般地去做"之后）"时，不说"因为我希望这样"，而是以诸如这样一些说法回答："因为这将使一些人高兴"，或者"因为这是你的责任。"在这类情形里，这个被给予的理由，是否是履行这个行为的充足理由，与是谁说的无关，甚至与其是否已被说出也毫无关系。而且，这里所诉诸的是这样一种考虑：它与说话人和听话人之间的关系无关。这种诉诸的先决条件是非个人的标准的存在，这就是正义、仁慈或义务标准的存在。它们与说话人和听话人的爱好和态度都无关。在言谈的背景条件和那总在个人偏好或个人欲望的表达中的能够给出理由的力量之间的特殊联系，在道德和其他评价性言论那里被分离开了。

当代道德言论和论证的这第二个特征，只要和它的第一个特征放在一起，当代道德分歧便呈现出一种自相矛盾的情形。因为假如我们仅注意第一个特征，即注意到论争迅速退回到无法论证的分歧，便可以得出结论说，所谓的当代道德分歧，不过是些相互对立的意志的冲突而已，每一意志都是由它自己的某些武断选择所决定的。但这第二个特征，即我们语言中那些有特定功能的词汇的使用就体现了对客观标准诉诸的意图，却迫使我们作出不同的结论。因为即使论证的表象不过是一个假面具，问题依然存在："为什么这是假面具？"它对合理论证意味着什么？而合理论证是如此重要以至于卷入道德冲突中的人们都以为它几乎是普遍的现象？难道这不恰恰表明了我们文化中的道德争论的实践至少表达了一种渴望：对我们生活的这个领域中的合理性，或成为合理性的渴望？

当代道德论争的第三个显著特征与前面两个特征密切相关。人们可以很容易地看到：在这些争论中相匹敌的论证，采用的不同概念的不可通约的前提有一个历史起源意义上的广阔多样性。第一个论证中的正义概念，源于亚里士多德对诸德性的阐述；第二个论证的前提的谱系可从俾斯麦和克劳塞维茨一直追溯到马基雅弗利；第三个论证中的自由概念表面上源于马克思，而其深刻根源则发自费希特。在第二大类的争论中的权利概念，有其洛克式的前辈们，与之相匹敌的可普遍化的观点则为康德式学者所认识到，并且权利概念还诉诸托马斯主义者的道德津法。在第三大类争论中，一个来自格林①和卢梭的论证和一个以亚当·斯密为其鼻祖的论证相抗衡。这一由伟大人物组成的名单是有启发性的，但它可能在两方面使人误解：（一）枚举这些名字可能导致我们低估这个历史和这些论争的世系的复杂性；（二）导致我们仅仅在哲学家和理论家的著作中寻找历史和其谱系，而不是在构成人类诸多文化的理论和实践的那些复杂整体中去寻找，哲学家和理论家所明确表达的对这种文化的信念仅仅是部分的，有选择的。但是，这个名单表明，我们所继承的道德根源的多样性是多么庞杂。在我们文化的表层言辞中，倾向于自得地谈及在这种背景下的道德多元论，但多元论的观念很不确切。因为它既可以很好地适用于交叉着不同观点的有条理的对话，也可适用于残章碎片的不和谐的杂烩。我们怀疑——此刻我们所有的只是怀疑——我们不得不面对的，就是这种杂烩。而当我们认识到，那充斥于我们道德论述中的全部不同概念在其发源时最初处于那些理论和

---

① 格林（Thomas Hill Green, 1836—1882），英国哲学家。——译者

第二章　当代道德分歧的性质和情感主义的主张

实践的更大整体中，当我们认识到使它们在这一整体中具有其作用和功能的背景条件已被剥除时，这种怀疑更大了。而且，在过去三百年来我们运用的概念至少在某些情形中已改变了性质；我们使用的评价性表述也已改变了意义。在从这些概念和表述起初所处的发祥地的背景条件的多样性到我们当代文化的转变中，"德性"、"正义"、"虔敬"、"责任"，甚至"应当"等概念和表述已面目皆非。我们应当怎样来写这一变化的历史？

正是试图回答这一问题，使当代道德争论的上述特征和我的假说之间的联系变得清楚了。如果我对道德语言已从有序状态变为无序状态的假设是对的，那么，这一嬗变历程必将反映在意义的这种变化中，实际上，这一历程部分地存在于这种变化之中。而且，如果我揭示的道德论争的特征（其中最显著的事实是，我们同时地和前后矛盾地把道德论争看作是推理力量的实践和仅仅表达断言）是道德无序的征象，那么我们就应当有可能作出一种真实的历史叙述，在这种真实的历史叙述中，在其较早阶段，道德论证是非常不同的。我们能够作出这样的叙述吗？

这种历史叙述的一个障碍是，当代哲学家在著述和讲授两方面以一种固执的非历史的态度对待道德哲学。我们现在仍然过多地把过去的道德哲学家看作是对某一相对不变的课题的一次讨论的贡献者，把柏拉图、休谟和密尔既看作是同一时代的人，又把他们全看作我们的同代人。这致使将这些著述家从他们思想和生活的文化和社会环境里分离出来，所以，他们的思想史虚假地相对独立于文化的其他部分。康德不再是普鲁士历史的一个部分，休谟不再是一个苏格兰人，因为从道德哲学的立场（恰如我们所认为的那样）来看，这些特征是无关紧要的。经验的历史是一回事，哲学则是完全不同的另一回事。但是，我们像通常那样来理解学院学科的划分是正确的吗？这里又似乎是在道德叙述的历史和学院教程的历史之间有一种可能存在的关系。

对于这个问题，有人可能马上会反驳说：你始终在说可能、怀疑、假说，你承认你所揭示的起初是难以置信的。在这点上，至少你是对的。因为乞灵于对历史的假设是不必要的。但你陈述问题的这种方式会使人误入歧途。当代道德论争是合理地无终止性的，因为所有的道德论争，甚至所有评价性论争是且永远必然是合理地无终止性的。某种当代的道德分歧不可能解决，因为这种道德分歧在任何时代，不论过去、现在还是将来，都不能得到合理的解决。被你看作是我们文化中的一种偶然性特征，需要加以某种特殊的、或许是历史性解释的东西，实际上是具有评价性言论的所有文化的一个必然特征。在这个论证的初始阶段，这是一个不能回避的挑战。但能够驳倒它吗？

这个挑战显然迫使我们面对的一个哲学理论是情感主义。情感主义是这样一种学说：所有的评价性判断，尤其是所有的道德判断，就其在本性上，它们是道德的或是评价性的而言，都不过是爱好、态度或感情的表述。当然，一具体判断也许是道德成分和事实成分的统一体。"毁灭财产的纵火是犯罪"，这句话是"纵火毁灭财产"这个事实判断和"纵火是犯罪"这个道德判断的统一。但是，在这种判断中的道德的成分总是明显地与其事实成分相区别的。事实判断有真有假，并且，在事实的领域里，我们有在真假问题上确保达成一致意见的合理标准。但是，表达情感和态度的道德判断，无真也无假，没有任何合理方法来确保道德判断上的一致，因为这里根本没有这种方法。假如一定有的话，也是靠对有分歧者的态度或情感造成某种非理性影响。我们使用道德判断，不仅是表达自己的情感和态度，确切地说，也要对其他人造成这种影响。

情感主义是一种声称对任何价值判断作出说明的理论。很清楚，如果它是正确的，那么，所有道德分歧就是合理地无终止性的。并且，很清楚，如果它是正确的，那么，我在前面已经注意到了的那些当代道德争论的特征,就对于那些为当代所特有的事物无能为力。但这种理论是正确的吗?

情感主义流派中迄今为止最为出类拔萃的人物把这种理论表述为关于被用来作道德判断的句子的意义的理论。C. L. 史蒂文森是这个理论唯一最重要的代表者。他断言,"这是善的"这句话的意义大致与"我赞成这个,你也赞成吧"相同,而要获得这个等同,是靠道德判断作为表达说话人的态度的功能和道德判断作为被用来影响听者态度的功能的等同。① 其他情感主义者提出,"x是善的",这个句子的意义大致为"乌拉x!"相等。但作为一定类型的句子意义的一个理论,至少因为下述三个不同的原因,情感主义明显地失败了。

第一,倘若这个理论在于借助一定类型的句子(当它们被说出时)的表达情感或态度的功能来阐明这类句子的意义,那么,它的一个实质部分必定在于对这种情感或态度的识别和描述。但对于这个问题,情感主义的代表人物一般是缄默的,并且可能是明智的沉默。因为迄今为止识别情感或态度的有关类型的所有企图,都不可避免地陷入空洞循环。他们说:"道德判断表达了情感或态度。"我们问:"哪种情感或态度?"答曰:"赞成的情感或态度。"我们又问:"哪种赞成?"这可能是注意到,赞成有许多种。但对回答这个问题,各种情感主义观点要么保持缄默,要么就把相关种类的赞成看成是道德赞成,也就是说,由特殊道德判断所表达的那种赞成,而这就陷入了空洞的循环。

如果我们再考虑到另外两个摒弃情感主义的理由,就更易于理解这种理论为什么会在上述批评面前难于立足。一是情感主义作为有关一定类型句子意义的理论,一开始就从事了一项不能进

---

① C. L. 史蒂文森:《伦理学和语言》,1945年,第2章。

行的工作,因为它致力于把两种不同的表述描述为在意义上是等同的,正如我们已经认识到的,这两种表述在我们的语言中的特定功能,来自于它们之间在关键方面的相互对照和区别,我已经提出,有充分的理由来对我称为个人爱好的表述和评价性(包括道德)表述进行区分,并且说明了,前一种言谈的任何能够给出的理由,取决于是谁向谁说出的,而后一种言谈能够给出的理由,不取决于言谈的背景条件。这似乎足以表明,这两类表述在意义上有很大不同;而情感主义的理论则希望使这两者在意义上相等同。这不仅仅是一个错误,这是一个需要解释的错误。在把情感主义视为一种意义的理论时,在情感主义理论的第三个缺陷里,能够找到这种解释的凭借。

情感主义声称是关于句子意义的理论。但是,情感或态度的表达,就其特性而言,不是句子意义的功能,而是句子在具体情况下的使用。可用 G. 赖尔所举的例子说明这点:一个气愤的学校教师,冲着一个刚做错了一道算术题的小男孩,发泄似地喊道:"$7 \times 7 = 49$!"但使用这个句子表达情感或态度,与句子的意义毫无关系。这表明我们不应当简单地依据那些反对意见摒弃情感主义,我们宁可这样来认识它:是否它不应当被看作是对一定类型的表述的使用(就使用的目的和功能而言)而不是表述的意义(应理解为包括了弗里格依据"感知"和"参照物"放进"意义"中的一切)的理论。

到此为止的论证清楚地表明,当某人作出一个道德判断,例如,"这是正当的"或者"这是善的",并不意味着和"我赞成这,你也赞成吧"或"乌拉 x!"一样,或情感主义理论家们所认为的任何其他等同企图;但是,即使这类句子的意义也与情感主义理论家所认为的完全不同,只要依据是恰当的,那么,用这些句子去说出他们所要说的任何意思,事实上当事人正在做的除了表达他的感情或态度,并企图影响其他人的感情或态度外,没有别的。然而，假如对情感主义理论进行这般解释是正确的，那就意味着：道德措辞的意义和使用两者是或至少是已成为根本不一致的东西。而意义与使用以意义趋于隐蔽使用的方式使两者发生冲突。我们不能仅仅通过听某人所说出的一个道德判断来可靠地推断他说的是什么。而且，说话者本人可能就是那些以意义隐蔽使用的人之一。恰恰因为他意识到他所使用的词的意义，他能确信他正在诉诸那些独立的非个人的标准，而事实上，他正在做的一切是以一种可操纵的方式，来对他人表达他的感情。这样一种现象是怎样发生的？

为了说明这个问题，让我们把情感主义的普遍化的主张放一边，而把情感主义看作是在历史的特殊条件下的发展起来的一种理论。在18世纪的休谟那里，在他的整个道德理论的巨大而又复杂结构中，有着情感主义的因素；但仅仅在这个世纪，情感主义才作为一种理论独立地盛行起来，而且它是对一系列盛行的理论，尤其是在英国的1903—1939年期间所盛行的理论的回应。因此，我们应当问道，是否情感主义作为一种理论，可能既不是对道德语言本身的一种回应，尤其在这开始的时候，也不是对道德语言本身的一种阐述（它的代表人物确实认为是如此），而是对1903年以后的英国的道德语言的一种阐述，因为当要依照理论文本来解释语言时，情感主义理论借用了19世纪早期的"直觉主义"这一名称，它的最早先驱者是G. E. 摩尔。

"在1902年，我在米迦勒节进剑桥大学就读，就在我的第一学年结束时，摩尔的《伦理学原理》出版了，……这是激动人心的，令人愉快的，是一新生的开端，是在一片簇新的土地上的一个崭新天堂的开放。"[①] 约翰·梅纳德·肯尼斯这样写道，相似的言辞也出现在利顿·斯特雷奇和德斯蒙德·麦卡蒂和后来的

---

① 引自S. P. 罗森鲍姆编辑的《布卢姆斯伯里的群体》，1975年版，第52页。

弗吉尼亚·伍尔夫（他在1908年努力逐页读完了《伦理学原理》），以及属于剑桥和伦敦的朋友和熟人的整个圈子的那些修辞模式中。在1903年，所打开的新天堂是摩尔平静地但却启示般地宣告：他至少解决了多少世纪以来从第一位哲学家起就已充分注意到了的伦理学问题：作为伦理学任务应当回答的问题的确切性质是什么。摩尔相信，他注意到这些问题的确切性质，因而他发现有这样三个方面：

第一，"善的"是一个单一的难下定义的名称，一种不同于"愉快"或"有益于进化生存"或不同于其他任何自然性质的性质。因此，摩尔把善说成是非自然性质的。那些宣称这或那是善的命题，是摩尔称之为"直觉"的东西，它们不能够证明或也不能反证，而且，确实不可举出有任何根据或理由是对它们有利或不利。虽然摩尔反对对"直觉"一词的滥用，——"直觉"这词可能隐含着是与我们的感官能力相当的一种直觉器官的名称，但他还是把善看作为一种性质和黄作为一种性质相比较，并以这种方式来确立这些判断：一特定的事物的状态是善的或不是善的，相当于正常的感官感觉的最简单判断。

第二，摩尔认为，称一行为是正当的，只不过是说，可选择的行为的正当性，作为一个事实问题，就是一个正在产生和已产生了的最大的善的问题。摩尔就是这样一个功利主义者；与行为可选择过程的那些后果相比，每一行为唯有依据行为的后果来评价。并且至少也可与功利主义的某些别的说法相适应：没有一个行为本身是正当的或不正当的。任何事情，不论是什么，在一定的环境下都可能被许可。

第三，其结果是这种情形：在《伦理学原理》的第六章也就是最后一章，摩尔写道："个人的喜爱和美的享受包含一切最大的、甚至我们所能想象的远为最大的善……"这是"道德哲学的终极的和基本的真理。"友谊的获得和对自然方面或艺术方

第二章 当代道德分歧的性质和情感主义的主张

面美的事物的沉思，肯定几乎成了所有人类行为唯一的，并且可能是唯一合理的目的。

我们应当立即注意到有关摩尔的道德理论的两个关键性事实。第一，他的三个中心论点相互之间没有逻辑联系。如果人们要肯定其中之一而否定其他两者的话，这不会有任何一致性意义上的裂口。一个人可以是一个直觉主义者而不是一个功利主义者；多数英国的直觉主义者开始持有这样的论点：同"善"一样，"正当"也有一种非自然的性质，并且认为，察觉到一定类型的行为是"正当"的在于认识到，一个人至少有一种不证自明的义务去履行某种与后果无关的行为。同样，一个功利主义者也没有必要信奉直觉主义。而既不是功利主义者也不是直觉主义者有任何必要信奉摩尔在《伦理学原理》第六章的价值观。第二个关键性事实是回过头一看便可知：摩尔所说的第一部分是明显虚假的，而第二部分和第三部分至少是足以引起争论的。摩尔的论证有时是有明显缺陷的（现在看来肯定如此），例如，他依据一个糟糕的词典式的对"定义"的定义，来力图证明"善"是不可定义的。并且，他作了大量断言，而不是论证。而这对我们来说无疑是虚假而又拙劣陈述的观点，肯尼斯却把它看作为"一新生的开端"，利顿·斯特雷奇宣称"已打碎了从亚里士多德和基督到斯宾塞和布莱德雷先生有关伦理学所著述的一切。"伦纳德·伍尔夫把它描绘为"是对耶和华、基督和保罗、柏拉图和黑格尔所纠缠我们的宗教和哲学的梦魇，迷惘和幻觉的替代物，是新鲜的空气和纯粹常识的洞见。"①

毋庸置疑，这是大愚之极，但这是有着极高睿智和洞察力的人们的大愚。因此，如果我们能够发现为什么他们会接受摩尔天真而又自得的启示的任何线索，就是值得探讨的。原因在于问题

---

① 葛蒂（Gadd, David）：《可爱的朋友们》，1976年版。

本身。这是一群正要成为伦敦文化住宅区布卢姆斯伯里的人,已经接受了摩尔在第六章中的价值观,但他们并不愿仅仅作为他们自己个人的爱好来接受这些价值观。他们感到需要找到客观的非个人的合理理由来摒弃除了对人们的交往和对美的认识外的一切主张。那么,什么是明确地被他们摒弃的?实际上,并不是在伍尔夫的或斯特雷奇的那遭到他们判决的名单中的柏拉图学说,或保罗,或任何其他伟大人物的名字,而是那些作为19世纪后期文化象征的人物。当然,在斯宾塞和布莱德雷的名字中间还排除了西季威克和莱斯利·斯蒂芬,整个过去被看成是一种负担,摩尔恰恰有助于他们摆脱这种负担。19世纪后期的道德文化为什么会成为一种负担,致使人们力图摆脱它?这个问题允当缓一步回答它,因为正打算集中力量于论证过程中,而后就会有更充分的理由来回答它。但我们应当注意到,在伍尔夫,斯特雷奇和罗杰·弗赖伊的著作和生活中,这种摒弃过去的论点有着怎样的支配地位。肯尼斯强调,不仅要把边沁的功利主义学说和基督教的学说摒弃掉,而且要将把社会行为看成是有价值的目标的一切主张都摒弃掉。那么,还剩下什么?

回答是:一种如何使用"善"的极贫乏的论点。肯尼斯例举了在摩尔的追随者之中讨论的中心论题:"如果A爱B,并且相信B会回报他的感情,而事实上B并没有以情相报,而且与C热恋,如果A自认正常,这事肯定不像应当有的那样好,但如果A发现了他做的蠢事,那么,事情会更好些,还是更坏些?"或另外一个问题:"如果A是因对B的品质的误解而爱B,那么,如果A根本就不陷入爱中,是更好些,还是更坏些?"这类问题应当如何回答?——可给出标准的摩尔式的处方:你是否觉察到了,在较大或较小的程度上,存在还是缺乏非自然性质的"善"?但是,假如有两个观察者,他们有分歧则意味着什么?据肯尼斯说,只能给予这样的回答:要么就是两人注意着不同的问题，没有认识到这一点；要么就是一人的理解力高于另一人。然而，正如肯尼斯告诉我们的，真正所发生的事情是完全不同的："在实践中，胜利总是属于带着清晰而又确信无疑的最出色表情说话的人的，他们能把不容置疑的腔调运用自如。"接着，肯尼斯描绘了对摩尔因疑虑和摇头而生的叹息，斯特雷奇的冷峻的沉默和洛厄·迪金森的耸肩的深刻印象。

这里恰好证明在被说出的言辞的用意和意义与言辞的使用之间有一裂口，我们对情感主义的重新解释已注意到了这种裂口。在这里，一个敏锐的观察者和肯尼斯他自己的回顾都可能这样来看待这一问题：这些人要他们自己去认识一种非自然的性质的存在，他们称这为"善"；但事实上并没有这样一种性质，而他们所做的仅仅是表达了他们的情感和态度而已。他们通过一种对他们自己的言语和行为的解说，伪装了对他们的爱好和怪想的表达，这种解说赐予这种表达一种客观性，而事实上它们并不具有。

情感主义的当代创始人中最为敏锐者，诸如哲学家F. P. 拉姆齐①、奥斯汀·邓肯—琼斯和C. L. 史蒂文森，无一不是摩尔的门生，我承认这决非偶然。这种看法是不难理解的；事实上他们将1903年以后的剑桥（以及其他类似剑桥的环境）的道德言语和道德言语本身相混淆，因此，他们实质上代表的是对前者的一个正确解说，虽然好像是在对后者进行一种阐述。摩尔的追随者们的行为使人们感到，好像他们在什么是善的问题上的分歧，是诉诸一种客观的和非个人的标准来解决的；但事实上却促使一种更强的、在心理上更为机敏的意图盛行起来。情感主义者鲜明地将事实上的（包括感觉上的）分歧与史蒂文森称为"态度上的分歧"的东西区分开来，这是不奇怪的。但是，如果把

---

① 拉姆齐（F. P. Ramsey）：《数学基本原理》，1931年版，跋。

情感主义的主张看成是关于 1903 年以后的剑桥和它的后继者们在伦敦和其他地方的道德言论的运用的主张，而不是关于所有时间所有地方的道德表述的意义的主张，那么，情感主义就有强有力的说服力。而这些理由，初看起来似乎是在挖情感主义的普遍性主张的墙脚，但因这些理由，情感主义的主张已明显地威胁着我的起始论点。

使情感主义作为有关 1903 年以后剑桥的那种道德言语的一种论点而有说服力的是特属那段历史的一定特征。因为摩尔论点的虚假性，其的评价性言论体现了摩尔对这些言论的解释的那些人，并不能做他们要自己做的事。不过，一般性道德言语似乎并没有任何东西（不管是什么）始终相伴随。在这一意义上，情感主义就是一经验性的理论，或宁可说，是一种经验理论的一个初步框架，其后或许可为心理学的、社会学的和历史学的观察所充实，这种经验理论是有关这些人的：他们在所有的客观的和非个人的标准都丧失以后，继续使用道德的和其他评价表述，好像他们被客观的和非个人的标准支配着一样。因此，我们应当希望，情感主义一类的理论出现在一种特别具体的环境中，它是对具有摩尔的直觉主义的基本特征的那种理论和实践的回应。这样去理解情感主义，把情感主义看作为一种关于语言使用的有说服力的理论，而不是有关意义的虚假理论，就把情感主义与道德发展或衰退的特定阶段连接起来了，这个特定阶段就是我们自己的文化进入本世纪的初期。

我在前面谈到，情感主义不仅是有关 1903 年以后的剑桥的道德言语的一种理论，而且是有关"有着相似继承物的其他地方"的道德言语的一种理论。对于我的这个观点，可能会立刻遭到这样的反对：情感主义毕竟在不同时间、不同地点和不同环境里被提出了，因此我对摩尔在产生情感主义中的作用的强调是错误的。对于这一诘难，我的回答是：第一，我对情感主义的兴

第二章 当代道德分歧的性质和情感主义的主张

趣范围仅仅在于它是一种似乎正确而又可辩护的理论。而某些情感主义学说,例如卡尔纳普的学说,在他的学说里,在他的意义理论和科学理论把道德言论从事实和描述领域里驱除出去后,作为对情感和态度的表达的道德言论的特征,是一种力图为它们发现某些位置的绝望企图,① 因而这种理论是建立在对道德言论的特殊性质的最贫乏的注意上的。第二,我应反驳的是,有一从普里查德为开端的直觉主义的牛津史并行于摩尔的剑桥史;并且的确如此,不论什么地方,只要发现有像情感主义这种东西的盛行,一般都是类似于摩尔或普里查德的论点的后继理论。

正如我在前面所揭示的,这些评论的前提条件是道德衰退的图景,是一种需要有三个不同阶段的区分的图景,在第一阶段,价值理论尤其是道德的理论和实践所体现的真正客观的和非个人的标准,为特定的政策、行为和判断提供了合理的正当的理由,这些标准本身反过来也可以合理地证明为正当的;在第二阶段,存在着维护客观的和非个人的道德判断的不成功的企图,而且在此阶段依据标准和为标准提供合理的正当的理由的运动持续地失败;在第三阶段,由于那虽不在明确的理论中,但在实践中普遍蕴含的认识,一种情感主义理论隐然获得了广泛的赞同:客观性、非个人性的主张已不适用。

然而,就是对这个图景的这种陈述也足以表明,被重新解释为一种语言运用理论的情感主义的一般性主张,并非能够如此容易地被置于一旁。因为我刚勾画的发展图景的一个前提条件是:真正客观的和非个人的道德标准能够得到某种方式的合理论证,即使在某些文化中,在其某个阶段,这种合理论证的可能性不再

---

① 卡尔纳普等人的激进的情感主义学说不仅把事实与价值对立起来,而且认为,道德判断、概念只表达情感,不表达事实,读者可参阅石毓彬和杨远著述的《二十世纪西方伦理学》的有关章节。——译者

具有。但这正是情感主义所否定的。而我所揭示的情形基本上是我们自己文化的情形,即在道德论争中,对规则的明白无疑的断言,起着表达个人爱好的假面具的作用——这也是情感主义认为是普遍性的情形。而情感主义能够这样做,在于它并不需要对人类文化进行任何一般历史的和社会学的研究。因为,情感主义论断的核心部分是:宣称客观的和非个人的道德标准存在的任何主张,都没有也不能得到任何正当合理的论证,因此,也就没有这样一类标准。它的主张与下述主张是同一类的,这对所有文化而言,不论哪一种,都是真实的:在所有文化中都没有巫婆,自称的巫婆也许有,但真正的巫婆不可能有,因为本来就没有。情感主义也是如是说:自称的合理论证也许有,但真正的合理论证不可能有,因为本来就没有。

因此,情感主义确立在这样一种主张上:不论是过去还是现在,为一种客观道德提供一种合理论证的任何企图事实上都已失败。这是对整个道德哲学的历史的一个判断,而这个判断抹去了体现在我前面的假说中的过去和现在的对照。不过,即使情感主义是正确的,并且也被广泛地相信它是正确的,情感主义还是没有认识到这种差别对道德的意义。例如,史蒂文森对说出"我不赞成这,你也别赞成吧"而并没有以同样的力量来说出"这是坏的!"理解得非常清楚,他注意到了有某种权威附丽于后者,而不是前者。可是,恰恰因为他把情感主义理论看成是一种意义理论,他并没有注意到这种权威来自这个事实:"这是坏的"这句话的使用在某个方面隐含着对一种客观的和非个人的标准的诉诸,也正是在这同一个方面,"我不赞成这,你也别赞成吧"这句话并没有隐含着这种诉诸。也就是说,倘若并且就情感主义是正确的而言,道德语言也被严重误解了;同时,倘若并且就合理地相信情感主义而言,传统的和继承的道德语言的使用大概也应当放弃。情感主义者没有一个作出了这个结论，很清楚，像史蒂文森等，他们没有作出这个结论，是因为他们错误地把他们自己的理论看作是一种意义理论。

当然，这也是为什么情感主义在分析的道德哲学的范围内没有流行的原因。分析哲学家们把对日常生活和科学语言的关键表述的意义的解释，界说为哲学的中心任务；既然情感主义恰恰不能作为一种道德表述的意义的理论，因而，分析哲学家们基本上都拒绝了情感主义。但情感主义并没有消失，注意到这点很重要：在相当不同的当代哲学背景条件中，有那非常相似于力图把道德变形为个人爱好的情感主义企图的东西，持续重复出现在那些并不把自己看作是情感主义者的著作中。未被认识的情感主义的哲学力量是情感主义的文化力量的一个证明。在分析的道德哲学的范围内，对情感主义的抵抗产生于道德推理发生时的感觉，即在不同的道德判断之间有那么一种情感主义考虑不到的逻辑联系（"因此"和"如果……那么……"是明显地不被用来表达感情的）。在对情感主义的这种批评的回应中，出现了对道德推理的最有影响的阐释：只有运用某些普遍准则，当事人才能证明一种特殊判断的正确性，从这种准则中，这种特殊判断能够逻辑地被推演出；而唯一能证明这种准则的正当性的，是通过依次从某些更普遍的准则或原则中推演出它。但就这个论点而言，既然每一推理之链必定是有限的，因此，这样一个论证推理的过程必定总是以对某些准则或原则的断言而终结，对于这些准则或原则来说，没有更进一步的理由可给予。"因而，一个决定的完满正当的理由，由它的结果和对它所遵从的原则的完满阐释，以及遵从这些原则的结果的完满阐释所构成……如果提问者还继续问道：'但为什么说我应当像那样生活？'那么，就没有进一步的回答给予他，因为我们已经说过，假定那一切东西都能包括在进一步的回答里。"①

照此而论,正当理由的终点永远是这样一种没有得到进一步合理证明的选择,一种没有标准指导的选择。在这样一种选择的基础上,每一个人都或隐或现地不得不采用他(她)自己的第一原则,对任何普遍原则的表白,最终都是个人意志所好的一种表述,并且,对于个人意志而言,它的原则唯一地具有和能够具有这样一种权威,就是因为采用了这些原则而给予它们的。因而,情感主义毕竟与这相去不远。

对于这个论点,有人也许会回答说,是,我能够得出这种结论,是由于忽视了在分析道德哲学的范围内与情感主义不相容的许多积极的论点。这样的论述在特征上有些先入为主的看法:理性的观念本身为道德提供了一个基础,有了这样一个基础,就有恰当的理由来摒弃情感主义和主观主义的观点。这里可以看看(据说是)不仅被黑尔,而且被罗尔斯、多尼根、格特及格维茨(这些名字仅是少数几个)提出的那种种主张。对于被举出来证实这些主张的这些论证,我想指出两点:第一,事实上他们没有一个人是成功的。我将在后面第六章中,用格维茨的论证作为典型事例,他是这些著述家中最晚出的一个,他自觉地和审慎地意识到了其他分析道德哲学家对道德论争的贡献,因此,他的论证为我们提供了一个理想的检验例证。如果他的那些论证不成功,那就显然证明了:以分析哲学家为其一部分的这整个运动进行得并不成功。并且,正如我将在后面证明,他们没有成功。

第二,很明显的是这些著述家在他们自己之间,不是在道德理性的特征问题上,就是在以理性为基础的道德的实质问题上争论纷纷。当代道德论争的多样性和无终止性确实反映在分析道德哲学家们的争论中。而且,如果那些主张能够把原则公式化,有

---

① 黑尔(Hore):《道德语言》,1952年版,第69页。

第二章 当代道德分歧的性质和情感主义的主张

理性的道德行为者应当对公式化原则取得一致意见的人，都不能确保他们的共同享有基本的哲学倾向和方法的同事对这些原则的公式化取得一致看法，那这就再一次地不证自明地证明了：他们的工作已经失败，连我们已考察了的他们的具体争论和结论都如此。他们之间的相互批评是他们的同事的工作失败的证据。

因此，我认为，我们没有任何充分理由相信，分析哲学能够为我们摆脱情感主义提供任何令人信服的东西，事实上，一旦把情感主义理论看作是有关言辞的使用而不是意义的理论，可知分析哲学总是认可情感主义的实质。但这不仅对分析的道德哲学而言是真实的，就是初看起来是非常不同的德国的和法国的道德哲学也如此。尼采和萨特所使用的道德词汇，大部分不同于英语哲学世界的；不仅在词汇上，而且在风格和修辞学上，彼此很不相同，而且也同与分析哲学不同一样。不过，当尼采试图把所谓的客观道德判断的制作指控为是那些强力意志太软弱、太奴性而不能以古老的贵族的尊严来维护自己的人制作的假面具时；当萨特试图揭示，第三共和国的资产阶级的理性主义者的道德是这样一些有着错误信念的人的实践：他们不堪承认他们自己的选择是道德判断的唯一源泉时，他们仍然都承认情感主义所坚决主张的东西的实质。确实，他们都把自己看作是通过他们的分析来责难习俗道德，而大多数英国和美国的情感主义者并不认为他们自己在做这种事。在某种程度上，两者都把他们自己的任务看成是创立一种新道德。但正是在这个意义上，在他们俩的著作中，他们的言词——尽管两人是非常不同的——都成为浓云密布和晦涩难懂的，并且，隐喻性的论断代替了论证。尼采的超人和萨特的存在主义的马克思主义者属于哲学上的中古世纪的动物寓言集（常含道德寓意）的那些篇章，而不是严肃讨论的范围。相反，他们哲学上的最有力量的和最有说服力的部分则是他们的批判的否定的部分。

这个以哲学的外观的多样性出现的情感主义现象，强烈地意味着，真正要面对情感主义，就必须对我自己的论点进行界说。因为形成我的论点的一个方面是，现在的道德并不是历史上曾有过的道德，这恰是说，不论人们公开承认的理论立场是什么，在很大程度上，好像人们现在所想、所说和所做的都表明情感主义是正确的。情感主义已变得具体体现于我们的文化中。当然，我这样说，不仅仅是主张现在的道德已不是历史上的道德，而且更重要的是强调，历史上那曾是道德的东西在很大程度上必定消失了，而这标志着一种衰退，一种严重的文化丧失。因此，我致力于两个不同而又相关联的任务。

第一，识别和描述过去的已丧失的道德，评价以往道德对客观性和权威性的要求，这既是历史的又是哲学的任务。第二，完善我的关于当代的特殊性的论点。因为我已揭示了，我们生活在一种特殊的情感主义文化中，如果确是如此，我们大概应当发现，如果不是在一个自省的理论层面上，至少也是在日常实践的层面上，以情感主义的真理为先决条件的行为模式和概念（不仅是我们明显的道德争论和判断）的巨大多样性。但为什么会如此？对于这个问题，我即将探讨。

第三章

情感主义：社会内容和社会背景条件

任何一种道德哲学在特征上都以某种社会学为前提，情感主义也不例外。这是因为，每一种道德哲学都要或明或暗地对行为者与其理由、动机、意图与行为的关系作出至少是部分的概念性分析，而这种作法通常预设着这样的要求：这些概念体现在或至少能够体现在现实的社会世界中。既使是有时似乎把道德行为限制于本体的精神领域的康德，在其论述法律、历史和政治的著作中，也隐含了上述要求。因此，一般说来，如果可以表明某种道德哲学认为道德行为决不可能体现于社会生活中，那么这就是否定这种道德哲学的决定性理由；由此可知，不论什么道德哲学的主张，如果不搞清其体现于社会时的形态，就不可能充分理解它。一些甚至可能是大部分以往的道德哲学家，认为这是道德哲学任务的一部分。柏拉图和亚里士多德无疑持这种看法，休谟和亚当·斯密也不例外；但是，至少从摩尔开始，在对道德哲学的看法上，一种狭隘的观念占据了统治地位，它使道德哲学家们能够放心大胆地无视这一任务。情感主义哲学家就是其中的显著例证。因此，这一任务只好由我们来代之完成了。

情感主义的社会内容的关键是什么呢？是这样一个事实，即它消除了操纵的和非操纵的社会关系之间的任何真正区别。在这一问题上，可把康德的伦理观点与情感主义相对照。在康德看来（许多早先的道德哲学家与他相同），不具有道德精神的人际关系与具有道德精神的人际关系之间的区别,就在于把他人主要作为达到自己目的的手段还是作为目的本身。把别人当作目的,也就是把自己所认为的以这种方式而不以其他方式行为的好理由提供给他们,但对这种理由的评价则留待他们自己去进行。而那些理由若不被他人判断为好理由,自己就决不愿意影响他人。但每一个有理性的行为者必须自己判断什么是好理由,而且这种判断只能诉诸于非个人标准的有效性。与此形成对照的是,把他人当作手段,也就是通过在不同场合中施加有效影响或进行谋算,力图把他人作为达到自身目的的手段。在此用来指导自己的不是具有规范合理性的标准,而是关于劝说的社会学和心理学概念。

　　如果情感主义是真实的,上述区分就是虚幻的。这是因为,根据情感主义观点,评价性言辞最终除了表达自己的情感和态度并改变他人的情感和态度外,毫无其他意义或用途。人们不可能真正诉诸于非个人的标准,因为不存在这样的标准。我当然可以自认为是在诉诸这类标准,其他人也可以如此认为,但实际上这种想法永远是错的。不同道德论述的唯一实质就是一方试图使另一方的情感、态度、偏好和选择与自己的相一致。他人永远是手段,而不是目的。

　　如果用情感主义者的眼光来看,社会生活像什么样子呢?如果情感主义被人们广泛地预先认定是真理,社会生活又是什么样子呢?对这些问题的一般性答案目前是清楚的,但是答案中有关社会具体情况的内容却部分地取决于各特殊社会背景条件的性质;也就是说,当人们抹杀操纵的和非操纵的社会关系的区别时所处的社会背景条件的不同,当这种抹杀所服务的具体而特殊的利益不同时,这种答案中有关社会具体情况的内容也是不同的。威廉·加斯提出,亨利·詹姆斯在其《一个妇人的画像》中,主要关心的是审察在欧洲某种特殊类型的富人的生活中抹杀这种区别时所造成的后果。也就是说,这本小说结果变成了一种考

第三章 情感主义：社会内容和社会背景条件

察，用加斯的话来说，它成了对"作为消费者的人意味着什么，作为被人消费的人又意味着什么"[①]的考察。这种"消费"隐喻的恰当含义要结合社会背景条件来理解；詹姆斯写的是富有的审美者，这些人的兴趣就在于想方设法对他人做些事情，以此来满足自己的愿望和百无聊赖的趣味，避免厌烦——一种现代闲暇的典型特征。这些人的期望可能是仁慈的，也可能是不仁慈的。该书中有的角色以期望他人幸福美满来自娱，有的角色则全然不顾他人好坏而只追求私欲的满足（如拉尔夫·塔奇特和吉尔伯特·奥斯蒙德之间的不同就表现了这种差别）。但是对于詹姆斯来说，这种差别并不像以道德工具主义为主旨、操纵利用他人的风气占主导地位的社会环境与不存在这种风气与主旨的社会环境（如《欧洲人》中描写的新英格兰社会）之间的差别那么重要。当然，至少在《一个妇人的画像》中，詹姆斯关心和涉及的只是一个有限的和仔细鉴定了的社会环境，只是处于具体时间地点中的某种特殊类型的富人。但是，这绝不减少他的审察所获得的成就的重要性。事实上，《一个妇人的画像》将在道德评论的一个悠久传统中占有一个关键位置，这一传统中的早期成员是狄德罗的《拉摩的侄儿》和克尔凯郭尔的《非此即彼》。这种统一的传统得以形成的先决条件是这些人的条件：在现实世界中他们除把现实世界看作是与个人意志相冲突的地方外，看不到任何其他东西；他们每个人都有一套自己的态度和偏好，在这种人看来，社会完全是各个个人满足自身欲望的竞技场，现实不过是各个个人追求享受中的一系列机会，个人的最终敌手就是厌烦。年轻的拉摩，克尔凯郭尔笔下的"A"和詹姆斯笔下的拉尔夫·塔奇特把这种审美态度置于非常不同的环境中，但可看出这是同一种审美态度，甚至那些环境也有某种共同之处。它们是这样的环境：

[①] 加斯（Gass）：《虚构和生活中的人物》，1971年版，第181—190页。

在这种环境中,在闲暇背景下产生了享受问题,在这种环境中,大量的金钱造成了与必要工作的社会距离。拉尔夫·塔奇特是富有的,"A"生活舒适,拉摩则是依附于其阔绰主顾和顾客的寄生虫。这并不是说克尔凯郭尔所说的"审美的"领域仅限于富人及其近邻;我们其他人在幻想和渴望中也常常具有与他们同样的态度。这也不是说全部富人都是塔奇特、奥斯蒙德或"A"。但这就意味着,如果我们必须充分理解那操纵的与非操纵的社会关系之间的区别,即被情感主义抹煞的社会背景条件,我们就应该同时也考虑到某些其他社会背景条件。

在这些社会背景条件中,非常重要的一个就是组织化生活,即那些官僚政治结构的生活,这种结构不论以私人团体的形式①还是以政府机构的形式出现,都规定着众多当代人的工作任务。在这里,与审美的富人生活的鲜明对照马上显得引人注目。拥有过多资产的阔绰审美者们无休止地搜寻着他们可以利用这些资产来达到的目标;但社会组织的特性却是竞争贫乏的资源并使之服务于自己事先确定了的目标。因此,经营管理者们的一个核心责任就是指导和再指导自己组织的全部资源——包括人力资源和非人力资源,使其尽可能有效地服务于那些目标。所有官僚政治组织都或明或暗地体现出对于成本和利润的某种界说,有效性的标准就出自这种界说。官僚政治的合理性就是经济有效地使手段与目标相匹配的合理性。

这一众所周知的思想(或许可以说,目前人们对它已过于

---

① "官僚政治"译自"bureaucracy"。"bureaucracy"有三层含义:一、政府官员。二、类似于政府官员的商业中或其他行业中的行政官员。三、低效率的官僚机构或政府部门。本书作者既在这类机构也在这类机构的成员的意义上使用这个词,有的译著译为"科层"或"科层化",但本书作者使用此词具有比"科层"更强烈的倾向性,为较准确地表达原意,本书一律译为"官僚政治"或"官僚机构"。——译者

第三章 情感主义：社会内容和社会背景条件

熟知了）的最早起源自然是马克斯·韦伯。人们马上会恰当地想到，韦伯的思想所体现的不过是情感主义所体现的那些两歧式，所抹煞的也恰是情感主义必须视而不见的那些区别。目的问题也就是价值问题，而在价值问题上理性须保持沉默，相互对立的价值冲突无法合乎理性地得到解决。在这里，人们必须做的是选择，在不同的政党、阶级、国家、事业、理想之间进行选择。判断（Entscheidung）在韦伯思想中扮演的角色与原则的选择在黑尔和萨特处扮演的角色是相同的，阿隆（Aon, Raymond）在解释韦伯的观点时说："价值是由人的决定创造的……"他认为，韦伯的观点是"个人的良心是驳不倒的，"价值立足于"纯粹由主观性来证明其合理性的选择"[①]。韦伯对价值的理解主要受惠于尼采，而麦克雷在其论述韦伯的书[②]中把韦伯称作存在主义者，这毫不奇怪。因为韦伯虽然认为行为者在与他的价值观一致的行为方面也许或多或少是合理的，但是却又认为，人们对任何特定的价值立场或价值信奉的选择，不会比对别的价值立场或价值信奉的选择更合理。所有信仰、全部评价都同样是非理性的，都是对情感和感情发出的主观命令。这样，在我所理解的"情感主义者"这一称呼的较广泛意义上，韦伯也是一个情感主义者，而他对官僚政治权威的描绘，也就是一个情感主义者作出的描绘。韦伯的情感主义观点的后果是：在他的思想中，权力和权威的对照被有效地抹煞了（虽然他在口头上承认有这样一个区分），这是操纵的与非操纵的社会关系之间的对照消失的一个特殊例证。当然，韦伯自认为对权力和权威作出了区分，这完全是因为权威服务于目的和信仰。但是，正如菲利普·里夫尖锐指

---

① R. 阿隆：《在社会学主流思想中的马克斯·韦伯》，R. 霍华德和 H. 韦弗译，1967 年版，第 206—292 页。

② 麦克雷：《马克斯·韦伯》，1974 年版。

出的:"韦伯所说的目的,也即需要服务的本原,是行为的手段,它们不可逃避地服务于权力"①。这是因为,在韦伯看来,除了诉诸自身有效性的官僚政治权威以外,没有一种形式的权威能诉诸于理性标准来证明自身的正确。这种诉诸揭示出,官僚政治权威不过是一种成功的权力而已。

对现实官僚政治具体特点作出分析的社会学家们已对韦伯就官僚政治组织的一般性论点进行了有力的批评。因此,应该注意到这样一个问题,有一个领域,在这个领域中,他的分析已得到经验证明,并且,在这一领域中,许多自以为已经放弃了韦伯式分析的社会学家的理论,实际上又重新作出了这样的分析。我这里指的是韦伯对如何证明官僚政治中管理权威的合理性所作的论述。因为虽然有些现代社会学家把韦伯所抹煞或忽略的东西,放在了自己对管理行为所作解释的最前端,(例如,利克特强调了管理者影响其从属人员动机的需要,马奇和西蒙则强调管理者需要确保其从属人员所进行论争的前提,必须是可以与自己事先确定了的结论一致的前提)但是,他们仍然把管理者的功能看作控制行为和压制冲突,从而加强了而不是削弱了韦伯的经营管理的合理性的论点。因此,大量证据表明,实际中的经营管理者确实在其行为中体现了韦伯式的官僚政治权威观念的一种关键作用,一种以情感主义的真理为前提条件的观念。

亨利·詹姆斯笔下那种对个人享乐进行美学追求的富人特性角色(Character)的原形,见于上世纪的伦敦和巴黎,韦伯所描绘的经营管理者的角色的原型起源于德国的威廉明娜,但这两种特性角色目前已遍及几乎所有发达国家,特别是美国。这两种角色有时甚至会在把自己生活划分为两部分的同一个人身上呈现。但他们不是现今舞台社会剧中那种介乎两者之间的"边际人"。

---

① 里夫:《致我的伙伴教师们》,1975年版,第22页。

我是以一种严肃认真的态度来使用这一戏剧隐喻的。有一种传统戏剧，其中有一组可以被观众当下辨认出来的特性角色，日本的能剧①和英国中世纪的道德剧就是这种戏剧。这些特定角色部分地规定了剧情和演员的活动。对这些角色的理解在于被提供的一种解释扮演者行为的方法，恰恰因为在演员本人意图里有这样一种同样的理解；并且，剧中其他演员都可以具体参照这些中心角色来规定他们自己的作用。所以，也可知，某种社会角色是专属于某种特定的文化的。他们提供了这种可使人当下辨认的特性角色。而这种辨认能力，就社会意义而言，是至关重要的，因为正是对这些角色的已有知识提供了对剧中那些扮演这些角色的个人的行为的解释。这种解释是如此确切，恰因为演员们使用的是同样的知识来指导和建构自己的行为。因此，得到如此说明的特性角色绝不能混淆于一般意义上的社会角色（role）。因为他们是一种非常特殊类型的社会角色，他们以其他角色所不具有的方式，把某种道德束缚置于相应角色的人格之中。我之所以选用"特性角色"（Character）来表达他们，恰恰由于这个词能把戏剧和道德联系在一起。许多现代的职业性角色——如牙医、垃圾清扫夫——都不是官僚政治管理者那种特性角色；许多现代的身份性角色——如中低阶层中的退休人员——也不是现代闲暇富人那种特性角色。在特性角色中，角色和人格以一种非常明确而非一般的方式融合在一起，在这种角色中，行为的可能性以更为有限而非一般的方式受到限定。不同文化间的关键区别之一在于：哪些角色在多大程度上成为特性角色；但各个文化所特有的东西，主要和集中表现为这种特性角色族所特有的东西。因此，维多利亚时代英格兰文化部分地要以公立学校校长、探险家和工程

---

① 能剧为日本的一种古典歌舞剧，出场的人物都戴假面具，具有鲜明的角色特征。——译者

师这些特性角色来界说；同样，德国威廉明娜时代的文化要以普鲁士官员、教授和社会民主党人来界说。

　　特性角色还具有另外一个引人注目的方面。可以说，特性角色是其所处文化的道德代表，这是因为，通过这些特性角色，道德和形而上学的思想和理论表现为在社会生活中的一种具体化了的存在。特性角色是道德哲学戴的面具。这种理论和哲学当然要以多种方式进入社会生活：最明显的恐怕为书籍、布道和交谈中的思想观念，或在油画、戏剧和梦想中的象征性主题。但是，它们表现特性角色生活的独特方式，可以借助于思考下述问题来阐明，即其特性角色是如何把被认为属于个别男人或女人的东西与通常被认为属于社会角色的东西合并到一起的。个人和角色都像特性角色那样能够并且实际体现道德信念、学说和理论，但它们是以各自不同的方式体现的。但只有对照这些不同方式，才能描绘出特性角色体现的方式。

　　个人通过意向来表达行为中的多种道德信念。这是因为，所有意图都以复杂程度或高或低、连贯性或强或弱、清晰程度或大或小的信念——有时是道德信念——为前提条件。因此，诸如寄信或向路人发放传单这样的小行为，所体现的意图的含义来自个人某些较大规模的规划，而这种规划本身，又只有依据于同等或更大的信念体系的背景才可以理解。一个人寄信时，可能是在着手某种创办大企业的事业，他要使人相信，这一事业所要求的国际合作既可行又合法；当一个人发传单时，他可能是在表达自己的列宁历史哲学的信念。但是，由寄信发传单来表现最后结果的实践推理之链，就其形式来说，当然是个人自身拥有的；这一实践推理链的轨迹和使其中各个步骤成为一种令人可以理解的序列的背景条件却是这个人的行为、信念、经验的历史以及这些因素相互作用的历史。

　　与此极为不同的是，某种类型的社会角色（role）体现的信念，可以使构成该角色前提条件的以及由该角色所表达的思想、理论及学说与作为角色扮演者的个人信奉的思想、理论及学说大不相同，至少在某些情景中如此。天主教神父凭借他的角色，主持弥撒、参加其他仪式典礼及各种活动，这些都或明或暗地体现天主教信仰，或以天主教的信仰为前提。但是，就某个被任命为神父的具体个人来说，可能对上述活动完全不存在任何信仰，而且，他个人的真实信仰可能与他扮演角色的行为所表现的信仰完全不同。个人与其角色之间的这种不同可以在多种例证中发现。一个贸易工会官员通过其扮演的角色与雇主代表谈判以及从事旨在达到其工会目标的运动，如提高工资，改善工作条件，在现有经济制度下保持就业状况等等，也就是说，他从事这些活动的方式一般是以工会的目标为前提条件的，这些目标都是工人阶级的合法目标，工会仅仅是达到这些目标的手段。但是，某一特定工会官员可能会坚信，工会不过是驯服和腐蚀工人阶级的工具，因为它转移了工人们对革命的兴趣。他心目中的信念与由他的角色表达和预设的信念完全不同。

在许多情况下，个人与其角色之间存在一定距离，结果是各种不同程度的怀疑，妥协、解释和玩世不恭介入这两者之间。但被我称作*特性角色*的东西却与此完全不同；这种区别来自对一种*特性角色*的要求是外在强制性的这一事实，来自人们把特性角色看作和用作理解、评价他们本身的方式这一事实。其他范式的社会角色可以通过它构成的制度来详细说明个人所扮演的角色是那些制度的一部分，是与那些制度相关的。而在特性角色那里，就远不止这些。一个特性角色被某种一般文化的成员或这种成员的重要部分视为目标。这一角色为这种文化的成员提供文化的和道德的理想。因此，在这种范式的例证中，要求将角色和人格融合在一起，即要求社会形式与心理形式相一致。*特性角色*在道德上证明了社会存在的一种样式的合理性。

我想，这下读者可以明白，当我提及维多利亚时代的英格兰和威廉明娜时代的德国时，为什么选择了那样几个例子。英国公立学校校长和德国的教授（在此仅举此两例）并不仅仅是社会角色：他们是整整一大批态度和行为的道德上的集中体现者。他们之所以有此功能，恰因为他们把道德的形而上学理论和要求结合在一起。当然，这些理论和要求具有一定程度的复杂性，并且在公立学校校长团体和在教授团体中，对自身的角色和作用也有公开的争论，托马斯·阿诺德的"橄榄球"不是爱德华·恩林的"上等火腿"，蒙森和施莫勒所代表的学术态度与韦伯的极为不同。但是，他们之间分歧的表述方式却总是在背景条件中表现出其深刻的道德一致性，正是这种道德上的一致，构成了各个个人以其自身方式体现的**特性角色**。

在我们所处的时代中，情感主义是体现了这样一些特性角色和理论：他们共同持有情感主义关于合乎理性的与非理性的话语之间区别的观点，但这些特性角色却是在极为不同的社会背景条件中将这种区别具体体现出来的。这些特性角色中的两种我们已经注意到了：富有的审美者和经营管理者。现在必须加上第三种：治疗师。经营管理者在其特性角色中抹杀了操纵的与非操纵的社会关系之间的区别，治疗师在个人生活领域中同样抹杀了这种区别。经营管理者把目标视为既定的给予物，视为外在于他活动范围的东西；他关心的是技术在原材料转变为最终产品，不熟练的工人成为熟练工人，投资变为利润等过程中的效率。治疗师同样把目的视为既定的给予物，视为他活动范围之外的东西；他关心的同样也是技术问题，是把神经症状转变为有方向性的能量、把精神失调的患者转变为得到很好调整的正常个体的有效性问题。经营管理者和治疗师，就他们是经营管理者和治疗师而言，既不参与也不能参与道德争论。在他们及具有与他们相同眼光的人的心目中，对自身是无须议论的，这种人旨在把自己限制

第三章 情感主义：社会内容和社会背景条件

在可以达到合乎理性的一致性的范围之内，也就是说，限制在被他认作事实的范围内，限制在手段的范围内，限制在可以衡量出效率的范围内。

当然，在我们的文化中，治疗学这一概念的应用已经远远超出了它显然有其合法位置的心理治疗领域，注意到这点很重要。在《治疗学的胜利》（1966）和《致我的同事们》（1975）中，菲利浦·里夫以无情的摧毁性洞察力，用有关文件证明了在一些治疗方式中，真理被置换成某种价值，心理效率取代了真理。治疗这一惯用语已经过于成功地侵入教育和宗教领域之中。治疗学的形式所牵扯到的和为其论证的理论当然是广泛多样的，但是，比起那些仅对其倡导者有重要意义的各种有关理论来，这种形式本身所具有的社会意义要大得多。

在一般地谈到特性角色时，我说他们是为某种文化提供道德定义的社会角色；在这里，至关重要的是强调指出，我这句话的意思并不是说特定文化中的由特性角色表达和体现的道德信念将确保在那个文化中受普遍的赞同。与此相反，这些特性角色之所以能够履行其限定的任务，部分原因恰在于他们提供了分歧的焦点。因此，在我们文化中经营管理角色体现在道德上有限定作用的特性角色，既被当代对经营管理和操纵的理论与实践的种种不同攻击所证明，又被对这些角色的忠诚所证明，这正反两方面的证明作用几乎是同等的。坚持攻击官僚政治的人有力地重新强调了这样一种观念：个人只有通过自己与官僚政治发生的关系来规定自身。新韦伯组织论者和法兰克福学派的继承者不知不觉地在现今舞台上合唱着。

我当然不想暗示现今这种现象有什么奇特之处。自我经常是，或许永远是通过冲突获得其社会定义的。但这并非如某些理论家所设想的那样，自我仅仅作为或变成他承担的社会角色。与其角色有区别的自我，他有其历史，一个社会的历史，而当代情感主义式自我的历史只有作为长期复杂发展的最终产物才是可以理解的。

对情感主义所表现的自我,我们必须马上注意到的一个问题是:不能仅仅因为最终说来它的判断是无标准的,就简单地或无条件地将之等同于任何特定的道德态度或观点(其中包括那些在社会中具体体现了情感主义的特性角色),这种特定的现代的自我,被我称作情感主义者的自我,之所以找不到任何界限来审查有关判断的限制,是因为这种界限只能来自评价的理性标准,但正如我们已经看到的,情感主义的自我缺乏任何这样的标准。对任何事物都可以从自我所采取的任何观点出发进行批评,其中包括自我对观点所作的选择。某些现代哲学家,包括分析哲学的和存在主义的,正是在自我避免与任何特定偶然事态有任何必然认同的这种能力中,看到了道德能动作用的本质。根据这种观点,作一个道德行为者,也就是有能力从任何自己卷入的情境中退出来,有能力从个人可能具有的任何和所有特性中退出来,并且能够从某种与全部社会具体情况完全分离的纯粹普遍的和抽象的观点出发对这种情境或特性进行评价。因此,由于道德能动作用必须置于自我之中而不是置于社会角色和实践之中,任何人和所有人就都能够成为道德行为者,这种将道德能动作用民主化的意见与那种经营管理和治疗专家等杰出人物统治论之间的对照尖锐得不能再尖锐了。一方面,任何在最低限度上合乎理性的行为者都可被看作道德行为者,另一方面,经营管理者和治疗家们却因为自己在外在技术和知识的等级秩序中获得的成员资格而对自己的状况沾沾自喜。在事实领域中,存在着可以消除分歧的步骤;而在道德领域中,分歧的最终点却是一种被封以"多元论"称号的东西。

这种不具任何必然社会内容和必然社会身份的民主化的自我能够是任何东西,能够扮演任何角色、采纳任何观点,因为他本

第三章 情感主义：社会内容和社会背景条件

身什么也不是，什么目的也没有。现代自我与其行动和角色之间的这种关系已经由这种自我的最敏锐、最富有洞察力的理论家概念化了，初看上去，他们所作的这种概念化表述方式似乎完全不同，相互矛盾。萨特（我这里讲的仅限于20世纪30和40年代的萨特）把自我描绘得与其可能扮演的任何特定社会角色都截然不同；与他形成对照的欧文·戈夫曼把自我在其角色的扮演中取消了，他论证说，自我不过是角色之衣借以悬挂的一个"衣夹"。[①] 在萨特眼中，关键性的错误表现为把自我等同于他的角色，这种错误中既含有道德意义上的不诚（bad faith），又含有理智上的混乱；而在戈夫曼看来，关键性错误是假定在角色扮演所呈现的复杂现象之上和之外存在一个实体性的自我，这就是那些希望使部分人类世界"不受社会学所害"的人犯下的错误。但是，第一个陈述就导致人们猜疑，这两种明显不同的观点里有更多的共同之处。在戈夫曼对社会生活的奇谈怪论似的描述中，还是可以辨清那个幽魂似的"我"的，那个被戈夫曼否定了实体性自我的心理衣架，并不处在固定的角色建构的位置上；而对萨特来说，自我的自我发现其特征表现为自我是"无"的发现，即不是一个实体，而是一组永远保持开放的可能性。从而在萨特和戈夫曼的表面分歧之下，存在着某种深层次上的一致；他们一致把自我完全视为一种永远反对社会的倾向。对于戈夫曼来说，社会世界是一切，自我根本什么也不是，他不占据任何社会位置。对于萨特来说，自我不论占据了什么样的社会地位，都是偶然为之，因此，他也看不到自我的任何实在性。

如此想象出来的自我可能有的道德样式有哪些呢？欲回答这一问题，必须首先回忆一下情感主义自我的第二个关键特性：缺乏任何终极标准。这种特性指的是我们在前面已经注意到的一个

[①] 戈夫曼（E. Goffmann）：《在日常生活中的自我》，1959年版，第253页。

现象：不论情感主义自我声言忠于什么标准、原则或价值，这些东西都须解释为态度、偏好和选择的表达，这些态度、偏好与选择本身并不受标准、原则或价值的支配，因为它们是基础，是先于对标准、原则或价值的信奉的。由此可以推出，情感主义的自我从一种道德行为状态或责任转换到另一种时，不可能有任何合理性的历史。对于这种自我来说，内心冲突必然被实际看成两种偶然的主观任意性在心中的相遇。除了作为自我的负荷者的身体以及能够把自我带进过去的最好的东西——记忆外，自我没有任何既定的连续性。从洛克、贝克莱、巴特勒和休谟对人格同一性问题所作讨论的结果中，我们得知，不论是各个单独的思想家还是他们全体，都没能恰当地详细说明被实际自我所确认不疑的那种同一性和连续性。

如此设想的自我，一方面与其在社会中的具体体现完全不同，另一方面，它自身也缺乏任何合理的历史，从而他可能会显出某种抽象的、幻影般的特性。因此，值得引起注意的是：对如此设想的自我所作的某种行为主义的说明与对以任何其他方式设想的自我所作的说明一样，都将是似是而非的。一种抽象的、幻影般的性质的出现，不会产生于任何长久不逝的笛卡尔式的二元论；在我们将情感主义自我与其历史前辈相比较时，其反差程度——实际上是丢失程度——导致了这种抽象性质的出现。因为重新正视情感主义自我的方式之一就是看到，他已经被剥夺了那曾认为他所具有的性质。这种自我现在被认为缺乏任何必然的社会身份，是因为曾经享有的那种社会身份不再有了；这种自我现在被认为是没有任何标准的，是因为他曾经据以进行判断和行为的目的已不再被他信任。那么，这是一种什么样的社会身份和目的呢？

在现代之前的许多传统社会中，人们通过各种不同社会群体的成员身份来辨认自己和他人。我可以同时是哥哥、堂兄和祖父；可以既是家庭成员，又是村庄成员，还是部落成员。这些并不是偶然属于人们的特性，不是为了发现"真实的自我"而须剥除的东西。它们是我的实质的一部分，它们至少部分地，有时甚至是完全地限定了我的责任和义务。在相互联结的社会关系中，每个个人都继承了某种独特的位置，没有这种位置，他就什么也不是，或至多是个陌生人或被放逐者。但是，认识到自己是这样一种社会的人并不是要占据一种静止固定的社会位置，而是要发现自己已被置于朝向一定目标进发的旅途中的一个点上，度过生命就是能或不能朝一既定目标前进。从而，一个彻底的或完成了的生命也就是一个成就，死亡不过是可以把某人判断为幸福或不幸的那个点。所以，古希腊格言道："幸福与否，盖棺定论。"

这种把一个人的生活整体作为客观的和非个人评价的基本主题的概念，是一种为特定个人的具体行为、计划作出判断提供内容的评价类型的概念。但是，这种概念在人们朝现代性前进（如果我们能够这样称呼的话）的某一点上，变得不再普遍有效了。在某种程度上，是不知不觉地过去了，因为人们进行历史性庆贺的主要不是失掉了什么，而是在为自己的收获而自我庆贺：庆贺自己一方面摆脱了强制性等级制的社会束缚（现代世界从其诞生之日起就摒弃了这种束缚），另一方摆脱了为现代社会所认为是迷信的神学束缚。当然，这么说与我在此所作的论证离题远了些，但我是想让人们注意到，这种特殊的现代自我，即情感主义的自我，在争取自身领域主权的同时，丧失了由社会身份和把人生视作是被安排好的朝向既定目标的观点所提供的那些传统的规定。

如前所述，尽管如此，情感主义自我还是有某种属于其自身的社会规定的。一种颇具特色的社会秩序，即所谓的发达国家中的人目前生活其中的那种秩序，不仅是情感主义自我的家园，而且情感主义自我就是这种秩序的一个必不可少的组成部分。这种规定性是对那些存在于并表现在占统治地位的社会角色中的特性角色所作规定的补充物。当代社会世界处于进入这样的分歧点上：一方是一个所有目标皆为既定并且不可能受到理性仔细审察的社会组织化王国；另一方是一个以价值的判断和争论为其核心因素的私人王国，但其中的问题又不可能得到合理的社会解决。这一分歧点在个人自我与社会生活中的角色及特性角色的关系中得到了内在化，找到了其内在表现形式。

这种分歧本身就是发现现代社会核心特性的重要线索，同时它还使我们可以避免被这一社会的内部政治争论所欺瞒。这种政治争论常以人们设定的个人主义与集体主义相对立的形式出现，双方各表现为种种不同学说。在这种对立中，一方是个人自由的自我规定的主角，另一方是计划和规则，以及那些通过官僚组织可得到的各种利益的自我规定的主角。但是，事实上最关键的是争论双方所一致同意的东西：我们只有两种社会形态可以选择，其一由个人的自由和任意选择占主导地位，其二为官僚政治所统治，从而限制个人的自由和任意选择。在这样一种深刻的文化一致性条件下，现代社会的政治学在自由及集体主义观点之间摆动就是毫不奇怪的了，这种自由除了是缺乏个人行为的规则以外，就什么也没有，而集体主义的控制方式只是用来限制个人利益的无政府状态。其中任何一方胜利的后果都常常立刻产生严重意义；但正如索尔仁尼琴也说过的，从长远观点来看，这两种生活方式都是令人无法忍受的。从而，在我们的社会中，官僚政治和个人主义既是对手，又是伙伴。在这种官僚政治的个人主义文化气候中，情感主义自我自然如在家室了。

希望读者现在可以搞清我对情感主义自我的论述与对情感主义道德判断理论（不论是史蒂文森的、尼采的还是萨特的）的论述之间的相似之处。在这两种论述中，我都论证说我们所面对

第三章 情感主义：社会内容和社会背景条件

的现实只有作为历史变化过程的最后产物才可理解；在这两种论述中，我面对的都是这样一种理论观点：其鼓吹者宣称，被我看作历史产物的特殊现代特性，事实上是所有和任何道德判断及自我的永恒必然特性。如果我的论证是正确的，我们就不是萨特或戈夫曼笔下所描绘的那种样子（尽管我们之中的许多人已经变成或已经部分变成那种样子），因为迄今为止，我们不过是一个历史转变过程的最近的承继者。

如果道德论述的形式，道德语言不同时发生变化，自我及他与其角色之间的关系就不可能从传统的存在方式向当代情感主义方式转变。实际上，如果把自我及其角色的历史，与由自我所详细说明并借以表达其角色语言的历史分离开来，那就完全错了。我们看到的是一个单一的历史，而不是平行发展的两个历史。我从一开始就注意到当代道德言语的两个核心因素，一是所援引的概念五花八门，并且明显地不可通约；二是分歧双方若欲结束争论，就须独断地使用最终原则。因此，发现我们论述中的这些特点是从哪里来的，怎样和何以流行，是我的整个研究中的明显的一个战略。下面我就着手进行。

第四章

先前的文化和启蒙运动对道德合理性的论证

下面我要提出的是，社会历史中有些关键性的事件，它们改变、弄碎并广泛地换置了道德（如果我的偏激的观点是正确的话），从而造成了产生情感主义自我的可能性，造成了这种自我特有的关系形式和语言样式。这些关键性事件都表现在哲学史中，只有通过对这种哲学史的考察和分析，我们才能理解当代日常道德论述的性质是如何形成的，才能理解情感主义自我是如何找到表达手段。但何以如此呢？在我们自己的文化中，学院中的哲学是一种高度边际性的和专门化的活动。哲学教授们不时力求披上适当外衣，而一些受过大学教育的公众则被在卡通片似的哲学启蒙课中得到的模糊记忆纠缠着。但是如果有人像我现在这样提出：吸引了学院哲学家们特别注意的某些问题的根源与占据我们社会和实践生活核心的某些问题的根源是同一个，那会使哲学家们和上述公众大吃一惊，而更大范围内的一般大众的吃惊程度也许会更大。如果我们进一步提出，这些问题中的任何一个都必须联系其他问题才可理解，而不可能单独地理解某一问题，更不用说解决它们了，那么这又会使他们大吃一惊。

但是，如果用历史的眼光来看待这一论题，也许就会觉得有道理了。这是因为，上述主张所表明的是：我们的一般文化和学院哲学的核心部分是一种以哲学构成其核心社会活动形式的文化

第四章　先前的文化和启蒙运动对道德合理性的论证

的产物，这种文化的角色和功能与我们文化的角色和功能极不相同。因此，我在下面将要论证：这种文化在解决它所遇到的问题（这种问题既是实践上的，又是哲学中的）的失败，是确定我们学院哲学问题和实践性社会问题形式的一个（或许就是那个）关键因素。这是一种什么文化呢？这一文化与目前我们自身的文化是如此地相近似，以至于要分辨它的特点及区分它与目前文化的差别很不容易，从而也使人难于理解这种文化的统一性和一致性。当然，这里还有一些其他的更为偶然的原因。

18世纪启蒙文化的统一性与一致性为什么得以逃脱我们的视野呢？其原因之一在于我们过于经常地把这一文化基本看作是法国文化历史中的一段插曲。事实上，从这种文化本身的角度来看，法国是进步国家中最落后的。法国人常常公开承认自己留心英国模式；但与苏格兰启蒙运动所取得的成就相比，英格兰相形见绌，而所有国家中最伟大的人物无疑是德国人，如康德和莫扎特。但是，就理智所涉及的范围和多样性来说，德国人又比不上英国的大卫·休谟，亚当·斯密，亚当·弗格森，约翰·米勒，卡姆斯勋爵和蒙博多勋爵。当时的法国缺乏三方面的因素：1）世俗化了的新教背景；2）将政府雇员、教士和世俗思想家联结成一种单一的识字民众的知识阶层；3）由东部的科尼斯堡和西部的爱丁堡及格拉斯哥①为代表的、充满活力的新型大学。18世纪法国的知识分子构成了整个知识界，他们同时是受过教育的有知识者和一种异己力量；而18世纪的苏格兰、英国、荷兰、丹麦和普鲁士的情况却与法国相反，这些国家的知识分子在社会生活中舒适自在，甚至当他们持激烈批评意见时也是如此。18世纪的法国知识界找不到任何相似者，不得不期待着19世纪的俄

---

① 科尼斯堡（Koenigsberg），原东普鲁士领土，前苏联加里宁格勒。爱丁堡（Edinburgh），苏格兰首府。格拉斯哥（Glasgow），苏格兰城市。——译者

国人。

因此，我们这里探讨的主要是北欧的文化，西班牙人、意大利人、盖尔和斯拉夫语系人不属此列。维柯在北欧文化的理智发展中没起什么作用。在北欧之外，这种文化当然有其阵地，其中最引人注目的是新英格兰和瑞士；并且在德国南部，奥地利、匈牙利和那不勒斯领域中很有影响。18世纪法国的绝大部分知识分子都有从属于它的意愿，尽管他们所处的环境是不同的。实际上，至少可以把法国革命的第一阶段理解为以政治手段进入这一北欧文化的尝试，这种尝试旨在消除法国当时的思想与社会及政治生活之间的差距。当然，康德认识到法国革命是一种与他自身思想颇为相似的思想的政治表达。

北欧文化是一种音乐的文化，这一事实与这一文化的中心哲学问题的关系或许比人们通常认识到的要更为密切。因为我们的信念与那些仅只或主要用于歌唱的句子的关系和那些主要用于肯定式话语的句子的关系完全不同，更不用说与伴随歌词的那些音乐了。当天主教弥撒的音乐变成一种新教音乐演出的风格时，当我们因作者是巴赫而非圣·马太①而倾听经文时，神圣经文是以打破它们与信仰之间传统联系的方式得以流传的，即使在那些仍把自己视为神圣经文信仰者的人中间也部分如此。当然，这并不是说这些音乐形式与信仰之间无任何联系，你根本不可能简单地把巴赫甚或亨德尔②的音乐与基督教分开。但是，宗教与美学之间的那种传统区分这时已模糊不清了。并且，这种情况对新产生的信念来说与对传统信念来说是同样真实的。就像亨德尔的"弥赛亚"与新教的关系一样，莫扎特的共济会信念——这可能

---

① 巴赫（J. C. Bach, 1685—1750），德国著名作曲家。圣·马太（St. Matthew），耶稣十二门徒之一。——译者
② 亨德尔（Hande l, 1685—1759），德国作曲家。——译者

第四章　先前的文化和启蒙运动对道德合理性的论证

是启蒙时期典型的宗教——与其"魔笛"处于一种并不明确的关系之中。

因此,这是这样一种文化,其中不仅有以新教的世俗化为代表的那种信仰的变化,而且有信仰方式的变化,甚至对那些信仰者们来说也同样如此。在这种情况下,在信仰的合理性证明尤其是在道德信念的合理性证明上出现一些关键性问题,就不令人奇怪了。我们已如此地习惯于通过道德来对判断、赞同和行为进行分类,以至于忘记了相对来说,在启蒙运动文化中,这是多么新的观念。请考虑一下一个极其引人注目的事实:在启蒙运动文化中,知识阶层论述所用的第一语言不再是拉丁文,但它仍作为学问的第二语言。如同古希腊文一样,拉丁文中本来也没有可被我们正确译作"道德"的词汇;宁可说,直到我们的"道德"一词又被反译回拉丁文时,它才有了这一词汇。当然,"Moral"的词源是拉丁文中的"Moralis"。但是,恰如其希腊词源:"êthikos"［西塞罗在其《论命运》（*De Feto*）一书中创造了"Moralis"来翻译这一希腊词］。"Moralis"的意思是"关于品格"的,而一个人的品格不过是他的那些一惯地以某种方式来行为的一类导致他过一种特定生活的气质。

英语中的"道德"的早期用法译自拉丁文,被用作名词,在这一时期的所有文献中,"道德"（the moral）都表示该文献所要教导的实践性训诫。在这些早期用法中,"道德的"既不与"谨慎的"或"自利的"相对照,也不与"合法的"或"宗教的"相对照。当时与这一词汇意义最为接近的词可能仅是"实践的"。随后,在这一词汇的用法史中,它首先被通常作为"道德德性"的一部分,接着,因其意义变得越来越狭窄,而自身成为一个谓语。到了16、17世纪,它开始具有现代意义,并在上述我注意到的背景条件下被使用。只是到了17世纪晚期,它才首次被在其最严格限定的意义上使用,即主要表示与性行为有关的事物。"不道德"甚至被人们作为与"性行为放荡"相等同的一个特殊习语。这是如何产生的呢？

对这一问题的回答必须推迟。因为如果抛开对那个历史时期（从1630—1850）——"道德"一词获得了一种既普遍而又特殊意义时——为道德提供合理证明所作的努力的论述，"道德"一词的历史就无法得到恰当的说明。在那个时期，"道德"一词成为一个特殊领域的名称，在这一领域中，既非宗教神学或法律方面的，亦非美学的行为规则被承认为一块属于其自身的文化空间。只是到了17世纪末和18世纪，当道德与宗教神学、法律和美学之间的这种区分已变成一种被人们承认的学说时，对道德进行单独的合理性证明的运动才不仅被个别思想家所关心，而且成为整个北欧文化的核心。

本书的一个核心论题是：这一运动的彻底失败提供了可以据以理解我们自己文化的困境的历史背景。要证明这一论题的正确，就须多少详尽地描述上述运动的历史及其失败过程，而描述这种历史的最有启发意义的方式是倒述，也就是从某种成熟形态的现代特有观点开始。当然，所谓现代特有观点，如我在前面所指出的，是依据互不相容、无法比较的道德前提之间的对抗来设想道德争论并把道德上的信奉视为对这些前提所作的无标准的选择的表达，一种不可能作出任何合理证明的选择。我们道德文化中的这种任意性因素在成为日常谈论中的常识之前，曾被作为一种哲学上的发现——一种曾令人惊惶失措乃至大惊失色的发现——被人介绍过。实际上，将这一发现表述出来的目的，就是要使日常生活中讨论道德的人感到震惊。这一发现最早表述在一本书中，可以把这本书看作启蒙运动为发现道德合理性证明所作系统努力的直接结果和墓志铭。这本书就是克尔凯郭尔的《非此即彼》。如果我们通常不能用上述的历史眼光来读这本书，那是因为对其论题的过分熟悉已使我们无法感受到那时和那个地方，即在1842年哥本哈根北欧文化中著述此书的令人震惊的新奇感受。

《非此即彼》中有三条须引起我们注意的主要特征。第一条是其表述方式与其核心论题之间的关联。克尔凯郭尔在这本书中戴了若干假面具并由此发明了一种新的文学风格。克尔凯郭尔并不是分裂自我的第一个作家。所谓分裂自我，就是置自我于一系列面具之后，每一面具都在一个独立自我的化装舞会上出场做戏，从而创造了一种新的文学风格。在这种风格的作品中，作者可以比任何传统戏剧的形式都更直接，更内在地表现自己，同时，他借助于自我的分裂，又可以否认自己的出现。狄德罗通过其《拉摩的侄儿》成为这种新奇现代风格的第一位大师。但是，在狄德罗和克尔凯郭尔之前，帕斯卡尔就部分地表现了这一风格，他在《思想录》中曾打算表现怀疑的自我与基督教自我之间的争论，可惜的是，我们目前只知道关于这一争论的一些互不联系的残章断片。

克尔凯郭尔承认，他用假名形式发表该书的目的在于给读者提供一个最终的选择，但他本人却不能向读者推荐其中的某一选择，因为任何选择都并不是他本人的。《非此即彼》中的角色"A"向人们推荐一种美学生活方式；"B"推荐的是伦理生活方式；维克托·埃里米塔则校订和注释了这两种生活方式。在美学的和伦理的这两种生活方式之间进行选择并不是在善与恶之间进行选择，而是对是否依照善恶来选择的选择。正如克尔凯郭尔所刻画的：美学生活方式的核心特征是试图将自身沉溺于当下的直接经验中，这种生活方式的范式是沉溺于个人激情之中的罗曼蒂克情人。与此形成对照的是：伦理生活方式的范式是婚姻，这是一种延续于时间过程中的承担义务和责任的状态，在这一状态中，现在受到过去的约束并由此走向未来。这两种生活方式由各不相同的概念，互不相同的态度及相互匹敌的前提构成。

假设某人面临对这两种生活方式的选择,但尚未决定选择哪一个,他无法提出任何偏爱一方而放弃另一方的理由。这是因为,即使某种既定理由可以用来支持伦理生活方式——这种生活方式可以满足义务的要求,或者,这种生活方式将以道德完善为目标,从而赋予自己的行为某种意义——这个尚未作出任何选择的人还得自己选择是否把这一理由看得具有分量。如果这一理由已经对他具有某种约束力量,那就表明他已经选择了伦理生活方式,而这里的前提却是他尚未作出这种选择。他若选择美学生活方式的理由也是如此。所以说,尚未作出选择的人仍然须选择是否把这些理由看得有分量。他必须选择他的第一原则,并且正是因为这些第一原则是第一原则,在推理之链中先于任何其他原则,因而没有任何终极的理由可推演出来支持这些第一原则。

因而,克尔凯郭尔表明自己并没有赞同这两者之中的任何一个。他既不是"A",也非"B"。如果我们认为他正在表述的观点是在这两种生活方式的选择中,没有任何合理理由,非此即彼的选择就是最终选择,同样也会遭到他的否认。因为恰像他不是"A"或"B"一样,他也不是维克托·埃里米塔。但与此同时,他又似乎无处不在。或许,我们觉察到他更多地是在,他通过"B"所说出的信念中出场。"B"说,任何人面对美学与伦理的选择事实上都将选择伦理;因为可以说,任何严肃认真的选择者的激情和活力将会导向伦理生活方式。我相信,克尔凯郭尔断言——如果这是他的断言的话——那是虚假的:美学生活方式也能被严肃地选择,尽管这种选择的艰难可能会像选择伦理生活方式时遇到的一样,受到激情的支配(在这里,我特别想到了我父亲那代人,他们看到自己早先的伦理原则随着朋友们在伊普尔

第四章　先前的文化和启蒙运动对道德合理性的论证

和索姆①的大规模屠杀中的逝去而消失，于是坚定地认为对自己来说什么都无所谓了，从而创造了19—20世纪轻浮的美学生活方式）。

我对克尔凯郭尔与其《非此即彼》一书之间关系的说明与他本人后来所作的说明截然不同。当他回顾自己这一著作时，用一种单一的毫无变化的倾向来解释它。当代研究克尔凯郭尔的最优秀专家，如路易斯·麦基、格雷戈尔·马兰茨查克，在这方面至少是认可克尔凯郭尔的自画像的。但是，我认为，如果全面地审查一下全部可表明他1842年间所持态度的证据（这里面最好的证据恐怕要算《非此即彼》的本文及其假名了），他们的主张就很难维持。在《非此即彼》发表不久后的1845年出版的《生活道路上的各阶段》中，克尔凯郭尔援引了这种关于根本的终极选择的至关重要的新思想来解释一个人是如何变成基督徒的，当时，他对伦理特性的描述已完全改变了。这一点甚至在1843年发表的《恐惧和战栗》中就已经很清楚了。但在1842年时，他与这一新思想的关系是极其模糊不清的，比如，他是《非此即彼》的真实作者，又借化名放弃了这种作者身份。这一新思想不仅与黑格尔哲学相冲突（黑格尔哲学是《非此即彼》攻击的主要目标之一）；而且还要摧毁理性文化的整个传统——如果不能合理地驳倒这一新思想本身的话。

《非此即彼》的第二个特点（现在我们必须关注）是其深刻的内在矛盾——根本的选择概念与伦理概念之间的矛盾，这一矛盾部分地被该书的著述形式所遮掩。伦理被描述为这样一个王国，在这个王国里，原则对我们的权威性完全独立于我们的态

---

① 伊普尔（Ypres）：比利时城市，第一次世界大战中，作为英军防区突出部的中心，全部被毁。索姆（Somme）：法国皮卡第大区一省，第一次世界大战中，德军与英法联军曾在此激战，各损失数十万人。——译者

度、偏爱和感情。我在任何时刻的感受都与我必须如何生活这一问题毫不相干。这也正是婚姻为什么可以成为伦理生活方式范型的原因。伯特兰·罗素曾经描述了他如何于1902年中的一天在骑车时突然意识到自己不爱第一个妻子了，随着这一意识的出现而来的是婚姻的破裂。克尔凯郭尔对此会正确地评论说，不论任何态度，如果它的缺乏可以在骑车时的一闪念中发现，那么它只能是一种美学的反应，这种经验与真正的婚姻所包含的义务毫无关系，与捍卫婚姻的道德戒律的权威性也毫无关系。但是伦理的这种权威是从哪里来的呢？

要回答这一问题，就要考虑任何原则有哪种权威，我们把它看作是权威还不是权威，从而是否是我们要选择的。例如，我可以出于为了身体健康的理由，或宗教的缘故而选择一种斋戒素食或禁欲主义的生活。这类原则所具有的权威来自我选择它们的理由。这些理由是在充足理由范围内，原则也具有相应的权威性；当它们不是在充足理由范围内时，原则的权威性也在同样程度上被剥夺了。由此可知，一个毫无理由选择的原则是一个不具权威的原则。我可能会出于一时兴致，或由于某种任性或某些任意的目的而实际采纳某一原则——我恰恰是碰巧喜欢这样做而已。但如果我又选择放弃那任何时候都适合于我的原则，我也将是毫无拘束地放弃它的。这种原则（称之为原则可能有些滥用语言）显然属于克尔凯郭尔的美学领域。

但是，《非此即彼》的学说显然表明，伦理生活方式的原则是可以无任何理由而被采纳的，即仅因一种超出理由的选择而被采纳，恰恰是这样一种选择，被我们看作是一种理由。而这种伦理生活方式对我们仍然具有权威性。但以这种理由采纳的东西怎么可能对我们具有权威性呢？克尔凯郭尔学说中的矛盾是显而易见的。有人可能会回答说，我们诉诸权威的特征就是没有理由可依时才诉诸权威。例如，恰因为理由的衰竭，我们才去诉诸基督

第四章　先前的文化和启蒙运动对道德合理性的论证

教启示者的权威。因此，权威观念与理由观念并不像我的论述所揭示的那样内在地关联着，而是事实上相互排斥的，但是，正如笔者已注意到的，这种不包含理由的权威概念本身就是古怪奇特的，尽管并非完全如此。现代概念形成于一种与权威观念互不相容的文化之中，因此诉诸权威就显得不合理。但是在克尔凯郭尔所秉承的文化中，伦理的传统权威并不是这种任意的权威。正是这样一种传统的权威概念，必须具体体现在伦理生活之中——假如这就是克尔凯郭尔所描述的伦理生活的话。毫不奇怪，正如这是第一个发现了这种根本选择的概念一样，正是在克尔凯郭尔的著作里，理由与权威的连接被破坏了。

因此，我认为：《非此即彼》中存在着一种深刻的不连贯和无条理性，只要伦理生活方式有某种基础，这个基础就不能为根本选择概念所提供。但是，在我转而探讨克尔凯郭尔为什么会有这种无条理的主张之前，让我们先看一下《非此即彼》的第三个特点。这就是他有关伦理生活方式的论点的保守性和传统性特征。在我们的文化中，上述根本选择观念的影响表现在选择哪一种伦理原则这方面的两难困境中。我们几乎无法容忍有相互匹敌的道德选择物这样一种意识，但是克尔凯郭尔把根本选择的观念与未经审查的这种伦理生活的观念融合到了一起。体现于可普遍化的道德原则中的信守诺言，讲实话和仁慈善行被以一种极其简单的方式加以理解，伦理的人一旦作出了其最初选择，对他的选择就不能再提什么问题。看到了这点也就会看到克尔凯郭尔实际是在为人们承继下来的旧有生活方式提供一种新的实践的和哲学的基础。或许，正是克尔凯郭尔将新颖与传统的这种结合可以说明他核心主张中的无条理性。因此，我要论证的是，这种新奇物与承继物深刻的不一致的结合是启蒙运动为道德提供一个合理的基础和为道德进行合理论证的运动的逻辑产物。

若要理解何以如此，须从克尔凯郭尔回到康德。由于克尔凯郭尔无休止地攻击黑格尔，人们很容易忽略他从康德那里明确继承的东西。事实上，康德几乎在所有有关方面为克尔凯郭尔设置了哲学舞台。康德对上帝存在的证明的论述及在合理宗教构成物问题上的观点，是克尔凯郭尔的基督教论点的基础的一个关键部分；同样，康德的道德哲学，是克尔凯郭尔的伦理生活方式观的实质背景。而克尔凯郭尔的美学生活方式观，人们也不难认识到，是康德对偏好（inclination）所作阐述的一种文学上的天才表述——且不用管人们如何看待康德的其他方面，相对克尔凯郭尔所取得的成就，是很难言过其实的，但他与历史上的任何其他哲学家一样，显然不是文学天才。但是，克尔凯郭尔那种优美漂亮但不总是明朗清楚的丹麦风格却正源自康德那种诚实谦逊的德国风格。

康德道德哲学的核心可用两条简单但容易使人误解的论题表述：如果道德规则是合理的，那么它们对所有有理性的存在物必须是同样的，恰像算术规则那样；如果道德规则对所有有理性的存在物都有约束力或赋予他们义务，那么有理性存在物遵循这种约束或义务的偶然能力必然是不重要的，重要的是他们愿意履行之的意志。因此，力求发现道德合理性证明的运动实际上就是要发现这样一种合理检验标准的运动：这种检验标准将区分和辨别那些在决定人们意志的过程中，真正表达了道德律的准则和那些没真正表达道德律的准则。康德本人当然毫不怀疑哪种准则在事实上是道德律的表达；有德性的普通人不用哲学家们告诉自己什么是善良意志，康德也从来没有怀疑从自己有德父母处学到的准则还要受什么合理标准的检验和证明。因此，康德与克尔凯郭尔道德哲学的内容都同样是保守的，这并不奇怪。康德的童年是在处于马丁·路德宗教改革中的柯尼斯堡度过的，克尔凯郭尔的童年是在马丁·路德宗教改革中的哥本哈根度过的，尽管两人相差百年之久，但都带有相同的传统道德印记。

第四章 先前的文化和启蒙运动对道德合理性的论证

康德一手紧握一套准则，另一手紧握关于什么是检验准则的合理标准的概念。这种概念的内容是什么呢？它来自何处？要回答这些问题，最好的方法是先考虑一下康德为什么拒绝了两种曾在欧洲传统中造成了广泛影响的概念。康德一方面拒绝了对准则的检验，就是看是否服从准则最终将导致有理性者的幸福的观点，但康德并不怀疑所有的人确实都渴求幸福；他毫不怀疑，可想象的最高善就是个人的道德完善，而这种完善又以它奖赏的幸福为酬报。尽管如此，康德还是相信我们的幸福概念过于模糊不清，变幻不定，无法提供可靠的道德指导。此外，任何旨在保证我们幸福的戒律都是有一定条件性的规则的表达，即在如果或由于做某事可以事实上导致幸福结果时，它才指示人们去做某事。康德以为，全部真正地表达了道德律的东西都有一种无条件的绝对特性，它们并非假言地命令我们，而只是命令我们而已。

依照这种观点，不仅在我们的欲望中不能找到道德的基础，而且在宗教信仰中也找不到这样的基础。康德否认的第二种传统观点是：检验既定准则或戒律的标准是看其是否是上帝的命令。康德认为，从上帝命令我们做某行为这一事实中，永远推不出我们应该如此行为的结论。若要合理地得出这种结论，就必须还得认识到我们永远应该按上帝命令行事。但是，我们如果没有一条独立于上帝命令的道德判断标准，用来评价上帝的言行，发现服从上帝意志的道德价值，就无法得出上面的结论。而我们一旦有了这样的道德判断标准，上帝的戒律就显然多余了。

我们现在已经看到，康德思想中某些明显的大特点表明，他是克尔凯郭尔思想的直接发源地。以幸福为追求目标的领域被严格区分于道德领域，而这两个领域又都与神性的道德和诫令的领域严格区分开来。其次，康德的道德戒律不仅是后来构成克尔凯郭尔伦理生活方式的东西，而且激发了同一种东西。而在克尔凯郭尔从选择中发现伦理基础的地方，康德从理性中找到了这一基础。

根据康德的观点，实践理性不运用任何外在于自身的标准。它不诉诸任何来自经验的内容；因此，康德反对对幸福的利用或乞灵于上帝的启示的独立论证，不过是加强了康德关于理性功能和力量的观点中已经包含的主张。理性的本质就在于制定普遍的、无条件的、具有内在一致性的原则。从而，合乎理性的道德所规定的原则能够也应该被所有人遵循，并独立于环境和条件，即能够被每一个有理性的行为者在任何场合中前后一致地遵循。因而，对一种准则的检验也就易于设计了：我们能不能一致地愿意每一个人都永远遵照它行动？

如何确定构成一种决定性检验的这个企图是否成功？康德本人试图表明，诸如"永远讲真话"、"永远信守诺言"、"对需要者仁慈"、"不要自杀"等准则可以通过他的检验，"而仅对己方便时信守诺言"这类准则却无法通过检验。但在事实上，康德即使仅想在表面上表明这一点，也非得利用一些声名狼藉的拙劣论证，其中最次的是他的下述断言：任何意愿"当前景中的痛苦大大超过幸福时便自杀"这一准则的人，都是自相矛盾和前后不一的，因为这种意愿与所有人的生命的内在冲动相矛盾。这种论证无异于说，那个持有"永远保持短发"这一准则的人与所有人的头发生长本性的内在冲动相矛盾。不仅仅是康德的论证犯了较大错误，人们还可以轻易地看到，很多不道德的和无足轻重的非道德准则都可以被康德的检验证明得与他所要坚持的道德准则一样正确，在某些情况中，甚至更有说服力。比如，"除一种诺言外终生信守所有诺言"，"迫害虐待所有持虚假宗教信仰者"，"三月份的星期天永远吃淡菜"等等，都可以通过康德的检验，因为它们都可以前后一致地被普遍化。

有人可能会就此反驳说，即使可以从康德观点中推出如此结论，这也并非其本意。这确实不是，当然不是康德的本意，因为他自己相信他的一致普遍性的检验具有确定的道德内容,这内容已经把这些无足轻重的普遍准则排除在外。他之所以相信这点,是因为他相信自己利用可普遍化特性对绝对命令所作的表述与另一个完全不同的表述相一致:"不论对己还是对人,永远把人作为目的,不作手段。"

这一表述确实含有道德内容,尽管在缺乏大量进一步解释的补充时,这种道德内容并不十分明确。如我在前面用康德道德哲学来突出与情感主义的对照时已经注意到的,康德说的只把人作目的不作手段的含义似乎是:当我向某人提出一种行为方针时,既可以通过为他提供如此行为的理由;也可以通过非理性的施加影响的方式达到目的。当采用前一种方式时,我把对方作为一个有理性的意志主体,认为他与我自身值得同样尊重,因为我在向他提供理由时,也就是提供给他一种非个人性的考虑,让他评价。使一个理由为充足理由的东西与该理由是谁在某既定场合说出毫无关系,在行为者为自己决定一个理由是否是一个充足理由之前,他没有任何理由去行动。相反,在非理性的劝说企图中体现了一种使行为者成为我的意志的工具的企图,而毫不尊重他的理性。因此,康德所禁止的东西实际上也是追随柏拉图《高尔吉亚》的众多道德哲学家们长期以来一直禁止的东西。但是康德对这一主张并未提出充分有效的理由。一个人不论怎样藐视嘲笑他这一主张,都不会犯有前后不一的错误。比如,"除我之外,把每个人都作手段,"可以是不道德的,但它并无前后不一之处,即使在充满依据这种准则生活的利己主义者的世界,在意志中也毫无矛盾之处。假如所有人都照此准则生活,人们的生活也许会很不方便,但这种生活并非没有可能,并且,诉诸对"方便"的考虑,无论如何都要导出与幸福密切相关的谨慎,而这却正是康德力求从全部道德思考中完全排除的东西。

发现在康德认为是理由之物的基础上的康德式道德准则的企

图失败了,恰如克尔凯郭尔力求在选择中发现这种基础的企图失败了一样;这两种失败密切相关。克尔凯郭尔和康德的道德概念是一致的,但是克尔凯郭尔既承继了这一概念又有这样一种认识:对道德进行合理证明的运动已经失败。康德的失败为克尔凯郭尔提供了出发点:必须召请选择来完成理性不能完成的工作。但是,如果我们将克尔凯郭尔的选择理解为康德的理性替代物,就必须反过来同样将康德的观点理解为对更早哲学事件的反应。这就是说,康德对理性的诉诸不过是对狄德罗和休谟诉诸欲望和激情的历史继承和继续。康德对他们的失败所作的历史反应与克尔凯郭尔对康德本人失败的回应是一样的。那么这种更早时期的失败是怎么回事呢?

我们首先须加以注意的是,在道德的内容这一问题上,狄德罗和休谟在很大程度上与克尔凯郭尔和康德的观点是一致的,这么说也许会使人大吃一惊,因为与克尔凯郭尔和康德不同,狄德罗和休谟都喜欢把自己视为哲学中的激进派。但是,不论这两位思想家作出了什么激进姿态,他们仍然基本上主要是道德上的保守派。休谟确实准备放弃传统基督教的自杀禁令,但他在许诺和财产方面的观点却与康德毫无二致,狄德罗承认自己相信,基本的人性是由他描述的波利尼西亚人的混乱性关系所揭示和表现的,但是他很清楚地知道,巴黎并非波利尼西亚。并且在《拉摩的侄儿》中,那个显然被老年狄德罗作为自己化身的哲人,就是一个传统的资产阶级道德家,他在婚姻、诺言、诚实和良心等问题上,与追随康德或克尔凯郭尔的伦理生活方式的所有信徒具有同样沉稳不变的观点。狄德罗不仅仅在理论上如此,他在培养教育自己女儿过程中的做法完全是他所著对话中资产阶级分子的做法。在《拉摩的侄儿》中这个哲人提出的观点是:如果在现代法兰西我们都能开明地从长远观点出发来追求自身欲望,那么我们便会看到,保守的道德规则基本上就是可以通过诉诸欲望

第四章　先前的文化和启蒙运动对道德合理性的论证

和激情的基础来成功证明的规则。年轻的拉摩就此作了三点回答。

第一，如果当下看到的景况足以诱人，我们为什么还要关心什么长远。第二，即使从长远来看，我们也仅应和仅由于道德规则服务于自身欲望才遵循它们，那个哲人难道不是这种观点吗？第三，在这个世界上，各个个人、各个阶级实际考虑满足和满足他们的欲望，并且相互掠夺，难道这不就是这个世界的［存在］方式吗？该哲人看到的是原则、家庭、秩序良好的自然界与社会的地方，而拉摩却将这些东西视作自爱、诱惑和弱肉强食的精致伪装。

在狄德罗自身的思想范围内，拉摩向该哲人提出的挑战当然无法解决。因为将他们两人分开的恰恰是我们的哪种欲望须被承认为行为的合法指导这一问题，以及哪种欲望应予禁止阻挠或受到再教育的问题。显然，这一问题不可能把欲望自身作为某种标准的方式来回答。恰因为我们都具有（实际具有或潜在地具有）很多欲望，其中不少欲望相互冲突，所以才不得不在相互匹敌的欲望的各种相互匹敌的要求中作出抉择。我们必须决定朝什么方向指导自己的欲望，如何安排各种各样不同的冲动、被感觉到的需求、情感和意图。因此，那些能够使我们对不同欲望要求作出抉择和安排的规则本身——其中包括道德规则——不可从欲望中引出，也不可能参照这些欲望来合理论证，而规则必须裁决欲望。

狄德罗自己在其他地方（在《叶子花的旅行的补遗》中）曾试图区分人们自然的欲望——即他在其记叙文学著作中虚构的波利尼西亚人所遵从的欲望——与人为形成的和腐败的欲望，后者是文明培育的产物。但是，他进行这种区分的行为本身就破坏了他要在人的生理本性中发现道德的基础的努力。因为这迫使他自己找到区分不同欲望的基础；在《补遗》中，他得以避开了自己的论题中的这一难题；但是在《拉摩的侄儿》中，他强迫自己承认存在着相互匹敌和不相容的欲望,有相互匹敌和不相容的欲望秩序。

狄德罗的失败当然不仅仅是他个人的失败。阻碍狄德罗为道德进行辩护的同样困难不能为一种哲学上更高明的论点,如休谟的论点所逃避,尽管休谟对自己的观点作出了所能构想出的最强有力论辩。与狄德罗一样,休谟把特殊的道德判断理解为感情、激情的表达,因为使我们行动的是激情而非理性。但他也与狄德罗一样承认在进行道德判断时要诉诸一般的规则,他力求通过表明这些规则可帮助我们达到激情所确立的目的来解释它们。但是在这一观点下面,却是对一个正常的和我们称为(不过,就休谟的理性观点而言)通情达理的人的激情状态的模糊不清的看法。在他的《英国史》和《道德原理探究》中,"狂热分子"的激情都被视为不正常的荒谬,更特殊地说,以17世纪的平等派为一方,以天主教禁欲主义为另一方的激情都是不正常的和荒谬的,平等派的激情甚至是应受谴责的。正常的激情是一种1688年革命的自鸣得意的继承者的激情。在这里,休谟已在暗暗地使用某些规范标准——事实上是一些极其保守的规范标准——在欲望中和感情中进行区分,他这种做法使他面临狄德罗遇到的同样指责:使年轻的拉摩反对借哲人表现的他自己。但休谟面临的指责还不止于此。

在《人性论》中,休谟提出了这样一个问题:如果诸如正义和守信这类规则是因为且仅仅因为它们有利于我们的长远利益而应遵守,那么当它们不能使我们得到,并且违反它们没有任何不利后果时,违背这些规则为什么不能被证明为正确呢?在阐述这一问题的过程中,休谟明确地否认任何利他主义的或同情的内在动机可以弥补从利益和功利出发所作论证的缺陷。但是在《道德原理探究》中,他却感到不得不乞灵于这种动机。为什么会发生这种变化呢?显然,休谟乞灵于同情是要在一条鸿沟上架设桥梁,即可以用来无条件地坚持普遍绝对规则的理由与可以从我们特殊的,起伏不定的受环境控制的欲望、情感和兴趣中得到行为及判断的理由之间的鸿沟。后来的亚当·斯密也出于与此完全相同的目的乞灵于同情。但是从逻辑上看,这一鸿沟的两岸根本没有被联结起来,休谟和斯密所说的"同情"不过是一种哲学上的虚构而已。

至此为止,我对休谟的反面论证的强有力之处尚未给予恰当的重视。促使休谟得出道德必须通过情感和欲望在人类生活中的位置来理解、解释和证明这一结论的是他这样一个原初假定:道德要么是属于理论的事情,要么是属于激情的事情;休谟本人的最终论证显然是它不可能出自理性。从而,他不得不作出结论说,道德是激情的产物,这一结论完全独立于并先于他为这一主张而提出的任何正面论证。休谟的反面论证对康德和克尔凯郭尔也造成了同样鲜明的影响。恰如休谟由于自己的论证已全然否定了在理性上确立道德的可能,从而力图在激情基础上确立道德一样,康德因为他的论证排除了在激情的基础上确立道德的可能,而力图在理性基础上确立道德;克尔凯郭尔则因为把排除理性和激情这种考虑看作具有使人不得不相信的性质(Compelling nature),而把道德确立在无标准的基本选择上。

从而,上述各个思想家对自己的主张所作的证明的关键部分是建立在另外两方的失败基础上,而其他各方对每种主张的有效批评的总和使得每种主张都失败了。因此,为道德提供合理证明的运动决定性地失败了;从此以后,我们这些前辈们的文化——以及随其后产生的我们的文化——的道德缺乏任何公共性,为人们共有的合理性或可证明性。在世俗理性世界中,宗教再也无法为道德论述和行为提供一个人所共有的背景和基础;而哲学之所以失去了其文化核心的角色,变成了一个边际性的狭隘学院科目,恰由于它也没能提供这种宗教所不能提供的东西。

在哲学遭到如此失败的时候，这种失败的重要意义为何不能被人们正确评价呢？这一问题需要在下述论证中得到充分的探讨。在此我又需指出，一般的文化公众都是一个掩盖了自己真实本质的文化史的受害者；而且与以往相比，道德哲学家们开始与文化公众更为脱离地探讨自己所争论的问题。实际上，在当代的争论中克尔凯郭尔、康德和休谟都不乏独创性的学院追随者，而唯有那些他们各自批评其对方的反面论证的持续的力量，是最重要的特点。但是，在我们能理解为道德提供一种共同的公开合理证明所遭失败的意义和为什么这种意义从未得到恰当评价之前，我们必须较深刻地理解为道德提供合理证明的运动为什么会失败以及这一失败的特点是什么。

第五章

论证道德合理性的启蒙运动为什么失败

至此为止，我把论证道德合理性运动的失败只表述为一系列特殊论证的失败；如果这就是问题的全部，那么人们也许会以为毛病仅出在克尔凯郭尔、康德、休谟、斯密和他们的其他同时代人所作论证的不够机敏上，因此一个适当的战略就是期待更强有力的思想家来处理这一问题。而这正是学院哲学界的战略，尽管很多职业哲学家都有点不愿承认这点。但是，假设事实上，18和19世纪中上述运动失败的性质事实上并非如此呢？这种假定是很有道理的。设想克尔凯郭尔、康德、狄德罗、休谟、斯密及其他们相类似者的论点的失败，是由于他们共同具有的极其独特的历史背景的某种共同特点造成的。假定我们不把他们理解为对道德的无休止争论的贡献者，而只视为某种很特殊的具体道德信念体系的继承者，而这种体系内在无条理性使得一种哲学运动一开始就必然失败。

我们先来探讨一下这一运动的参加者们所共有的某些信念。如前所述，在那构成真正的道德戒律的内容和特性问题上，他们之间有着惊人的一致。狄德罗的理性主义"哲人"（philosophe）与克尔凯郭尔的判官威廉（Wilhelm）一样，都从未对婚姻家庭问题提出过任何疑问，而守信和正义在休谟处与在康德那里同样不可违背。他们从何处承继了这些共同信念呢？显然是从他们共有的基督教历史，尽管其间有偏差之处：康德和克尔凯郭尔的路德教、休谟的长老会、狄德罗的詹森派影响的天主教背景。但与他们背景条件中的共同之处相比，这些差异无关紧要。

在道德特性问题上采取广泛一致意见的同时，他们对什么是对道德的合理论证这一问题也有共同见解。他们都认为，这种论证的关键前提是描述人性的特征；道德规则须被解释和证明为能期望一个具有这种人性的存在者接受的规则。在狄德罗和休谟那里，这种人性的特征被表述为激情，在康德那里，它被表述为理性的某些规则的普遍而又绝对的特征（当然，康德否认道德"以人性为基础"，但他所说的"人性"仅指人心理上的非理性的东西）。到了克尔凯郭尔，已全然放弃了论证道德的企图，但他的道德理论与康德、休谟、狄德罗的恰恰有着同样的结构，其不同之处仅仅在于：在后者诉诸激情或理性的地方，克尔凯郭尔乞灵于被他看作基本抉择特性的东西。

因此，所有这些思想家们共同参加了构建道德有效论证的运动，即从他们所理解的人性前提出发，推出关于道德规则、戒律的权威性结论。我要指出的是，任何以这种形式出现的论证都必然失败，因为在他们所共有的道德规则、戒律的概念和他们共同的人性概念（尽管他们之间也有较大差别）之间，存在着一种根深蒂固的不一致。这两种概念都有其历史，它们之间的关系只有依照这个历史才可以理解。

首先考虑一下作为这两种概念历史原型的道德体系的一般形式。欧洲在从12世纪始的很长时期内，都处于一种表现为有着多种形式并伴有许多竞争者的道德体系统治下，这种体系中既有古典的又有有神论的成分。其基本结构就是亚里士多德在《尼可马克伦理学》中所分析的那种结构。在这种目的论体系中，存在着一种"偶然成为的人"与"一旦认识到自身基本本性后可能成为的人"之间的重要对照。伦理学是一门使人们懂得如

第五章 论证道德合理性的启蒙运动为什么失败

何从前一种状态转化到后一种状态的科学。因此，根据这种观点，伦理学必须以对人的潜能和行动的说明为前提条件，以对作为一个有理性动物的本质的解释为前提条件，更重要的是以对人的目的的一定阐述为前提条件。告诫人们建树各种德性禁绝各种恶行的戒律，教导我们如何从潜能过渡到行动，如何认识我们的真实本性，如何达到我们的真正目的。与这些戒律相对抗将是无益的、不完善的，将无法达到作为合理幸福的善，而这种善是人作为一个种类所特有的追求目标。我们所具有的欲望和情感须利用这种戒律来进行调整和教育，须通过伦理学研究所规定的行为习惯来培养；理性既告诉我们什么是我们的真实目的，又教给我们如何达到这一目的的方式。这样，我们就有了一个由三方面构成的体系。"偶然形成的人性"（未受教化状态下的人性）与伦理戒律最初不相符合，相互差异，并因此需要受到实践理性和经验的指导，以便转化为"当人认识到自身目的后可能形成的人性"。这个由三种因素构成的体系中的每个因素的地位和功能——未受教化的人性概念、合理伦理戒律的概念和认识到自身目的后可能形成的人性概念——都必须参照另外两种因素才能正确理解。

当这一体系被置于神学信仰框架之中，它更复杂了而且内容也增加了，但没有实质的改变，这不论像阿奎那那样将其置于基督教中，像迈蒙尼德[①]那样将其置于犹太教中，还是像伊本·罗斯德那样将其置于伊斯兰教中，都是如此。这样的伦理戒律不仅须被理解为目的论的禁令，而且要理解为神规定的律法。美德和恶习的项目须加以补充扩展，并且，在亚里士多德的"错误"概念上，又加上了一个"罪"的概念。神的律法要求一种新的尊敬和敬畏。人的真实目的不再可能在这个世界中完全达到，而

[①] 迈蒙尼德（1135—1204），犹太教法学家、科学家。——译者

只能于另一世界中完成。但是，由未经教化的偶然形成的人性、认识到自己真实目的后可能形成的人性和作为从前者向后者转化工具的合理伦理戒律这三方面组成的结构，却仍然处于有神论的评价思想及判断的核心地位。

因此，由古典道德的有神论形式居支配地位的、具有双重意义、目的和双重标准的道德话语贯穿了这一阶段始终。说某人应该做某事也就是说这种行为在这些环境中将导致人的真实目的，同时还是说，这一行为是与神规定的及理性所理解的律法的命令相一致。这样，道德言论就仅在这一框架之中被用于表达真实的或虚假的主张。这一体系的绝大多数中世纪支持者当然确实相信它本身就是神的启示的一部分，但他们也认为它是理性作出的发现，可以合理地加以辩护。但是，当新教和詹森天主教（以及中世纪后期它们的直接继承者）出现在历史舞台上时，这一包容了不同见解的宽广领域却未能幸存。因为新教和詹森天主教体现了一种新的理性概念［我在这一问题及其他一些问题上的观点大大受惠于安斯库姆（Anscombe）1958年的观点，但我与她有所不同］。

这些新兴的神学家们断言，理性不能真正理解人的真实目的；理性的力量已被人的堕落所摧毁。"如果亚当是纯洁的"，根据加尔文的观点，理性可能曾经扮演过亚里士多德赋予它的角色，但现在理性却无力更正激情（看到休谟的观点即是一个被教养成加尔文派教徒的观点这一点很重要）。尽管如此，偶然成为的人与认识到自己真实目的后可能成为的人之间的对照依然存在，而神圣的道德律法也仍然是使我们从前者向后者转变的教导者，——即唯有神恩才能使我们响应和遵从神的戒律。詹森派的帕斯卡尔在这一历史的发展中占有一独特的重要地位。因为正是帕斯卡尔认识到：在许多重要方面，新教和詹森派天主教的理性概念与17世纪最为革新的哲学和科学中的理性概念是一样的。

理性并不理解实质或从潜能向行动的转化，这些概念属于遭人鄙视的经院哲学概念体系。从而，反亚里士多德的科学为理性的能力设置了严格的界限。理性是用来计算的，它可以确定事实的真假，可以看到数学上的关系，但仅此而已。因此，在实践领域内，它仅可涉及手段。在目的问题上它必须保持沉默。笛卡尔甚至坚信，理性无法否定怀疑，从而，根据帕斯卡尔的观点，理性的一个核心成就就在于认识到我们的信念最终建立在本性、风俗和习惯的基础上。

帕斯卡尔先于休谟提出的这种令人注目的观点（由于我们知道休谟对帕斯卡尔的著作是熟悉的，所以可以不无道理地相信，在这一问题上，休谟直接受到他的影响），指出了理性葆有其能力和力量的方式。即使在康德那里，我们也可看到这种理性的反面特征。康德的理性与休谟的一样，无法察觉作为物理学研究对象的客观世界的任何本质特征和目的特征。因此，在人的本性问题上，他们之间的分歧与这种重要的惊人一致共存，而且，这种一致还同样发生在狄德罗、斯密和克尔凯郭尔的观点之中。这些思想家都否弃了人性问题上的目的论观点，拒绝任何认为人具有限定其真实目的的本质的观点。理解了这点也就理解了他们力求为道德寻找基础的努力为何必然失败。

我们看到，构成了他们思想历史背景的道德体系是一个须具备三个因素的结构：未经教化的人性，认识到自身真实目的后可能成为的人和能够使人从前者向后者转化的道德戒律。但是，对新教、天主教神学的否定和在科学与哲学上对亚里士多德观点的摈弃却共同造成了这样一种结果：取消了任何关于"认识到自己真实目的后可能成为的人"的概念。由于既是理论又是实践的伦理学的全部意义都在于使人从其现时状态向其真实目的转化，所以在排除了本质人性的观念和放弃了目的观念之后，就只能给人们留下一个由两种因素构成、其间关系非常模糊不清的道

55

德体系。一方面,我们可看到道德的某些内容:被剥夺了有关目的的背景条件的一组禁令;另一方面,我们可看到某些关于未受教化的人性的观点。既然道德禁令原本处于一个旨在更正、发展和教导人性的体系之中,它们显然无法从这种对人性的真实描述中推演出来,也不可能以其他方式诉诸其特性加以证明。如此理解的道德禁令很可能会遭到如此理解的人性的强烈反对。从而,18世纪的道德哲学家们所从事的是一种注定失败的运动,因为他们在确实要为自己根据人性问题上的独特见解得到的道德信念寻找合理基础的同时,又承继了一套道德禁令和与这种禁令显然不一致的人性概念,——这种禁令和人性概念从产生之时起就预先注定不相符合。这种不一致性并没有因他们修改自己对于人性的信念而消失。他们从曾经一致的思想和行为的体系中继承了一些不相一致的残章断篇;由于他们认识不到自己所处的独特历史的和文化的环境,所以不能认识到他们为自己规定的任务的不可完成的和堂·吉诃德式的特征。

或许,说他们"不可能认识"有点过于强烈了,因为可以依据对这一问题的不同程度,将18世纪的道德哲学家排个队。我们看到,苏格兰人休谟和斯密的自我怀疑最少,故离这种认识最远,这也许是由于他们在英国经验主义的认识论体系中已然感到非常舒服自得。休谟在对这一体系让步之前,确实曾有过很类似于精神崩溃的表现;但在他的道德著述中,却丝毫找不到这种崩溃的迹象。在狄德罗生前发表的著述中,我们也同样看不出任何对这一体系不满的痕迹;但是在《拉摩的侄儿》——这是他死后落入叶卡德琳娜二世①手中的手稿之一,并且是被偷带出俄国后,在1803年出版——中,却对整个18世纪的道德哲学作出

---

① 叶卡德琳娜二世(Catherine II, 1729—1796),俄国女皇,在位期间为1762—1796年,被称为加德林大帝。——译者

第五章 论证道德合理性的启蒙运动为什么失败

了比对启蒙运动的任何外在批评都更为尖锐有力和更有见地的批评。

如果说，狄德罗比休谟更多地认识到了论证道德合理性运动的失败，那么可以说，康德在这方面比他们二者都强。在他看来，数学和道德展现了理性的可普遍化的规定性，他确实想要在这种规定性中寻找道德的基础；并且，尽管他指责将道德置于人性基础上，他对人的理性本性的分析仍然构成了他对道德所作合理解释的基础。但是，在他的第二"批判"的第二卷中，他也确实承认，没有一个目的论构架，整个道德就无法理解。他把这种目的论构架表述为"纯粹实践理性的先决条件"。在诸如海涅和后来的新康德主义者这些19世纪的读者看来，康德道德哲学中的这种说法是对他业已驳倒的主张的无法说明的武断让步。但是，如果我提出的论题不错，康德这一观点就是正确的；作为一个历史事实，18世纪的道德确实以某种以上帝、自由和幸福为内容的目的论体系作为前提条件。恰如康德所说，它们被作为德性的最高桂冠。若将道德与这一构架分开，你就失去了道德；至少也得说，你就极大地改变了道德的特性。

由于取消了道德戒律和事实上的人性之间的任何联系而造成的道德特性的变化，在18世纪道德哲学家们的著作中已有所表现。尽管我们已谈到的各个思想家都试图在其正面论证中把道德置于人性基础之上，但他们在各自作出的反面论证中都走向这样一种越来越无限制的主张：没有任何有效论证能从纯粹事实性的前提中得出任何道德的或评价性的结论。也就是说，这些思想家都越来越近地走向了一条原则——这一原则一旦被接受，便会成为他们整个运动的墓志铭。休谟在表述这一主张的时候，还是以疑问而非肯定性断言的口吻讲出的。他议论道："在我所遇到的每一个道德学体系中"，作者们都作出了从关于上帝或人性的陈述向道德判断的转化："不再是命题中通常的'是'与'不是'

的连接，而是没有一个命题不是由一个'应该'或一个'不应该'联系起来的"。① 他接着要求，"对于这种似乎完全不可思议的事情，即这个新关系如何能从完全不同的另外一些关系中推出来，应当列出理由加以说明"。到了康德那里，这同一普遍性原则不再以问题形式出现了，而是作为断言出现的：他坚持认为从任何关于人的幸福或上帝意志的陈述中都不可能推出关于道德律法的命令。在克尔凯郭尔对伦理的解释中，也同样以断言的形式重复了这一原则。这一普遍性主张的意义是什么呢？

某些后来的道德哲学家走到如此地步，他们把这一论题解释为：任何道德结论都不可能有根据地从作为"逻辑上真实"的一组事实前提中得出。他们并把这个论点理解为如同某些中世纪逻辑学家表述的从一个更为普遍的原则中推出的主张：即在一个正确有效的论证中，结论中不能出现任何前提中没有包含的东西。而且，这些哲学家们还暗示说，在一个试图从事实前提中得到道德的或评价性的结论的论证中，有某种东西即道德或评价因素，将出现在结论中。因此，这样的论证必然失败。然而，这种声称是不受任何限定的、可作为所有事物依据的普遍性逻辑原则，事实上却是假的——这种学究式标签只适用于亚里士多德的三段论。实际上，有几种有效论证的类型，其结论中的某些因素在前提中并未出现。A. N. 普赖尔列举的与这一所谓的原则相反的例证恰当地展示了它的失败：从"他是个大副"这一前提中，可以正确有效地推出这样的结论："他应该做大副该做的事情。"这一相反的例证不仅表明根本不存在什么上面那种普遍性原则，而且它本身还至少表明了这样一条语法规则方面的真理：一个表述"是"的前提能够在一定场合中包含有表明"应该"

---

① 休谟：《人性论》第 3 卷第 1 章第 1 节，中译本，商务印书馆 1980 年版，第 509 页。——译者

第五章 论证道德合理性的启蒙运动为什么失败

的结论。

但是,那些坚持无法从"是"中得到"应该"的人若将自己的主张稍加修改,便可轻易地克服普赖尔指出的困难。他们可以说自己意图主张的是:从事实前提中无法得出任何具有实质性评价或道德内容的结论,普赖尔举的例证中并不含有这样的内容。但即便如此,问题依然存在:人们为什么要接受他们的这一主张呢?我们看到,他们已然退了一步,即已经承认自己的主张不能从任何不受限定的普遍逻辑规划中得出。他们的主张中也许确实具有某种实质性的东西,但这种实质性的东西是从一种关于道德规则和道德判断的特殊概念中产生的——这是一种产生自18世纪的新概念。也就是说,人们可以坚持或宣称原则,但其有效性或正确性并非来自某种普遍的逻辑,而是来自所采用的关键词的意义。假设在17、18世纪中,道德言论中使用的关键术语的意义和含义已经改变了这些术语的特性,那么便会出现这样的情况:曾经可以导致或引出某一特殊道德前提或结论的正确推断,不再能导致或引出看上去完全同样的事实前提或道德结论。这是因为,在某种意义上曾经是相同的表达,曾经是同样的句子,现在却具有了不同的意义。但是,我们是否在实际上有这种意义变化的证据呢?在回答这一问题之前,首先考虑一下"从'是'的前提中得不出任何'应该'结论"这一论题的另外一种相反例证。从"这块表走得不准且不稳定"和"这块表重得不好携带"这类事实前提中,可以正确地得出"这是一块坏表"的评价性结论。从"他种这种作物每英亩的平均产量比当地任何其他农夫的产量都高"、"他所采用的恢复和提高土地肥力的方法是迄今所知的最佳方法"和"他饲养的奶牛群在农业展览会上赢得了头等奖"这类事实性前提中,可以正确地得出"他是个好农夫"的评价性结论。

这种论证之所以正确,是因为"表"与"农业"是具有特殊特性的概念。它们是功能性概念，也就是说，我们通过表和农夫被通常期望发挥的特有功能或具有的特有目的来限定"表"和"农夫"。由此可知，"表"这一概念不可能完全独立于"好表"概念而加以限定，"农夫"也不可能完全独立于"好农夫"来限定，衡量某物是不是表的标准和衡量它是不是好表的标准不可能相互独立，"农夫"和其他所有功能性概念的有关标准，也同样如此。恰如上面所举例证清楚证明了的，这两种标准显然都是事实性的。因此，任何从断言某恰当标准被满足了的前提推出断言"这是好某某"结论的论证（当这种"某某"是由功能性概念所表明时），都是从事实前提出发得出评价性结论的正确有效的论证。从而，我们可以安全地断言，如果某人要提出某种修正方案来使"是"中无法得到"应该"这一原则成立，那么这种方案必须从某范围内排除牵扯到功能性概念的有关论证。但是，这强烈暗示着那些坚持认为全部道德原则都属于这种原则范围之内的人都一直是这么做的，因为他们认为任何道德论证都不包含功能性概念。然而事实并非如此，处于古典的亚里士多德传统中的道德论证——不论在其古希腊形式中还是在其中世纪形式中——都至少包含一个功能性概念，即被理解为具有其本质特性和本质目的或功能的人这一概念；并且，当且仅当这种古典传统在整体上遭到基本否定时，道德论证的特性才被改变，从而落入某种形式的"是"前提中得不出"应该"结论这一原则的范围之内。这就是说，在古典传统中，"人"与"好人"恰如"表"与"好表"或"农夫"与"好农夫"的关系一样。亚里士多德认为，和"竖琴师"与"竖琴弹得好"的关系相类似，"人"与"生活好"的关系构成了伦理探讨的始点[①]。但是把"人"

[①] 参见亚里士多德《尼各马科伦理学》，1095a16（注：1095a16为后人整理亚里士多德等人文献所编统一页码）。

第五章 论证道德合理性的启蒙运动为什么失败

用作功能性概念并非亚里士多德的创造，并非始自亚里士多德形而上的生物学，而是有其古老得多的历史。这种用法实际上植根于古典的传统理论家们所要表述的社会生活形式。这是因为，根据这一传统，成为一个人也就是扮演一组角色，其中每一个角色都有其自身的特征和目的：家庭成员、公民、战士、哲学家、上帝的仆人等等。只有在把人视为先于和分离于这全部角色的独立个体时，才可能不再把"人"作为功能性概念。

要使这点成立，其他关键道德术语也必须至少部分地改变其意义。某些形式的句子之间的承继关系也必须予以改变。于是，不仅出现了道德结论不再可能像以前那样被合理论证的现象，而且这种合理论证可能性的丧失还成为相应改变道德惯用语意义的征象。因此，我已指出，这一事实使得哲学家们处于一种极其缺乏道德词汇（这是我已陈述的那些事件的结果）的文化之中，对于这些哲学家来说，"从'是'前提中无法得出'应该'结论"的原则就成了一种无法逃避的真理。这种原则被视作永恒逻辑真理，实际是一种极度缺乏历史意识的迹象，这种看法当时曾在很大程度上构成了道德哲学的内容，现在仍然过多地产生着影响。因为宣告这种看法的最初宣言本身就是一个至关重要的历史事件。它既是与古典传统最后决裂的信号，又是18世纪哲学家们在继承以往的残缺不全的背景条件中论证道德合理性的运动彻底失败的标志。

但是，在这一问题上，不仅历史中的道德概念和争论根本改变了其特征，从而成了我们时代文化中无法解决和终止的论争的直接起始，而且道德判断的含意和意义也被改变了。在亚里士多德传统中，说X是好的（这个X可以意指多种事件，其中包括人、动物、政策或事态），也就是说想要把具有X所具特性的事物作为自己目的的人都会选择X类事物。说一块表是好表，也就是说它是想要借助表来准确守时（而非用它来打猫）的人都会选择的那种表。"好"的这种用法的前提条件是：每一种可以恰当称作好或坏的事物——其中包括人和行为——事实上都具有某种既定的特有目的或功能。因此称某物好也就是在作事实陈述。称某一特殊行为正义或正当也就是说这是一个好人在该种情境中将会履行的行为，因而这种类型的陈述也是事实性的。在这一传统中，道德的和评价的陈述能够被称为真假陈述，恰是如同其他所有事实陈述那样的方式被称呼的。但是，当人的目的或功能这一重要概念从道德中消失了的时候，把道德判断视作事实陈述便开始显得不合理了。

此外，启蒙运动所致的道德世俗化也使人对道德判断作为神圣律法的表述的地位产生了疑问。甚至康德仍旧把道德判断理解为普遍法则的表达，即使这种法则是各个有理性的行为者为自身的立法，他也没有把道德判断视作对律法所要求和命令的内容的表述，而是把它们本身看作绝对命令。而绝对命令是不容怀疑其真假的。

迄今为止的日常谈论中，人们似乎一直习惯于把道德判断看作真实的或虚假的。但是道德判断的真假到底是什么这一问题始终没有清楚的答案。如果我前面粗略论述的历史性假定是真实的，这就完全可以理解：这种道德判断不过是古典—神论实践的语言幸存物，这种幸存物已丧失了这种实践提供的背景条件。在当时的背景条件中，道德判断的形式同时是假言的和直言的。就其表达了什么行为对一个人的目的是恰当的这种判断来说，它们是假言的："如果且因为你的目的是某某，你就应该做某某行为"，或"如果你不想使自己的最基本欲望受到阻挠，就应该做某某行为"。就其表述了神的命令的普遍法则的内容来说，它们又是直言的："你应该做某某行为，这是神的法则所命令的"。但是，如果把那些使它们借以成为假言和直言判断的东西都剥除掉，这些判断还是什么呢？这样的道德判断就失去了任何明确的地位，表达这种判断的语句也会相应丧失任何可以理解的意义。

第五章 论证道德合理性的启蒙运动为什么失败

这样的句子将成为某种可表达情感自我的便利形式，这种形式缺乏原本具有的背景条件的指引，丧失了在世界之中的语言的和实践的方式。

但是，以这种方式来阐述这一问题实际上只是提出了一种未加任何论证的预言。因为我现在是想当然地认定可以用那些幸存的、丧失了其背景条件并从而丧失了明确性的概念来描述这种历史变化的特点；而另一方面，正如我在前面已经提请读者注意的，许多经历了发生在我们前辈文化中的这一变化的人都把这种变化看作对传统有神论的重负和目的论思想模式的混乱的解脱。被我描述为传统结构和内容的丧失，却被这些最强有力的哲学代言人视作自我在其自律问题上取得的成就。自我已从已过时的那些社会组织形式中解放出来，这种社会组织形式把自我同时囚禁于有神论和目的论的世界秩序的信仰中，以及试图将自身合法化为这种世界秩序之一部分的等级结构中。

然而，我们不论把这一决定性的变化看作一种丧失还是视为一种解放，看作向自律的转化还是视为向反常杂乱的无目的性的过渡，都须重视其中的两个特点。第一个特点是这一变化造成的社会和政治后果。道德概念的抽象变化总是体现于真实的特殊事件中。存在着这样一部尚未写出的历史：其中的梅迪契王子①、亨利八世②和克伦威尔、腓特烈·威廉③和拿破仑、沃波尔④和威

---

① 梅迪契（Medici, 1389—1464），1537 年统治佛罗伦萨的梅迪契家族主要支系之一的开创者。——译者
② 亨利八世（Henry Ⅷ, 1491—1547），英国都铎王朝的第二代国王。——译者
③ 腓特烈·威廉（Frederick the Great, 1620—1685），17 世纪最卓越的专制君主之一，以"大选侯"知名。霍亨索伦王朝的首要人物，勃兰登堡——普鲁士国的创建者。——译者
④ 沃波尔（Robert Walpole, 1676—1745），英国首相。——译者

尔伯福斯①、杰斐逊和罗伯斯比尔等人特殊的、各不相同的行为被理解为表达了与下述哲学家们在哲学理论层次上所清楚表达了的同一概念变化,即他们的行为表达了由马基雅弗利和霍布斯,狄德罗和孔多塞②、休谟、亚当·斯密和康德在哲学理论层次上表达了的同一概念变化。不应有政治和道德行为与政治和道德理论相互分离的两个历史,因为人类并没有一个仅仅包括行为、另一个仅仅内含理论的两种过去。每一个行为都是或多或少地带有理论内容的信念和概念的承担者与表达者;而每一理论和信念的每一表达都是一种政治的和道德的行为。

因此,从传统向现代的转化既是理论上的又是实践上的,它是一个单一的转化。政治和社会变化的历史(由大学历史学系中的一组学者按一套标题进行研究)与哲学史(由大学哲学系中完全不同的另一组学者按另外一套完全不同的标题进行研究)的分离完全是我们现代学院课程的思想习惯造成的,这种习惯一方面赋予思想观念一种虚假的自身独立性,另一方面把政治和社会行为表现为一种独特的、毫无思想内容的东西。当然,这种学院中产生的二元论本身也是现代世界中几乎无处不在的一种表达,这种观念实在是太多了,作为现代文化最有影响的敌对理论的马克思主义对经济基础和意识形态、上层建筑的区分只不过是这种二元论的又一表现形式。

然而我们还须谨记的是,如果自我明确地将自身与从一种单一的、统一的历史进程中的继承而来的思想和实践模式分离开来,那么它是以如此多样不同方式和复杂程度进行的以致人们易

---

① 威尔伯福斯(William Wilberforce, 1759—1833),英国政治家和慈善家。——译者
② 孔多塞(Marquis de Condorcet, 1743—1794),法国数学家、革命家、哲学家,他关于人类能够无限地完善自身的进步观念对19世纪的哲学和社会学具有极大影响。——译者

于忽视这点。当颇具特色的现代自我被创造时，这种创造不仅要求相当广泛的全新社会背景，而且要求以多样化的、并不总是连贯一致的信念和概念来限定这种社会背景。这种创造的结果即是个人，因此，下面我们必须探讨的问题是：总的看来，这种创造是什么，它在产生我们情感主义文化的过程中起了什么作用。

第六章

启蒙运动论证失败的某些后果

现代道德理论中的问题显然是启蒙运动的失败造成的。一方面，摆脱了等级制度和目的论的各个道德行为者把自身构想为个人道德的权威统治者——道德哲学家们也如此构想作为道德行为者的个人。另一方面，必须为已部分改变了的道德规则找出某些新的地位，因为继承而来的道德规则已被剥夺了其古老的目的论特性，剥夺了作为一种终极神圣律法的表达的更古老的绝对特性。如果不能为这些规则找到一种新的、可使它们成为合理诉诸物的地位，那么对它们的诉诸便会仅仅成为个人欲望和意志的工具。由此产生了一种必须证明道德规则的正确性的压力：要么为之发明某种新的目的论，要么为之找到某种新的绝对地位。前一方案使功利主义成为现代的重要理论，后一方案则使所有试图追随康德、把诉诸道德规则的权威性建筑在实践理性性质基础上的理论显得十分突出。我将要论证的是：这两种努力过去都失败了，目前仍在失败着；但是，在哲学家们力图使它们成功的过程中，却完成了某种社会的和理智上的转化。

边沁的最初表述就他所面临问题的性质和尺度而言提出了一种敏锐的见解。他那富有革新精神的心理学提出了一种新的人性观点，在这种观点启示下，可以清楚地表述如何对道德规则赋予新的地位这一问题；并且，边沁毫不畏缩地承认，他就是在赋予道德规则一种新地位，就是在赋予关键道德概念以新的意义。根据他的观点，传统道德中充满了迷信；我们只有理解到人们行为的唯一动机就是趋乐避苦，才能讲出一种启蒙［摆脱偏见迷信］的道德原则，而对最大幸福和没有痛苦的期望为这种原则提供了目的。边沁把"快乐"作为一种感觉的名称，恰像"痛苦"一样；这两种感觉之间的不同仅表现在数量、强烈程度和持久性上。这种虚假的快乐观之所以值得引起注意，仅因边沁功利主义的直接后继者们非常易于把上述观点视为功利主义所遇困难的主要源泉。因此，边沁的继承人们并不总是能够充分注意到他从心理命题向伦理命题转化的方式。边沁的心理命题表明，人类有且仅有两种动机，他的伦理命题则表明，在任何既定条件下，当我们必须在两种行为或政策之间进行选择的时候，永远应该选择可以产生最大数量的最大幸福的行为或政策——可以导致最大可能数量的幸福和最小可能数量的痛苦的行为或政策。根据边沁的观点，只有摆脱了偏见迷信和受过教育的头脑才能认识到，由我的趋乐避苦心理所支配的对幸福的追求与对最大多数人的最大幸福的追求实际上是完全一致的。但是，社会改革家的目的是重新构建社会秩序，以便即使是对幸福的盲目追求也将为最大多数人造成最大幸福；正是从这一目标出发，边沁提出了众多立法和刑事方面的改革方案。请注意，在诸如18世纪末19世纪初的英格兰那种未经改革的法律和社会秩序中，正是出于对自身当时当地幸福的开明关注，才导致对最大幸福的坚决追求，如果社会改革者自己也不能发现为某一特定任务而不为其他任务奋斗的动机，他能做到这样吗？这是一个经验上的断定，它是否真实呢？

当首批边沁主义追随者和当时显然是最卓越杰出的思想家同时热烈拥抱边沁学说时，约翰·斯图特·密尔却清楚地表明，上述断言至少对他来说是不真实的，这造成了一场精神上的崩溃。密尔的结论是，需要加以改造的恰是边沁的幸福概念，但他的真正成功之处在于提出了如何从心理中引出道德这一问题。这种

"引出"为边沁的新自然主义目的论提供了全部合理性基础。毫不奇怪,当边沁主义中的这一致命失败被认识到之后,它的目的论内容就变得越来越贫乏了。

约翰·斯图特·密尔提出的边沁的幸福概念须加以补充这一论点无疑是正确的;在《功利主义》一书中,他试图对"较高的"和"较低的"快乐作出一种关键的区分,在《论自由》以及其他一些著述中,他把人的幸福的增加与人创造力的扩大联系在一起。但是,他这些修订的要旨在于暗示:人的幸福这一观念不是一个单纯统一的观念,不能为我们的关键选择提供标准——这一暗示是正确的,但任何边沁主义者不论怎么改造自己的观点也不会承认它。如果某人以边沁和密尔的精神提出,我们应在对自身将来快乐或幸福的期望的指导下来进行选择,那么恰当的反驳是质问:"应该用哪种快乐、什么幸福来指导?"因为有那么多可令人享受的行为,那么多不同方式都可达到的幸福。并且,幸福或快乐并不是仅以这些行为和方式为手段来造成的某种精神状态。"喝吉尼斯饮料的快乐"不是"在天鹅海滨游泳的快乐",而且游泳和喝饮料也不是达到同一目的状态的两种不同手段。修道生活所特有的幸福不同于军旅生活所独具的幸福。这是因为,不同的快乐和幸福在很大程度上是不可通约的:不存在任何可用来衡量它们质量和数量的尺度。因此,诉诸于快乐标准并不能告诉我去喝饮料还是去游泳,诉诸于幸福标准也不能作出当修士还是当战士的决定。

一旦理解了快乐和幸福的这种多态型的特性,自然就使得这两个概念对达到功利主义目的毫无用处;如果出于这种理由,使得对他或她自身将来快乐或幸福的期望不能为各个个人解决行为问题提供任何标准,那么便可以进一步得出这样的结论:最大多数人的最大幸福这一观念不具任何明确内容。它实际上是具有多种多样观念形态的用法的伪概念,仅此而已。因此,当我们在实

第六章 启蒙运动论证失败的某些后果

际生活中遇到它时,总是有必要问问在这种概念的背后隐藏着什么真正的计划或意图。这样说当然不是否认它的许多用法已服务于有利社会的观念和理想。查德威克①为提供公共卫生措施而进行的激烈改革、密尔本人为扩展选举权和结束奴役妇女作出的努力,以及其他一些19世纪的理想和事业,都曾为了达到某种好的目的而援引功利主义标准。但是在一项好的事业中使用虚构的概念并不能减小这一概念的虚构程度。在下面的论述中,我们还将不得不表述现代道德论述中的其他一些虚构,但在此之前,必须首先探讨一下19世纪功利主义的另一特点。

伟大的19世纪功利主义者在道德的严肃性和奋发向上方面的标志之一是:他们都有一种仔细审查、再仔细审查自己主张的持续不断的责任感,因此只要可能,他们就不会受到蒙骗。这种细而又细的审查的最高成就是西季威克的道德哲学。也只是到了西季威克,为伦理学重建目的论框架的运动是失败的这一点才终于得到承认。他既认识到功利主义的道德命令不可建立在任何心理学基础之上,又认识到责成我们追求普遍幸福的戒律既逻辑地独立于、也不可能出自任何责成我们追求个人自身幸福的戒律。西季威克发现自己被迫作出这样一个令人不快的结论:我们的基本道德信念有两个特性,它们无法在任何形式上统一起来,它们是不可通约的异质物;并且对它们的接受是无法论证的,必须是无法论证的。在进行道德思索的基础之中,存在着这样的信念,即对某些陈述的真实性无法给予任何进一步的理由。用休厄尔②的话说,西季威克将这类陈述称作"直觉"。当西季威克宣称自

---

① 查德威克(Sir Edwin Chadwick, 1800—1890),英国医师、社会改革家,终身从事英国的卫生改革工作。——译者
② 休厄尔(William Whewell, 1794—1866),英国哲学家和历史学家,以伦理学著作和归纳法理论著作而闻名。——译者

己在原本要寻找秩序与和谐的地方实际找到的却仅仅是无序与混乱时,他对自己探究所得结果的失望溢于言表。

摩尔的观点显然借自西季威克的最后见解,尽管他本人没有承认这点。他在《伦理学原理》中表述的拙劣论证实际上表明了他与西季威克的关系。《伦理学原理》与西季威克后期著述之间的差别实际只是语气上的,而非实质性的。摩尔把被西季威克描绘为失败的东西视作启示性的和解放性的发现。摩尔的后续者们则感到恰如自己曾被从基督教中解救出来一样,又被摩尔从西季威克和其他功利主义者手中解救了出来,如我早些时候已注意到了的,启蒙和解放对这些人来说是至高无上的。他们自然没有看到自己同时也失去了任何客观性主张的基础,没有感觉到自己的生活和判断已经开始为不久后出现的强有力的情感主义提供证据。

这样,功利主义史就历史地把18世纪论证道德合理性的运动与20世纪向情感主义的衰落联结到了一起。但是,功利主义在思想和理论层次上哲学的失败及其后果当然仅是有关历史的一个部分。这是因为,功利主义有多种多样的社会表现形式,并在多种多样的社会角色和机构中留下了它的痕迹。在约翰·斯图特·密尔赋予功利主义的哲学上的重要意义消失很长时间之后,这些表现形式和痕迹依然世代相承。尽管这种社会遗传中的东西对我的中心论题绝非不重要,我仍准备晚些时候再评论它。现在让我们首先探讨一下哲学上的另一种努力,即有人想对道德行为者的自律意识如何与道德规则具有客观的独立权威的观点前后一致地结合起来这一问题作出说明,但这种哲学上的努力也失败了。

功利主义最成功的主张产生于19世纪。19世纪后,英国哲学先后由直觉主义和情感主义统治。恰如英国的直觉主义为其情感主义奠定了基础一样,美国的实用主义为其情感主义的出现作好了准备。但是,出于我们已然注意到的理由,在意义的问题

第六章 启蒙运动论证失败的某些后果

上,分析哲学家眼中的情感主义总显得不那么有道理,因为道德推理显然确实存在,道德结论常常能够从一组前提中正确地推出。这些分析哲学家复活了康德的理论:道德规则的权威性和客观性就是推理活动的权威性和客观性。从而,分析哲学家们为自己确立的核心任务实际是:表明任何有理性的行为者都通过其理性而逻辑地对道德规则承担有义务。

我已经提出,为完成这一任务而作出的努力的多样性及这些多种多样努力之间的不协调性使人们对其是否可以成功产生疑问。但是我们必须理解的显然不仅是这一任务已经失败,而且还有它为什么失败。为达这一目的,这里需要稍微详细地审查一下这类努力中的一个例子。我选的例子是艾伦·格沃思在《理性和道德》中作出的努力。之所以选这本著作,不仅因为它是最新的这类努力之一,而且因为它仔细小心、严格认真地探讨了对以往有关著作家的反驳和批评。此外,格沃思还在理性是什么的问题上采取了一种既清楚又严格的观点:一种实践理性原则要被人接受,这种原则就必须是分析的;一种结论要从实践理性前提中推出,这种结论就必须可被表明包含在其前提中。在关于"充足理由"由何构成这一问题上,没有任何松散和模糊处,而以往在这里的问题,削弱了以前某些把道德展示为理性的分析企图。

格沃思著作的关键命题是:"由于行为者把自由和好生活看作必要的善,视为构成自己成功行为的一般特征,在逻辑上,也必然认为自己有具有这些一般特征的权利,并且不言明地作出相应的权利要求"。[①] 对格沃思的这一论证可作如下解释:每一个有理性的行为者都不得不承认一定程度上的自由和健康福利是自己行使理性能力的前提条件。因此,各个有理性的行为者只要有

---

① 格沃思(Alan Gewirth):《理想和道德》,1978年版,第63页。

意愿，就必然愿意自己拥有这种程度上的这些利益。当格沃思使用加上引号的"必要善"时，就是在表达这一意思。到此为止，我们毫无理由对他的论证提出疑问。但是，再往前一步，便会出现关键性的问题。

格沃思论证说，任何认为行使自己理性能力的前提条件是必需利益的人，都逻辑地同时认为他有权得到这些利益。但是权利概念的引入显然需要证明，这既因为它对格沃思的论证是个新概念，也因为他讲的权利概念具有某种特殊的性质。

一个清楚无疑的事实是：我说自己有权做某事或拥有某物的主张与我说自己愿意或想要从某事物中得利的声言完全不同。从前一主张中——假定它就是行为者的全部有关考虑——可作出这样的推论，即不论我试图做或拥有的东西是什么，不论这种东西是否对我有利，他人都不应干涉。从后一声言中则得不出这种推论，不论所涉及的是什么好东西或利益，都得不出这种推论。

还有一种搞清格沃思论证中的错误的方式，即理解上述推理步骤对他的论证为什么至关重要。如果我通过自己具有的某些特性而声称有某种权利，那么我也逻辑地应认为任何具有相同特性的人也都具有这种权利，这一推理当然是真实的。但是，当一个人声称自己对某种利益、即使是一种普遍必需的利益有需求、欲望或占有时，这种声称却完全不具上述必然的普遍性质。

对有理性的行为者来说某些利益是必需的主张为什么与拥有某种权利的主张如此不同呢？原因之一在于，事实上后者是以存在有一套由社会确立的规则为前提的，而前者却没有这样的前提条件。这样的规则仅在特定的社会条件下出现于特定的历史阶段。它们绝非人类状况的普遍特征。格沃思承认，在语言发展史中，诸如"一种权利"这类表述及其同义语，到了中世纪的结尾时期才出现。也就是说，相对来讲，它们出现于英语发展史的较晚阶段。但是他争辩说，这类表述的存在并不是以人类行为形

第六章　启蒙运动论证失败的某些后果

式体现权利概念的必然条件，在这点上他显然是正确的。然而他却必须对下述诘难作出回答，这些以有权拥有某物的观念（比如权利观念）为前提条件的人类行为的形式总是具有极其具体的地方社会特性，如果拥有某种权利的观念是人类言行中能够被理解的观念的话，那么它一定以存在某种特殊形式的社会机构或实践为必然条件。事实上，任何特殊类型的社会机构和实践在人类历史中尚未普遍地存在过。在缺乏任何这类社会形式的情况下声称自己具有某种权利就像在一种没有货币机构的社会中签发支票付账一样可笑。因此格沃思不正确地私下在他的论证里塞进了一个无论如何也不属于有理性行为者的（哪怕是最小特性的）概念，尽管他只要进行这种论证就不得不如此做。

因此，我认为，19世纪中晚期的功利主义和20世纪中晚期的分析道德哲学，把启蒙运动无法为自律道德行为者的道德信奉提供一个世俗的合理的证明的困境中挽救出来的企图，都是不成功的。在前面的论述中，我把这种困境的特点描述为：道德行为者从传统道德的外在权威中解放出来的代价是，新的自律行为者的任何所谓的道德言辞都失去了全部权威性内容。各个道德行为者可以不受外在神的律法、自然目的论或等级制度的权威的约束来表达自己的主张，但问题在于，其他人为什么应该听从他的意见呢？以往的功利主义和现今的分析道德哲学所力图给予有说服力的答案的正是这一问题。但是，如果我的论证正确，这两种理论都恰恰没能作出有说服力的回答。尽管如此，包括哲学家和非哲学家在内的几乎所有人都仍然以这一任务已经以某种形式得到解决的口吻发表着自己的意见。由此产生了我在本书开首处指出的当代道德论述的特点之一：道德表达的意义与运用它们的方式之间的鸿沟。这是因为，只有当至少一种哲学论证取得成功之后，当代道德表述的意义方可得到保证并继续下去；但当代道德表述的用法，即情感主义用法，恰恰是所有这类哲学论证全部失败之后才会产生的用法。

作为结果产生的当代道德经验具有一种自相矛盾的特性。一方面，我们每个人都受到要把自身视作自律道德行为者的教育，但另一方面，我们每个人又都被某种实践的、审美的或官僚政治的行为模式约束着，这些模式使我们自身卷入与他人的操纵关系之中。在力求保护我们珍视的自律性时，我们渴望自身不被他人所操纵；但在实践世界中力求具体体现自身的原则和观点时，我们却发现除了使用自己渴求避免的操纵关系模式来对付他人外，无任何路可循。我们的态度与经验的这种不一致源自我们继承来的概念体系的不一致。

我们一旦认识到这点，也就可能理解另外三个关键概念在与众不同的现代道德体系中的地位，即权利、抗议和揭露。我在这里说的"权利"，并不是指由成文法律或习俗授予某特定阶级成员的权利，而是指被断定为人本身就具有的权利，以及作为理由被持有、从而使人们看到自己追求生活、自由和幸福的过程中不应受到干预妨碍的权利。它们是在18世纪中被说成自然权利或人的权利的那种权利。在那个世纪中，它们的特性是从反面来限定的，即被限定为不受干预妨碍的权利。但是在18世纪中的某些时候，人们也把积极的权利加在其中。在我们所处的时代，这种作法就更为经常了。所谓"积极的权利"，是指可由正当诉讼、受到教育和得到工作为例来表达的那些权利。目前，"人权"这一表达比18世纪的上述两种表达更为普通。但是，不论积极的还是消极的权利，也不论如何称呼它们，人们都认定它们同等地隶属于所有个人，而不管其性别，种族、宗教信仰、天资或功过情况如何，这种权利为各种各样的特殊道德态度提供了基础。

在了解了下述事实之后，人们自然会对居然存在这些仅因人是人便具有的权利感到有些奇怪，我在讨论格沃思的论证时曾间接地提到了这一事实，即在中世纪临近结束之前的任何古代或中世纪语言中，都没有可以恰当地译作我们说的"一种权利"的表达，也就是说，1400年以前，在古典的或中世纪的希伯来语、希腊语、拉丁语和阿拉伯语中，没有任何恰当的说法可以用来表达这一概念，更不用说古英语了。在日语中，甚至到了19世纪中叶仍然是这种情况。从这一事实中当然不能推论说当时根本不存在自然的或人的权利；从中仅可作出这样的推论：当时无人知道存在着这种权利。这一事实至少向我们提出了某些问题。但是我们无须分心去回答这些问题，因为其中的真理是显而易见的：根本不存在这种权利，相信这种权利与相信独角兽或巫术是一样的。

如此率直地断言无这种权利存在的最好理由，与断言不存在魔力和独角兽时所拥有的最好理由完全是同一类型的：试图为相信存在有这种权利而提供充分理由的所有努力都失败了。18世纪自然权利的哲学捍卫者们有时提出，认为人们拥有这种权利的断言是自明的真理，但是我们清楚地知道，根本不存在什么自明的真理。20世纪的道德哲学家们有时诉诸他们的或我们的直觉，但我们必然已从道德哲学史中学到的事情之一是：每当道德哲学引进"直觉"一词时，总是其论证已糟糕透了的信号。自从联合国1949年发表《人权宣言》以来，联合国不为任何断言提供充分理由这一规定做法一直得到极严格的遵循。这种权利的最新辩护者罗纳德·德沃金承认，这种权利的存在是无法证实的。在这一问题上，他仅只议论道，从一个陈述无法被证实这一事实中得不出它不真实的结论。① 这种议论自然不假，但它同样可以用来为有关独角兽和魔力的声称辩护。

恰如所谓的功利一样，自然的或人的权利不过是一种虚构，

---

① 参见德沃金《认真地看待权利》，1976年版，第81页。

不过是一种具有高度特殊性质的虚构。为了认清这种性质,需要再次简要地探讨一下另一个虚构,即从18世纪重建道德的努力中产生的虚构——功利概念。正如我已指出的,当边沁首次将"功利"转变为一个准技术性术语时,他运用的方式是总结概括对快乐与痛苦的期望,以使这个观念显得合理。但是,由于约翰·斯图特·密尔和其他功利主义者大大扩展了关于人们追求并赋予价值的各种目标的观念,使之成为一种可以概括全部能得到满足的经验与活动的概念,所以在我所揭示的那些理由面前,这种概念就变得越来越没有道理了。自然的人和受过教育的人所欲望的对象是不可通约的、异质的,而为个人或全体居民总结概括这种对象的概念毫无清楚含义。但是,如果功利不是一个清楚明确的概念,那么把它用作这样的概念,即以它可以为我们提供某种合理标准的方式使用它,实际上就是以虚构为凭据。

把功利概念与权利概念放在一起,我们就可以清楚地看到道德虚构的一个核心特点:它们都旨在为我们提供一种客观的、非个人的标准,但是无一成功。这一原因本身就使得这些概念被赋予的意义与其实际用法之间必然出现鸿沟。此外,对当代道德争论中为什么会出现无法相互比较的前提这一问题,我们现在也能更好地理解了。权利概念是作为自律道德行为者这一社会发明的一部分,为了服务于一组目的而产生的,而功利概念则是为了完全不同的目的而设计的。创制这两个概念的情境是相同的:都要求以某种人为的东西替代陈旧的传统道德概念,这种替代物若要(哪怕是仅在表面上)履行其新的社会职能,就必须具有某种根本上革新的特性。因此,毫不奇怪,当诉诸权利的主张与诉诸功利的主张相较量,以这两者或其一与以某种传统正义概念为基础的主张相较量时,找不到任何可以进行衡量比较、确定孰先孰后的合理方法。可见,道德上的不可比较性本身就是一个特殊历史结合的产物。

第六章 启蒙运动论证失败的某些后果

这为我们理解现代社会的政治学提供了一种重要的见识。我在前面提到的那种官僚政治个人主义文化，导致了根据权利提出自己主张的个人主义与按照功利提出要求的官僚政治组织之间的特有的公开政治争论。但是，如果权利概念和功利概念是相互般配的一对，同属无法相比的虚构，那么人们使用的有关道德习语顶多为现代政治进程的合理性提供了一个貌似物，而绝非其实际状况。争论的这种虚假合理性藏匿了意志和力量的任意专横在解决争论中的作用。

抗议何以变成现时代的一种特有道德特征，愤慨何以成为一种最显著的现代情感等等问题，也都很好理解。"抗议"及其拉丁词源和法语同根词的意义最初既具有正面意义又具有反面意义，相比之下，其正面意义的使用或许更为经常，抗议曾经指为某事作证，至于反对另外的某事这一意义，仅只是作为忠于证言的结果才出现的。

但是现时的抗议已几乎完全成为一种反面的现象，其特点表现为，它总是对那些以某人功利为名侵犯（抗议者眼中的侵犯）某人权利的反应。那种突出自身的抗议叫声之所以出现，是因为功利与权利不可通约的事实决定了抗议者永远不会赢得一个争论；抗议者的愤慨和自以为的正直之所以出现，也因为不可通约的事实同样确保抗议者不可能成为输家。因此，抗议言论的特点是其总指向那些已与抗议者合用共同前提的人。而不可通约性所导致的结果是，除了自身之外，抗议者基本没有任何他人可以对话。这并不是说抗议不可能产生效果，而是说它不可能合理地产生效果，表达抗议的占支配地位的模式表明了人们某些（也许是无意识地）察觉到这一问题的迹象。

现代世界中特有的现代道德事业的主要倡导者的主张——我在这里说的完全不是那些力求提倡旧有传统的某种幸存形式，以使其与现代性共存的人——提供了一种辩术，用以把那些事实上主张偏爱任意意志和欲望的意见藏匿到了道德面具后面。这些倡导者们的这种主张当然不是他们自己发明的。这是因为，各位倡导现代性的争论者，虽然一方面出于显而易见的理由，不愿承认他们自己的主张是真实的，但另一方面却又都乐于用它们来对付自己的竞争对手。因此，克拉珀姆教派的福音教徒在启蒙运动的道德中看到了自私和罪恶的合理性或将之合理化的伪装；接下来的福音派教徒那些摆脱了束缚的孙子们和他们维多利亚时代的后继者们把福音教徒的虔诚视为伪善；而随后被 G. E. 摩尔的观点解放了的英国上层人士则把维多利亚时代的半官方文化设置看作毫无掩饰的浮华伪装；认为它们不仅隐藏了自己父亲和教士们傲慢的自我意志，而且隐藏了阿诺德、拉斯金和斯宾塞的这种意志；再后的 D. H. 劳伦斯也以完全相同的方式"看透了"英国上层。当情感主义最后虽被声称为关于道德论述性质所作的纯粹的普遍性论题，但它实际上不过是归纳了现代各文化造反派在批评其道德前辈时已经讲过的东西而已。揭露维系现代道德面具的那些不被人们承认的任意意志及欲望的动机本身就是最有现代特性的行动。

　　弗洛伊德的成就之一是发现了：对其他人任意专断的揭露总是在保护自身的任意专断不被揭露。在 20 世纪初，诸如塞缪尔·巴特勒那种自传明显地引起了来自所有感到父辈们武断自我意志沉重压制的人的强烈反应——即引起了那些感受到了为隐藏在自己所受教育的文化形式背后断言为父辈的自我意志沉重压制的人的强烈反应。这种沉重的压制感无疑是由于受过教育的男人女人们渴望抛弃他们已内在化的东西产生的。从而，利顿·斯特雷奇对维多利亚人的嘲笑的重要性在于，它构成了英国上层人士获得解放的一部分，斯特雷奇对摩尔的伦理学所作反应中的夸张修辞也具有同样的重要意义。但更为重要的是被弗洛伊德表述为超我的那种继承而来的良心，他把这种良心视为我们自身中的非理性部分，认为为了自身的生理健康，需要摆脱它的命令的束缚。弗洛伊德当然以为自己发现的是道德本身，而不是道德于19世纪末20世纪初在欧洲的演化物。但不能用这一错误认识来减损他取得的成就。

在此有必要回顾一下我所作论证的中心线索。我从探讨无法终止的当代道德争论开始，试图把这种无法终止性解释为由某种修正了的情感主义中所含真理造成的结果——即由C. L. 史蒂文森及他人提出的关于道德判断的理论所造成的结果。但是，我没有仅把它看作一种哲学分析理论，而是还将之视为一种社会学假说。(我不满于情感主义讨论这一问题的方式。出于在前面第三章中讲到的原因，我不清楚在这一领域中的任何恰当的哲学分析何以能够逃脱同时也是社会学假说的地位，反过来也是一样。在传统课程强加给我们的观念中似乎有种深刻的错误：这种课程告诉我们，有两种截然不同的题材或科目，其一是表现为进行概念性探讨的道德哲学，另一个是道德社会学，它表现为一系列经验的假定和发现。奎因对所有主张分析——综合的重要观点所作的致命批评使人对这种将概念与经验相分离的做法也产生了疑问。)

因此，我所作论证的大意是：情感主义告诉我们大量有关当代道德论述和实践的东西，更具体地说，它表明了现代社会的核心特性角色——在我赋予"特性角色"的那种特殊意义上——在其行为举止中体现了这种情感主义模式。读者也许还记得，这些特性角色包括审美者、治疗师和经营管理者，以及官僚政治专家。对于使得情感主义占据上风成为可能的上述发展所作的历史性探讨，已揭示了这些特殊的现代特性角色的一些其他东西，即在一定的程度上，他们在道德虚构中的活动，并且这是他们不能逃脱的活动。但是，道德虚构的范围能在多大程度上超出权利和功利所规定的范围？谁将受到这种虚构的蒙蔽呢？

审美者受到这种蒙蔽的可能性最小。哲学家想象中的那些目空一切的无赖之徒,如狄德罗笔下的拉摩和克尔凯郭尔的"A",如此傲慢骄横地漫步于现代世界的入口处,特别善于看穿那些骗人的虚构主张。他们如果受到蒙蔽,必然仅因其自身的玩世不恭所致。在现代世界中,审美方面的蒙骗之所以发生,主要原因在于审美者不愿承认他自己之所是。个人享乐可能转变成的负担是如此巨大,享乐可能带来的空虚和重负的威胁是如此显而易见,所以审美者有时不得不依赖于比年轻的拉摩和"A"曾倚赖过的东西更为精心地推敲出来的新发明上。他甚至可以成为克尔凯郭尔的忠诚读者,并将被克尔凯郭尔视为审美者命运的绝望弄成某种新的自我放纵和耽迷的形式。如果绝望之中的过度耽迷放纵将影响他的享乐能力,他会去找治疗家,如过度酗酒后他会去寻求治疗。并且,他还可以把这种治疗变成自己又一种审美经验。

与此形成对照的治疗家并非仅是现代世界中最容易受骗的三种典型特性角色之一,而且还是最容易被人看出已上当受骗的角色——并非仅被道德虚构所欺骗。对我们文化中的标准治疗学理论所作的压倒性批判随处可见。确实,治疗家们的各个学派都过于焦急地想清楚地揭示出与自己相匹敌学派的理论缺陷。因而,问题并不存于心理分析治疗学或行为主义治疗学的主张为什么未被揭示为建立在错误基础上,因为它们已经受到了非常充分的削弱;问题在于,为什么治疗学方面的实践大体上仍在继续,似乎什么也没发生过。恰如审美方面的问题一样,这也并非仅仅是道德虚构的问题。

当然,审美者和治疗家无疑与任何其他人一样,都易于在这种道德虚构中做交易;但是他们并不具有特别地属于其自身的、由他们角色的定义所限定的这种虚构。而在当代舞台上的统治人物——经营管理者那里,情况就大不相同了。这是因为,在当代的核心道德虚构中,除了权利和功利之外,我们还必须加上体现于下述主张中的经营管理方面的虚构,即主张在控制社会现实的某些方面中具有系统化的有效性(effectiveness)①。出于两种完全不同的理由,这一论题初看上去似乎令人吃惊:我们并不习惯于对经营管理者们取得其目标的有效性问题产生怀疑,同样,我们也不习惯于把有效性看作一个独特的道德概念,没有把它与权利或功利概念划归一类。经营管理者和大多数论述经营管理的著述家们都把自己构想为道德中性的特性角色,认为这种角色的技巧使其能为达到自己设定的任何目的发明出最有效的手段。根据这种占统治地位的观点,一个既定的经营管理人是否有效的问题与他的有效性是否能成功地服务于道德目的的问题完全不同。尽管如此,我们还是有牢固的基础来否定有效性是一种道德中性的价值的观点。这是因为,恰如我们在前面已注意到了的,整个有效性概念与人类存在的方式是不可分的,在这种存在方式中,对手段的发明设计是操纵人于一定的行为依从模式的核心部分;经营管理者恰是通过诉诸自己在这方面的有效性,才得以声称自己具有上述操作方式中的权威。

因此,有效性是一种生活方式的限定性和决定性因素,这种生活方式与其他当代生活方式竞争着要我们去信奉;而假如我们欲对那种认为官僚政治的经营管理方式应在我们生活中占有权威地位这一主张作出评价,那么对官僚政治经营方式在有效性问题上的主张作出估价就是最重要的任务。体现于经营管理角色和特性角色的语言与实践中的有效性概念自然是个极其一般的概念;它与在社会控制下实行的合作、政府机构、工会及各种其他实体

---

① 英文的 effectiveness 一词,其意为真正地、实际地能够起作用,因此,我们在此多数地方把它译为"有效性",少数地方根据行文需要,译成"效率"。——译者

这些同样的一般性概念有着密切的关系。几年以前，伊根·比特提出，在这种一般化概念与可明确用于特定环境中的任何实际标准之间存在着一条鸿沟。他注意到，"韦伯虽极其清楚地表明了唯一可证明官僚政治合理性的东西就是有效性，但在如何运用这一判断标准的问题上，他却未能为我们提供一个明确的指导。实际上，相对于其有效性功用来说，人们创造出来的官僚政治的特点中有待争论的东西不止一项。长久目标根本不能用于确切地计算这种有效性，因为偶然因素的影响随时间推移增加，并使得赋予稳定控制下某一行为片段的效率有确定的价值越来越困难。另一方面，用短期目标来判断这种有效性可能会与经济理想本身相冲突。短期目标不仅随时间推移而变化，并以不确定的方式相互竞争，而且其结果还具有声名狼藉的欺骗性价值，因为一个人可以轻易地通过操纵这种目标来表明自己想要表明的任何东西"。①

经营管理者们所面临的一般化观念与实际行为之间的鸿沟暗示着这种观念的社会用途并非如其主旨所示。这种观念被用来维持和扩展经营管理者的权力和权威这一点自然是无可怀疑的，但是它还被用于联系得自下述信念的任务，即认为由于经营管理者具有一种使技术和知识服务于达到某种目的的能力，所以他们的权力和权威可以得到合理的证明。然而，倘使其效力是社会制造的伪装假象的一部分而非实际情况，那会怎样呢？倘使有效性是一种由他人和经营管理者、官僚政治家们自己广泛输入自身的一种性质、而在事实上却是离开这种输入便极少存在的性质，又会怎样呢？

我借来称呼这种所谓的有效性质的词是"专门知识"。② 自然，许多不同领域中都有真正的专家，我对这一点毫不怀疑。比

---

① 比特（Bittner）：《组织概念》，载《社会研究》1965年第32期，第247页。
② 专门知识，英文 expertise，又含有"专长"、"专门技能"之意。——译者

第六章 启蒙运动论证失败的某些后果

如，在研究胰岛素的生物化学中、研究奖学金历史、研究古老家具等多种领域中，都有这种专家。我在此要提出问题的特别而且仅仅是经营管理和官僚政治方面的专门知识。我将得出的最终结论是，这种专门知识实际上会变成又一种道德虚构。因为需要用来维持它的那种知识并不存在。但是，如果社会控制确实是一种伪装假象，会是什么样子呢？请考虑下述可能性：压制我们的并非权力，而是一种软弱无能；恰如某些激进的批评者确信的那样，大企业的总经理们不能控制美国的一个关键原因是他们甚至无法成功地控制自己的企业；当植入的组织化技术和权力得到部署并随之得到欲求中的效果时，我们看到的将是与幸运的教士恰巧在干旱出乎预料地结束前夕祈雨同样的前后关联的事件，这样的事实的发生实在是太经常了；权力杠杆——这是对经营管理的专门知识的重要比喻之一——经常非系统化地产生效果并且太经常地仅与其运用者自夸具有的效果发生恰好相符的联系。如果这一切都是事实，那么伪装这些事实当然具有社会的和政治上的重要意义，并且，像经营管理者和经营管理方面的著述家那样，运用管理有效性概念，就是这种伪装的一个必不可少的部分。幸运的是，我在表明经营管理有效功能的概念是个道德虚构时，并不需要把确认这种伪装的内容是什么作为部分论证，我仅需表明这种概念的前提条件是不可能实现的知识主张，而且，在赋予它的用法和体现它的断言的意义之间的差别，与情感主义理论在某些现代道德概念中所看到的差别恰好相似。

在此提及情感主义是非常中肯的。因为我表述的关于经营管理效率方面的信念的论题，在一定程度上与某些情感主义道德哲学家提出的关于上帝的信念方面的论题是相同的。比如，卡尔纳普和艾耶尔就提出了这样的论题。他们两人都把情感主义理论扩展到了道德判断领域之外，并声称，虽然形而上学的断言更为一般，宗教断言更为具体，而这些断言旨在告诉人们一种超验的实在知识，但实际上它们表达的不过是断言者的情感态度。这些断言以宗教的言辞伪装了某些心理学现实。从而，卡尔纳普和艾耶尔展示出，对这些假象之所以得以流行可以用社会科学作出解释，尽管他们自己并不希望提供这样的解释。

在这里，我要提出的是，"经营管理有效性"的功能与卡尔纳普和艾耶尔假定的"上帝"的功能大致相同。这是一个虚构的名称，却是人们相信的实在；对这种东西的诉诸伪装了某些其他的实在；其有效用法是表述性的。艾耶尔和卡尔纳普的结论主要是通过思索对上帝的信仰缺乏合理论证得出的，与此完全相同，我所作论证的核心在于表达这样一个论点：对经营管理有效性的解释也以同样的方式缺乏恰当的合理证明。

如果在这一问题上我是正确的，那么对当代道德舞台特点的表述就可以比我前述论证再进一步。我们不仅可以证明情感主义的解释对于我们大量道德语言和实践来说都是真实的并体现于其中，并且许多这种语言和实践是在道德虚构中（诸如关于功利和权利的虚构）进行的，而且我们还不得不得出这样的结论：另一种道德虚构——或许在文化上这是全部虚构中最强有力的一种——就体现在关于有效性的主张之中，从而也体现于由现代社会剧的核心特性角色（官僚政治经营管理者）所造成的权威之中。我们的道德将在一种令人激荡不安的程度上被揭示为一场虚幻的戏剧。

经营管理者关于效率的主张自然立足于另一个进一步的主张之上，即声称自己具有一批知识，各种组织和社会结构可以借助于这些知识来形成。这种知识必须包含有一套类似于事实规律的一般性概括，这种概括，能使经营管理者预言：如果某类事件或事物状态出现或产生，便将导致另外的某种特定事件或事物状态。因为只有这类与规律相似的普遍概括才能产生出这些特殊的、经营管理者借以形成、影响和控制社会环境的因果性解释和

第六章 启蒙运动论证失败的某些后果

预言。

这样，经营管理者证明权威的合理性的主张就包含有两个部分：一个涉及的是道德中性的事实领域的存在，经营管理者是这一领域的专家。另一个涉及的是得自对于这一领域所作研究的类似于规律的普遍性概括及其特殊场合的应用。这两种主张都反映了自然科学的主张；由此看来，杜撰出"经营管理科学"这样的表达就毫不奇怪了。因此，关于道德中性的主张本身就是经营管理者表现自身的重要方式，也是这些人用来在社会和道德世界中发生作用的重要方式，这种主张与许多物理学家所作的道德中性的主张是相同的。要最充分地理解这种主张的意义，要从这样一个思考开始，即"事实"这一相关观念最初是如何被作为官僚政治经营管理者的 17、18 世纪的知识分子前辈们带入社会并加以运用的。这种思考将产生的结果是：这一历史在一重要方面与我已详述了的自律道德主体概念怎样在道德哲学中出现的历史有密切联系。这种概念的出现包含着对全部亚里士多德的和准亚里士多德的关于这个世界的观点的否定。在这种观念中，一种目的论的观点提供了一个背景条件，而在这种社会背景条件中，评价性主张是作为一种特殊的事实性主张发挥作用的。随着亚里士多德观点的被否定，需要同时赋予价值与事实两者新的特性。

因此，道德的或其他的评价性结论不能包含于事实前提之中并非永恒真理；但是，如下情形却是真的：人们赋予道德的或其他关键性评价性表述的意义在 17 世纪末和 18 世纪已经发生了如此大的变化，乃至在当时被通常认作事实前提的东西中已不能再含有当时被通常当作评价性的或道德的结论。然而，事实与价值明确分离的这种历史性发生，绝非仅只是重新构想价值和道德的方式问题；它还得到已改变了的和正在变化中的事实概念的加强。对这种事实概念所作的审查，必须先于对于现代经营管理者们关于他们具有可以用来论证自己权威的知识的声称所作的估价。

第七章

"事实"、阐释与专门知识

在现代文化中,"事实"是一个有着高雅世系的通俗概念。当首席法官培根爵士把他那惊人的和具有个人特色的混合物,即过去的柏拉图主义和将来的经验主义的混合作为宣传的一部分,嘱咐追随者们摒弃思辨,收集事实的时候,他即刻得到了诸如约翰·奥布里这种人的理解:即把事实等同于搜集者逐一搜集的东西,这些东西要像以往对精美瓷器和火车头的数目的收集那样,以同样的热情进行。然而英国皇家学会早期的另外一些成员非常清楚地认识到,不论奥布里在做什么,都绝不会是他们中的其他人所理解的自然科学;但他们没有认识到,是他而不是他们从整体上对培根归纳法的学问抱有信心。当然,奥布里的错误不仅在于他认为自然科学家是一种饶舌者,还在于他认为,观察者能够在没有任何理论解释插入其中的情况下,面对面地面对事实。

这是一个错误,尽管是一个曾经长期存在的和难以消除的错误,今天却在很大程度上被科学哲学家们认识到了。20世纪的观察者观察夜晚的天空,看到恒星和行星;而某些早期的观察者,所看到的是一个天体上的个个漏洞和条条裂缝,并从这些漏洞和裂缝中看到天体之外的光线。每一个观察者使他自己所观察到的东西,都是被富有理论性的概念所确认,而且必须被这种概念所确认的。正如康德所说的,感觉无概念则盲。经验主义哲学家认为,现代的和中世纪的观察者的共同点是,每个人实际所见

第七章 "事实"、阐释与专门知识　　101

的都先于所有的理论和解释。这也就意味着，许多小小的光点衬在一片黑暗的表面之上，至少对他们所见的东西能作如此描述。但假如我们全部经验仅能依据这种赤裸的感觉类型的描述来表示——对于多种具体目的来说，这种类型的描述肯定是有用的，我们时常要求助于这种描述——那么，我们所面对的，就不仅是一未加解释的世界，而且是一不可解释的世界；我们所面对的，就不仅是一尚未为理论所理解的世界，而且是绝不可能被理论理解的世界。一个有结构、形态、气味、感觉、声音的世界，但这个世界上没有任何东西能导致任何问题，并且没有任何东西可资任何回答。

　　经验主义的经验概念，是17世纪后期和18世纪的一种文化创造。乍看起来，在出现自然科学的同一文化中出现这种概念是自相矛盾的。因为这种概念是为解决17世纪认识论危机而创造的万灵药；人们想用它来弥合似乎与是，表象与现实之间的裂缝。正是为了弥合这一裂缝，每个经验主体才都被当成一个个封闭的王国；除了以我的经验来比较我的经验，别无他物，所以，在我看来，似乎是和事实上是之间的对照绝不可能得到确切地说明。要阐明它，需要有一种比诸如余像（after images）等真正的个人客体所有的个人经验更为根本的个人经验。因为余像可能被误述，而与余像等相关的心理经验上的主体必须学会确切地陈述它们，似乎是与是之间的区分确实适用于这些实际的个人客体，尽管某些经验主义者试图依据实际的个人客体（余像、余惑、幻觉、梦）来解释他们所发明的观念。毫不奇怪，经验主义者不得不以一种新形式来用，诸如"想象（idea）"、"印象（impression）"等旧词，甚至"经验"这词。"经验"的原始意义是把某种东西投入试验中的行动，这个意义后来保留在"实验"一词中，稍后些，它们被包含在某些形式的活动中，如当我们说"一个有五年经验的木匠"的时候。人类的大部分历史对经验主义的经验概念毫无所知。因此，我们可以理解，经验主义的语言史，就是一个持续的发明、再发明的历史，而这种发明，在不规范的新词"感觉材料"那里达到顶峰。

与此相对照的是，自然科学的观察和试验概念则趋向于扩大似乎是与是之间的距离。望远镜和显微镜头优于眼睛的水晶体；对温度的测量，酒精和水银对热度的效应优于晒黑的皮肤或干燥的喉咙对热的效应。自然科学教人们注意某些经验而不注意另一些经验，并且仅注意那些已在一定方式的科学关注中的东西。自然科学在似乎是与是之间重新画线，在现象与实体、幻象与真实之间创造了新的区分形式。"实验"的意义和"经验"的意义比17世纪更明显地背道而驰了。

当然，还有其他的根本分歧。经验主义者的概念倾向于对构成我们知识的和我们知识基础的基本要素进行区分，信念和理论是否能被证明为正确的，取决于对经验的基本要素的判断。但在这个意义上，自然科学家的观察就不是基础。而我们确实把假说带进观察实验中，但同时我们的观察总是能够质疑的。木星有七个卫星的信念要置于以望远镜进行观察的实验中；但观察本身也须得到几何光学理论的合理论证，需要理论支持观察，恰如理论需要观察来支持一样。

因此，经验主义和自然科学在同一文化中并存，确是有点异乎寻常，因为它们代表了认识这个世界的两种根本不同和互不相容的方法。但在18世纪，双方不仅可以并存于同一个世界观中，而且可以以同一世界观来表达。这就意味着，这种世界观在根本上自相矛盾，因而敏锐而又冷静的观察家劳伦斯·斯特纳[①]得出

[①] 劳伦斯·斯特纳（Laurence Sterne, 1713—1768）：英国教士和幽默作家，著有《爵士爵饮料》（*Tristram Shandy*）和《感伤的旅行》（*Sentimental Journey*）。——译者

第七章 "事实"、阐释与专门知识

结论说，哲学——虽然是无意地——至少已把世界描绘成一系列的笑料，他的《爵士爵饮料》① 就是利用这种笑料写成的。把那些受到斯特纳挪揄的人的世界观的内在矛盾弄得模糊起来的东西，部分地在于在他们的世界观里，在什么是要否定的和什么是要排斥的这问题上的一致程度。他们一致否定和排斥的，在很大程度上是亚里士多德的古典世界观的所有那些方面。自17世纪以来的一个常识是，学者们承认由于在他们自己和经验现实之间插入一亚里士多德主义的解说，从而使他们自己不能正确认识自然界和人类社会的事实的性质，我们近代人——我们17世纪和18世纪的近代人——却剔除了解释和理论而面对着事实和经验本身。恰恰由于如此，这些近代人才把他们自己所从事的事情宣称和命名为启蒙运动，并把中世纪的过去理解为与之相对照的黑暗时代。为亚里士多德蒙蔽了的东西，他们认识到了。当然，这种自负是，就自负而言也永远是，一类对从一种理论阐释的立场到另一种的转变的无知和不承认的迹象。结果，启蒙运动时期就成为大多数知识分子缺乏自知的典型时期。在这些盲人为他们自己的视力欢呼的这个17、18世纪的转变中，最重要的成分是什么？

对中世纪而言，在一个须通过终极原因才可得到根本理解的世界中，机械论是有效原因。每一物种都有一自然的目的，对一个个体的运动和变化的解释在于解释该个体是如何向该物种成员的目的运动。人作为这样一个种类的成员，向着这样的目的运动，这个目的被他们认为是善，并且，他们朝着或偏离这多样性的善的运动，要参照德性和恶习——这是他们所学到了的或没有学到的——他们所应用的实践理性的形式才可得到解释，亚里士多德的伦理学和政治学（当然，还有他的《论灵魂》）既是有关

---

① 《爵士爵饮料》：劳伦斯·斯特纳的怪诞的自传小说。——译者

应如何解释和理解人们的行为的专题论著，又是有关应当做什么行为的专题论著。确实，在亚里士多德学说的框架内，不履行一个任务，就不可能履行另一个。而近代将道德领域与人类科学领域相对应，完全背离了亚里士多德主义，因为正如我们已认识到的，近现代对事实与价值所作的区分也与亚里士多德主义互不相容。

在17和18世纪，当亚里士多德学派对自然的理解被抛弃，亚里士多德的影响被新教和詹森派神学驱除了，亚里士多德学派的行为理论也遭到拒绝。除了在神学领域里（神学领域中也并非总是如此），"人"不再是如我前面所称的那种功能性概念。对行为的解释越来越被看成是揭示作为行为基础的生理和物理机制。康德认识到承认道德命令在支配行为中的作用的任何行为理论，与任何这种机械论的解说之间有着深刻的不相容性，这迫使他得出这样的结论：服从和体现了道德命令的行为必定无法从科学的立场加以解释和理解。康德之后，人们把行为的目的、意图、理由以及诸如此类的概念与那些表明机械论解释观念的概念这两者的关系问题变成了哲学持久保留节目的一部分。不过，前面那些概念现在被看作是与善或德性概念分离开的；这些概念被交给了伦理学中一个独立的分支。18世纪的这种分离在现代的课程划分里得到持续地强化。

然而，力图以机械论的论点来理解人类行为，即依据把前提条件看作是有效原因的论点来理解人类行为到底是怎么回事？在17和18世纪以及后来的许多学说中，在机械论解释观念的核心处，对人类行为的理解是一种得到类似法则的普遍概括说明的永恒不变的概念。引证一个原因也就是引证一个必要条件或充分条件，或既必要又充分的条件，使之作为所要解释的任何行为的前提。所以每一机械论的因果序列都例示着某种一般普遍概括，并且这种普遍概括都有一个确切指明的范围。

旨在具有范围上的普遍性的牛顿力学的运动法则提供了这类普遍概括的范例。由于其普遍性，普遍法则超越过去或现在实际已经观察了的范围而扩展到被观察到的和尚未观察到的范围里。假如我们认识到这样一个普遍概括是真实的，例如，我们就可知道，不仅迄今为止已观察到的行星都服从开普勒的第二定律，而且如果存在着迄今为止没有观察到的行星，也都服从这一定律。假如我们认识到表达了一个真正法则的陈述是真实的，那么我们也就认识到了一组得到明确界定了的反事实条件的真实性。

这种机械解释的观念，被一些生活于17、18世纪的英国和法国的思想家从物理学移入对人类行为的理解中（而他们之间在他们的理论细节上，仍有相当大的不同）。不过，唯一遗憾的是，这样一种工作要解决的确切需要在那时并没有得到阐明。这样一种需要，并且是非常重要的一种需要，只是被我们自己时代的 W. V. 奎因认识到的。①

奎因论证道，如果有一种关于人类行为的科学，其术语描述行为的关键表述足以为我们提供某种真正法则，那么，这种表述必须是以一种公式化的词汇表示的，它省略了对所有意图、目的和理由的参照。如物理学为了成为一门真正的力学科学，不得不净化它的描述性词汇，人文科学也必须如此。是什么使得"意图"、"目的"、"理由"如此不足挂齿呢？是这样一个事实：所有那些涉及行为者信念的表述，或以对行为者的信念的参照为前提的表述。从那种奎因认为是科学的东西的观点看，我们谈论信念的言论有两个极大的不利因素：一是以"X 相信 P"（或者是这类句子："X 对 P 的情形感到满意"或是"X 惧怕 P"）这种形式的句子有一种内在复杂性，即不是真值函项，也就是说它们

---

① 奎因（Quine）：《言词与对象》，1960年版，第6章。

不能被用来进行命题演算；在这点上，它们与用于表述物理学法则的句子根本不同。第二，一种状态的或相信、喜爱、惧怕的概念，牵扯到过多可争议的和令人怀疑的情况，以致不能提供那种我们所需要的证据去证实或否定那些说是已发现了某种法则的说法。

因此，奎因的结论是：任何真正的人类行为科学都必须消除这类意图性表述。但是，我们或许必须像马克思对待黑格尔那样对待奎因，即指出他是头足倒置的。因为奎因的论点意味着：假如证明不可能从我们的理解中消除诸如相信、喜爱、惧怕等参照因素，那么这种理解就不可能是奎因所认为的那种人文科学形式的理解，即体现在类似法则的普遍性概括形式中的人文科学，而亚里士多德主义关于理解人类行为要涉及什么的论点就包括着对这些要素的不可排除的参照；因此，并不奇怪的是，任何依据机械论的阐释来理解人类行为的企图，必然与亚里士多德主义发生冲突。

涉及人类的"事实"观念，在从亚里士多德学派的观点到机械论的观点的过渡中就这样地发生了转变。根据亚里士多德主义的观点，因为对人类行为的解释是目的论的，因此人类行为不仅能够而且必须参照那些为人类行为提供目的的诸多的善的等级体系来描述。根据机械论者的观点，人类行为不仅能够，而且必须在不牵扯到任何这种善的情况下加以描述。根据前一种观点，人类行为的事实包括了那种对人类而言有价值的东西的事实（不仅是那些他们认为是有价值的事实）；根据后一种观点，根本不存在价值事实，"事实"成为摆脱了价值的东西，对于"应当"、解释以及评价而言，"是"成了一个陌生物，"是"与"应当"分离的结果是，"事实"改变了它的性质。

对这个转变的另一个意义的注意，却有点早了些，这是马克思在他的《关于费尔巴哈的提纲》第三部分①注意到了的问题：启蒙运动的机械论的观点，既包含了人类行为的可预知性的论点，又包含了操纵人类行为的适当方式的论点。作为一个观察者，如果我了解到支配他人行为的有关法则，那么不论何时，当我知道前提条件已被满足，便能预知结果。作为一个行为者，如果我认识到这些法则，那么，每当我能够设法满足同样的前提条件时，便能够产生这种结果。马克思所理解的是这样一个行为者：被迫把他自己的行为看作是与那些受他操纵的人的行为完全不同的。因为被操纵的行为是按照他的意图、理由和目的来设计策划的；至少当他正在从事这类操纵活动时，他把自己的意图、理由和目的看作是摆脱了那些支配被操纵行为的法则的。至少在此刻，他对待这些法则，与一位化学家进行试验、将氯化钾和硝酸钠进行化学反应制作试样是一样的；但是，在化学家或人类行为技术师产生的这种化学变化中，化学家或技术师不仅看到支配这类变化的法则的例证，还必定看到他自身意志为自然物或社会打上的印记。而且，正如马克思所认识到的，他将把这些印记看作是他自己的合理自律的表述，而不是前提条件的那些结果。当然，问题仍然存在：在当事人宣称自己正在运用人类行为的科学的情形中，我们真正观察到的是一种实际技术的应用呢，还是一种既欺人又自欺的、对这种技术的做作模仿呢？问题取决于我们是否相信，社会科学的机械论的规划事实上已经实质性地获得了

---

① 马克思的《关于费尔巴哈的提纲》第三部分内容是："有一种唯物主义学说，认为人是环境和教育的产物，因而认为改变了的人是另一种环境和改变了的教育的产物，——这种学说忘记了，环境正是由人来改变的，而教育者本人一定是受教育的。因此，这种学说必然会把社会分成两部分，其中一部分高出于社会之上（例如在罗伯特·欧文那里就是如此）。环境的改变和人的活动的一致，只能被看作是并合理地理解为革命实践。"见《马克思恩格斯选集》第1卷，中文版，第17页。——译者

还是没有获得。而在18世纪，至少有关人的机械论科学的观念仍然是一种规划和预言。但这个领域里的预言可能并没有真正实现，而是成了一种把自己伪装成看见这种实现的社会把戏。对于这问题的论证将在下一章展开，我在这仅指出事实上这已发生了。

知识界的预言怎样成为这种社会把戏的，其历史当然是复杂的。这个历史的开端与操纵性专门知识观念的发展完全无关，而与国家如何获得它的文职公务员的经历相关。现代国家的这种经历各不相同，普鲁士不同于法兰西，英国又不同前两者，美国则又不同于前三者。但是由于现代国家的功能变得越来越相同，所以它们的文职制度也越来越相同；并且，各种政治大师来来去去，而文职人员维持着政府的行政管理的连续性，因而赋予政府许多文职人员本身的特征。

文职人员有他们的与19世纪相似的和相异的社会改良者：圣西门的门徒，孔德的追随者，功利主义者，英国的改良主义者，如查尔斯·布恩、早期的费边社会主义者。体现他们特征的挽歌是：但愿政府能够成为科学的政府，政府的长期回答是宣称，它确实变成了改良者们所要求的那种意义上的科学的政府。政府越来越坚持要求它的文职人员要有使他们成为合格专门家的教育。它越来越把那些称为专家的人补充进国家文职人员队伍。并且，政府补充文职人员的特点是，它也将19世纪改良主义者们的继承人吸收进来。政府本身成为一个官僚政治管理者的统治集团，而为政府干预社会辩护的主要论点是：政府有权能和资产资源。[①]

私人公司也以类似的方式来证明他们行为的合理性，因为他

---

① 英语中的 Competence 同时具有胜任、能力、权能、权限和资产等意，作者在此处显然使用了这个词的多重含义。——译者

们也占有相似的权能和资产资源。专门知识成为相匹敌的国家代理机构和相匹敌的私人公司竞争的商品。文职公务员和经营管理者也同样通过诉诸他们自己作为社会变化的科学管理者的能力和权限,来证明他们自己的行为和他们对权威、权力和钱财的要求的合理性。因此,出现了一种思想体系,它在一种先于存在的社会学理论中找到了它的表述的古典形式,这种社会学理论就是韦伯的官僚政治理论。韦伯的官僚政治理论声名狼藉,有许多破绽。但是,他坚持认为,以最经济和最有效的方式调整手段以达目的的合理性,是官僚政治家的中心任务,因此,官僚政治家们论证自己行动合理性的恰当模式在于:诉诸他(或后来的她)运用科学、尤其是运用社会科学知识的能力,这种科学知识被理解为包括了一套类似法则的普遍性概括,并通过这种概括而使得管理有条理性。韦伯所说的,恰是现代的关键所在。

我在第三章论证道,现代的官僚政治理论或者行政管理理论,在许多其他论点上与韦伯的理论有很大不同,然而在经营管理的合理性问题上,却倾向于赞同他。这个一致强烈地揭示了,现代组织理论家的著作所描述的东西真正是现代经营管理实践的一部分。所以我们现在能够看到一个以轮廓形式呈现的过程:首先是从启蒙运动对一种社会科学的理想到社会改良主义的渴望,其次是从社会改良主义者的渴望到文职公务员和经营管理者们的合理性和实践的观念,再次,是从经营管理者的实践到由社会学家和组织理论家对这些实践和支配实践的准则进行理论上的整理,最后,是从对那些由管理学院的和商学院的理论家所著教科书的运用到当代专家治国论的专家们充满理论味的经营管理实践。当然,如果要写出这个历史的全部具体细节,在各个先进国家当然是不相同的。这个历史进程的后果是很不一样的,法国格拉底斯学校的作用并不完全等同于伦敦经济学院或者哈佛商学院,而德国文职人员的文化上的和制度上的世系显然不同于它们在欧洲其他地方的同类。但不论何处，经营管理专门知识的兴起中总有相同的中心论题。如前所述，这些专门知识具有两个特征：对价值中立的渴望和对操纵性权力的要求。现在我们可以认识到，这两者都来自于17世纪和18世纪的哲学家区分事实领域和价值领域的历史。结果，20世纪的社会生活在其主要方面都具体地和戏剧性地重新表现了18世纪哲学。20世纪社会生活特有的制度形式的合法性依靠这样一种信念：即相信早期哲学的某些核心主张已被证明是正确的。但这是真实的吗？难道我们现在真的拥有为法国哲学家狄德罗和孔多塞所梦想拥有的、类似法则的普遍概括支配着的社会行为吗？我们的官僚统治者是否就能因此而得到辩护呢？对于我们应当如何回答现代特有的基本制度在道德上和政治上的合法性问题，取决于我们如何判定社会科学的一个哲学问题，然而，这并没有得到充分注意。

第八章

社会科学中普遍概括的特征及其预言力量的缺乏

管理技术知识的正确性在于一种得到证明的社会科学概念。这是因为，它使类似法则的普遍概括有了强大的预言力量。因此，初看起来，管理技术知识的主张似乎是易于被认可的。而恰是这种社会科学的概念支配了社会科学哲学达二百年之久。按照这种因袭的说法（从启蒙运动通过孔德和密尔到亨佩尔），社会科学的目标就在于以类似法则的普遍概括来解释社会现象，这类概括在逻辑形式上与那些用于一般自然现象的普遍概括并无不同，也恰是这类普遍概括是管理专家必定要诉诸的。然而，这种说法似乎意味着，社会科学几乎没有或可能完全没有成就（当然，肯定并非如此）。因为这些科学方面的明显事实是，并没有发现任何类似法则的普遍概括。

当然，确实偶尔也有人主张：至少，一种支配人类行为的真正法则已被发现；唯一的问题是那些被断定的法则，例如，菲力浦的经济曲线，G. C. 霍曼的"倘若一团体的成员之间在经常接触中相互影响，彼此喜欢的情感会在他们之间生长起来，并且这些情感将进而导致一种比接触更深刻的相互影响"等，都被证明是虚假的。就霍曼所表述的情形而言，斯坦尼斯拉夫·安德斯克犀利地指出，它是如此虚妄，以至除了被社会科学的因袭哲学占据头脑的专业社会科学家之外，从没有任何人打算相信它。

因此，假定社会科学中这种因袭哲学断言，社会科学家的任务是制作类似法则的普遍概括，再假定社会科学并没有制作这种普遍概括，那么，人们可能希望他们能看到，许多社会科学家对这种社会科学的因袭哲学的敌视和反对态度。但这种情形肯定没有出现。这并不奇怪，它有一个很充分的原因。

如果社会科学不以类似法则的普遍概括的形式来描述它的研究结果，那么，政府和私人公司雇用社会科学家作为专家顾问的理由就会变得模糊不清，管理技术知识的观念也要陷入危机。因为社会科学家作为专家顾问或管理者的主要作用就在于能预言到各种可选择政策的后果，但假如他的预言不是从类似法则的普遍概括的知识中推导出来的，那么社会科学家作为预言家的形象就成问题——事实如此，也应当如此，因为就能凑合起来的记录而言，社会科学家作为预言家的记录确实不妙。在"滞胀"① 发生以前，没有一个经济学家预见到了；金融理论家的著作在预言通货膨胀的正确率方面，已明显地失败了②；D. J. C. 史密斯和 J. C. K. 阿什已经表明，1967 年以来，依据最复杂的理论为经济合作与发展组织（OECD）提供的预测，还不如运用常识或下述幼稚预测方法来得成功，即以前十年的平均增长率为指导，或假定后六个月的通货膨胀率将相似于前六个月。③ 人们还可以继续添加关于经济学家的无能预言的例证。在人口统计学方面情况更糟，但总的来看，这是不太公允的，因为经济学家和人口统计

---

① 滞胀（Stagflaction）：持续的通货膨胀与消费需求停滞及相当高的失业相结合的状况。——译者

② 利维（Levy）：《强制性通货膨胀：忧虑、欣慰和明显事实》，《理事会会议记录》第 12 期，1975 年 10 月出版。

③ D. J. C. 史密斯（Smith）和 J. C. K. 阿什（Ash）：《国民生产总值，通货膨胀率和贸易平衡的预测：经济合作和发展组织的工作》，见《经济学杂志》1985 年第 85 期，第 361—364 页。

第八章 社会科学中普遍概括的特征及其预言力量的缺乏

学家至少以系统的方式把他们的预言记录在册，而大多数社会学家和政治科学家对他们的预言没有任何系统的记录。那些毫不吝惜地散发预言的未来学家中，极少有人（如果有这种人的话）提到他们的预言在后来的失败。确实，在卡尔·道奇、普拉特和森戈尔斯所写的臭名昭著的文章①里，列举了62项被断定为社会科学的主要成就。使人印象深刻的是，被列举的有关理论的预言力量，没有一个是以统计学术语确定的——就作者的观点而言，这是一种聪明的谨慎。

社会科学在预言上的无能和它们没有发现类似法则的普遍概括，显然是同一状况下的两个症状。但这个状况是什么？我们是否应直接得出这样的结论：预言的无力强化了为社会科学的因袭哲学和那些事实——社会科学家所获得的东西和没有获得的东西——的结合隐含的结论；即，社会科学家实质上没能完成自己的任务？或者，我们是否应当对社会科学的因袭哲学及那些寻求得到政府和公司雇用的社会科学家的技术知识的内容发问？我所要揭示的是，由于受到系统地误解，我们和许多社会科学家都无从认识到社会科学的真正的成就。让我们看看以下四个被当代社会科学家提出的饶有兴趣的普遍概括。

第一个是詹姆斯·C. 戴维的著名论题（1962）：这个论题把19世纪法国政治家托克威尔对法国革命的观察一般化为关于阶级革命的普遍概括：法国革命的发生，先是造反叛乱，期望得到一定程度的满足，但接踵而至的是挫折失败，这时期望在继续增长，但却突然地全部落空。第二个是纽曼的普遍概括：高层楼房里的犯罪率随层数增加而上升，但在楼房达到十三层以上则开

---

① 《科学》，1971年3月号。

始下降。① 第三个是比特②的发现。他发现，人们对由警察工作体现出来的法律意义的理解与对由法庭和律师体现的法律的同样意义的理解是不同的。第四个是罗沙林德和法拉本德提出的论点：最高度现代化社会和最少现代化的社会是最稳定和最少暴力的社会，而那些在现代化进程中处于中间状态的社会，最易于产生不稳定和诉诸政治暴力。

所有这四个普遍概括都建立在卓越的研究基础上，都得到给人深刻印象的确切的例证的支持。它们共同具有三个显著特征：第一，在它们各自的学科领域里，它们都与被认识到的反面例证并存，对这些反面例证的承认（即使普遍概括的提出者本人不承认这些反面例证，也至少得到与他们在同一领域工作的同事们的承认），似乎并没影响到这些普遍概括的身份，而在物理学和化学领域中，相类似情况必将影响到这种普遍概括的身份。某些来自社会科学学科之外的批评家（例如历史学家拉克尔）认为，这些学科居然如此不严谨地允许普遍概括与其反面例证同时并存，因而仅此就有足够的理由来同时摒弃这些普遍概括和这些学科。③ 所以，拉克尔援引1917年的俄国革命和1949年的中国革命作为拒斥戴维斯的普遍概括的例证；援引拉丁美洲的政治暴力的样式作为拒斥菲伊拉伯德主张的例证。在这里，我想要提请注意的仅仅是，社会科学家们本身的特征就是，而且他们中的绝大部分人事实上也确实是对反面例证持这样的一种容忍态度，一种既非常不同于自然科学家们又不同于波普派的科学哲学家们的态度，而他们的态度到底是否可辩护，仍是个问题。

---

① 纽曼（Newman Oscar）：《可防御的地方》，1975年版，第25页。
② 比特（Bittner Egon）：《警察在当代社会的作用》，1970年版。
③ 拉克尔（Lagueur, Walter）：《对暴力的看法》，《冲突》第38期，1972年春季版，第3—10页。

第八章 社会科学中普遍概括的特征及其预言力量的缺乏

上面四个普遍性概括的第二个特征与第一特征密切相关，它表达为，这些普遍概括不仅缺乏普遍性的限量词，而且还缺乏范围上的修饰语。也就是说，它们不仅不真正是"对于所有的 X 和某些 y 来说，如果 X 有 Φ 的性质，那么 y 就有 ψ 的性质"这种形式，而且，我们不能在他们所认可的条件下，以任何确切的方式来论及它们。我们知道，与气压、温度和容积相联的气体规律方程式，不仅适用于所有气体，且这种方程式的最初表述形式被认为适应于所有条件下的所有气体，但后来人们对它作了修改以限定其适用范围。我们现在已知，除了超低温和超高压的条件以外（我们能够确切地讲出"超高""超低"的准确意思），这些方程式适用于所有条件下的所有气体。我们的四个社会科学的普遍概括中，没有一个有这样的限定。

第三，这些普遍概括不具有任何得到明确界定的反事实的条件句集合。而这类条件句集合却是物理学和化学的法则式普遍概括都有的。因此，对于在观察范围以外的未被观察到的地方和假设的情况，我们不知道如何系统地适用这些概括，所以，它们不论是什么，反正不是法则。然而，它们的地位是什么？要回答这个问题并不容易，因为我们还没有任何有关它们的哲学论述，这种哲学的论述的着眼点在于它们是什么，而不是把它们看成是表述法则公式的不成功企图。确实，有些社会科学家在这里没有发现任何问题。在我所提出的看法面前，这些社会科学家认为恰当的回答是：社会科学所发现的是或然性的普遍概括；并且，在那普遍概括仅是或然性的地方，当然会有反面例证的情形，假如普遍概括是非或然性的和普遍的，情况就不会一样。但这种回答完全没有抓住问题，因为如果我所引用的那类普遍概括确实是一种普遍概括的话，那么它们就绝不是一系列单纯的例证。自然科学中的或然性的普遍概括（例如，统计力学的普遍概括）就确实不是一些堆积的实例。这恰恰因为它们像所有非或然性的普遍概括一样，也是法则式的概括。它们有着一般性定量词（不是个别性定量，而是一组组定量），它们有那得到明确界定的反事实的条件句集合，并且，它们为反面例证反驳的方式和程度，与其他法则式的普遍概括完全相同。因此，我们称社会科学的普遍概括是或然性的，丝毫没有说明它们的地位，因为它们不同于统计力学的普遍概括，正如它们不同于牛顿力学和气体定律方程式那类普遍概括一样。

因此，我们不得不重新开始，让我们考虑一下：社会科学是否并没有在错误的地方寻找其哲学世系和逻辑结构。这是因为，当代社会科学家把自己看作是孔德、密尔、巴克尔、艾尔维舍斯、狄德罗和孔多塞的继承人，把自己的著作看作是对18、19世纪的先哲们所遗留问题作出回答的尝试。但让我们再次假定，尽管18、19世纪是辉煌的和富有创造力的，可这两个世纪事实上并不是像我们和他们所认为的那样是启蒙时期，而是一种特殊的黑暗时期，在这个时期里，人们是如此地炫耀他们自己，以致他们不再能够看到和提出这样的问题，是不是社会科学有另外一个世系？

这里我打算要说的是马基雅弗利，因为对预言与解释的关系，马基雅弗利持有与启蒙运动非常不同的观点。启蒙运动的思想家们是幼稚的亨佩尔主义者。[①] 在他们看来，解释在于追溯性诉诸一个类似法则的普遍概括，预言在于预期性地诉诸一种类似的普遍概括，就这一传统而言，预言失败的减少就是科学进步的标志；而相信普遍概括的预言性的那些社会科学家必须面对这样的事实——即使他们在某点上是对的——一场未被预言的战争或

---

① 亨佩尔（Hempel, Carl Gustav, 1905— ），德国哲学家，曾为柏林逻辑实证主义学派成员，后移居美国，其理论工作之一在于力图提高社会学概念的精确性。——译者

第八章　社会科学中普遍概括的特征及其预言力量的缺乏

革命，在一个政治科学家那里就是不光彩之事；而通货膨胀率未被言中的变化，对于经济学家来说，也是不光彩的事，这正如天文学家没能预测到月食的发生一样。可这种不光彩之事还没有过——这要在这个传统之内加以解释；而且也不乏这种解释：人文科学还年轻。但是，这种解释显然是虚假的。事实上，人文科学如同自然科学一样年代久远。或者是据说，在现代文化中，自然科学吸引了最有才华的人才，而社会科学仅仅是那些没有从事自然科学足够能力的人在搞。这是19世纪巴克尔的老调重弹，也有某些证据，也仍然只是部分地正确。1960年，一份对多学科中正要拿到博士学位的人的智商进行研究的材料表明，自然科学家的智商确实令人注目地明显高于社会科学家的智商（虽然化学家降低了自然科学家的智商的平均数，经济学家升高了社会科学家智商的平均数）。但是，我既不愿根据智商得分来判断那些丧失了受教育权利的少数民族儿童，出于完全相同理由，我也不愿根据智商得分来判断我的同事们或我自己。也可能不需要什么解释，因为或许占支配地位的传统力图解释的这个失败，就像查理二世①的死鱼问题一样。查理二世有次邀请皇家学会的成员来向他解释为什么死鱼会比它活着的时候重，于是他得到不少微妙的解释，然而查理二世指出，活鱼、死鱼一样重。

马基雅弗利不同于启蒙运动传统的地方是什么？最重要的是他的"运气"（Fortuna）概念。当然，马基雅弗利也如同任何其他启蒙运动的思想家一样热切地相信，我们的研究将得出普遍概括，这种概括将为启蒙的实践提供准则。但他也相信，不论人们收集的有关普遍概括的材料是多么充分，不论人们如何完善地一再公式化地表述它们，也不可能把运气这一因素从人类生活中抹去。马基雅弗利甚至相信，我们也许可对人类活动中运气的影响

---

① 查理二世（Charles II，1630—1685），1660—1685年为英国国王。——译者

设置一种定量测量方法，但此刻我把他的这种想法放在一边。我想要强调的是，马基雅弗利相信，假定有可能成为普遍概括的东西，总有一天会被某种没能预言和不能预言的反面例证所击败——然而，我们既无从改进我们的普遍概括，也没有任何放弃它们的理由，甚至不能重新以公式化方式来表述它们。但我们能够通过完善我们的知识来限制运气，这个不可预言的运气女神①的主宰；但我们不能贬损她的威风。假如马基雅弗利是正确的，我们已考察的四个普遍概括的逻辑条件，将是我们所能期望的社会科学最成功的普遍概括所具有的条件；而这绝不是失败的标志。但马基雅弗利是正确的吗？

我想要论证的是，在人类事务中的系统的不可预言性有四种根源。第一种是在于根本性概念创新的性质。S. K. 波普举了如下例子。在旧石器时代的某个时候，你和我正在谈论未来，并且我预言说，在今后十年内，某人将发明车轮。"车轮？"你问道："那是什么东西？"然后我向你描述什么是车轮，但要找到恰当的词，无疑是困难的，因为这是第一次要说什么是轮辋、轮辐、轮轴、轴干等等。但说出这些之后，我突然停了下来，我被自己的发现惊呆了，大声喊出："不会有人再去发明车轮了，因为我已经发明了它。"换句话说，车轮的发明是不能被预言到的。因为预言这种新发明的必要部分就在于说出什么是车轮；而说出什么是车轮恰恰就是创造了它。很容易把这个例子一般化。任何发明，任何发现，只要其本质在于详细阐述一种全新的概念，就都是不能预言的，因为这种预言的一个必要部分就是对那种只在将来才可发现的概念现在就进行详细阐述。根本性概念革新的预言观念本身在概念上就前后不一致。

---

① 英语"bitch—goddess"为俚语，指物质及其各名利地位方面的成功，其中尤指有害者，此处翻译取其意。——译者

第八章　社会科学中普遍概括的特征及其预言力量的缺乏

为什么我要说"全新"而不只说"新"？先让我们看看对这论点的反对意见：许多发明和发现事实上是被预言到了的，而且这些预言也运用了新概念。19世纪法国女作家朱尔斯·威尔预言了比空气还轻的飞行器，而伊卡洛斯神话①的不知名作者在他以前很久就已经作出了这一预言。但不论谁是人类飞行的第一个预言者，也许有人会认为，这第一个预言者肯定对我的论点提供了反面例证。对这个反驳我要指出两点。

第一，对于熟悉"鸟"甚至"飞龙目动物"和"器"这些概念的任何人而言，"飞行器"这一概念就不是一根本性的创造；这仅仅是已有的概念材料的一个添加结构而已，如果你愿意，可以称之为"新"，但绝不是"全新"的。因此我希望这能使我说的"全新"或"根本性的创造"的意义更为清楚，并且也使这一点更为清楚了：那被断言为反面例证的东西事实上并没有。第二，虽然据说朱尔斯·威恩预言了飞机或潜水艇的发明，但在言词的相同含义上，据说16世纪早期的威尔士预言家希普顿嬷嬷也预言了飞机的发明。可我现在的论题所关心的不仅仅是预言，而且是有着合理理由的预言，并且是受到系统限定的预言。

重要的是，根本性创新概念的系统性的不可预言性，当然是未来科学的随后发展的不可预言性。物理学家对于自然界的未来可在诸如热力学这样一些领域告诉我们许多东西，但对于物理学未来的根本性概念的创新，他们什么也不能告诉我们。而假如我们要认识我们自己的以物理学为基础的社会的未来，正是这个物理学的未来，是我们要认识的。

我们不能预言物理学的未来的论点还得到另一个独立于波普

---

① 伊卡洛斯（Icarus）：希腊神话中发明家代罗斯的儿子，因插上蜡制的翅膀飞近太阳而死。——译者

的论证的支持。假设某人打算改进计算机的硬件和软件，使它能编写出一套计算机可作预言的程序来；这种程序要依据数学的现状和过去的历史上的信息资料，现有数学家的才华和精力；这个程序以数学的某一特定的代数学的分支拓扑学、或者说数论中的适当的公式来表述，但对于这个程序，我们现在既没有证明，也没有反证，不过，将在近十年内得到这种证明（我们不要求计算机识别所有的这类适当的公式，只要求识别其中的某些）。这样一种程序依靠一类与上述那类公式相区分的子公式来体现一种决策步骤，这是可以证明的，但还没有得到证明。但丘奇提出了强有力的理由使我们相信：任何足以表述计算的演算，都不可能有这样一种决策步骤，更不用说代数拓扑或数论了。因此，没有这样一个计算机程序将能被写出，而这是一个逻辑的真理，因此，更一般地说，这也是一个逻辑真理：数学的未来是不可预言的，但假如数学的将来都是不可预言的，那么许多其他事物也必然如此。

在这里我仅举一例。这也是紧接前面的论证的。图灵证明的定理，为20世纪30年代以来的当代计算机科学奠定了基础，但他的证明在此之前是不可能被合理的预言到的（除非我们把巴贝奇算作是图灵的先驱——但这也不影响到概念的意义），此后的发展也和这一样：以图灵的证明为基础，随后开展的计算机的科学和技术工作也是不可预言的，而恰恰是这项工作，形成了我们生活的许多领域。

当然，值得注意的是，波普的论证适应于发生根本性概念创新的任何领域，而不仅是自然科学领域。在那使得在发现量子力学或者狭义相对论以前，不可能预言到它们的原因，同样也是公元前6世纪后期雅典悲剧不可预言的原因，又是路德因信称义的著名学说的第一次布讲不可预言的原因，还是康德的认识论的第一次阐述不可预言的原因。波普的论证对一般社会生活的这种令

第八章 社会科学中普遍概括的特征及其预言力量的缺乏

人注目的涵盖性是显而易见的。

还有一点也很清楚：上述论证并不意味着根本性创新或发现是无法说明的。具体的发现或创新总是可在事后得到解释的，虽然对什么才算这种解释、是否有任何解释等问题并不完全清楚。要解释某一具体时期发现和创新的发生不仅是可能的，而且就是对要追溯到以英国人类学家高尔顿[①]的工作为基础的某种大家所接受的发现的解释也是可能的[②]。并且，这种不可预言性和可预言性的并存，不仅在系统的不可预言性的第一种类型中如此，而且其他三种类型也如此。

系统的不可预言性的第二种类型是：每个个体行为者未来行为的某种不可预言性本身，是社会领域中产生不可预言性的另一个因素。当我还没有在行为的两个或更多的可选择的和相互排斥的行为方式之间作出决定时，我不能预言我要采取哪种行为方式，初看起来，这种不可预言性是一种微不足道的真理。打算作出但还没有作出的决定，意味着我在相关领域中的不可预言性。而这个真理似乎微不足道，恰恰是因为我对自己不能预言的东西，也许他人能够很好地作出预言。从我的角度来看，我自己的将来仅可描述为一分歧性选择物，分支系统中的每一交点，都代表着一个尚未决定但又可作出决定的点。但是，如果从一个具有恰当知识的观察者的角度看，即既知道我的有关情况，又了解有关像我这种类型的人的相应的普遍概括的材料，那我的将来，似乎就可描绘为一组完全确定性的步骤或阶段。但一个困难立即出现了。因为这个能够预言我所不能预言的将来的观察者，当然是

[①] 高尔顿（Galton, Fancis），为英国人类学家，此处所说高尔顿的工作是指他所创造的"优生学"。他认为，使用科学方法，通过选择配偶，可以提高超过正常遗传水平的优质人口比例。作者认为，这种发现也是可以解释的。——译者

[②] 参见普赖斯（Price, Derck J. de Solla）《小科学、大科学》，1963年版。

不能预言他自己的将来的,恰像我不能预言我自己的将来一样,并且,既然将来在实质上取决于他尚未作出的决定,所以,他不可预言的特征之一就是,他的行为将在多大程度上影响和改变他人的抉择——其中既包括他们将选择什么,又包括有什么可供他们选择。现在设想我处在这些其他人中。这就意味着,就观察者不能预言他将来的行为对我的将来抉择的影响来说,他不能对我的将来行为作出预言,恰如他不能对他自己的将来作出预言;并且,很清楚,对于所有行为者和所有观察者来说,也同样如此。因此,我对自己的将来的不可预言性,确实是一种具有重要意义的不可预言性。

可能会有人对我论证的一个前提质疑,被我描绘为显然是微不足道的真理的是:在那些我的将来行为取决于我还没有作出的决定的后果的地方,我不能预言这些行为。而这里可能有一个反面例证。我是一个国际象棋选手,我的孪生兄弟也是。从经验中我知道,在收局的时候,只要有同样的情形出现在棋盘上,我们兄弟俩总是会走出完全相同的棋。假定我现在正处于一盘棋的收局时刻,我正在为走马还是走相而困惑,有人对我说:"昨天你兄弟也曾处于与此完全相同的局面。"这时,我就能预言,我将像我的兄弟那样下去。确实,在这种情形里,我能对一个将来行为,一个取决于尚未作出的决定的将来行为进行预言。但关键的问题是,我仅仅能在"像我兄弟昨天那样下"这样的描述条件下预言我的行为,而却不能在"走马"或"走相"的描述条件下预言。因此,这个相反例证得出了对我的前提的一种重新表述:就我的行为取决于我还没有作出的决定而言,我不能预言我自己的将来的行为——这要在表述限定决定的选择物的特性的描述条件下。而这种被如此重新表述了的前提,也产生了不可预言性的相应结论。

提出同一问题的另一种方式是注意到,全知者不作决定。如

第八章 社会科学中普遍概括的特征及其预言力量的缺乏

果上帝知道将要发生的一切,他就不会面对尚未作出的决定。他只有一个单一的意志①。恰恰在我们不同于上帝的范围内,不可预言性侵入了我们的生活。提出这个问题的这种方式有一特殊意义:它恰恰暗示了那些力求从社会领域消除不可预言性或否定不可预言性的人事实上在干些什么。

系统的不可预言性的第三种根源是社会生活的博弈论特征。对于政治科学领域中的某些理论家而言,博弈论的形式结构可能为把类似法则的普遍概括具体化了的解释和预言理论提供了基础。拿一种多个人参与的游戏的形式结构来说,认识到在某些经验情形中的参加者的相关利益,我们就至少能够预言一个具有充分理性的参加者会进入哪种同盟或联盟;并且,(或许作为空想家)我们至多还能预言不具有充分理性的参加者将受到的压力以及随后的行为。这种见解及其批评导致出现了某些值得注意的著作(特别是威廉·H. 赖克的著作)。然而,在这原初的乐观主义形式中体现的巨大希望似乎是一种幻想。因为从游戏理论的形式结构转换到对实际的社会和政治形势的解释,要考虑三种障碍。

第一种障碍是博弈论情形的无限反应性。我力图预言你下一步将怎么走,而为了能够预言到这一点,我必须预言到对于我将怎样走你将会预言什么;而为了预言这一点,我必须预言到你对我的关于你的预言的预言,你将预言到什么等等。每走一步,我们每一个人都同时力图使自己无法被他人预言;并且,我们每个人还都抱有这种看法:他人在形成他自己的预言的过程中,将会努力使他自己成为不可预言的。在这里,这种情形的形式结构绝不可能是预言的一种适当的指导。对这些结构的认识也许是必要的,但是,即使以对每个游戏者的利益认识而获得的一种关于形

---

① 《反异教徒大全》,第 79 章。

式结构的认识，也不可能告诉我们那种既想使他人成为可预言的又想使自己成为不可预言的企图，将会造成什么。

这第一种障碍本身也许并不是不可克服的。然而这种障碍的几率也许会由于存在着第二种障碍而增加。游戏理论的情形在本质上是一种无完善认识的情形，这并非偶然。因为每一游戏参与者在完善他自己的信息的同时，他的主要兴趣在于最大限度地增加其他参与者的信息的不完善性。而且，使其他游戏参与者误信的一个成功条件，很可能就是局外观察者的虚假印象的成功产品。这导致了对科林伍德奇怪论点的有趣倒转。科林伍德认为，我们只能指望理解获胜的和成功的行为，那些被击败的行为对我们来说只能是未知的。但假如我是对的，成功的条件里就包括了成功地行骗的能力，因此，正是那些被击败者，我们更有可能能够理解他们，并且，正是那些将要被击败的人的行为，我们更有可能预言到。

当然，这第二种障碍也不是必然不可克服的，即使与第一种障碍结合在一块。但在博弈论的那些情形里，对预言还有第三种障碍。让我们看看下述我们所熟悉的情况。一主要产业的管理部门正在为一个长期契约的条款与工会领导谈判。政府代表也参加了，这不仅因为他可起仲裁人和调解人的作用，而且因为政府在这一产业有它的特殊利益——它的产品对国防有着关键性意义，或者是这一产业对经济的其他部门有着有力的影响。初看上去可以轻易地用游戏理论的言语来描绘这个局势：三个有着自己的利益的集体性的游戏参与者。但现在让我们指出它的某些特征，这些特征使社会生活显得凌乱不堪已司空见惯，而它与教科书中的整洁的例证形成鲜明对照。

某些工会领导人即将从某工会职位上退下来，如果他们不能从雇主或政府那里获得相对来说是报酬较高的工作，可能就不得不回到车间去。雇主们现在关注的不仅是政府在公共事业方面的能量，而且他们有着获得不同类型的政府契约的长远打算。一位政府代表正在考虑参加该地区的公职竞选，而工人的选票有着决定性作用。这就是说，在任何特定的社会境况中，经常是这种情形：许多不同的交易同时在同一团体的成员之间发生。这不是进行一种游戏，而是同时几种。如果游戏寓意可进一步延伸，那现实生活的问题就是：将国际象棋的马走到 QB3 的位置总是以打网球中的吊高球来回答的。

即使我们能在一定程度上确定地认识到正在进行的是什么游戏活动，也还有另一个问题。在现实生活里，既不像游戏也不像有关游戏理论的书籍中的例子，我们通常并不是以一些明确的游戏参加者，以及举行游戏活动的明确地点开始的。在市场上，有（或曾经有）一种卡片纸板和塑料板，上面载有葛底斯堡战役的情况，它极准确地再现了这次战役的发生地点，各次战斗的年月次序和卷入战斗的双方情况。它的不寻常处在于，一个持有南部盟军的稳健老练的选手会赢。但是，一个很清楚的事实是，没有一个玩这种战争游戏的选手有像南军司令李将军那样的才智，但李将军却失败了。为什么？其答案当然是，玩游戏的人从一开始就知道李所不知道的事——战役初期阶段的规模，正要投入战斗的部队的确切情况，战役必定局限在哪些地区进行。而所有这些为游戏所需的条件，并没有复制李的处境。因为李不知道，也不可能知道这就是正要开战的葛底斯堡战役——其明确的轮廓只有依据后果往前追溯才可清楚的一种事件。许多寻求对过去的明确局势进行分析以预测将来的不明确局势的计算机模拟，因认识不到这点而影响了预言效果。让我们看看一个越南战争的例子。

1960 年，刘易斯·F. 理查森对 1914 年前英—德海军扩军竞赛进行了分析；1968 年，贾弗里·S. 米尔斯坦和威廉·查尔斯·米切尔利用这一分析，建构了一个预测越南战争的模拟图，这一模拟图体现了理查森分析中的某些普遍概括。他们的预言在两个方面失败了。第一，他们信赖美国官方的诸如越共杀害平民或越共逃兵的统计数字。可能在1968年，他们不知道我们现在所知道的，在越南的美军有计划地伪造这些数字的情况。不过，假如他们在任何方面敏感地觉察到了我在前面所写的那种游戏参与者尽可能地扩大信息失真的需要，就不会如此确信地处理对他们的预言而言必须要进一步证实的情况。不过，令人诧异地是他们对自己的失败的第二个根源的反应。他们注意到了他们自己的失败：预言被春节攻势彻底打乱了。米尔斯坦和米切尔的反应却是，考虑着将来的研究要怎样扩展，以使那些导致春节攻势的因素能够包括进去。他们忽略的是所有像越南战争那样复杂的形势中必然未知的和不确定的性质。应当说，从最初开始的时候起就有不确定的、不可数的因素，是所有因素组成了这个局势。如果不作如此设想，就是把回顾与预期相混淆。指出这一点完全不是说所有的计算机模拟都是无价值的；但是，模拟所不可逃避的是不可预言性的系统根源。

不可预言性的第四种根源是纯粹的偶然性。帕斯卡尔曾说罗马帝国创立的原因在于克里奥巴特拉①的鼻子的长度，J. B.伯里仿效他的这一说法提出：克里奥巴特拉的容貌如果不是完美动人，马可·安东尼就不会着迷；如果他不着迷，他就不会与埃及联盟来反对屋大维；如果他不缔结这个联盟，公元前31年希腊西海岸的阿克提翁战役就不会打响等等。实际上，人们不必接受伯里的论证便可看到细微的偶然性能够有力地影响伟大事件的后果：如杀死英王威廉三世的鼹鼠丘，使拿破仑把指挥权授予奈伊的在滑铁卢的感冒，以及造成奈伊判断失误的四匹坐骑被杀，最著名的是，皇帝卫士送的信晚了两个小时。但是，所有那些如同

---

① 克里奥巴特拉（Cleopatra，公元前69—前30），古埃及最后一位女王，以其艳丽博得恺撒及安东尼的欢心，她死后，埃及变为罗马一行省。——译者

因鼹鼠和细菌而发生的偶然性事故，是绝不可能被允许考虑进战斗计划里去的。

我们已探讨了人类生活中的四种相互独立但常常相关的系统的不可预言性的根源。强调这一点是很重要的：不可预言性不仅不是无法阐明的，而且完全可以与决定论的真理和谐共存。设想我们能够在将来的某天——并且我认为没有理由不能够——拥有一种计算机，它能够在宽广范围内模拟人类行为。这种计算机是能活动的，它们能够接受和交换信息，对信息作出反应。它们既有合作性的也有竞争性的目标，它们能在可选择的行为之间作出决定。重要的是要认识到：这种计算机既是一种确定的、完全规定好了的机械和电子系统，同时又易于陷入上述四种不可预言性之中。因为恰是使我们不能作出预言的原因，也使它们全都不能预言到根本性概念的创造或数学的未来证明。它们也都不能预言自己的尚未作出的决定的后果。它们中的每一个与其他计算机的关系，也将陷入那种我们所陷入的游戏理论的纠缠中。而且，它们全都将易于受到外在的偶然性的打击，例如缺少能源。不过，每一台计算机的每一次活动都是整个地可以以机械的或电子的术语来阐释的。

在行为的逻辑和概念结构上，对在活动层次上的行为的描绘（依据决定、关系、目的等）与对电子脉冲层次上的行为的描述非常不同。因此，很难在任何明确的意义上把一种描述模式归为另一种；但假如对这些想象中的、但却可能存在的计算机来说，这是正确的话，那对我们来说也似乎如此（确实，我们似乎很可能就是这些计算机）。

正是在这个意义上，有人也许想对我整个论证的性质提出质疑：这也许意味着在我们论点里有一种内在的不一致性。因为一方面我断言我们不能预言根本性的概念创新；而另一方面，我又断言在人类生活中存在着系统的和永久性的不可预言的因素。确实，这前一论断意味着，我不能知道明天或明年某些天才人物就不会提出一种革新主义的理论，这种理论能够使我们预言到仅仅到目前为止不可预言的而不是本身不可预言的东西。而根据我自己的主张，也许要争辩的是，是否将来就不会变得完全可以预言，这仍然是不可预言的。或者也许可以另一种方式提出这个问题：也许可以问你，你已经证明某些事情是必然的和大体上的不可预言，还仅仅是作为一种偶然的事实而不可预言？

毋庸置疑，我没有宣称在上述四个方面中的三个，对人类的未来的预言在逻辑上是不可能的。并且，在使用对丘奇原理的一个推论作为前提的论证中，我在一个有某种逻辑争论的领域中——尽管我自己认为它是有充分依据的——选择了一个前提。那么，我因此就易于遭受这样的指责：那今天不可预言的，也许明天就变得可以预言？我不认为如此。在哲学领域，事实上几乎没有或说可能就根本没有任何正当的逻辑上的不可能性或归谬证法①的证据。其理由是，要提出这样一种证据，我们需要能够把我们论述的相关部分图式化为一种规范化的演算；以这种方式才能使我们从既定的公式"q"推出"P．～P"形式的结果，并且进而达到结果"～q"。但恰恰是这种以公式化的方式来表述我们的论述的明晰性，是那些产生哲学问题的领域所没有的。因此，被看作是归谬证法证明的东西，通常是完全不同的一种论证。

例如，维特根斯坦有时被解释为力图为个人语言的非逻辑性（logical impossibility）提供证明的人，说他为了证明说出的个人语言中的矛盾，把对一种在实质上是可传授的公共语言概念的分

---

① 归谬证法：证明命题的一种方法，它通过一个命题之逆成立时，将导致矛盾来证明该命题。例如，为了证明 A = B，只须证明在 A ≠ B 的假定下将导致矛盾，即导致荒谬的结果。——译者

第八章 社会科学中普遍概括的特征及其预言力量的缺乏

析和对一种实质上是有关个人内心状态的观念的论述结合起来。但这样一种解释曲解了维特根斯坦，我认为，维特根斯坦正在向我们诉说的是类似如下的说法：就我对语言和内心精神状态所能给予的最好论述来说，我对于一种个人语言的观念并不能做什么，我不能适当清晰地表述它。

这恰恰就是我对"可能某些天才人物能够把现在还不可预言的东西变得可预言"这一论点的回答。我没有提出任何与这一论点相悖的证明，我甚至没有把丘奇原理导入论证看作是对任何这样的证明的贡献。也就是说，对于是这种我所引出的论点，我并没有提出什么建议。对于是赞成还是反对这种论点，我不能适当清楚地表述。

在社会生活中存在着这些不可预言因素的情况下，最重要的是要注意到它们与可预言因素之间的内在关系。什么是可预言因素呢？社会生活中可预言的因素至少有四种。第一种产生于安排和协调我们的社会行为的必然性。在每一文化中，大多数人在大多数时间里，是依据某种正常的一天的概念来组织他们的活动的。他们大致在每天的相同时间里起床、穿衣、洗脸或不洗脸，在预定时间里进餐，在预定时间里上班和下班，等等。那些预备食物的人，必须能够希望那些要进餐的人在某些特定的时间和地点出现。在某个办公室里，打电话的秘书，必须能够希望另一办公室里的秘书的回答；公共汽车和火车必须在预定地点和旅客相遇。对于别的事情的可预言的期望，我们都既有许多不言而喻的、心照不宣的认识，又有大量的明确记忆。托马斯·谢林有一个有名的试验；他告诉一个有 100 人的团体，给他们一个任务，于某一既定时间里，在曼哈顿会见一个不知名的人物，对于这个不知名的人物，他们只知道，他知道他们所知道的一切。他们必须要做的是：为这次会见提供时间和地点。100 人中有 80 多人选择的时间和地点在正午 12 点，在大中心车站的中央广场的大钟下。恰因为这是 80% 以上的人给予的回答，所以这是正确的回答。谢林的试验所揭示的是：比起通常认识来，我们都更多地知道他人对我们期望的期望，反过来也是这样。

人们行为的系统的可预言性第二种来源是统计规律性。我们知道，我们都易于在冬天感冒；自杀率在圣诞节前后明显上升；在解决某一确定问题时，增加有资格的科学家的数量，将有可能使这个问题解决得更快，而不是更慢；爱尔兰人比丹麦人更有可能患精神病，在大不列颠，预测一个人如何投票的最好指示物是他的最好朋友如何投票，你的妻子或丈夫比一个陌生的犯罪分子更有可能杀害你；在得克萨斯州，一切事情，包括自杀率在内，都要占上风。有趣的是，我们的这种认识与有关的因果认识是相对独立的。

没有一个人认识到某些这类现象的原因，而对于其他现象，我们中的许多人实际上只有虚假的因果信念。恰如不可预言性并不必定是不可解释的一样，可预言性也并不必定是可解释的。在我们的阐述中，在对计划和规划的执行中，统计规律的知识所起的作用，和安排和协调未来的知识所起的作用同样重要。缺乏两种知识中的一种，我们就不能依据计划的成功和失败的可能性，在可选择的计划之间进行合理选择。这对于社会生活中其他两种可预言性的来源来说也是正确的：一是对自然的因果规律性的认识：暴风雪、地震、鼠疫杆菌、海拔高度、营养不良、蛋白质的性质——所有这些，都对人的可能性有着制约性。二是对社会生活中的因果规律的认识。虽然表达这种认识的普遍概括的状况事实上是我的研究的客体，而有这种普遍概况存在和这种概括具有其种预言力量毕竟是相当清楚的。对于上述四种可预言性的来源，这里再增加一个例子：即在 19 世纪和 20 世纪诸如大不列颠和德国的那些社会中，一个人在社会阶级结构中的位置，大体上决定了一个人受教育的机会。在这里我所叙述的是真正的因果认

第八章 社会科学中普遍概括的特征及其预言力量的缺乏

识,而不仅是对统计学规律的认识。

现在我们终于可以以对社会科学中普遍性概括的地位作出某种积极的论述来探讨社会生活中的可预言性与不可预言性的关系问题。立刻我们就可清楚:人类生活的许多主要特征源自可预言性与不可预言性两者的特殊的和独特的联结方式。正是我们社会结构的可预言性程度使我们得以计划和从事长期性规划;而做出计划和从事长期性规划的能力,是发现生活的意义的必要条件。一个人从这一时刻活到那一时刻,从这一事件到另一事件,如果没有大的意向线索的连接,那么,许多人类特有的惯例和制度就失去了根基,例如,婚姻、战争、对死者生平的纪念、家庭、城市及公共设施的世代相继,等等。但是,人类生活又充满了不可预言性,也使得我们所有的计划和规划永远是那么脆弱和容易夭折。

计划和规划的脆弱性当然也有其他根源。这些根源中包括物质环境的特点和我们的无知。但是18世纪的启蒙运动的思想家们和他们在19世纪和20世纪的后继者们,却把这些看成是这种脆弱的唯一的,或不论如何也是主要的根源。马克思主义者增加了经济竞争和意识形态上的盲目这样两个根源。在所有这些人的笔下,都好像是在某一进步的将来,这种脆弱性将能得到克服。现在,我们已有可能认识到这个信念和他们的科学哲学之间的联系。他们的科学哲学的解释和预言观,在维持他们的信念方面起了主要作用。不过,我们现在的论证得向另一个方向进行。

我们每个人,既是单个的个人又是作为特定的社会团体的一个成员,都力求在这自然的和社会的世界里,具体展现自己的计划和规划。实现这一目的的一个条件就是尽可能多地使自然和社会环境成为可以预言的。在我们的生活中,社会科学和自然科学的重要性,至少部分是——虽然仅仅是部分——由于它们对此的贡献。同时,作为个人又作为特定社会团体成员的我们每个人,

104

都渴望保持他的独立，他的自由，他的创造力，他的个人见解（这在其自由和创造力中起极其重大作用），似乎不受他人侵犯。我们仅希望在我们认为恰当的范围内展露我们自己，但没有一个人想要展露他自己之全部——除了在精神分析所造成的幻象的影响下有这种可能之外。我们需要保持某种程度的不透明性和不可预言性，尤其是当我们被其他人的预言实践威胁时。这种需要的满足，至少在某种程度上为生活富有意义提供了另一个必要条件。因此，生活才富有意义，并且，才能富有意义。而如果生活是富有意义的，我们就必须能够从事长期规划，这就需要预言。如果要使生活富有意义，我们就必须占有我们自己，而不仅仅是他人的设计、意图、欲望的作品；而这就要求不可预言性。我们就是这样卷入了这个世界之中，在这个世界里，我们试图既使社会中的其他人成为可以预言的，同时又使我们自己成为不可预言的；既设计出普遍概括以捕获其他人的行为，同时力图使我们自己的行为能够避开他人设置的普遍概括。如果这就是社会生活的一般特征，那么，那最有可能成为社会生活的普遍概括的东西的特征是什么？

它们似乎大概有三个重要特征。它们将以大量的研究为基础，但是它们的归纳性基本特性将使得它们难以得到准法则似的东西。不论它们被构建得如何好，其最完善者都不得不与相反的例证并存，因为反面例证的持续创造是人类生活的一个特征。我们永远不能说，它们中的最完善者就是它们的范围所在。当然这意味着，它们并不需要得到明确界定的与事实相反的条件。要描述它们，将不是以一般性定量词为其开端，而是以某些这样的短语："从特征上看，就大多数而言……"开始。

但恰恰是这些特征，正如我在前面指出的，实际上就是有实际经验的社会科学家以充分理由宣称已经发现了的那些普遍概括的特征。换句话说，这些普遍规则的逻辑形式（或者缺乏这种

第八章 社会科学中普遍概括的特征及其预言力量的缺乏

形式）原来就根植于人类生活方式之中（或者缺乏这种生活方式）。我们不应奇怪也不应失望的是：最好的社会科学的准则和普遍概括的特征与它们的前身即民间社会的谚语、法官们的普遍性概括以及马基雅弗利的准则的某些特征相同。说到这里，确实，我们又能回到马基雅弗利了。

我的论证表明，运气是不可排除的。但这并不意味着，我们不能至少在两个方面就运气说得更多些。其一涉及运气的测定的可能性问题。因袭的科学哲学的问题之一在于，运气表明，一般对科学家而言，特别是对社会科学家而言，除了某些根本性的虚假问题外，他们应把预言方面的错误看作仅仅是一种形式的失败。如果我们仔细地记录这些错误，把犯错误本身作为一个研究题目，那么，我猜想我们会发现，预言错误不是任意分布的。要晓得是否是如此，第一步所要做的就要比我在这章中所做的多，那就是要讨论，在人类生活的不同领域中运气所起的特殊作用，而不仅仅谈论在所有人类生活中运气的一般作用。

需要讨论的运气的第二个方面涉及它的永久性问题。在本章的前些地方，我没有对我的论证予以证明。那么，我有什么理由相信运气是永远存在的？我的理由部分地是经验性的。设想某人想要接受到此为止的论证并赞同不可预言性的四种系统根源的论点，然而却提议，要尽其可能地消除或至少限制不可预言的这些根源在社会生活中所起的作用。他提议，尽可能地防止概念革新，尚未作出的决定的不可预言的后果，人类生活的游戏理论的特征，以及纯粹的偶然性等这些情形的出现，正是它们的出现，破坏了已作出的预言及已认识到的规律，这个人能达到他的目的吗？他能使现在这个不可预言的社会领域变得完全或大部分地可以预言吗？

很清楚，他的第一步将不得不创造一种组织作为达到他的设想的一种工具；同样清楚的是，他的第一个任务必须是使得他的这一组织的活动全部地或大部分地成为可预言的。因为如果达不到这点,他就几乎不可能达到他的更大的目的。而且他还必定得使他的组织成为有力的和有效的;能够从事它的具有高度独创性的任务,并能够在这个注定不断变化的环境中生存下去。但不幸的是,根据我们所做的最好的经验性研究,这两大特性,即完全的或近乎完全可预言性和组织化效率必定是互不相容的。在一种需要创新性适应的环境中,有效率的条件是什么呢?汤姆·伯恩列举了下述特征:"持续地重新规定个人任务","由信息和劝告而不是由指示和决定所构成的意见交流","消息遍布于广播和电视网中",等等。① 再加上伯恩和斯托克有关允许个人的首创性,对消息的变化作出灵活反应,以及解决问题和作出决定中的中心的多重含义,人们可以可靠地作出这样的概括:一个有效率的组织必须能够容忍它自己内部的高度的不可预言性。其他的研究也证实了这点。监控每一下属始终在做什么的企图将导致反效果(counter—productive);企图使他人的活动成为可预言的必然导致活动的惯例化,压抑智慧和灵活性,这样,下属的活力至少会使某些上级的规划受挫。②

既然组织的成功和组织的可预言性是相互排斥的,所以,想通过创造一个全部或大部分是可预言的组织的方式来创造一个全部或大部分地是可预言的社会的计划注定要失败,社会生活的事实使它必然失败。因此,诸如奥尔德斯·赫胥黎或乔治·奥威尔所想象的那种极权主义是不可能存在的。极权主义者的计划所产生的总是严厉与无能的东西,从长远来看,这只能导致它的失

---

① 伯恩(Tom Burns):《新时代的工业》,《新社会》,1963年1月,第31页;伯恩和G. N. 斯托克合著:《管理革新》,1968年版。

② 见赫伯特·考夫曼(Herbert Kaufman):《管理反馈》,1973年版;也见伯恩和斯托克对于破坏和陷害管理统治集团的企图的效果的论证。

败。但是，我们需要记住那从波兰奥斯维辛[①]和《古拉格群岛》[②]传来的声音，它们告诉我们这个"长远"到底有多长。

因此，所有的社会性预言都是脆弱的，和人类生活的永恒的不可预言性这一预言两者之间没有自相矛盾处。这一预言的基础是对经验性社会科学的实践和发现的正确性的证明，也是对众多社会科学的主导思想和社会科学的因袭哲学的反驳。

但这个反驳也必须有一个对我称之为官僚政治管理技术知识的东西的要求的摒弃。而对它的摒弃，至少我的论证的一个部分就已经完成了。专家们要求地位和报酬，而当我们认识到他们并没有任何合理的类似法则的普遍概括时，当我们认识到他们具有的预言力量是多么微弱时，这种要求的基础就受到了致命的破坏。管理效率的概念毕竟是一个更具当代特色的道德的虚构，并且可能是所有那些虚构中最重要的一个。在我们文化中，操纵模式的支配性，没有、也不可能有操纵中的许多实际成功与之相伴随。当然，我的意思并不是说，那些自称为专家们的活动毫无效果，也不是说，我们没有严重地受到这些后果之害。但体现在这种专门知识观念中的社会控制观念，实际是虚假的。在一种非常实际的意义上，我们的社会秩序是在我们，并且确实是在任何人的控制之外。没有一个人是或者能够是负责的。

这样，从我的论点来看，对管理技术知识的信奉，就非常像

[①] 奥斯维辛：此处指第二次世界大战期间纳粹法西斯在此建集中营，残酷杀害数百万犹太人。——译者

[②] 《古拉格群岛》："古拉格"为俄文"劳动改造营总管理局"的缩写，因索尔仁尼琴《古拉格群岛》(1973) 一书为西方熟知。苏联强迫劳动营制度为1919年建立，送入古拉格的人有持不同政见的知识分子、党内派系分子、里通外国分子、怠工分子和一般罪犯，关押犯人最多的为1929—1930年；1937—1938年的肃反时期以及第二次世界大战后的几年。1936—1953年间，长期拘禁600万—1500万人。资料出自《简明不列颠百科全书》。——译者

卡尔纳普和艾耶尔所认为的那种对上帝的信奉。而这是一种比对上帝的信奉更大的幻觉，一种特殊的现代幻觉，是对一种并非我们自己的力量，但却声称有正当性的力量的幻觉；因此，管理者作为特性角色并不是初看起来像是的那种人；充满精明务实而又稳重实际的现实主义的社会世界，是管理的环境，它的存在的维持，依赖于误解和虚构的信仰系统的永恒存在。商品拜物教得到另一种重要的盲目崇拜的补充，即对官僚政治技能的崇拜。因为从我的整个论证可推出，管理技术知识的领域是这样一个领域：在这里，那些声称具有客观基础的主张其功能事实上是武断（但是伪装了的）意志和偏好的表达。肯尼斯曾经描述摩尔的门徒们在识别有没有一种非理性的善性质的掩盖下（这种性质实质上是一种虚构）是怎样提出他们个人的偏好的；肯尼斯的这种描述在一个同样优雅和生动的描述形式里，得到了一个当代后果。这个描述是：在这个公司和政府的社会世界中，是在识别有没有专家们的种种发明物的掩盖下，提出个人偏好的。也正像肯尼斯的描述揭示了为什么情感主义是一个这样让人信服的论点一样，他的描述的这个当代后果也是如此。18世纪预言的结果所造成的不是科学管理的社会控制，而是对这种控制的一种灵巧的戏剧性的模仿，在我们的文化中，正是这种表演上的成功把权力和权威给予了管理技术专家。最有效率的官僚是最好的表演者。

对此，许多管理者和官僚将回答：你正在攻击的是你自己制作的稻草人。我们没有提出什么一般的主张，不论是韦伯那样的还是别的什么。我们如你一样，敏锐地意识到了社会科学的普遍性概括的限度。我们以一种有节制的谦逊的权限履行着一种有节制的职责。但是我们确实拥有专门化知识，我们有资格在我们自己的有限领域里被称为专家。

在我的论证里，并没有责难这些谦逊的主张，但是，这不是那种在官僚机构里（不论是国家的还是私人的）取得权力和权威的主张。因为这种谦逊的主张绝不可能合法地占有或使用权力，不论是在官僚机构里，还是借助于这种机构，都绝不可能以任何类似的方式或尺度行使权力。所以，体现在对我的论证的这个回答里的有节制的和谦逊的主张本身可能就是极易使人误入歧途的——不论对于这样回答的人还是其他人都是如此。因为这种回答所起的作用似乎不是对我下述观点的反驳：在我们的机构里，对管理技术知识的先验信仰已被制度化了；但却是继续参加到那种伴随而来的字谜游戏中去的借口。配有跑龙套的小配角的戏剧表演天才，与伟大的经营管理角色作出的贡献一样，都是官僚政治戏剧所必需的。

第九章

尼采还是亚里士多德？

我已指出，当代居主导地位的世界观是韦伯的世界观，虽然具体来说并非总是如此。但这个论点会立即遭到反对，多数自由主义者将争论道，没有这样一种作为"当代世界观"的东西；只有来自许多终极性价值观的大量观点，而对价值观在终极意义上是多样性的观点，伯林爵士是最系统和最有力的辩护人。许多社会主义者将争论道，居主导地位的当代世界观是马克思主义，韦伯太陈腐，他的主张受到左派批评的致命打击。对于前一种论调，我将回答，相信价值观在终极意义上是多样性的，本身就是一个显著的和主要的韦伯式的论点。对于后一种论调，我将说，当马克思主义者组织起来向权力进军时，即使仍保留着马克思主义的言辞，他们总是而且在实质上已经变成了韦伯主义者；因为我们知道，在我们的文化里，没有一个组织起来朝向权力的运动，其所迈向的权力不是官僚政治和管理模式的，而且我们还知道，没有一个对权威的论证不是韦伯式的。假如这对于还在奔向权力途中的马克思主义来说是真实的，那对于获得权力的马克思主义就更是如此。所有的权力都趋于占有，绝对的权力是绝对地占有。

而如果我的论点是正确的，这个韦伯的世界观就不能得到合理的支持；它伪装了和掩饰了而不是阐明了什么，之所以它能得到权力，依靠的是它在伪装和掩饰上的成功。在这一点上，我们

第九章 尼采还是亚里士多德？

可听到第二种反对声音，为什么在我的整个论述里没有"意识形态"这词的位置？为什么我已说了如此多的伪装、掩饰，而如此少，可说是几乎没有说什么东西被伪装和掩饰呢？对这后一个问题的简短的回答是，我没有一般的回答可给予；但我并不是在为简单的无知辩解。当马克思改变了"意识形态"这词的意义，并把它置于现代进程中时，他有时是参考了某些易于理解的例子的。例如，根据马克思的观点，1789年的法国革命者们把他们自己看作是和古代的共和主义者一样具有同样道德和政治存在的模式的人，并且由此掩饰他们自己资产阶级代言人的社会角色。1649年的英国革命也同样借《旧约》为幌子，把自己看作是上帝的仆人；并且由此同样也掩饰了他们的社会角色。但在把马克思的特殊例证普遍化为一种理论时（不论是马克思本人还是其他人），就产生了完全不同类型的问题。这是因为这种理论的一般化，恰恰出自它企图以一套类似法则的普遍概括来体现这种理论。这些普遍概括把作为原因的社会物质条件和社会阶级结构与作为结果的意识形态化的信仰联结起来。这就是马克思和恩格斯在其早期的《德意志意识形态》中的那些公式表述的含义，也是恩格斯的晚期著作《反杜林论》中所作的那些表述的含义。这样，这种意识形态的理论成了那种所谓的社会科学的又一例子，正如我已指出的，这种社会科学既歪曲地反映了社会科学家实际发现的形式，同时它本身又用作对武断偏好的伪装表达。事实上，这种意识形态的理论自己变成了一种它的支持者所渴望理解的现象的又一例证。因此，在我们仍需从《雾月十八日》的历史中学习许多东西时，马克思主义的意识形态的一般理论和该理论的许多后继人本身不过是伪装为一种诊断的又一组症状而已。

当然，意识形态这一概念，马克思是有其师承的——并且，诸如卡尔·曼海姆和卢西恩·戈德曼等这样不相同的思想家已经

110

把这一概念放在阐发性使用的范围内——而这一概念的作用确实使我关于道德的中心论点突出起来。如果道德言辞的使用在于为武断的意志服务，那么它也就是某个人的武断的意志；从而它是谁的意志这一问题就明显地具有了道德和政治的双重重要性。但回答这个问题不是我在这里的任务。要完成我现在的任务，我唯一需要证明的是，道德怎样变得仅有某种类型的用途，它是何以如此运用的。

对于现代的道德论述和道德实践，我已经作了一系列的历史的陈述，因此，我所需要的是补充一种陈述，这种陈述将表明，对于道德现象的解释，怎样能够有这样多的原因，而道德言论的形式，又如何几乎能为任何脸面提供面具。因为道德已以一种前所未有的方式变得具有普遍的适用性。这就是尼采对现代道德言论的这种庸俗化品格的感觉，这种感觉部分地体现在他对道德言论的厌恶上。并且，这种感觉是尼采的道德哲学的特征之一，如果我在前面的那些论证是正确的话，尼采哲学的这个特征使得它成为任何人试图分析我们文化的道德现状时，所要面对的两种真正值得选择的理论之一。为什么会这样？对这个问题的恰当回答首先需要我进一步展开我的论点，其次再论及尼采。

我的论点的一个关键部分是，现代道德言论和道德实践只能被理解为来自过去年代的一系列残章断篇，对于现代的道德理论家来说，它们已产生了不可解决的问题，这些问题在没有被很好地理解以前，仍然是不可解决的。如果道德评价的义务论特性是神圣律法概念的幽灵——这种概念是与现代的形而上学不相容的；如果目的论特性也同样是人的本性和活动概念的幽灵——这些概念在现代世界同样无容身之处，那么，我们应该希望，理解道德评价和把道德评价置于一个清楚的地位的问题，既在持续不断地出现，也在持续不断地被证明为是不适于从哲学上予以解决的。在这里，我们所需要的，不仅是哲学的

第九章 尼采还是亚里士多德?

睿智,而且是人类学家在其最好时期所有的那种观察其他文化的眼界,这种眼界能使他们认识那些生活在这种文化中的人觉察不到的残存物和不可理解的东西。培养我们自己眼界的一个途径可能就在于探究,我们文化和道德状况的困境是否与迄今为止我们认为是非常不同于我们自己的那些社会制度的困境不相似。这里我心目中所指的具体例证是18世纪末19世纪初的一些太平洋岛屿上的社会制度。

在英国航海家库克的第三次航海日志里,记录了被说英语的人第一次发现的波利尼西亚语言中的词汇"禁忌"(它有着多种形式)。英国海员对他们所认为的波利尼西亚人的紊乱的性生活习惯感到吃惊,而使他们更感到吃惊的是,与此鲜明对照的是在诸如男人和女人在一起吃饭这样的行为上的严厉的禁令。当他们询问为什么男人和女人被禁止在一块吃饭时,他们被告知这是禁忌。但是,当他们进一步问道,禁忌的意思是什么,他们几乎得不到进一步的答复。很清楚,禁忌并不是简单地意味着禁止,因为在说到某种东西——不论是人,活动还是理论——是禁忌时,就是对禁止这种东西给出了某种特殊的理由,但这是什么种类的理由呢?不仅库克的海员们被这个问题所困扰,而且从佛莱泽和泰勒到斯坦纳和道格拉斯的人类学家们都已不得不就此而苦苦探究。通过这种探究,提出了两点根本性解释。第一个是库克的水手们不能从当地提供情况的人那里得到清楚的回答这一事实的意义。这一事实所表明的是(当然,任何假设都是某种程度的推测),当地提供情况的人他们自己并没有真正理解自己所使用的言词。这一论点得到下述事实的进一步加强:四十年后的1819年,卡米哈米哈二世(Kamenhameha Ⅱ)轻易地废除了夏威夷岛屿的禁忌,当他这样做时,并没有出现什么社会性后果。

为什么波利尼西亚人能够使用一个他们自己也不真正理解的言词?正是在这个问题上斯坦纳和道格拉斯是富有启发的。因为 112

他们揭示，禁忌规则在特性上常常有或可能有一个分成两阶段的历史。在第一阶段，这些规则处在一种使它们能被理解的背景条件中。因此，道格拉斯论证道，《旧约》的《申命记》中的禁忌规则是以某种宇宙论和动植物的分类为前提条件的。如果剥夺了禁忌规则原有的社会背景条件，便显得是一套武断的禁令，当这种原初的背景条件丧失了，当人们原本据以理解禁忌的背景性信念不仅被遗弃而且还被忘却了，确实，它们在特征上就显得是如此。

在这样一种环境里，规则失去了任何能确保它们权威性的地位，假如它们不能迅速取得某种新的地位，对它们的解释和辩护就都成了问题。如果一种文化的资源太贫弱以致不能把重新解释的任务承载下去，那么，为其辩护就是不可能的了。因此，可能这就相对容易——虽然这使某些当代的观察家感到吃惊——使卡米哈米哈二世在废除禁忌上获胜（他的废除造成了一个道德的真空，致使新英格兰的新教信教士们的陈腐习气被太迅速地接受了）。但是，假使波利尼西亚的文化能够得到分析哲学的赐福，那这是太清楚不过了，禁忌的意义问题能够以多种方式解决。一派观点会说，禁忌显然是一种非自然性质的名称，并且恰恰是导致摩尔把善视作这样一种性质的名称、使普里查德和罗斯把责任和正当视作这种性质的名称的同样理由，可用来表明禁忌也是这样一种非自然性质的名称。而另一派观点无疑将会争论道，"这是禁忌"大致与"我不赞成这，你也别赞成吧"的意思相同；并且，恰是导致史蒂文森和艾耶尔把"善"看作是基本上有一种情感用法的那同一推理，将支持禁忌的情感主义理论。我们还可假设第三派观点将争论说，"这是禁忌"的语法形式掩饰了一种可普遍化的绝对命令。

这个想象的争论的无意义性在于争论各方共同具有的前提条件，即那些他们正在研究其地位和正当性的规则，为研究提供了一个得到恰当区分的主题，为一个独立存在的研究领域提供了材料。而从我们立足现实世界的观点来看，根本不是这种情况，除了把禁忌规则看作是先前更复杂文化背景的幸存物外，便无从理解它的特性。作为这一认识的结果，我们也知道任何不考虑这类禁忌规则的历史，但又声称能把18世纪的后期的波利尼西亚人禁忌规则阐述清楚的理论，必然是虚假的理论；唯一真实的理论是能够揭示禁忌规则在特定时期的不可理解性的理论。不仅如此，唯一充分真实的理论将是这样一种理论：它既使我们能够把那种处于完善秩序状态中的禁忌规则和实践与这样一种规则和实践已成为碎片和被抛进无序状态区分开来，又使我们能够理解使后者从前者显现出来的历史性转变。唯有这样一种历史性著作，才是我们所需要的。

现在，为加强我自己在前面的论证，无情地提出如下问题：我们为什么不用任何别的方式来考虑真正的分析道德哲学家，诸如摩尔、罗斯、普里查德、史蒂文森、黑尔和其他人，即不像我们刚才那样把他们看作是想象的波利尼西亚的配对物？我们为什么不用任何不同于我们正在考虑的18世纪后期波利尼西亚对禁忌的使用法的方式来考虑我们对善、正当和义务的当代用法呢？我们为什么不应把尼采看作欧洲传统的卡米哈米哈二世呢？

这是因为，尼采不仅比任何哲学家都更清楚地理解到（当然也比他的盎鲁格撒克逊的情感主义伙伴和大陆的存在主义伙伴们更清楚地理解到），原来旨在作为客观性来诉诸的东西事实上是主观意志的表达，而且还更清楚地看到了这一道德哲学提出的问题的性质，而这就是尼采的历史成就。可是对于尼采来说，如下我将要论证的也是真实的，尼采不合理地把他那时代的道德评价条件普遍化为一般道德性质；而且，我已正当地以严厉的措辞说过尼采对道德的建设，即他所谓的超人，既是荒谬又是危险的梦话。但值得引起注意的是，他这种建设是如何始自真正的洞察力的。

在《快乐的科学》中，有一段著名的文字。① 在这里，尼采一方面嘲笑了把道德建筑于内在道德情感和良心基础之上的观念，另一方面，又嘲笑了将之建筑在康德的绝对命令和可普遍化性质以及其他基础上的观念。在五个敏锐、机智而又中肯的段落里，他既摈弃了被我称作"为一种客观道德发现合理基础的启蒙运动"的东西，又动摇了启蒙运动之后的文化环境的日常道德行为者认为自己的道德实践和言语处于良好秩序之中的信心。然而尼采继续面对这种破坏行动所产生的问题。他的论证的深层结构如下：就道德来说，如果除了意志的表达以外，别无他物，那么，我的道德只能是我的意志的产物。因而不可能有自然权利、功利、最大多数人的最大幸福这些虚构物的位置。现在，我自己必须创造"一类新的善的东西。""然而，我们要成为我们所是的那些人——新生的、独一无二的、举世无双的人，自己为自己立法，自己创造自己的人"。② 在18世纪，合理的并得到合理论证的自律道德主体，是一个虚构，一个幻觉；所以，尼采摧毁了它，让意志取代理性，让我们以某种巨人般的英雄的意志行为，使我们自己成为自律道德主体，这种意志行为的品格使我们想起古代贵族的专断孤行，它优于被尼采视作灾难的奴隶道德，这种行为的作用使它也许成为一个新时代的预言性先驱。然而问题是，如何以一种全新的创始方式去建构，又如何来创造一类新的善的东西和一种法则呢？问题摆在每个人的面前。这个问题大概构成了尼采道德哲学的核心，因为尼采的伟大成就在于他对这个问题不懈的严肃探究，而不在于他那些无足轻重的答案里。如果说，唯一能替代尼采道德哲学的，只能是由启蒙运动哲学家们及其后继者所系统阐述的那些道德哲学，那么，上面我们所说的

---

① 尼采：《快乐的科学》，考夫曼译，1973年版，第335节。
② 同上书，第266节。

第九章 尼采还是亚里士多德？

他的伟大之处就使尼采成为最重要的道德哲学家。

从另一方面看，尼采也是当代最重要的道德哲学家。我已经指出，当代已把它自己表现为以韦伯的思想为主导；并且我也注意到了，韦伯的中心思想范畴以尼采的中心论点为前提。因此尼采预言式的非理性主义（说他非理性是因为他的问题自然没有解决，而他的解答又否定理性），仍然是我们文化的韦伯式管理方式内在固有的，不论什么时候，那些深受这个时代的官僚政治文化影响的人，每当他们在他们是什么和他们做什么这个问题上找遍了别的，最后想到其道德基础时，总会发现那隐蔽的尼采式的前提。因此，可能可以有信心地预言：在这个极成问题的官僚政治管理的现代社会背景条件下，将会周期性地并恰恰体现预言性非理性主义的社会运动，尼采的思想是这种非理性主义的先驱。实际上，恰恰因为和就当代的马克思主义在实质上是韦伯式的而言，我们不仅能够预期右翼的预言性非理性主义，而且也能预期左翼的预言性非理性主义。60年代学生的激进主义在很大程度上就是这种非理性主义[1]。

所以，韦伯再加上尼采，为我们提供了当代社会秩序的关键的理论连接；但他们描绘得如此清楚的是当代社会画面的宏观和占支配地位的特征。恰恰因为他们在这方面如此有效，因而他们可能无助于解释在日常生活的事务方面与这些特征相对应的微观的特征。幸运的是，正如我早已注意到的，我们已经有了一个日常生活的社会学，恰与韦伯和尼采的思想相对应的社会学，即被戈夫曼所阐发的相互影响和作用的社会学。

体现在戈夫曼的社会学中的核心对照与体现在情感主义中的

---

[1] 对于这种左翼的尼采主义的理论观点，可见 K. P. 帕森斯（Parsons）和所罗门的 T. 斯特朗（Strong）的著述以及米勒（Miller）所著：《历史和人类的生存》，1979 年版。

对照完全相同。即在我们的言论所公开表明的意义与对这种言论的使用实际放进去的意义之间的对照，行为的外观表象与用来造成这种外观表象的策略之间的对照。在戈夫曼的叙述中，他的分析单位总是在一个由角色构成的环境里力图实现自我意志的个人角色的扮演者。戈夫曼式的角色扮演者的目标就是有效性，在戈夫曼的社会环境里，成功只是被视为成功的一切，再没有任何其他东西。这是因为，戈夫曼的世界中根本不存在成功的客观标准，而之所以这样说，是因为没有这样的文化和社会空间使之得以诉诸这样的标准。标准是通过人们相互作用和影响确立的，标准就存在于这种相互影响和作用之中。道德标准似乎只能起到维持人们相互影响的范式的作用，而这种相互作用总是受到过分膨胀的个人的威胁。"在任何谈论中，标准总是被确定为个人在多大程度上允许自己被交谈所控制，在多大程度上允许自己陷入这种交谈。他将责成他自己不要因感情和冲动而变得如此不理智，使得有关感情的界限受到威胁，这些界限对他而言，是在相互影响中已经确立了的……当这个人确实已经过多地卷入话题时，他给人的印象，他失去了对他自己的感情和行为进行自我控制的必要尺度时，……其他人就有可能把注意力从谈话转移到这个交谈者身上，一个人的过分的热切，会造成另一个人的疏远……陷入过分沉迷的冲动，是儿童爱虚荣、傲慢或神经质的女人，以及喜怒无常和各种称王称霸者施暴横行的方式，这种人无时不把自己的感情置于那使社会安全地相互交往的道德规则之上。①"

因为成功都是被视为成功的任何东西，所以我成功了或失败了都与他人相关；由此才产生了作为一个——或许是核心的——

---

① 戈夫曼（Goffman, Erving）：《相互制约的仪式》，1972年版，第122—123页。

主题的表象的重要性。戈夫曼的社会领域是这样一个领域：在这里，善在于拥有荣誉，荣誉就是体现和表达了对他人尊重的任何东西。这个论点是亚里士多德在《尼各马科伦理学》中拒斥的。亚里士多德否定这个论点的理由也是在这个意义上，他说，我们给予他人荣誉，是由于他们的某种东西或做了什么而值得享有荣誉；因此荣誉充其量不过是一种次要的善。那使人们获得荣誉的东西倒必定是更为重要的。但在戈夫曼的社会领域中，功绩的归属本身就是人为的社会现实的一部分，它的作用就是帮助或抑制某些努力，某些角色扮演的意志。戈夫曼的社会学是一种有意贬抑那种把现象看得是比现象更多的东西的自负的社会学。这是一种要诱使人称之为犬儒学派式的社会学——当然是在现代意义上，而不是在古代意义上——但事实上，如果戈夫曼的人类生活的画像是一张真实的画像，那么就不可能有作为客观功绩而被犬儒者漠视的东西，因为根本就不存在这样一种可作为客观功绩的东西。

重要的是要注意到以亚里士多德为代言人的社会中的那种荣誉观念——以及在这以后的许多不同的社会中，如冰岛英雄时代的社会中的和西非沙漠地区的贝督因人的社会中的荣誉观念——恰恰由于荣誉与价值是以亚里士多德所注意到的方式相联结的——尽管是相似——所以是一个非常不同于我们在戈夫曼的著作中发现的任何东西，也非常不同于我们在当代社会中发现的几乎任何东西。在许多前现代社会中，一个人的荣誉就是应归于他、他的亲属和家庭的东西，而其理由就在于社会秩序中他们处于他们的适当的位置，使他人失去荣誉就是不承认这对他是适当的。因此，侮辱的观念成为一种具有社会意义的严酷的观念。在许多这样的社会里，受某种类型的侮辱是值得去死的。彼得·伯杰和他的著作的合作者[1]指出了这样一个事实的意义：在现代社

---

[1] 彼得·伯杰（Peter Berger）和他的合作者：《无家可归的精神》，1973年版。

会，如果受到侮辱，我们既得不到法律，也得不到准法律的保护。在我们的文化生活中，侮辱已被移到了我们文化生活的边缘，在这样一个位置上，侮辱已是私人情感而不是公共冲突的表达。毫不奇怪，这是戈夫曼的著作留给它仅有的位置。

把戈夫曼的著作——我想特别是《日常生活中自我的表象》、《遭遇》、《相互作用的仪式》和《相互作用的策略》——和《尼各马科伦理学》相比较，非常有助于说明这点。在我的论证中，前面有一个论点强调了道德哲学和社会学的紧密关系；并且正像亚里士多德的伦理学和政治学，对道德哲学和社会学有同样多的贡献一样，戈夫曼的著作也以一种道德哲学为前提。之所以如此，部分地是由于它们是对在一个具体社会里的行为方式进行的一种有见地的阐述，而这种社会本身在它的特有的行为和实践模式里，就具体表现了一种道德理论；也部分地在于作为戈夫曼自己的理论立场的先决条件的哲学信念。所以，戈夫曼的社会学既然主张恰恰不是在某些极为具体的条件下人的本性能够变成什么，而是要表明人的本性必定是什么和因此历来总是什么，他就显然有这样一个蕴含的主张：亚里士多德的道德哲学是虚假的。这并不是一个戈夫曼自己提出或需要提出的问题。但是，戈夫曼的伟大先驱和先行者尼采却在《道德的谱系》和其他著述中提出并卓越地论述了这一问题。除了论述美学，尼采极难得明确地提到亚里士多德。他确实从亚里士多德的伦理学中借用了"有伟大灵魂的人"这一名称和概念，虽然这一概念在他的理论背景中变得与亚里士多德的完全不同。但他对道德史的解释非常清楚地表明，对他而言，亚里士多德的伦理学和政治学说必须归入所有那些对权力意志的颓废伪装之列，这些伪装全都是追随苏格拉底制造的虚假转折产生的。

当然，这并不是说，如果亚里士多德的道德哲学是正确的，尼采的道德哲学就是虚假的，也不是说，如果尼采的道德哲学是

第九章 尼采还是亚里士多德？

正确的，亚里士多德的就是虚假的。但在一种更强有力的意义上，由于各自的历史作用，尼采的道德哲学可以明确地与亚里士多德的道德哲学相较量。因为，正如我已指出的，恰恰由于在从15世纪到17世纪的过渡时期里，以亚里士多德的思想为理智核心的道德传统被抛弃了，启蒙时代为道德发现新的合理的世俗基础的运动才不得不着手进行。恰因为这种运动失败了，恰因为被最有才智和力量的倡导者们（其中最具代表性的是康德）所发展的论点在理性的非难面前不能维持下去，所以尼采和他的所有存在主义者、情感主义者等等后继者，才能够显得是成功地批判他们之前的所有道德，因此，尼采观点的可辩护性最后变成对这样一个问题的回答：在这个时候，摈弃亚里士多德是否正确？因为如果亚里士多德的伦理学和政治学观点，或其他相似的观点，能够站得住脚，尼采的整个事业就没有意义。这是因为，尼采论点的力量在于这个中心论题的真实性：对道德的所有合理辩护都明显地失败了，因此，对道德信条的信奉需要依据一套合理的东西来解释，这种合理的东西可以掩盖意志的非理性现象，我的论证迫使我赞同尼采：启蒙运动的哲学家们从未成功地提供任何可据以怀疑他的中心论题的理由；而尼采的警句甚至比他扩展了的论证更有致命的威力。但是，如果我在前面的论证是正确的，那么，这一失败本身就不过是摈弃亚里士多德的传统的一个历史后果。因此，这里的关键问题实际上变成了：亚里士多德的伦理学，或某种类似的理论，到底是否能够得到辩护？

称这个问题是巨大和复杂的一个问题，是远不够的。因为将亚里士多德和尼采区分开来的是一些相当不同的问题。在哲学理论层次上，既有政治学和哲学心理学的问题，也有道德理论的问题；而且，不论面对两种理论中的哪一种，都不仅仅是两种理论，而且是两种不同生活方式的理论写照。在我看来，亚里士多德主义的作用不完全在于它的历史重要性。在古代世界和中世纪社会，亚里士多德主义总是在与其他各种不同理论观点交锋，而且在亚里士多德主义把自己看作是那种多种多样的生活方式的最好的理论阐释者的同时，这些生活方式还有其他成熟的理论倡导者。确实，没有一种理论可以像亚里士多德主义那样，在非常宽广多样的社会背景条件——不论希腊、伊斯兰教、犹太教还是基督教——中证明自己的正确性；当现代对旧世界发起进攻，它的最有洞察力的倡导者认识到，正是亚里士多德主义必须被推翻。但是，所有这些历史真理，虽然它们是极其重要的，但与亚里士多德主义在哲学上是最有力的前现代道德思想模式这一事实相比，并不重要。假如一种反对现代的前现代的道德学和政治学的论点可得到维护，这种论点将是以某种类似亚里士多德主义的措辞出现，要么就完全不是。

因此，哲学论证和历史论证的结合揭示的是，一个人要么是整个追随启蒙运动的各种不同思想的抱负及其崩溃瓦解直到仅剩下尼采式的诊断意见和尼采式的疑难，要么是必须坚决认为启蒙时代的运动不仅是错误的，而且可以说一开始就不应该有。除此之外，没有第三种选择。更具体一点说，那些处于当代道德哲学课程中心的思想家——休谟、康德和密尔没有提供任何选择。伦理学教学在被教育者的心灵中如此经常地留下破坏性的和怀疑性的效果，这是毫不奇怪的。

那么，在这两种选择中，我们应当选择哪一种？又应当怎样选择？尼采的另一个长处是，他对启蒙运动的那些伦理学说的批判还在于，它们没有适当地提出，更不用说回答这一问题：我应当成为哪种人？这是一个不可回避的问题，在实践中的每个人的生活，对这个问题都给了一种回答。但对于那些典型的现代道德学说而言，这仅仅是间接地接近了的问题。从它们的立场上看，主要的问题是规则的问题：我们应当遵循什么规则？我们为什么应当服从这些规则？当我们回顾到把亚里士多德的目的论从道德

第九章 尼采还是亚里士多德？

世界驱除出去的后果，对这个问题成为首要问题就不该感到奇怪。德沃金最近提出：现代自由主义的中心学说是这个论题：从公共的立场的观点来看，好的（善的）生活或人生目的的问题无法得到系统解决。在这些问题上，个人可自由地赞成什么和反对什么。因此，道德和法律的规则既不应来自某些对人而言的更基本的善的概念，也不应依据这个更基本概念来证明其合理性。在这个论点中，我相信，德沃金已经认识到了一个在特征上不仅是自由主义，而且是现代的立场。规则成了道德生活的基本概念。因此，特性角色的品质一般可以得到嘉奖，只因为它们将导致我们遵循那些恰当的规则。"德性就是感情，也就是说，它是与由一种较高层次的欲望所规范的那些气质和倾向相关联的，在这种情形里，一种行动的欲望来自于某些相对应的道德原则。"① 这个论断是最晚出的一个当代道德哲学家罗尔斯提出的，在其他地方，他把"基本的德性"界说为"依据正当的基本原则去行为的强烈的和正常有效的欲望。"②

因此，就当代的论点而言，德性的正当性取决于规则和原则的正当性，后者先于前者。如果后者很成问题，它们也的确如此，那么前者也必定如此。不过，假设在对道德问题的论述中，评价概念的次序为当代的，尤其是自由主义的代言人误解了；假设为了理解规则的作用和权威性，我们需要首先注意德性，那么，我们就应当以完全不同于休谟、狄德罗、康德、密尔等人所用的方式开始我们的探讨。有趣的是，尼采和亚里士多德在这个问题上意见一致。

而且，很清楚，如果我们要有一个研究的新起点，以便将亚里士多德主义全部重新质疑，就必须把亚里士多德自己的道德哲

---

① 罗尔斯：《正义论》，1971年版，第192页。
② 同上书，第436页。

学，不仅仅看作是在他自己的著作中的主要教科书中所表达的东西，而且看作是对以往思想的继承和总结，并且由此将其看成为是对后来许多思想的一个激发源泉。因而，必须写一部德性概念的简史，在这个历史中，亚里士多德是注意的中心，而亚里士多德给出了那行为思想的整个传统的资源，但在对这个传统的叙述中，亚里士多德仅是其中一部分，这个传统就是我在前面所说的"古典传统"，它关于人的观点，我称为"关于人的古典观点。"这就是我要着手完成的任务。这个起点就是这个幸运巧合的东西，即解决尼采和亚里士多德两者之间的问题的这个初步考察。因为尼采把他自己看作是那些荷马史诗中的贵族的使命的最后继承人，这些贵族的行为和德性造就了诗人们，而我们不可回避地要从这些诗人开始。因此，在一种对尼采而言的严格的富有诗意的公正意义上，以对《伊利亚特》史诗中描绘的英雄社会中的德性的性质的考虑开始我们对古典传统——在这一传统中，亚里士多德是中心人物——的思考。

第十章

英雄社会中的德性

在所有这些希腊、中世纪或文艺复兴的文化地区,即在依据被我称为古典体系的某些理论来建构道德思想和行为的那些地方,道德教育的主要手段是讲授传说。在基督教或犹太教或伊斯兰教盛行的地方,《圣经》中的传说与其他任何传说同样重要;当然,每一文化都有为它自己所特有的传说;但是,这里所说的每一文化,不论是希腊的还是基督教的,也都有大量传说,这些传说既来自于也讲述着自己文化以往的英雄时代。在6世纪①的雅典,正式背诵荷马史诗被确定为一种公共仪式;实际上史诗本身的创作不晚于7世纪,但他们在口头上的流传却比这早得多。在公元13世纪,冰岛的基督徒记下了公元930年以后数百年的传奇事情,这是基督教传入前后时期,当时古代斯堪的纳维亚人的古老宗教仍然很繁荣。在公元12世纪,爱尔兰的克朗麦克诺伊斯修道院的僧侣在《夺牛长征记》的故事集中,记下了有关阿尔斯特的英雄们的传说,传说中的某些语言使学者们把这些传说的日期回溯到公元8世纪,而它的情节则是许多世纪以前、当爱尔兰还是异教占支配地位以前的事情。确切地说,在每一这类传说到底在多大程度上给我们提供了——如果毕竟提供了的

---

① 指公元前6世纪。按照史家通例,以下凡涉及纪元前的时代均直称某世纪,不再加纪元前字样。——译者

话——它们所描述的社会的可靠的历史证据的问题上,这种同样类型的学术争论一直很热闹;如对荷马史诗、冰岛传奇以及乌尔斯特时代的传说(例如,有关泰恩·博·丘艾任吉的传说)。幸运的是,我不需要把我自己卷入到这种争论的细节中去。我自己的论证所需要的是那种相对来说无可置疑的历史事实的材料,即这种叙述确实提供了有关社会的历史记忆——不论是适当的还是不适当的,并且最终在那些社会里被写了下来。它们为当代对古代社会的争论提供了一种道德背景,更有意义的是,它们也是对一种现在超越了的或部分超越了道德秩序的一个说明(这种道德秩序的信念和概念,今天仍然具有部分的影响力);而且,它们也提供了一种与当代道德秩序有启发意义的对照。因而,对英雄社会的理解(包括它是否曾经存在过),是理解古代社会和它的后继社会的一个必要部分。那么,英雄社会的关键特征是什么?

关于荷马的社会,芬利写道:"社会的基本价值标准是既定的、早就确立了的,一个人在社会中的位置以及来自于他的社会地位的权利和责任也同样如此"。① 芬利说的是荷马的社会的情况,冰岛或爱尔兰的英雄社会也同样如此。即在一个得到明确界定并具有高度确定性的角色和地位系统里,每个人都有既定的角色和地位。这个系统的关键结构是亲属关系的和家庭的结构。在这样一个社会中,一个人是通过认识到他在这个系统中的角色来认识到他是谁的;而且,通过这种认识他也认识到他应当做什么,每一其他角色和位置的占有者应把什么归于他。希腊语的"dein"和古代英语里的"abte"一样,在原始意义上都没有明确区分"应当"(ought)和"欠"(owe),冰岛语言里的"sky-ldr"一词,是把"应当"和"有亲属关系"联系在一起的。

---

① 芬利(Finlely. M. I.):《奥德修斯的世界》,1954年版,第134页。

第十章 英雄社会中的德性

但这并不仅仅意味着每一社会地位都有一套规定了的责任和权利。人们对于需要什么行为来履行这些责任和权利，什么行为又不能合乎这种要求，也有一种清楚的认识。因为所需要的是行为。英雄社会的个人是他的行为造就的。赫尔曼·弗兰克尔在写到荷马社会中的人时说："一个人和他的行为是同一的，并且他使他自己完全地和恰当地表现为他和他的行为；他没有城府，……在史诗的事实描述中，表述了人们所说所做的事情，而人们就是这一切，因为他们不过是他们所说所做和所遭受的那些而已"。[①] 因此，判断一个人也就是判断他的行为。判断一个人的德性和恶的依据，在于他在具体环境中所做的具体行为；因为德性就是维持一个充当某种角色的自由人的那些品质，德性就表现在他的角色所要求的行为中。弗兰克尔有关荷马史诗中的人所说的和所揭示的东西，也同样适应于其他被描述的英雄社会的人。

希腊语的"aretê"一词（后来被译成"德性"）在荷马史诗里，被用于表达任何一种卓越；一个快速跑步者展现了他双脚的"卓越"（aretê），[②] 而儿子胜过父亲，是在各种各样的卓越（aretê）上，如作为运动员，作为战士和在聪明才智上[③]。这种德性或说卓越的概念比我们初接触它时更使我们感到生疏。我们不难认识到：力量在这样一种卓越概念中占有中心位置，或者，勇敢是主要德性之一，甚至可能是唯一主要的德性。与我们的德性概念不相容的是在荷马社会中下述两类概念之间的内在关联：勇敢及与勇敢相关的那些德性概念与友谊、命运和死亡这类概念之间的紧密关联。

[①] 弗兰克尔（Herman. Fränkel）：《早期希腊社会的诗与哲学》，M. 哈德斯和 J. 威利斯译，1975年版，第79页。

[②] 《伊利亚特》，20.411。

[③] 《伊利亚特》，15.642。

勇敢之所以重要，不仅由于它是个人的品质，而且由于它是维持一个家庭和一个共同体所必需的品质。荣誉（kûdos）属于在战斗中或在竞赛中的优胜者，是为他的家庭和他的共同体承认的一种标志。与勇敢有关的其他品质也得到公众的承认，是由于它们在维持公共秩序方面起的作用。在荷马史诗中，狡猾就是这样的品质，因为，在缺乏勇敢或勇敢不能成功的地方，依靠狡猾却可取得成功。在冰岛的传奇里，幽默的一种荒谬意义与勇敢有着密切关系。根据传奇的叙述，在公元 1014 年发生的克朗达伏战役中，爱尔兰国王的军队打败了一支海盗的部队，当其他人都慌忙逃跑时，一个名叫索尔斯坦的斯堪的那维亚人，不但不逃跑且留在原地，而且还不慌不忙地系着鞋带。一个名叫克塞法德的爱尔兰军官问他为什么不逃跑，他回答说，"今晚我不能回家，我住在冰岛。"因这个玩笑，克塞法德释放了他。

成为勇敢的人就是成为可信任的人，因此，勇敢是友谊的一个重要成分。在英雄社会，友谊的缔结是以亲属关系作模本的。友谊关系有时要正式宣誓，要像兄弟那样相互承担义务。谁是我的朋友，谁是我的敌人，就像谁是我的亲属那样界限分明。友谊的另一个成分是忠诚。我的朋友的勇敢确保他以自己的力量来帮助我和我的家庭；我的朋友的忠诚则使他以他的意愿来护卫我。我的家属的忠诚是家庭统一的基本保证。所以，就在家庭中构成决定性关系的妇女而言，忠诚是关键德性。安德洛玛刻和赫克托耳，珀涅罗伯和奥德修斯，这两对夫妻的关系如同阿基里斯（又译为"喀琉斯"）和帕特洛克罗斯的友谊（爱）关系一样。

我希望，这个论述已使如下问题变得很清楚：如果把英雄社会的德性从这种社会结构的社会关联中抽取出来，就不可能对这种德性恰当论述，恰如任何对英雄社会的社会结构的恰当论述不可能不包括对英雄的德性的论述一样。而以这种方式指出这点，还是没能充分地表述这样一个关键性问题：在英雄社会中，道德和社会结构事实上是同一回事。这里只有一套社会联结物。与社会结构性质不同的道德是不存在的。评价问题就是社会事实问题。正是由于这个原因，荷马总是谈论关于做什么和如何判断的认识问题。除了例外，这样的问题并不难以回答。因为既定的规则不但分派了人们在社会秩序中的位置和身份，而且还规定了他们应该付出的和应该得到的东西；规定了他们如果不能遵守这些规则，应被如何处置和对待；当其他人不能遵守，又应如何处置和对待。

在社会秩序中，一个人如果没有这样一种位置，不仅他人无从认识他，也无从回应他，无人知道他是谁，而且就连他自己也不知道他是谁。恰恰由于这点，英雄社会对于外来的陌生人，一般都有一个明确限定了的社会地位。在希腊，表示"异己"的词和表示"客人"的词是同一个。一个陌生人必定受到一种有限但又很明确的待客之礼的接待。当奥德修斯遇到库克罗普斯，对他们是否具有"忒弥斯"① （荷马的"themis"是所有社会成员都享有的习俗法概念）的问题，是以发现他们如何对待陌生人的方式来回答的。事实上，他们吃掉陌生人——这就是说，在他们眼里，陌生人没有人的身份。

这样，我们可以指望发现，在英雄社会里，强调的是这样一种对照：对既有勇敢和其他与勇敢相关的德性，又有亲属和朋友的人的期望与缺乏所有这一切的人的对照。但英雄社会还有一个中心论题：等待着这两种人的都是死亡。生命是脆弱的，人是脆弱的，这就是人的境况的实质所在。因为，在英雄社会，生命就是价值标准，假如某人杀死了作为我的朋友或兄弟的你，把杀死你的人置于死地，就是我对你负有的债务，而当我对你偿付了我的债务，被我杀死的那人的朋友或兄弟也就欠了那人的债务，即

---

① "忒弥斯"（themis）为希腊正义女神。——译者

要置我于死地。我的亲属和朋友越多，我就越易于招致这种死亡结局。

而且，在这个世界上，还存在着任何人都无法控制的力量。激情在侵犯着人类生活，这种激情有时似是某种非人的力量，有时犹如神明的力量。狂怒使阿基里斯的名声受污，也损害了他与其他希腊人的关系。这些力量、亲属关系的和友谊的规则加在一起构成了一种不可避免的模式，不论是意愿、还是狡猾，都不能使任何人逃避它。命运是社会现实，而预知命运则有着重要的社会作用。预言家或占卜者在荷马的希腊、传奇的冰岛和异教徒的爱尔兰都同样兴盛，绝不是偶然的。

因此，那做他所应当做的事的人稳步地踏向他的命运和他的死亡。位于人生尽头的是失败而非胜利。理解到这些本身就是一种德性，确实，理解到这些是勇敢的一个必要部分。可是，这种理解包含着什么呢？当人们把握了勇敢、友谊、忠诚、家庭、命运和死亡之间的联结的时候，他们理解了什么呢？确切无疑地是，人类生活有某种确定的形式，即某种故事的形式。诗歌和传奇所叙述的绝不仅仅是在男人女人那里发生了什么，而且在这种叙述方式本身，诗歌和传奇捕获了一种存在于他们所叙述的生活中的一种形式。

125　　詹姆斯写道："除了对事件的决定意义之外，品格还能是什么呢？""除了对品格的说明以外，事件还能是什么呢？"在英雄社会里，相关的品格只能是在连续不断的事件中得到展示，而连续本身必定代表着某些范式。英雄社会与詹姆斯的观点相一致的是不能把品质和事件分开来描述。所以，把勇敢看成是一种德性，不仅在于要认识到它怎样展现在品质中，而且要认识到，它在某种应发生的故事中能有什么位置。因为在英雄社会，勇敢不仅是对付特殊伤害和危险的一种能力，而且是对付某种类型的危害和危险的能力，而个人生活又是在某种范式中找到自己的位置

第十章 英雄社会中的德性

的，这些人的生活又展示了这种范式。

因此，史诗和传奇描绘的是一个已经体现了史诗或传奇的形式的社会。它的诗歌明确表达了它的个人和社会生活形式，但是，是否曾经存在过这样一些社会，这仍然是个问题；不过，这却确实意味着，如果有过这样一些社会，那只有通过它们的诗歌才可以恰当的理解它们。而史诗和传奇肯定并不单是其声称要描绘的社会的翻版。因为这是相当清楚的：诗歌或传奇的作者声称具有某种他们所描写的角色所没有的理解力。诗人没有受到制约他的角色的实质条件的限度的限制。这里我们尤其可以看看《伊利亚特》。

正如我在前面从一般意义上谈到的英雄社会一样，《伊利亚特》中的英雄们并不难以知道自己对他人负有什么责任或义务；当他们感到一有做错事的可能时，便会有一种羞愧感（aidôs）；并且，如果他没有充分认识到这点的话，其他人总是会使他理解到。荣誉是具有同等地位的人授予的，没有荣誉，也就没有价值。在荷马史诗的人物所用的词汇范围内，他们确实无从从他们自己文化和社会之外来评论他们所处的文化和社会。他们使用的评价性表述是相互限定的，其中每一个都必须依据其他表述才能加以解释。

让我用一个不十分妥当、但却有启发性的类比。在《伊利亚特》中，支配着行为和评价判断的规则与游戏规则相似，例如国际象棋的规则。一个人是否是个好的国际象棋手，是否擅长于设计残局（end-game）中的战略，在某特定局势中所走的一步是否正确，都是一个事实问题。下国际象棋的先决条件确实在于双方在如何下棋上的一致意见，并且游戏本身部分地为这种一致意见所构成。在国际象棋的词汇范围内说，"走这步能将军，也只有这步能将军，但这样走是正确的吗？"是没有意义的。因此，说这话并理解自己是说了什么的人，必然在运用某种其意义

126

在下棋之外的"正确"概念，正如某人下棋的目的是想跟小孩逗乐而不是想赢，他可能就会这样问。

之所以说这个比拟不恰当，一个原因在于，我们确实出于多种多样的目的而玩下棋这样的游戏。但绝不可能提出"《伊利亚特》中的人物遵守那些他们所遵守的规则，尊崇他们所尊崇的戒律的目的是什么？"这样的问题，毋宁说，只有在这些规则戒律的框架内，他们才能够建构他们的目的。而恰恰因为这个原因，这个比拟在这个方面也是不恰当的。所有的选择问题都发生在这框架内，而框架本身是不能选择的。

因而，在当代情感主义者的自我和英雄时代的自我之间有着最鲜明的对照。英雄时代的自我恰恰缺乏我们已经看到的被某些当代的道德哲学家认作人的自我本质特征的东西：那种把个人自身与任何特定立场或观点分离开来，撤退出来，并且站在外部来观察和判断这些立场和观点的能力。而在英雄社会，除了陌生人以外，根本没有"外部"可言。在英雄社会中，一个人若试图脱离他既定的社会位置，那就是试图使自己从这个社会中消失。

在英雄社会里，个人的身份包含有特殊性和责任性。我能够回答是否履行了对于那处在我的位置的任何人对他人都应负有的某种责任。这种责任只因死亡而告终。直到死我都必须做我不得不做的事。而且这种责任是具体的。正是为了特定的个人，我必须做我应当做的，也正是对这些人和其他人，那同处于一个共同体中的成员，我是有责任的。虽然在我们对英雄社会的回顾中，我们在英雄自我所达到的成就中认识到普遍性价值，但英雄的自我本身并不希求把自己普遍化。

因而，英雄社会的德性的践行既要有一种特定的人，也要有一种特定的社会结构。正因为如此，对英雄社会的德性的考察初看上去似乎与对道德理论和实践的一般性探究不相干。如果说，英雄社会德性的践行需要有一种社会结构，而这种社会结构现在

第十章 英雄社会中的德性

是不可挽回地丧失了——确实如此——那么，这些英雄所具有的什么东西与我们相关呢？现在，我们没有一个人可以成为赫克托耳或戈斯里。因而，这一回答可能是：我们不得不从英雄社会中学习的东西是双重的，其一，所有道德总在某种程度上与社会性的当地情况和特殊性相关联，当代的道德力图摆脱全部特殊性而成为一种普遍性道德的愿望，只不过是一种幻想；其二，德性不是别的，只是传统的一部分，我们通过传统来继承德性，我们通过一系列的前辈们来理解这些德性，而英雄社会就是前辈们首先所处之地。但如果确是如此，以有价值选择自由而自豪的当代和缺乏这种选择的荷马文化这两者就显得非常不同。因为从最终根源于英雄社会的这样一个传统的立场看，价值选择的自由更像是幽灵的自由，而不像是人的自由。这些有着选择自由的人的实质已近于消失。

正是对这种缺乏选择的确信在某种层面上使得《伊利亚特》的注释家的任务变得相对来说是相当容易了。什么是德性（aretê）什么不是德性是易于确定的，《伊利亚特》的注释家在这类问题上并无分歧。但当词典编辑者完成了他的目录，一个更困难的问题出现了。我已经注意到了体力、勇敢和理智都包括在卓越里。在《奥德赛》里，珀涅罗珀所说的她自己的德性（aretai），是我们看作她的吸引力所在的地方。而且，更使我们困惑的是，在《奥德赛》里，成功（prosperity）也被说成是这一卓越。如我们已经认识到的，德性（aretê）观念的统一存在于能够使一个人对他的角色负责的概念之中；而也易于认识到的是，在荷马史诗里，成功（还有幸福）显然还有不同的作用。在海战期间，萨耳珀冬记起了他在吕喀亚的果园和小麦田，他认为，因为他和格劳科斯是勇士中最杰出者，所以应该得到像果园和小麦田这样好的东西。这样，成功实际上不过是战争中所获成就的一种副产品。由此产生的矛盾是：这些人所追求的，既是使他们有权得到以果园和小麦田所代表的幸福，和与安德洛玛克或珀涅罗珀共同生活为幸福的过程，又是一个在本质上其终点是死亡的过程。

在荷马那里，死亡纯粹是一种罪恶，与作为最大的恶是与对尸体的亵渎相伴随的死亡。这后一种罪恶——亵渎，是使死者的家族、家属和死者的尸体都遭受苦难的罪恶。相反，原来是这家庭和社会共同体一部分的人死了之后，通过履行丧葬仪式，死者的家庭和共同体能恢复他们的完整性。因此，这种葬礼习俗和葬礼游戏是道德体系中的关键事件。而悲哀，把它看作是人表达哀痛的能力，则是人的一种根本情感。

正像威尔所清楚认识到的那样，在《伊利亚特》里，奴隶的生存条件非常接近于死亡的条件。奴隶是可以在任何时候被杀死的人；是在英雄社会以外的人。那些被迫乞求生活必需品的哀求者，把自己放在了让他人怜悯的位置上，从而也把他自己放在一个随时可被人处死或成为奴隶的位置上。因此，只有在最迫不得已的情况下，才可能去做一个哀求者。当赫克托耳的葬礼被剥夺，他的尸体遭到亵渎时，作为特洛伊国王的普里阿摩斯才被迫成为一个哀求者。

成为一个哀求者，成为一个奴隶，在战场上被杀，这都是被击败；而失败是荷马的英雄的道德地平线，在这条地平线之下，既看不到什么，也不存在什么。但失败不是荷马史诗的道德地平线，恰恰由于这两者之间存在的这一区别，荷马的《伊利亚特》超越了他所描绘的社会的限度。因为荷马所讨论的什么是胜利，什么是失败的问题，史诗中的人物并没有讨论。因此，这里再一次需要进行那不妥当但又不可避免的比拟：即与后来才有的游戏观念和与游戏相关联的胜利和失败的概念的比拟。因为我们说的"游戏"，像我们说的"战争"一样，渊源于荷马的竞赛（agôn）这一概念，而因为胜利和失败的概念在我们的文化中已有如此不同的位置，这一概念在根本方面是与以往不同的。

写作《伊利亚特》的诗人认识到了，而《伊利亚特》中的人物没有认识到的是：胜利也是失败的一种形式。诗人不是理论家，他没有提出一般化公式。然而，他自己的认识却确实比他的史诗中的最有洞察力的人物具有更高的一般化和抽象化的水平。在阿基里斯和普里阿摩斯和解的时候，阿基里斯无从以任何像荷马讲述他们情况那样的方式来向他人申述自己。因此，在《伊利亚特》中所讨论的事情，就既不是阿基里斯，也不是赫克托耳能够讨论的；史诗自己有一种理解方式，对这种理解方式，史诗并不认为这是它所描述的人物的。

当然，我针对《伊利亚特》所说的东西，肯定对于所有其他英雄诗篇来说并不都是真实的；但它对于某些冰岛的传奇则是真实的。实际上，在类似尼吉斯（Njals）传奇这类晚出的传奇里，作家力图把能够超越传奇世界的价值标准的人和不能够超越这种标准的人区分开来。在《戈斯里的传奇》中，传奇作家认识到了他笔下的人物没能认识到的东西，这正好可作为《伊利亚特》的真理的补充：失败有时是胜利的一种形式。戈斯里被放逐多年，终于在一次战斗中和他的妻子和妻妹背靠背地战死。与他们作战的是十五个希望得到戈斯里首级的赏金的人，他们杀死了其中三人，使其受到致命伤的有八人，失败的显然并不是戈斯里。

因此，这种类型的英雄史诗描绘了一种社会形态，这种社会形态的道德结构有两个中心点：一，这个结构具体表现在一个概念系统中，这个概念系统有三个相互关联的主要成分：（1）一种为社会角色——个人处于其中——所需要的东西的概念；（2）卓越或德性的概念，这些卓越或德性是这样一种品质：它们能够使人做到他或她的角色所要求做的事情；（3）人类条件对于命运和死亡来说是脆弱的和易碎的概念，因此作有德者并不是要逃脱这种脆弱和死亡,而是它们是什么就承受什么。如果不参照其他两者,这三种概念的任何一种都无从阐述清楚,但它们之间的关系不仅仅是概念的关系。宁可说,这个概念系统的三种因素只有在一个较大的整体框架内才能够找到它们的相互联系的位置,脱离了这个框架,我们就不能理解他们的相互意义。这个框架就是史诗或传奇的叙述形式,一种体现在个体道德生活中和整体社会结构中的形式。英雄的社会结构正是以史诗的叙述来展示的。

我早已注意到,除了他们自己世界观中的概念,史诗中的人物没有任何手段来观察这个人类社会和自然世界。而恰恰由于这个原因,他们毫不怀疑现实就是他们为自己所描绘的那种样子。他们把他们宣称为真理的世界观呈现给我们。英雄社会隐含着的认识论是一彻底的现实主义。

但确实部分地由于英雄社会的文学作品有这样一种观念,所以就难以认识后来尼采自我需要的英雄社会的贵族的画像。《伊利亚特》的诗人们和传奇作家们他们自己的观点隐含着一种客观性的主张,这是与一种尼采的透视主义相当不相容的。但是,如果诗人们和传奇作家们不是原始的尼采主义者,他们会怎样描述他们作品中的那些人物呢?这里又很清楚,尼采不得不把久远的过去神话化来支持他的幻象。尼采描绘的是贵族的专断;荷马和传奇所呈现的是与一定的角色相适应并受到一定的角色规定的多种断言方式。在英雄社会,只有通过其角色才成为其所是,自我是一社会的创造物,不是个人创造物。因此,当尼采计划使自己19世纪的个人主义回到古老的过去时,他揭示出那种看上去好像是一种历史研究的东西,实际上是一种创造性的文学建构物。尼采是如此自负地以他自己的一套个人主义的虚构来取代启蒙运动的个人主义虚构。这并不意味着人们不会成为不受欺瞒的尼采信徒;而作为一个尼采信徒的全部重要性,正如尼采指出的那样,最终毕竟在于不被欺骗和真诚上的胜利。有人可能会得出

第十章 英雄社会中的德性

结论说，任何一个所谓真正的尼采的信徒，终究要比尼采走得更远。但实际上仅此而止吗？

恰像尼采摈弃威廉德国一样，当代的尼采信徒，也摈弃他所处的文化环境；同时他们发现尼采所赞美的过去是虚构而不是事实，因此，他们被指责为一种追求超越过去一切联系的生存者。但这样一种超越是可能的吗？不论我们是否认识到，我们是历史所造就的，即使在美国我们也不能把我们身上的历史成分从自身中清除出去，这些成分是在我们与我们历史中的文化各个先前阶段的关系中形成的。如果是如此，那么，即使英雄社会也是我们整体不可分割的一部分，因而，当我们描述我们的道德文化的形成史时，我们描述的就恰恰是我们自己的历史。

任何试图书写这一历史的人都必然遇到马克思的下述观点：希腊史诗之所以有力量并仍影响着我们，其原因来自于这样一个事实：希腊之于文明的现代犹如童年之于成年。这是构想过去与现在的关系的一种方式。这种方式是否能公正地看待我们与《伊利亚特》的关系，仍然是个问题，对这个问题，只有当我们探问了把我们既与产生《伊利亚特》的世界分隔开又相连接的那些中间的社会和道德秩序阶段之后才可作出回答。这些中间阶段将对英雄时代的两个中心信念提出疑问：这些阶段将迫使我们问道：在一种完全不同于英雄社会的复杂形式的背景条件下，作为一个整体的一个人的生活能够看作是一种胜利或失败的观点是否仍是正确的呢？胜利和失败到底在于什么，相当于什么。这些阶段将向我们提出这样那样的问题：有关英雄时代的叙述形式是否不仅仅是像儿童讲故事，尽管在道德论述中可以用寓言和比喻来帮助不发达的道德想象，但在其持重的成年阶段，就应当废除那种这种叙述模式而以一种更推论式的文体和风格取而代之？

第十一章

雅典的德性

荷马史诗或冰岛及爱尔兰传说表现的英雄社会，也许曾经存在过或没有存在过，但是，相信这种社会曾经存在对于古典社会和基督教社会来说，是至关重要的，这些社会把它们自己看作是英雄社会的冲突的产物，而且，人们部分地依据这种后果来确定自己的观点。没有一个5世纪的雅典人能像阿伽门农或阿基里斯那样行动。没有一个13世纪的冰岛人可能像10世纪的人那样行动。克朗麦克诺伊斯的修道士完全不同于孔桥伯和库丘林的。但是，英雄时代的文学却是这些后来社会的道德经典的主要部分；而且，正是由于这些经典与现实活动相联系的困难，才产生了这些后来社会的许多关键的道德特征。

在许多柏拉图的早期对话中，苏格拉底曾就某些德性的性质询问某个或某些雅典人（在《拉黑斯篇》询问勇敢，在《尤息弗罗篇》询问虔敬，在《国家篇》里询问正义），通过这种方法，来使他们确信对德性理解的矛盾性。漫不经心的当代的读者开始时很容易把这推测为柏拉图正在把苏格拉底的严谨和一般雅典人的粗疏相对照；然而，当这种询问模式一次又一次地反复出现时，它自身就暗示了另一种阐释：即柏拉图正在指出在雅典文化中，评价语言使用的不一致的一般状态。当柏拉图在《国家篇》中提出他自己的对德性的完整一致的陈述时，他的谋略的一部分就是把荷马的继承物从城邦国家中清除掉。探求古典社会

第十一章 雅典的德性

德性的一个起点就是确立古典社会中某些基本的不一致与荷马背景的关系。但这个任务实际上已经完成,其最著名代表可能是悲剧作家索福克勒斯的剧作《菲罗克忒忒斯》。

奥德修斯和阿基里斯的儿子涅俄普托勒摩斯负有一个使命:确保菲罗克忒忒斯的神奇的弓箭帮助攻打特洛伊的战争。奥德修斯在这个剧中的行为,所遵循的是与在《奥德赛》中支配他的行为的相同准则。他善待他的朋友而伤害他的敌人(这合乎正义的一个定义,而这一定义在《国家篇》的开篇部分为柏拉图所摈弃)。如果奥德修斯不能以坦诚的方法来得到这神奇的弓箭的帮助,他就用他的狡诈意志设计欺骗的方法。在《奥德赛》里,这种狡诈被毫不含糊地看成是一种德性;当然,履行了这种德性行为,一个英雄就要得到荣誉。但涅俄托勒摩斯把奥德修斯用计欺骗菲罗克忒忒斯看作是不光彩的。尽管希腊人曾完全错待了菲罗克忒忒斯,使他在兰诺斯岛上遭受苦难达9年之久,菲罗克忒忒斯还是信任地接待了涅俄普托勒摩斯和奥德修斯。尽管这时他变得拒绝在特洛伊战争中帮助希腊,欺骗他也是错的。索福克勒斯用奥德修斯和涅俄普托勒摩斯,来使我们面对两种不相容的有关荣誉行为的观点,两种相互匹敌的行为标准。但是,这一悲剧结构中最关键的是,索福克勒斯没有给我们提供这种冲突的任何结论;半神半人的赫拉克勒斯的介入打断了而不是完成了剧中人的行为,他的介入营救了那些处于绝境中的角色们。

在希腊悲剧中,神的介入,或者至少是对于神的介入的诉诸,常常是暴露道德标准和词汇的不一致的信号。让我们看看《俄瑞斯忒斯》。古代的和英雄社会的复仇规则,既命令又禁止俄瑞斯忒斯杀死其母克里泰涅斯特拉。雅典娜的介入和她与阿波罗的争执的解决,确立了一个正义的概念,把道德问题的权威中心从家庭和家族转换到城邦。在《安提戈涅》中,家庭的要求和城邦的要求恰恰是相对立的和互不相容的要求。因此,我们不得不认识到的第一个重大事实是,当基本的道德共同体不再是血缘团体而是城邦国家时,并且不仅是一般意义上的城邦国家,当特别是雅典的民主政体的城邦国家时,这个差别对德性概念的作用。

但是,如果看不到荷马的德性观和处于从一种社会形态向另一种转变中的有关德性的古典观点的不同,那就过于简单了。而认识不到这种差别,至少有两个相当不同的原因:第一,单举《安提戈涅》就足够说明,5世纪的雅典仍在实质上保存着家族的制度和要求,虽然与前些世纪不同。贵族式的家庭既在诗的形式中也在生活中保留着大量的荷马韵味。但荷马的价值标准不再能界定道德的领域,正如家庭或血缘家族这时已是一更大的和极其不同的单位的一部分,不再有国王了,虽然许多君王的德性仍被认为是德性。

仅仅依据变化了的社会背景而看不到德性的概念已产生的差别的第二个原因是,德性概念这时已明显地与任何具体的社会角色概念分离开了。在索福克勒斯的戏剧中,涅俄普托勒摩斯对待菲罗克忒忒斯的方式非常不同于他的父亲在《伊利亚特》中对待阿伽门农的方式。在荷马那里,荣誉问题仅仅是什么应归于国王的问题;而在索福克勒斯这里,荣誉问题成什么应归于个人的问题。

不过,什么应归之于个人的问题在雅典——而不是在底比斯或科林斯,更不必说在一种野蛮社会的背景条件下提出,似乎并不偶然。描绘一个好人的关键部分是描绘这个人与其他人的关系,而诗人和哲学家通常在他们对这些关系的论述中,都没有把什么是普遍性的和人类的与什么是地方性的和雅典人的区分开来。这种主张常常很明确;雅典之所以被颂扬是因为她典型地展示了就人类生活的本性来说那种应当有的人类生活。而恰恰是这种颂扬活动,把雅典人的特殊性和荷马所描述的人的特殊性区开来了。因为在荷马所描述的人那里，除了体现在他自己的社会结构中的可以用以诉诸的标准以外，不存在任何别的标准；而对雅典人来说，情况就复杂得多。雅典人对德性的理解，提供了据以对他自己的共同体的生活质疑的标准，和探究这个或那个做法或政策是否正义的标准。尽管如此，他也认识到，他之所以有这种对德性的理解，只是因为他在共同体中的成员身份为他提供了这种理解。城邦是保护人，是父亲，是教师，虽然从城邦所学的东西可能会导致对城邦生活的这点或那点特征提出质疑。因此，做一个好公民和做一个好人之间的关系的问题成为中心问题，而对人类实践的多样性知识（既有希腊各地的、也有野蛮人的），为提出这样的问题提供了事实背景。

当然，所有迹象表明，希腊人（不论是否雅典人）中的绝大多数都认为他们自己城邦的生活方式理所当然地无疑是最好的生活方式，即使他们对此提出了什么问题，也仍然如此认为；他们还认为希腊人所有的生活方式显然优于任何野蛮人的。但希腊人当时的生活方式是什么呢？雅典人的又是什么呢？

A. W. H. 艾德金斯有益地把合作性德性与竞争性德性作了对照。他把竞争看作是在雅典人的祖先那里的荷马的德性，而合作性德性则代表着雅典民主政体社会。但在这点上，错综复杂的问题出现了，因为5世纪和4世纪的道德上的分歧的产生，不仅仅是因为一类德性与另一类德性的对立，而且可能更重要的是因为，同一种德性的相互匹敌的概念同时并存，从而酿成了冲突。正义（dikaiosunê）的性质，是这类分歧的主题。不仅如此，在正义问题上的分歧可能就是社会冲突的一个根源，但艾德金斯却把正义看成是合作性的德性之一，而不看成是竞争性的。然而，虽然正义这词没有在荷马史诗中出现，但却有荷马的音韵。确在荷马史诗里出现了的"Dikê"和"dikaios"是正义（dikaiosunê）的原型，而且在荷马史诗中，竞争性德性是以接受合作为先决条件。正是因为 dikê 遭到了损害,阿基里斯和阿伽门农才发生了争吵;也正是因为 dikê 遭到损害,雅典娜才帮助奥德修斯来反对求婚者们。那么,后来变成正义的这一德性又是什么呢?

劳埃德·琼斯写道:"Dikê 的基本意思是宇宙的秩序,""而 dikaios 则是尊敬和不侵犯这种秩序的人。"① 因而这里以"公正"②一词来翻译 dikaios 的困难是显而易见的,因为我们文化中的人运用"公正"一词并没有参照或相信宇宙中的某种道德秩序。但即使是在5世纪,正义(dikaiosunê)与某种宇宙秩序的关系的性质也不像在荷马的史诗里表现的那样清楚。君主统治秩序(被公认是不完全的)是更大的神统治秩序的一部分,尤其是宙斯统治秩序的一部分(这一秩序也被公认为是不完善的)。成为公正的(dikaios),在荷马史诗那里就是不触犯这一秩序;从而荷马史诗的公正(dikaios)德性就是去做公认的秩序要求做的事情;因而荷马的这一德性如同其他任何德性一样。但到了5世纪末期,人们可能会问,做已确立的秩序要求做的事,是否是正义(dikaiosunê);并且对什么行为才是符合宇宙的秩序(dikê)的,才是公正(dikaios)的,可能有根本性分歧。所以,在《菲罗克忒忒斯》里,争论中的涅俄普托勒摩斯和奥德修斯都宣称正义(dikaiosunê)在自己一边③。在该剧的同一处,他们还对什么是聪明(sophos)和什么是耻辱(aischros)发生了争论。

从而,5世纪的希腊人有一套被普遍接受的德性词汇,在这

---

① 劳埃德·琼斯(Loyd—Jones, Hugh):《宙斯的正义》,1971年版,第161页。

② 作者在这里用的英文词是"just",而我们译为"正义"的英文词是"justice"。因此,此译法以示区别。不过正如英文中这两个词的意思是一样的,中文中这两个词也在实质是相同的。——译者

③ 索福克勒斯:《菲罗克忒忒斯》,第1245—1251行。

第十一章 雅典的德性

种意义上，也有一套普遍接受的德性观念：友谊、勇敢、自制、智慧、正义，当然不仅是这些。但是，在各个德性的要求是什么，为什么把这些看着是德性等问题上却存在着广泛的分歧。这致使那些不经思考而依照一般常识，依照自己所受教育而行动的人，很容易发现他们自己陷入苏格拉底的谈话伙伴常有的那种前后不一的矛盾中。当然，对于这种前后不一的原因和结果，我所说的是过于简单化了。即使据说在9世纪确实存在一个英雄社会，这个社会向5世纪的转化也比我所指出的更复杂和有更多的阶段。德性的概念，在6世纪、5世纪前期和5世纪后期，在重要的方面都是不同的，而且，每一个较为早期的阶段，都在它的后继阶段里留下它的特征。这种影响在古代的道德分歧中与在当代的学术争论中一样明显。多兹、艾德金斯、劳埃德·琼斯——能够把这个名单列得非常长——代表了那些希腊道德观大致连贯的画面；其中每一相关的观点都不同于其他任何一个，但他们似乎大体上都是正确的。然而，任何人都没有恰当地意识到这样一种可能性：希腊的道德词汇和道德观念的不一致，比我们易于发现的要多得多，而且其原因是明显的。我们的认识过多地得自审慎地重新组织和界说道德词汇的文本。在这些文本里，道德词汇总是被赋予它们原来所没有的清楚含义。哲学家们、诗人们和历史学家们都易于以这种方式来欺骗我们，而我们又几乎无法不通过这些途径去认识它们。

因此，我们在轻松地谈论"希腊的德性观点"时，不得不很慎重，这不仅因为我们常说的"希腊的"实际上应该是"雅典的"，而且因为雅典人的观点远不止一个。就我现在的目的而言，我需要考虑的至少有四种：智者派的、柏拉图的、亚里士多德的和悲剧作家的观点，尤其是索福克勒斯的观点。然而就这每一种观点而言，重要的是要记住，我们正在探讨的是对上述不一致的一种反应，而在每一种观点中的这种反应都是以一种不同的目的展现出来的。而在开始阐述这四种观点之前，让我先强调一个它们的共同点：它们都视为当然的是，德行的实践是在城邦这个环境中进行的，而且依据城邦，德性才可得到界定。如在《菲罗克忒忒斯》中谈到的把菲罗克忒忒斯留在一个荒岛上10年之久，这一举动的实质在于：他不仅被驱离了人群，而且被剥夺了作为人的地位和身份："你留给我的是没有友人，只有孤独，没有城邦，成为生物中的尸首。"这言语后有很深含意。对我们来说，把友谊、人群、城邦看成是人性的本质成分的观念是陌生的；因为有一段悠长的历史把我们与这个概念分开。例如，孤独（erêmos）一词，是我们的词汇"隐士"的原型；而对于基督教来说，隐士生活也许是最重要的人类生活形式之一。友谊这一概念也经历了一个不断转换的过程。但在索福克勒斯的世界中——一个有着如此多的争论的世界——把友谊、交往、公民权看作是人性的本质的几个方面，是没有争议的。至少在这一点上，索福克勒斯和其他雅典人是一致的。

因而，一般雅典人认为，德性在城邦的社会背景中有其位置。每一个希腊人都认为，做一个好人至少是与做一个好公民紧密相连的。使人成为一个好人和一个好公民的德性是什么？与此相应的恶行又是什么？当伊索克拉底赞扬伯里克利时，他把他描绘为在节制（Sôphrôn）、公正（dikaios）和智慧（sophos）等方面出类拔萃的人。演说家和喜剧作家总是把吝啬小气和不慷慨大度拿来嘲笑。自由人无所顾虑地说真话和对自己的行为负责，这是一个希腊人的常识。有的作家赞扬性格的单纯和率直。而敏感性和怜悯心的缺乏，则常遭谴责；粗野自然也遭到谴责。同时，勇敢总是被赞扬。但是，假如这些是某些最重要的德性，又是什么使它们成为德性的呢？

在回答这一问题时，如果我们只专注于那些我们也看作是德性的品质，或者如我已经指出的，如果我们忽视了希腊人分歧的

第十一章 雅典的德性

程度，就有误入歧途的危险。所以我从以下两件事情开始：一是注意到谦卑，节俭和良心不可能出现在希腊的德目表里。二是要再一次强调对同一种德性的可选择性解释是可能有的。让我们不仅考虑到荣誉和正义，而且也看看被称作节制（sôphrosunê）的德性。起初，这是一种贵族的德性。它是一种有权力但不滥用权力的人的德性。这种节制的一个方面就是控制自身情欲的能力。而当这个词被用于妇女时［对希腊人而言，节制（sôphrosunê）是重要的女性的德性］，这种能力，也只有这种能力受到普遍的称赞。但非常清楚，这不是伊索克拉底赞扬伯里克利的基本意思所在。

实际上，当伊索克拉底赞扬伯里克利为节制（sôphron）时，必须把它看作是与得到认可的那些品质相一致的，在修昔底德的叙述里，伯里克利把他自己归于这样一种雅典人：不停地追求他们自己的利益；驱使自己做得更多和走得更远。就这个论点而言，在个人目的的范围内，"sophrosunê"并不必然地意味着节制；宁可说，是对实现这些目标的方式的制约，并因此而得到赞扬，它是一种在具体条件下该走得多远，何时暂停、或暂时后撤的品质。所以，节制（sôphrosunê）现在既能与雅典民主政治的忙碌（polupragmosunê）共济一堂，也能和贵族的节制观和闲暇（hêsuchia）观念共处。而忙碌的观念和闲暇的观念肯定是尖锐地对立的。所以，这时的 sophrosunê 已在两种不仅是不同的而是不相容的道德体系中找到了它的存在位置。那么，忙碌（polupragmosunê）和闲暇（hêsuôhia）在什么方面是对立的？

在古希腊诗人品达罗斯①的颂歌②里，闲暇（hêsuchia）是作

---

① 品达罗斯（Pindar），（公元前518/前522—约前438），旧译为布德尔，古希腊诗人，所写颂诗是公元前5世纪希腊合唱抒情诗的高峰。品达罗斯所崇尚的是贵族精神，他始终珍视的是贵族社会和贵族标志。资料详见《简明不列颠百科全书》。——译者

② 品达罗斯：《德尔斐颂歌》（Pythian Odes），8.1。

为一个女神的名字出现的；她代表的是精神的宁静，这种宁静，是比赛中的胜利者休息时所享有的。对她的尊敬是与我们为了得到休息而努力的观念紧密连在一起的，而不是与从一个目的到另一个目的，从一种欲望到另一种欲望的无休止奋斗的观念相关联的。相反，polupragmosune 不仅是指为许多事情而忙碌，而且是一种能带来荣耀的品质。雅典人的环境是一个很适合忙碌的环境，同时也天然地适合贪欲（pleonexia）的环境，有时贪欲（Pleonexia）被译为恶，而它被看作的恶，只是那种想要比自己分内更多的东西的恶。J. S. 密尔就是这样翻译它的，而追随密尔必定缩小古代世界和现代个人主义之间的差距，因为我们对这样的思想感到有问题：拿比自己那份还多的东西是错误的，有谁会感到有问题呢？但事实上，这种被看作是恶的东西是指贪欲（acqvistiveness）本身的恶，一种在现代经济活动中的和体现于消费审美者特性角色中的现代个人主义根本不视为恶的品质。尼采曾以他的精确的眼光把 pleonexia 译为"有而且欲有更多"，因为在现代世界中，正如我们在本书后面要看到的，希望无限制地多得的观念，即贪欲本身，也许是一种恶，但却越来越多地为人们所忽略。因此，也许密尔的误译是对的，因为事实上贪欲（pleonexia）正是这样一种恶的名称。

对那些有着贪欲（pleonexia）的人来说，竞赛（agôn）变得与原来游戏中的竞赛或品达罗斯的竞赛完全不同。它成了个人意志追求成功以获得欲望满足的一种工具。当然，在任何竞赛为活动中心的社会，胜利者都将获得成功的奖赏，至少也显得如此，而且事实上也可能比其他人更接近于自我欲望的满足。但是，这种被其本人，共同体和诗人这类人承认的成就和卓越（诗人的任务就是赞美这种成就和卓越），是为人们主要看重的；正是因为它们是得到尊重的，奖励和满足才相伴随，而不是相反。

现在，让我们看看竞赛（agôn）在古典希腊社会的位置。荷

第十一章 雅典的德性

马史诗描述了一系列的竞赛。在《伊利亚特》中，这些竞赛的特性逐渐转化，直到相对抗的阿基里斯和普里阿摩斯都认识到这点为止：胜利也就是失败，在死亡的事实面前，胜利和失败没有区别。这是对希腊文化中的道德真理的第一次伟大的阐发，在后面，我们还将不得不考虑它作为真理的地位。此刻我们唯一需要注意的是，正是在竞赛（agôn）的背景条件中必然发现这一真理。

当然，竞赛的性质在变化。首先是奥林匹克运动会。由于从公元前776年开始的每隔四年一次持续进行的奥林匹克运动会，城邦之间的战争暂停了。奥林匹克运动会召开时，每一希腊的社区，不论分散得多么广远，都得竞相派出代表。角斗、田径、赛马和铁饼都得到诗歌和雕塑的赞美。围绕着这个中心，其他活动也发展起来：如奥林匹亚起初是而且一直是祭奠宙斯的圣地，这时也变成了保存运动记录和条约的一个档案地点。作为与野蛮人相区分的一个希腊人的没言明的定义，这时也变为有资格参加奥林匹克运动会的一个社区的一个成员。但是，竞赛（agôn）不作为一个重要制度不仅在于团结不同城邦国家这个方面，而且在每一城邦范围内，它也是重要的。而在城邦国家的条件下，竞赛形式改变了，在希腊民主政体下的法庭和集会中的争论，处于悲剧中心位置的冲突，喜剧情节中象征性的（和非常严肃的）滑稽动作，最后还有哲学争论的对话形式。把它们每一项都理解为竞赛（agôn）的某种表现形式，我们应当看到，政治、戏剧、哲学这些范畴在雅典世界比在我们自己的世界更为密切相关。当时，政治学和哲学以戏剧的形式出现，而戏剧的前提条件是哲学和政治学，哲学必须在政治和戏剧舞台上提出自己的主张。在雅典，这三者的听众实际基本上和在某种程度上是同一的，而且听众本身就是集体性的演员。戏剧创作者也是政治部门的成员；而哲学家则要冒喜剧描绘和政治惩罚的危险。雅典人没有像我们那样被一套制度措施把政治目的的追求与戏剧表演分离开来，或者把这两者之一与哲学探问分离开来。因此，我们或者在表现政治冲突方面，或者在把政治放到哲学问题中，都缺乏——正像他们并不缺乏一样——那种普遍的共同的模式。再往后些，重要的是要更确切地注意到这些可能性是怎样对我们关闭的。但此刻已说过的这些足以返回到中心问题上去。

我们已依次评述了各不相同和相互匹敌的德目表，对德性的有差别的和相匹敌的态度以及对个别德性的有区别的相异的定义都共处于5世纪的雅典，不过，城邦和竞赛（agôn）提供了共有的背景条件，在这种背景条件下德性得以践行。而恰恰因为这些不相容性和不一致性是冲突的征候，因而不足为奇的是，有关德性的相匹敌的和相竞争的哲学理论出现了，把深层冲突出升化明朗化了。在这些相匹敌的哲学理论中，最简单和最激烈的可能是某种智者的某种论点。

A. W. H. 艾德金斯注意到了柏拉图所描绘的斯拉斯马寇和荷马史诗英雄的某些粗糙形象之间的相似性，"抓住斯拉斯马寇，你就能发现阿伽门农。"阿伽门农是荷马史诗中英雄的原型，这个英雄从未学到写在《伊利亚特》中的诲人真理：他只想为自己赢得胜利果实。所有人都或被他利用或被他制服：女儿伊菲革涅亚，女奴布莱丝，还有阿基里斯。所以，柏拉图笔下的智者斯拉斯马寇就是这种类型的智者：成功是行为的唯一目标，获得为所欲为的权力是成功的全部内容。因此，把德性界定为能确保成功的品质就足够了。但是智者的成功，如同其他希腊人的成功一样，必须是在具体城邦中的成功。因此关于成功的伦理学也就与某种相对主义合流了。

成功都是在某个特殊城邦中的成功。而不同的城邦也许都有着不同的德性观念。那在民主政治的雅典被视为公正的不同于被贵族政治的底比斯或军事政体的斯巴达视为公正的。智者的结论是，在每一城邦中，德性都是为他们所认为是在该城邦中是德性

第十一章 雅典的德性

的东西。因此根本不存在正义本身这类东西，而只有在雅典被理解为正义的东西，在底比斯被理解为正义的东西和在斯巴达被理解为正义的东西。当这种相对主义与那种把德性看作是导致个人成功的品质的论点相结合时，这种相对主义的信奉就出现了一系列困难。

智者论点的部分最初动因似乎是这样一种希望，即希望对5世纪的希腊的主要评价表述重新提供一个一致的和连贯的界说，以此作为教育青年的基础，尤其是教育贵族青年，以得到政治上的成功。但是，把德性的竞争性观念和含义提高到其合作性观念和含义上，以获得某种程度的一致，结果却在其他方面产生了不一致。通过接受他自己城邦的价值词汇，智者有时会发现，他自己使用的措辞本身出现了一种非相对主义的立场，而这是与引导他使用这些词汇的相对主义不一致的。并且，正是这些智者，他们既已经对诸如"正义"、"德性"和"善"等措辞重新界说，以使这些措辞指涉那些引导个人成功的品质；又同时希望运用惯常的词汇来获得这种成功，因此，他们很可能在某一处境中赞扬正义，因为"正义"就意味着"强者的利益"，而在另一处境却又把非正义置于正义之上来赞扬，因为恰是由于非正义（在这个词的惯常意义上）的实践在事实上是强者的利益。

当然，智者的这种传统并不意味着持有这种观点的人就必然要陷入这种不一致，并在辩论中被对手击败，但是，要摆脱这种不一致，只有通过对德性做出比许多智者准备做出的更为彻底的重新界说才行。

所以，在柏拉图的《高尔吉亚篇》里，高尔吉亚本人和他的弟子波拉斯，在辩论中因这种不一致而被苏格拉底成功地击败了。而卡利克勒斯则不能如此被击败。因为卡利克勒斯打算不论演绎的结论是什么，也不论会在多大程度上破坏日常道德惯例，都决心把对他的观点的系统阐发贯彻到底。这一观点所赞美的是以理智来统治的人，和以他的统治来满足自己无穷欲望的人。苏格拉底虽能指出这一论点的困难，但却完全不能像反对高尔吉亚和波拉斯那样提出结论性的反对意见。

因此，卡利克勒斯似乎成功地提供了一条解决一般希腊精神不一致的途径，我们有什么充分的理由不接受这种解答呢？某些后来的著作家，如在古代世界的斯多亚派学者，在现代世界的康德式学者，认为对卡利克勒斯的唯一可能的回答在于，把善的东西（或者，像现代著作家所说的"道德的善"）和人类的欲望之间的所有联系全部切断。他们认为，如果我们应当做的也就是满足我们欲望的，那么卡利克勒斯无疑是正确的。当然，柏拉图没有从这个立场去攻击卡利克勒斯；实际上，四五世纪的希腊人是否能以系统的方式从这一角度非难卡利克勒斯，确实也值得怀疑。因为柏拉图——并且至少在这一点上，柏拉图和卡利克勒斯都对一般希腊的常识没有异议，并且相互之间是一致的——接受了这样一个论点：德性和善的概念与幸福、成功、欲望的满足等概念之间有着不可分解的联系。因此，他不能向善的东西将导致幸福和欲望的满足这一卡利克勒斯的论点挑战；因而不得不向卡利克勒斯的幸福和欲望的满足的观念质疑。正是论证这种质疑的需要，直接导致了《斐多篇》的和《国家篇》的心理学，这些对话的心理学为德性的一种相匹敌的概念的相伴随的德目表提供了基础。

如果说，对于卡利克勒斯来言，欲望的满足是在对城邦的统治中，在暴君的生活中得到，那么，对于柏拉图来说，合理欲望在这物质世界中的任何实际存在的城邦中都不可能得到真正满足，而只有在有着一种理想制度的理想国里得到。因而，为合理欲望所热切希冀的善与城邦的实际生活所有的善是鲜明地区分开的。由政治而获得的东西绝不能令人满足；令人满足的只有通过哲学而不是政治学才可得到。这种认为政治收获不能令人满足的教训是柏拉图在西西里岛最终学到的，毫无疑问，他感到他早该

第十一章 雅典的德性

从苏格拉底之死中一劳永逸地学到这一教训。尽管如此，德性概念仍然是一个政治概念；因为柏拉图的有德的人的论点与他的有德的公民的论点分不开。确实，这个论点是软弱无力的，一个卓越的人不可能不是一个卓越的公民，反之亦然。但是，卓越的公民在任何城邦，不论在雅典、还是在底比斯、甚至在斯巴达，都处境不佳。这些地方没有一个它的统治者自己是被理性支配的。而理性的命令又是什么呢？

灵魂的每一部分将履行它的特定的功能。每一功能的行使就是一种具体的德性。所以，肉体的欲念须接受理性的制约，这样表现出的德性就是节制（sôphrosunê）。面对危险的挑战的勇敢德性，当它表现得如同理性命令它那样时，这就是勇敢（andreia）。理性本身，当它受了数学和辩证法的专门训练，从而能认识到正义本身和美本身是什么，并认识到在其他所有形式之上的善的形式是什么时，就表现出它自己的特定的德性：智慧（sophia）。这三种德性只有当第四种德性正义（dikaiosune）也表现出来时才得以展现；就柏拉图的论点而言，"dikaisoune"很不同于任何现代的正义概念，当然几乎所有柏拉图的译者都以"正义"这词来翻译它，恰当地说，"dikaisune"就是给灵魂各个部分配置其特殊功能的德性。

因此，柏拉图的德性论和对德性的重新界说源自一复杂的理论，没有这一理论，我们将不能把握一种德性的含义。他既摈弃也试图解释他的理论必须面对的一般希腊人的不适当的语言惯用法和败坏了的言语的实践。当有的智者把人们通常用法的多样性和不一致转化为一种所谓一致的相对主义时，柏拉图所摈弃的不仅是相对主义和不一致，而且还有多样性。

在前面我强调，柏拉图的理论把德性与理想的而不是现实的国家政治实践联系起来；这里重要的是也要强调指出：柏拉图宣称：他的理论既能解释现实国家的冲突和不和谐，也能解释实际人格的和谐与不和谐。在政治与人格领域中冲突和德性是互不相容与相互排斥的。这可能是柏拉图的戏剧艺术是德性的敌人这一观点的一个渊源。柏拉图的观点肯定还有其他的根源：他的形而上学致使他把所有的戏剧表演（mimêsis）看作是远离真正的现实而进入幻觉的一种活动，他关于艺术说教的效果的论点使他不赞成许多史诗和戏剧性诗歌的内容。但他也深深地信奉这样一个论点：不论在城邦之内还是在个人那里，德性都不能与德性处于冲突中。没有相互敌对的善。而恰恰被柏拉图认为不可能之事，使悲剧戏剧成为可能。

悲剧戏剧很早就探讨了在荷马后的社会框架内可以出现的冲突。埃斯库勒斯的戏剧依仗的是对家族忠诚的矛盾的诫命和同样矛盾的神的诫命。而正是系统地探讨了对不相容的善的相匹敌的忠诚（尤其是在《安提戈涅》和《菲罗克忒忒斯》里）的索福克勒斯，以某种方式对德性提出了一些关键性的和复杂的问题。而这似乎是很清楚的：存在着相匹敌的德性概念，对一种德性，有相匹敌的论点。同样很清楚的是：某一具体的品质是否可被视作德性或恶，是能够存在争议的。当然，以下看法是会引起争论的：在所有这些争论中，至少有一方是完全错误的，我们能够合理地解决全部这些争端，能够获得一种有关德性和德目表的一元的既合理的而又可辩护的论点。这里我们假定情形确是如此。然而，至少在一定的环境里，是否拥有一种德性，就可以把其他的德性剔除在外？一种德性是否可能至少是暂时地与其他德性发生冲突呢？而两种品质是否都可真正说成是德性呢？做一个妹妹？（安提戈涅）或一个朋友（奥德修斯）的德性的实践所要求做的，是否会与正义（克瑞翁）或同情和真诚的德性（涅俄普托勒摩斯）的实践不一致呢？对于这些问题，我们继承了两种系统的回答。

其中一种的起始者是柏拉图。我们已知，在柏拉图看来，各

第十一章　雅典的德性

种德性不仅不是不相容的，而且单个德性的存在需要德性之全体的存在。这个德性的统一性的强有力的论点，在一些重要方面被亚里士多德和阿奎那反复论述过，虽然他们不同于柏拉图，而且彼此也不尽相同。而他们三人共有的前提条件是，存在着一个宇宙的秩序，这一秩序规定着人类生活的总的和谐系统中的每一德性的位置。道德领域的真理就在于道德判断与这个系统秩序的一致。

与此形成鲜明对照的是现代的传统。这一传统认为，人类利益（goods）的多样性和异质性，致使人们的追求不可能与任何单一的道德秩序相吻合，因而，任何社会秩序，不论是有这种吻合企图的，还是把某种利益的霸权施加于其他利益之上的，都必定要成为一种对人类状况的可怕约束（straitjacket），而且很可能是一种极权主义的约束。这就是伯林先生极力向我们主张的论点，而这种论点的起始，正如我们在前些地方注意到的，是在韦伯的著作中。我认为，这个论点既要有异质多样的德性也要有异质多样的一般利益的存在，对这些理论家而言，对有关德性的相匹敌的主张的选择在道德生活中有同样中心的地位，一般利益的选择，对他们来说也如此。并且，在判断表达这种选择的地方，我们不可能把这种选择描述为具有"真"或"假"的特征。

索福克勒斯的戏剧中的主题对于柏拉图主义者或韦伯主义者来说，也是同样难以接受的。因此，确实存在严重的冲突，在这种冲突中，不同的德性对我们有着相匹敌的和互不相容的要求。但我们的处境是悲剧性的，我们不得不承认双方的要求都具有权威性。确实存在一种客观的道德秩序，但我们对道德秩序的感觉致使我们不能使相匹敌的道德真理彼此完全和谐一致，而对道德秩序和对道德真理的承认，使得我们根本不可能作出韦伯或伯林力劝我们作出的那种选择。因为作出这种选择并没有去掉那种我们要反对的主张的权威。

因此，在索福克勒斯的悲剧冲突中，祈求神助或神明的裁决以解决冲突，并不奇怪。但是，神明的裁决总是结束，而不是解决冲突。因而，悲剧在对权威、宇宙秩序和对包括在德性认识中的真理的主张的承认与在具体条件下的具体感觉和判断之间留下了一条不可逾越的鸿沟。值得回顾的是，索福克勒斯观点的这个方面仅是他的德性论的一个方面，我已经注意到这个德性论还有两个重要的特征。

第一，道德主角与他的共同体和他的社会角色的关系，是一种既不同于史诗英雄的也不同于现代个人主义的关系。因为像史诗英雄一样，如果索福克勒斯的主角没有他或她在社会秩序中、在家庭中、在城邦和在特洛伊战争的军队中的位置，那就什么也不是。他或她是社会造就的，但是，他或她又不仅仅是社会所造就的；他或她既属于社会秩序中的某个位置，又超越这一位置。而他或她之所以能够这样做，恰是因为既遇到了又认识到了刚才我指出的那种冲突。

第二，索福克勒斯的主角的生活有自己的特定的叙述形式，正像史诗中的英雄所有的那样。我在这里不是在炮制一个无足轻重的论点：索福克勒斯的主角是剧中的角色；宁可说，我是在把类似于安妮·赖特①归之于莎士比亚的那种信念归之于索福克勒斯：他之所以以戏剧形式叙述人类生活，是因为他认为，人类生活中已经有了戏剧叙述的这种形式，而且是一种特定类型的戏剧叙述形式。因此我也认为，德性的英雄式的说法和索福克勒斯式的意思之间的差别，恰恰是那种叙述形式能最成功地捕获到人类生活和生活角色特征问题的差别。同时这还意味着这样一个假定：一般而言，对德性采取一种姿态，也就将对人类生活的叙述特征采取一种姿态。而为什么可能如此，这也是较易理解的。

---

① 参见安妮·赖特（Anne, Righter）《莎士比亚和戏剧思想》，1962年版。

第十一章 雅典的德性

如果把一个人的生活理解为是历经身心伤害和危险的进程，在这一进程中，有的人能以较好或较坏的方式来面对和克服它们，并且取得较大或较小的成功；那么，德性作为这些人的品质将有其位置：具有德性和德性的实践一般使人在这一进程中走向成功，同样，作为恶的品质使人走向失败。那么，每一个人的生活都将体现一个故事，这个故事的形成和形式，将取决于人们把什么看作是损害和危险，取决于怎样看待成功和失败，进步和后退。要回答这一问题也就要鲜明地或隐含地对什么是德性什么是恶的问题作出回答。对这个问题及相关连的问题的回答，英雄社会的诗人不同于索福克勒斯，但两者之间的关联是相同的，都揭示出对某种德性的信念和对表现人类生活的某种秩序的信念之间，有着怎样的内在联系。

通过进一步的考虑，这种联系的性质更为清楚。在稍前一些，我一方面把索福克勒斯德性观与柏拉图德性观作了对照，另一方面与韦伯的个人主义的德性观进行了对照。这里的每一种理论，对德性的论述都与对人类生活叙述方式的态度紧密相关。柏拉图不得不把戏剧诗人们从理想国中驱逐出去，多少就是因为他们的论点与他的论点的对抗（有人公正地评论说，《国家篇》本身，像它的前辈的某些对话一样，就是一戏剧性的诗篇，但其戏剧形式不是悲剧形式，不是索福克勒斯式的）。在这个意义上，韦伯的个人主义生活本身是没有形式的，有的只是在我们的审美想象中我们选择设想的形式。但这些问题现在必须放在一边，而必须从两个方面去详述索福克勒斯的论点。

第一，再一次地强调，在索福克勒斯的戏剧冲突中成问题的不只是个人的命运。当安提戈涅和克瑞翁发生争论时，氏族生活和城邦生活相互并重对立。当奥德修斯和菲罗克忒忒斯相遇，他们所衡量的是对希腊社会共同体所造成的后果如何。而正是扮演着角色的个人代表着他的共同体，这个个人如同在史诗中一样，他是戏剧角色。因此，就某种重要意义而言，社会共同体也是一戏剧角色，在演出着它的历史的故事。

第二，也是与上述相关连的，索福克勒斯的自我像不同于英雄的自我一样不同于情感主义者的自我，虽然这更为复杂。尽管索福克勒斯的自我超越了社会角色的限度，能够对这些角色进行质疑，但他一直到死都仍然是负有责任的，而之所以负有责任，恰因为自我将自己置于那些冲突中，而这些冲突使得那种英雄的观念不再通行。因此，索福克勒斯自我的存在的前提条件是：第一，它能够真正地胜利或失败，拯救自身或走向道德毁灭，第二，存在一种要求我们追求某种目的的秩序，判断真实或虚假的性质，将由判断与这一秩序的关系来提供。但是，真的有这样一种秩序吗？让我们尽快从诗转到哲学，从索福克勒斯转到亚里士多德。

第十二章

亚里士多德的德性论

从我所采取的立场出发来探讨亚里士多的德性论的任何努力，一开始就会面临着一个问题。一方面，我把他看作是与自由现代之声相抗衡的真正主角；因而我显然有必要将他对德性极其具体的阐述置于中心的地位。另一方面，我已说明我不仅把他看作一名个人理论家；还把他看作一个悠久传统的代表，看作是阐明了许多前辈们和后继者在不同程度上成功地阐明了问题的人。而把亚里士多德作为传统的一部分，甚至作为这一传统最伟大的代表，却是一件十分非亚里士多德的举动。

亚里士多德当然承认他有先行者。确实，他力图撰写以往哲学的历史，而这段历史在他自己的思想那里达到顶点。但是，他以他所理解为正确的理论代替前辈们的错误或至少是部分真理来设想他的思想和他们的关系。不过，按照亚里士多德的观点，就真理而言，他的著作一旦完成，他们的著作便可弃之不顾，而毫无损失。但是，这样思考问题等于排斥了一个思想传统的观念，至少排斥了我所认为的思想传统的观念。因为，对这样一个传统观念至关重要的是，过去绝不是那种仅仅被弃之一旁的东西，宁可说，现在只有作为对过去的评注和反应才是可理解的。在这些评注和反应中，只要有必要、有可能，过去将得到修正和超越，同样，随着时间的推移，现在将依次被一些更为适当的将来的观念所修正和超越。这种一个传统的观念体现了一种十分非亚里士多德的知识论。根据这种知识论，每一种具体理论或一套道德、科学信念，只有作为一个历史系列的一环才是可理解的和合理的（就其在合理性范围内而言）。大可不必说，在这一系列中，后来者就一定优越于前者；一种传统可能停止进步或者甚至衰落。但当一个传统处于正常状况，当进步正在发生时，它总有一种累积因素。不是现存所有事物在将来都同样会被否定；但是，对现存的理论和信念中的某些因素，如不把作为整体的传统否定掉的话，就难以想象它们会被抛弃。例如，在当代生物化学中，有着细胞和分子之间关系理论的我们现代的科学传统，情况是如此，在古典传统的范围内，有着亚里士多德对某些重要德性的论述的亚里士多德的思想，情况也是如此。

因此，亚里士多德的重要性只有从一种他本人不知也不能承认其存在的传统才能详细阐明。亚里士多德跟别的希腊思想家一样缺乏在我们的意义上的那种特殊的历史意识，从而不能把自己的思想视为一个传统的部分；这种缺乏也严重地限制了他的叙述观。因此，把亚里士多德必定对德性所持的观点与德性和（我已揭示的出现在史诗的悲剧作家中的）叙述形式的关系的这种论题相结合的任务，不得不等待——长久地等待亚里士多德的后继者去完成，他们的《圣经》文化已教会他们历史地思考问题。一些对古典传统来说至关重要的问题从亚里士多德那里得不到回答。不过，正是亚里士多德，他的德性论决定性地建构了并且在许多方面牢固地确立了他的诗人前辈只能断言或者意示的作为一个道德思想传统的古典传统，而且，他没有盲目附和柏拉图有关社会领域的悲观主义，使古典传统成为一种理性传统。不过，在此论述的开端，我们也应注意：我们所具有的亚里士多德的思想，在一种这样的形式中，它本身在学术上不可避免地有时易引起对这个思想的内容的不可解决的争

第十二章 亚里士多德的德性论

论。而且,最近有人论证说①,亚里士多德成熟的观点是在《欧德穆伦理学》中,而不是几乎每一个学者认为的那样在《尼各马科伦理学》中。关于这个论题的争辩将持续下去②;不过,幸运的是我不需要介入进去。因为就亚里士多德的德性论而言,我将亚里士多德置于其中的传统。是一个使得《尼各马科伦理学》成为经典文本的传统,

《尼各马科伦理学》——据罗马哲学家波尔菲里说,这本书是献给亚里士多德儿子尼各马科的;其他人说这本书是尼各马科编的。这是一套最璀璨夺目的讲课记录。正因为是讲课记录,缺点很多,如时而太简练,时而重复,不准确地相互参照;所以,我们可以不时地从中听到亚里士多德说话时的语气。这种声音威严而独特;但这也是一个不仅属于亚里士多德本人的声音。"就这样一个题目,我们要说什么呢?"是他不断提出的问题,而不是"我要说什么呢?"谁在他写的这个"我们"名下?亚里士多德并不把自己看作是在创立一种德性论,而只是明确表述了一种隐含在一个受过教育的雅典人的思想、言论和行动中的论点。他寻求的是最好城邦中最好公民的理性声音,因为他认为城邦是人类生活的德性能得到真正而充分的展现的唯一政治形式。因此,一种德性的哲学理论是这样一种理论:其主题为前哲学的理论所隐含,并为那个时代最好的德性实践所预设。当然并不意味着,因为哲学必须有一个社会学的,或者如亚里士多德所说的,政治学的出发点,因而那种实践,前哲学理论所隐含的那种实践是规范性的。

每一种活动,每一种探究和每一次实践都旨在某种善。因为

---

① 参见肯尼(Kenny, Anthony)《亚里士多德的伦理学》,1978 年版。
② 参见 T. 爱尔温《对肯尼的〈亚里士多德的伦理学〉和〈亚里士多德的意志论〉的评论》,载《哲学杂志》1980 年第 77 期,第 338—354 页。

"善"或"某种善",我们的意思是那种在人类本性上的目的。重要的是,在《尼各马科伦理学》的最初论述中已料想到 G. E. 摩尔的所谓"自然主义的谬误"根本不是什么谬误;并且,关于什么是善,换句话说,什么是正义、勇敢和卓越的陈述也恰是一种事实的论述。像所有其他物种的成员一样,人类的成员有一种特殊本质;这种本质决定了他们都有一定的目的和目标,并使他们在本性上朝着一个特殊目的(telos)迈进。善是根据目的的特殊特性来界定的。因此,亚里士多德的伦理观,恰如他自己所阐述的那样,以他的形而上的生物学为先决条件。并且亚里士多德由此确立了他自己的对善给予一个陈述的任务,这种善既具有地方性和特殊性——位于城邦并部分地依据城邦的特征来定义——又具有世界性和普遍性。在整个《尼各马科伦理学》的论述过程中,我们可以感觉到这些相反特性之间的冲突。

那么善对人类究竟意味着什么呢?亚里士多德反对把善等同金钱,荣誉或者快乐的论证是有说服力的。他把它命名为幸福(eudaimonia)——这经常引起翻译上的困难:恩赐、幸福、繁荣。它是良好的生活和在良好生活中的良好行为的状态,一个人的自爱以及与神明相关的状态。但是,当亚里士多德首先把这个名称赋予人类的善的时候,他却留下了幸福(eudaimonia)的内容到底是什么这样一个问题。

恰当地讲,善是这样一些品质,拥有它们就会使一个人获得幸福(eudaimonia),缺少它们就会妨碍他达到这个目的(telos)。但是,虽然把德性描述为使人获得善的手段并不为错,但那种描述是模糊不清的。亚里士多德在他的作品中并没有明确区分两种不同的手段——目的关系。当我们说一个事件、状态或者活动是达到别的什么目的的手段时,我们一方面是说世界作为一种偶然性事实是如此有序,以至于假如我们能够引起第一种事件、状态或活动,那么,第二种事件、状态或活动就必定发生。

第十二章 亚里士多德的德性论

另一方面是说，手段与目的都可以不依赖对方而得到充分描述；许多大相径庭的手段可用来达到同一目的。但是，德性的实践并非这种意义上的达到人类善的一种手段。因为，构成人类的善的是人的最好时期的全部人类生活［或：最佳状态中的完美人类生活］，德性的践行是这种生活的必要的和中心的部分，并非仅仅确保这种生活的准备性实践。这样，如果不参照德性，我们就不能恰当描述人类的善。因此，这意味着，在亚里士多德的体系范围内，说没有德性的实践而有某种获得人类的善的手段是没有意义的。

德性实践的直接后果便是一种采取正确行动的选择。在《欧德穆伦理学》中亚里士多德这样写道："有意图的选择，其目的的正确性的原因是德性。"[①] 当然，这并不意味着，缺乏相应的德性就不能采取一项正当的行动。要明白这点，可看看亚里士多德对这个问题的回答：一个于品格的德性方面在某种程度上缺少足够训练的人是怎样一个人？在一定程度上取决于他天赋的品质和才能，有些人具有一种天生的气质，能够随时按照某种特殊德性的要求行事。但是，不能把这种幸运而令人愉快的天资同拥有与之相应的德性混淆起来；因为，正是由于缺乏系统训练和原则的指导，即便是这些幸运的人也会成为他们自己的情感和欲望的俘虏。成为自己情感和欲望牺牲品的形式是不一而足的。一方面，人们缺乏任何手段来调控自己的情感和欲望，合理地决断出什么该培养和鼓励，什么该禁止和抑制；另一方面，在某些特定场合，这些人缺乏那些能够对某种东西有一种欲望的气质，而不是那种要抑制才是善的东西。德性不仅是按照某些特殊方式去行事的气质，也是以某些特殊方式去感觉的气质。恰如后来的康德所认为的那样，行善并非与偏好（inclination）相对；它是出

[①] 《欧德穆伦理学》，肯尼译本，1978年版，1228a1。

自于德性的培养而形成的偏好的行为。道德教育就是一种"情感教育"。

当然，受过教育的道德行为者，在他的判断和行为有德性意义时，他一定知道自己正在做的是什么。因此，行善是因为这本身是善的。正是这个事实把德性实践与那些并非德性而不过是它的幻象的那些品质的实践区分开来。例如，一位训练有素的士兵在特定场合做出所要求的勇敢举动，但并不因为它是勇敢的，而是因为他训练有素，或者——不用亚里士多德的例子而去回忆一下腓特烈大帝的格言——因为他更多的是害怕自己的军官而不是敌人。不过真正有德性的人的行为是以正确合理的判断为基础的。

因此，亚里士多德的德性论预设着一个重要区别，即任何特定个人在任何特殊时候认为对他是善的东西与作为人而言对他是真正善的东西的区别。正是为了获得后一种善，我们践行德性，并靠选择达到这个目的的手段而能这样做。这里的"手段"，是在本章前些地方所描述的两种意义上讲的。这种选择需要判断，因而德性实践需要一种对时间、地点、方式是否恰当的判断能力，以及在恰当时间、地点和方式下做正当的事的能力。这种判断的实践并不是对各种规则墨守成规的运用。因此，对现代读者来说，亚里士多德思想中最明显、最令人吃惊的空白也许是：在《尼各马科伦理学》中，任何地方都很少提到规则。而且，亚里士多德把那应服从规则的道德部分变成了对城邦所颁布的法律的服从——只要这一城邦认为应实施这些法律。这些法律绝对地规定和禁止了某些行动，而这些行动都处在一个有德性的人该做或该戒除之列的。因此，亚里士多德论点中至关重要的部分就是，有些行为是绝对禁止或绝对必要的，而不考虑到环境和后果。亚里士多德的论点是目的论的，但并不是后果论者。而且，亚里士多德就什么是绝对禁止的所举的例子，与初看起来一种完全不同的道德体系戒律——犹太律法的戒律十分相似。他就这种律法谈

第十二章 亚里士多德的德性论

论得很少,虽然他的确坚持认为,有习惯性的和地方性的正义准则,也有自然的和普遍性的正义准则。这看来很像他在坚决主张自然的与普遍的正义绝对禁止某些类型的行动;但是,对冒犯所给予的惩罚在城市与城市之间有很大的不同。然而,他就这个问题上所作的论述非常简短,甚至于有些隐晦。由此来看,似乎有必要在更为普遍的意义上——而不是把那些超出亚里士多德的文本的东西归于亚里士多德——探讨诸如亚里士多德的关于德性在人类生活中的地位的观点,为何需要参照自然正义的多种绝对禁令。并且在这个探问中,值得注意的是亚里士多德的两个主张:德性不仅在个人生活中、而且在城邦生活中也有它的位置,个人只有作为政治动物(politikon zôon)才是真正可理解的。

这后一主张隐含着一个阐明德性与法则的道德关系的方式,即要考虑在任何一个时代建立一个社会共同体所涉及的东西,这个共同体要实现共同的计划,要带来某种利益(goods),这种利益是那些所有参与这一计划的人认为是他们所共同享有的。作为这种计划的现代例子,我们可以列举建立和经营一所学校、一个医院或是一座艺术馆;在古代世界,典型的例子是一次宗教祭礼的举行,一次远征的进行或城邦的建立与发展。那些参与这样一种计划的人必须培养两种不同类型的价值实践。一方面需要看重——作为优点加以赞扬——精神和性格中那些有助于实现他们的共同利益的品质。也就是说,他们需要把某一系列品质看作德性,那些相应的缺点看作恶。不过,他们也需要把某些类型的行为看做是对这种秩序的损害。这些行为毁坏了共同体中的连接纽带,使得至少在某些时候和某些方面,既不能从事善(有利)的活动,也不能获得善(利益)。这种违法行为的典型例子是夺去无辜者的生命、偷盗、伪证和背叛。在这样一个共同体中通行的那些德性将教育她的公民哪种行为会给他们带来功绩和荣誉;那些违法行为将告诉他们哪些行为不仅被看作坏的,而且是不可容忍的。

对这些违法行为所作出的反应是将那些犯法者清除出共同体。只要共同体自己不失职,就一定可认识到罪犯对共同体的联结的侵犯是什么。因此,从根本意义上讲,罪犯是自己把自己清除出了共同体,他们自己的行为导致了惩罚。这一清除是否是永久的——通过死刑或者终身流放——或者是暂时的——通过一定期限的监禁或者流放一个时期——取决于具体的犯罪行为的严重程度。在一个大范围内对犯罪行为的严重程度的一致看法,总是部分地构成了这样一个共同体,恰如与在同样大的范围内对各种德性性质和意义的一致看法也是这样一个共同体的部分构成一样。

这样两种类型的实践的需要,是由于这样一个共同体的个体成员可能在两个相当不同的方面失去他作为共同体成员的作用。一方面,他确实并非善者;也就是说,他在德性方面的缺陷到了一种这样的程度,使得他对共同体的共同利益的获取的贡献微不足道。但是,有的人可能有这方面的缺陷,可并没有作出为这个共同体的法律所载明的违法行为;确实,可能恰是因为他的恶习,某些人才不触犯法律。懦弱可以是有的人不敢行凶的原因;虚荣与自夸有时导致人们说真话。

相对照的是,犯法对共同体的不利,就不单单是并非没有足够的善。这种不利是在一个完全不同的方面。虽然德性极高的人的确比别人更不易于犯大错,但是一个勇敢而谦逊的人有时也许会行凶杀人。他所犯的罪与一个懦弱或者吹牛自夸的人所犯的罪完全一样。明显的错误与做得完美或完善意义上的缺点不是一回事。然而,这两种类型的缺陷是紧密相关的。因为两者都在一定程度上损害了共同体,使得它的共同计划的成功更为困难。违法行为破坏了那些使得对共同利益的共同追求成为可能的各种联系;有缺陷的品格也会使有的人易于犯罪,同时,也使他不能对

第十二章 亚里士多德的德性论

获得共同利益作出什么贡献。而没有共同利益，共同体的公共生活就没有意义。两种缺陷都是恶，因为它们都是对善的剥夺，不过是不同类型的剥夺罢了。所以，当一种德性论是对这样一个共同体的道德生活论述的一个实质部分时，这种德性论本身是不完整的。正如我们所看到的，亚里士多德认识到他的德性论要有某种别的论述来补充，哪怕是很简短的一种，这种补充论述就是对那些完全禁止的各种行为的论述。

不过，德性与法律还有另一种非常关键的联系，因为只有那些具有正义德性的人才有可能知道怎样运用法律。要做到公正就是要把每人应得的给予他；在一个共同体里，正义德性兴盛的社会先决条件是双重的：对功过有一些理性的标准；对这些标准是什么有社会确定的一致看法。当然，合乎功过的赏罚分配的大部分是为规则支配的。在城邦范围内公职的分配和对犯罪行为的惩罚都是依照城邦的法律来具体确定的。（请注意亚里士多德的观点是，法律和道德并不是两个分开的领域，而在现代社会这两者是分离的）但是，部分由于法律具有普遍性，而特殊案件却总是在发生，而在特殊案件的情形中，并不清楚法律应该怎样运用以及正义的要求是什么。因此，就一定会出现没有现成的公式可套的情况；在这种情况下，我们就不得不依据"依据正确的理性"① 来行事，这个短语被 W. D. 罗斯错误地译为"依据正确的规则"。（对一个亚里士多德的著作总是谨小慎微的译者来讲，这种误译不能说是不重要；因为它反映了现代道德哲学家对规则的一般的非亚里士多德式的成见信）亚里士多德在这里所要表达的意思可以用一个当代的例子加以有效的说明。有一次我为在沃巴诺加印第安部落和马萨诸塞州的马什比尔城之间正在进行的诉讼写一个法律讼词。沃巴诺加印第安人声称他们部落的土地在

---

① 《尼各马科伦理学》，1138b25。

城市管辖内被非法地和违宪地征用了,他们向法院起诉要求归还(这个案件已由陪审团作过对沃巴诺加不利的宣判,但判决书有明显的漏洞)。这一要求花了一些时间才送到法院,那些听证会又不可能很快地结束。在低等法院败诉的一方面必然会提出上诉,而上诉的过程又是十分漫长的。在这一段漫长的时间里,马什比尔的财产价值大幅度下降,一时有些方面的财产根本就卖不出去。这给那些房产所有者,尤其是某些阶层的房产所有者,例如退休的人们,造成了普遍的困难;这些退休的人们原合理地希望卖掉他们的房产,搬到别的地方去,也许靠近他们的孩子,指望卖掉现有的房产来重建他们的生活。在这种情况下正义的要求是什么呢?我们应该注意到,当代道德哲学家最近提出的两个以规则表明的正义概念对我们毫无帮助。约翰·罗尔斯提出"社会和经济的不平等应该调整,以便使那些最少受益者得到最大益处……"① 罗伯特·诺齐克也强调指出,"如果一个人根据获得和转让方面的正义原则有权得到他的财产,那么这个人的财产就是正当的……"② 但是,马什比尔的问题牵涉到一个时期,在此期间,我们还不知道根据获得与转让的法律谁拥有正当的权利,因为这一点正是需要目前这个案子的解决来决定;我们也不知道在马什比尔谁是受益最少的一方,因为这也得取决于此案的结果如何。如果结果完全偏向沃巴诺加,那么他们将成为马什比尔最富有的一部分人;如果与此相反,他们仍将是最穷的人。不管怎样,部落的要求者们已经设计出了一项公正的解决办法(马什比尔的市政管理委员会成员们经过首轮一致同意之后,又拒绝了这一解决方案);即:面积一英亩或更少土地上建立的居民住宅的所有财产都不包括在此案诉讼之列。要把这种解决办法看作是

---

① 罗尔斯:《正义论》,1971年版,第302页。
② 诺齐克:《无政府、国家和乌托邦》,1974年版,第153页。

一项原则的运用是十分困难的；而又确实需要争取这种解决办法，因为没有哪种原则的运用可以保证给那些小的房产所有者带来正义。这种解决办法是一种粗率的现成的推理的结果，它涉及下面这些考虑：在这块有争议的土地上这些财产的构成比例；以及如果免以考虑的财产范围确定在一英亩后受影响的人数；根据正确的理性来判断确实只能作一个大概的判断，亚里士多德着力使用了一个在或多些或少些两者之间的"中庸"这样一个概念，大致给出了各种德性的一个总的特征：勇敢在于鲁莽与怯懦之间，正义在于施与和遭受非正义之间，慷慨介于挥霍与吝啬之间。因此，每一种德性都有与之相应的两种恶。脱离具体情况，那算是一种恶的东西就不能得到适当的证明。同一种行为在一种情况下是慷慨，在另一种情况下是挥霍，在第三种情况下是吝啬。因此，在一个有德性的人的生活中，判断有一种不可或缺的作用，而在那些仅仅遵守法律或依照原则的人的生活之中，这种判断就没有作用，也不可能有作用。

因此，核心的德性是智慧（phronêsis）。智慧与节制（sôphrosunê）一样，原来是一个表示赞扬的贵族词语。它指那些知道自己应该得到什么并为他所应得的感到自豪的人。它逐渐更普遍地用来指那些在特殊场合知道怎样下判断的人。智慧是一种理智德性；没有这种理智德性，品格中的任何德性就难以践行。亚里士多德对这两种德性的区分首先依据的是获得这两种德性的途径的不同；理智德性是通过教育获得的，品格德性是来自习惯性行为实践。我们通过履行正义或勇敢的行为而变得正义或勇敢；我们在理论上或者在实践上变得聪明是因为系统教育的结果。然而，这两种道德教育是密切相关的。因为我们要把我们先天的那些气质变为品格德性，我们就必须按照正确的理性逐渐锻炼那些气质。理智的运用使一种先天气质与那种相应的德性有了根本的区别。反之，实践理智的运用需要品格德性；否则，它从开始就会堕落成为或者仅仅维持一种把手段与任何目的——但不是真正的善的目的——联系起来的狡诈能力而已。

因此，根据亚里士多德的见解，品格的卓越与理智是不能分离的。这里，亚里士多德提出了一个实质上与在现代社会中占主导地位的观点相矛盾的看法。现代观点表现在诸如"乖宝贝，让那些人去自作聪明吧"之类的陈词滥调中，也表现在像康德那样的深邃的思想中。康德把善良意志——对道德价值而言，唯有善良意志是充分而又必要的——与知道在特殊场合如何运用一般规则的那种天赋能力作了区分；缺少这种天赋能力就是人们所说的愚笨。所以，在康德看来，一个人可以既是善的又是愚笨的；但是对亚里士多德而言，某种愚笨的人就不是善者。而且，真正的实践理智又必需要善的知识，智慧本身需要有某种善在它的拥有者里……"显然，除非他是善的，否则不可能有实践理智。"①

我在本书的前些地方已经指出，现代社会实践和理论在这方面追随的是康德而不是亚里士多德——这并不奇怪。那些现代戏剧完全不可或缺的人物，其中包括那些以价值中立的方式使达到目的与手段相一致的专家，和那些比比皆是的没有实际精神缺陷的道德家；在亚里士多德的学说里或者是在古代传统中很难找到真正的相似者。在实践理智与德性之间的联系牢固建立起来的任何文化中，要奉迎官僚式的专家确实是非常困难的。

实践理智与品格德性之间的这种联系，是亚里士多德在论证一个人不拥有其他全部德性，就不可能拥有成熟形态的任何品格德性的过程中提出来的。很难说亚里士多德在用"一切"时是严肃认真的，但是他就是那么说的。② 很显然，一个并不友好的

---

① 亚里士多德：《尼各马科伦理学》，1144a37。
② 同上书，1145a。

第十二章 亚里士多德的德性论

人可以是真正勇敢的，然而"友好"是亚里士多德所认为的一个德性，正如"勇敢"一样。不过，亚里士多德认为主要德性之间是紧密联系的，还是很容易理解。正直的人是不会堕入贪欲（pleonexia）的恶行中的，贪欲是与正义德性相对应的两大恶行之一。但是，为了避免贪欲，一个人必须拥有节制（sôphrosunê）。勇敢的人不会堕入鲁莽和怯懦这两种恶习中；但是，"鲁莽"的人似乎是一个吹牛的人，吹牛是与对自己真诚的德性相关的各种邪恶之一。

各种德性之间的这种相互联系，说明了为什么它们不能给我们提供一些明确的标准，可以据此去判断某个具体的人的善恶；而宁可说，给我们提供的是一种复杂的尺度。在共同目标是实现人类善的共同体里运用这样的尺度，其前提条件是在这个共同体内对善与德性有了广泛一致的看法，正是这种一致看法使得公民之间的联结成为可能。按照亚里士多德的看法，这种联结构成了城邦。这种联结就是友谊的联结，友谊本身就是一种德性。亚里士多德心目中的友谊体现在对善的共同认可与追求上。这种共同性是构成任何共同体的最主要的因素和实质所在，不管这个共同体是一个家庭还是一个城市。亚里士多德说，"立法者似乎把友谊当作一个比正义更为重要的目标"；① 其理由是非常清楚的。正义是在一个已经建立起来的共同体里进行赏罚和在赏罚中补救过错的德性；友谊则是刚建立的共同体所必需的。

那么，如何把亚里士多德的这一观点与他的一个人不可能有许多朋友的论断协调起来呢？对四五世纪时雅典人口的各种估计相差很大，但是成年男性公民显然是成千上万。这样大量的人口怎样才能对善有一个共同的看法？友谊怎么会成为他们之间的联结纽带呢？以亚里士多德那些话的意思来说，这个回答无疑是：

---

① 亚里士多德：《尼各马科伦理学》，1155a24。

由朋友小群体之网构成。那么，我们应该把友谊看做是在创造和维持城市生活的共同计划中的共同分享一切，一种在个人的特殊友谊的直接性中的共同合作，

这种把政治团体当作一项共同计划的观念是与自由主义的个人主义者的现代社会格格不入的。不过，有时我们是这样去看待学校、医院或者慈善组织的；但是我们没有这样一种共同体的形式的概念，如亚里士多德所说的城邦，这种共同体涉及生活的全部，不是这个那个的善，而是人的善本身。今天友谊已降到私人生活的范围内，因而与过去相比，显得苍白无力，也不足为怪了。

当然，就亚里士多德的论点而言，友谊涉及爱。但是这种爱是在对善的共同信奉和共同追求的关系中产生的。爱是第二位的，虽然不能说它不重要。按照现代的看法，爱常常是一个中心问题；据说我们的朋友是那些我们喜欢或者非常喜欢的人。在大多数情况下，"友谊"已经成了一种情感的名称，而不是一种社会和政治关系的名称。E. M. 福斯特曾经说过，如果要在背叛国家和背叛朋友之间作出选择，他希望自己有勇气背叛国家。而以一种亚里士多德的观点来看，把国家与朋友如此对立起来的任何人，是没有国家、没有城邦的；他不是任何地方的公民，不管他居住在什么地方，他只是一名内心的流放者。确实，根据亚里士多德的观点，现代自由派政治团体只是一群没有国籍概念的公民的集合体而已，他们只是因他们的共同保护才捆在一起的。他们最多不过拥有一种低劣的友谊，这种友谊是在相互有利的基础上建立的。他们缺少友谊的纽带，是与他们自诩为这种自由社会的道德多元论分不开的。他们丧失了亚里士多德主义的道德一致性，不论是它的古代的还是中世纪形式的，都不存在了。

当然，对于亚里士多德主义，一个持有现代自由派观点的人一开始就会有一个非常轻松的反驳。他会非常有说服力地争辩

第十二章　亚里士多德的德性论

说，亚里士多德对复杂的人类的善提供了一个过分简单、过分一致的观点。只要看看雅典社会的现实，还不要说作为古代世界之全部的希腊或者古代世界的其他部分，事实上我们发现，价值是多种多样的，各种善之间充满了矛盾，各式各样的德性并不能构成一个简单的、连贯的、有等级的统一体。亚里士多德的描述最多不过是一种理想化，可以这么说，他总是倾向于夸大道德的一致性和统一体。因此，比如说在各德性的统一性方面，他就各种不同的德性和恶的相互关系中的具体多样性的观点，并不能支持他自己的任何类似这样的强有力的结论：在一个有德性的人的品格中各种德性是统一的和不可分割的。

这最后一次指责，恰如我已经暗示过的，恐怕是不得不承认的。但是，这里值得提出的是，亚里士多德为什么在这点上坚持一个似乎从他自己的观点来看也不必然是强有力的结论呢。亚里士多德对各种德性统一性的信念，是他的道德哲学中的从柏拉图那里继承下来的几部分之一。正像柏拉图一样，这一信念是对一个完善的人或者一个完善的城邦的生活中的冲突的厌恶与拒绝。柏拉图和亚里士多德都把冲突当作一种恶，不过，亚里士多德把它当作一种可以消除的恶。各种德性之间是和谐的，而在国家的和谐之中又再生个人品格的和谐。内战是最糟糕的一种恶。对亚里士多德而言，就像对柏拉图那样，人的完善生活本身是单一的和统一的，它由阶梯式的一系列善组成。

依此而论，冲突只不过是个人品格中的缺点或者不明智的政治安排的结果。这一观点不但影响到亚里士多德的政治学说，也同样影响到他的诗学，甚至他的知识论。在所有这三方面，竞赛（agôn）在荷马那里的中心地位被取代了。正像冲突不是一个城邦生活的中心，只被当作对城邦生活的一种威胁，亚里士多德所理解的悲剧也是如此，它与荷马所理解的悲剧冲突是人类最根本的条件的见解相差甚远——在亚里士多德看来，悲剧人物之所以失败，是因为他自己的缺陷，并不是因为人类的环境有时具有无可挽回的悲剧性——辩证法不再是达到真理的途径，在多数情况下，它只不过是附属于真理探寻的相关形式化的程序而已。在苏格拉底与个别人进行辩证地争论，柏拉图写对话的地方，亚里士多德则创造一些阐述性的演讲和论文。因而，在亚里士多德的神学观与埃斯库勒斯或者索福克勒斯的神学观之间，十分自然地有一个明显的对照；在埃斯库勒斯和索福克勒斯那里标志着对悲剧僵局的承认的诉诸神明，在亚里士多德看来毫无现实意义。亚里士多德所说的是不变的非人的神明以及形而上的沉思，给人类带来明确的、最终的目的（telos），但神明对人类事务本身并不感兴趣，更不用说那些令人进退维谷的事情了；它只不过是对自己的永恒思考和意识。

既然这种沉思是人的最终目的，是幸福的人的生活在实质意义上最后的和起完善作用的部分，那么，在亚里士多德认为人在本质上是政治性的观点和他认为人在本质上是形而上的观点之间就有一定的冲突性。要有幸福，物质的先决条件和社会的先决条件是必需的。家庭和城邦使得形而上的人类计划成为可能；但是，它们所提供的财物虽然是必需的，是整个人类生活的一部分，可从形而上的立场看，却是次要的。不过，在亚里士多德讨论个人德性的许多段落中，财物的占有与实践最终从属于形而上的沉思这一观点似乎很不合适。[①] 再考虑一下亚里士多德对友谊的讨论。

也许是作为对柏拉图在《李思篇》中讨论友谊的反应，亚里士多德把友谊分为三种：来源于相互有利的友谊、来源于相互

[①] 对这一问题的精湛讨论，请参看阿克里尔《亚里士多德的幸福论》，1974年版；和克拉克：《对肯尼的〈亚里士多德的伦理学〉的评论》，载《哲学论争》1979年，第352—355页。

愉悦的友谊，以及对善的共同关注的友谊，这种友谊中的善对双方都是善，因此，不可能对谁不是善的。正如我有时所强调的，这第三种友谊才是真正的友谊，它为家庭中夫妻之间、城邦中公民之间的关系提供了一种范式。因此，完善的人在对永恒理性的沉思中最终所获得的自足性，并非意味着他就不需要朋友了，正像并非意味着他就不需要一定水平的物质财富一样。相应的是，建立在正义与友谊之上的城邦，只有能够使它的公民享受形而上的沉思生活，就可能成为最好的城邦。

在这个形而上的和社会的构架中，自由的地位如何呢？认为奴隶或者野蛮人没有德性和对人而言的善，这对亚里士多德的扩展了的论证框架是非常重要的。什么是野蛮人？并非仅仅是非希腊人（他们的语言在希腊人听来就像"ba、ba、ba"），还包括那些没有城邦——在亚里士多德看来——因此不能从事政治关系的人。什么是政治关系？它是自由人之间的关系，也就是一个共同体中那些统治和被统治的成员之间的关系。自由的自我同时也是政治的服从者和政治的主权者。因此，介入到政治关系中就需要摆脱任何从属地位。自由是德性的运用和善的获取的先决条件。

对于亚里士多德的这部分结论，我们不必争吵不休。大概要使我们蒙羞的是亚里士多德的对非希腊人、奴隶和野蛮人的删除，不但认为他们没有政治关系，而且认为他们没有能力从事政治活动。我们可以把他的这个论点和如下论点连接起来。他认为，只有那些富人和有地位的人才能获得某些主要的德性，那些慷慨大方和宽宏大量的德性；手工艺人和商人属于次等阶层，即使他们并不是奴隶。因此，从亚里士多德的德目表的观点看，就看不到工艺实践和体力劳动的那种独特卓越。

亚里士多德的这一盲目性当然不仅仅表现在他个人身上；这是他的文化的一般的、虽然不是普遍的盲目性的一部分。这与另外一种形式的局限性密切相关。亚里士多德把野蛮人和希腊人描述为似乎具有固定不变的本性，如此评论他们的本性，就再一次使我们认识到他对人性的理解的非历史特征。作为物种的成员的个人具有目的（telos），但是，城邦、希腊和整个人类并没有迈向目的的历史。历史确定不是一种有声誉的探求形式——它不像诗歌那样有哲理性，因为它真正要探讨的是个体，而诗歌，在亚里士多德看来，所要探讨的是类。亚里士多德非常清楚，他认为算得上真正科学的那种知识，构成知识论的知识——通过普遍必然的真理，逻辑地从某些第一原理推导出来而把握到的实质性的知识——从本性上看，根本不是那种有关人类事务的知识。他认识到，恰当的普遍概括仅是那种适应多数情况的普遍概括，他关于普遍概括的论点，与我前面对现代社会科学家的普遍概括的论断是完全一致的。虽然有这个认识，他显然觉得没有必要去进一步地探求普遍概括的性质问题。这大概是下面这个悖论的根源所在，把城邦社会生活的各种形式视为人类本性的标准的亚里士多德，自己却是把城邦作为自由社会加以摧毁的马其顿王权的一个仆从。亚里士多德不理解城邦的短暂性，因为从总体上看，他对历史性了解很少或者根本就不了解。因此，对他而言，包括涉及人可能从奴隶的存在或野蛮人的存在到城邦公民的存在的那些方面的问题在内的整个范围的问题都不会提出。在亚里士多德看来，有些人"天生"就是奴隶。

而以下情形仍然是正确的，在亚里士多德的德性论中的这些局限性，并不必然影响他理解人类生活中德性的地位的总体框架，更不用说会损害他的许多独特见解。其中有两点是在任何对德性论述中都值得特别强调的。第一是快乐（enjoyment）在人类生活中的地位。亚里士多德把快乐描述为是伴随成功的活动而来的，这使得我们既能够理解为什么把快乐——愉快或者幸福——看作为人类生活的目的是合理的，同时也能够理解为什么

第十二章 亚里士多德的德性论

这是一个错误。亚里士多德所确认的快乐在特性上是与在活动中获得卓越伴随而来的。这种活动的种类非常不同：写诗或者译诗，玩游戏，执行某一复杂的社会计划。可称得上卓越的总是与我们这些人的行为标准紧密相连的。因此，总的来讲，寻求卓越就是意在做那些将使人快乐的事，因而自然也可得出这样的结论，我们力求做的是那些将给我们愉快的事情，因此，快乐、愉快或者幸福是我们活动的目的。但是，值得注意的是，正是使我们得出这个结论的同样的亚里士多德的那些思想，又不许我们接受把快乐、愉快或者幸福视为指导我们行动的准则的任何观点。恰恰因为这是一种非常具体的快乐——当我在本书的前些地方讨论边沁的功利主义时，我既强调了快乐的特殊性，又强调了它的多样性——它是伴随着不同类型的成功地获得性活动而来的；所以，快乐本身并没有给我们提供任何充分理由去从事这种活动而不是那种活动。

而且，我特别喜欢什么还要看我是什么样的一种人，我是哪种人实际上是我的德性与恶习的问题。把亚里士多德从我们的文化中驱逐之后，在18世纪的一段时期里，一种司空见惯的看法是——不论是在哲学著作里或墓碑上——德性不过就是我们碰巧发现的一种令人愉快或者有用的品质而已，这种看法的荒谬在于这个事实：我们发现的一般使人愉快或者有用的东西，取决于我们社会中一般具有和培养什么德性。因此，德性不能依据愉快或有用来界说或识别。对于这一点可以这么说，对于作为有特殊环境的特殊生物种类的成员的人而言，无疑有许多是有用的或使人愉快的品质。有用或者愉快的标准是由作为动物的人先于和没有任何文化的人确立的。但是，没有文化的人是一个虚构。我们的生物本性肯定在限制所有文化的可能性上有其作用；但是只有生物本性的人是我们一无所知的动物。我们在历史中实际碰到的人，只是那些有实践理智的人——正如我们已经知道的，这种理智为德性所构成。并且，正是在实践理性的本性方面，亚里士多德给我们提供了与德性的特性密切相关的另外一场讨论。

从根本上讲，亚里士多德对实践推理的论述是正确的。它有一些重要的特征。首先，亚里士多德把一个实践三段论的结论看作某种行为，认为一个论证可以以一个行为终结的观点，触犯了休谟及后休谟哲学的偏见，根据这种偏见，只有陈述（或者，以某些极其糟糕的说法：句子）能有真理价值，并且进入到部分地界定了演绎论证的那些连贯或不连贯的关系中。但是，陈述本身只有从它们表达信念的能力上看才具有这些特征；行动当然可以表达信念，虽然并不像言语那样总是清楚明白、毫不含混。正因为如此，我才对某个特定行为者的行动和陈述的不一致感到迷惑不解。例如，我们会因我们知道某人的三件事情而迷惑不解：第一，他想保持身体健康。第二，他真心实意地强调，感冒和淋湿对他的身体不利。在冬天，保暖和保持干燥的唯一方法是穿上外套。第三，冬天，他习惯不穿外套外出。因为这个人的行动所表达的信念与他的其他方面表达出来的信念不一致。假使一个人全部都是这样的不一致，他或她在周围的人看来是并不明智的。我们不知道该对他作出什么样的反应，因为我们不再有希望去弄清楚他在做什么，他们所说所做的是什么意思。因此，亚里士多德实践三段论的论点，可以看作是提供了关于可理解的人类行为所必需的条件的陈述，也可以看作为他为任何可以认知的人类文化提供了一个把握途径。

按照亚里士多德的观点，实践推理有四个实质性要素。首先，当事人的需求和目标，这是他的推理的先决条件，但并没有被表述在推理过程中。没有这些，推理就没有背景条件：大前提和小前提就不能适当地决定当事人该去做什么事情。第二个因素是大前提，这是一个论断，大致是：做、拥有或者寻找某种事情，这本身是对某人有利或者为他所需要的那种事情（当事人表达的三段论在后面的描述里)。第三个因素是小前提,依靠感觉判断,断定哪是那种必要的步骤和时机。结论,正如我所说的,就是行为活动。

这一论点又使我们回到实践理智与各种德性之间关系的问题上来。因为把各种前提提供给当事人的实践理性的判断,将包括对于像他这样的人做什么是善的或者什么是善的判断;一个当事人作出并依据这些判断行事的能力,将取决于由什么样的智识和道德的德性与恶行组成他的品格。对于这种联系的确切性质,需要有一个比亚里士多德给我们的对实践理性的论述更为全面的论述;他的论述有明显的省略,需要释义和解释。不过,从亚里士多德的立场出发,他所说的完全足以向我们证明,为什么理性不能成为激情的奴隶。因为情感教育与理论理性视作目的来追求的东西的一致,和与实践理性视作在每一具体时间和地点所做的正当的行为的一致,就是伦理学要做的事。

在本章的论述过程中,我们已指出亚里士多德对于各种德性的论述在好些地方都有值得商榷的地方。有些涉及亚里士多德的理论部分,这些理论不但需要放弃,而且这种放弃并不会牵连我们对他的整个理论的态度。如我已经指出的,亚里士多德对奴隶制的站不住脚的辩护。但是,至少在三个方面会产生问题,如果对这些问题没有令人信服的回答,会威胁亚里士多德理论的整个结构。首先,亚里士多德的目的论以他的形而上的生物学为先决条件,如果放弃生物学,而且我们也必须放弃,那么,怎样才能维护目的论呢?

对亚里士多德德性论深抱同情的一些现代道德哲学家,在这里看不到什么问题。有人认为,论证一种关于善恶的理论所需要的就是,某种关于人类的兴盛与幸福在于什么的非常一般性的论点。而各种德性就可恰当地描述为促进这种兴盛与幸福所必需的品质。因为,不管我们就这个问题在细节上有多大分歧,我们对什么是善恶的看法都应该合理地一致。这种观点忽略了在我们的文化历史上，对于兴盛与幸福在于何物的深刻冲突，也忽略了在这个问题上敌对和互不相容的信仰产生了敌对和互不相容的各种德性体系。亚里士多德和尼采、休谟和《新约》，是在这些问题上各持一端的名字。因此，任何带有目的论性质的论述，必须为我们提供某种关于目的的清楚而又站得住脚的论述；并且，任何比较一般的亚里士多德式的论点，必须提供一个目的论的论述，这个论述能够取代亚里士多德的形而上的生物学。

第二方面的问题涉及伦理学与城邦的结构的关系。如果亚里士多德的德性论的大量细节的前提是现在来看早已消亡的古代城邦的社会关系的背景条件，那么，怎么能够把亚里士多德的观点加工成为没有城邦的世界里的一种道德存在呢？或者换一种方式：是否有可能既是一个亚里士多德主义者，同时用一种历史的眼光，把城邦仅仅看作是一系列社会政治形式中的一种——即使是重要的一种——在这种政治形式里和通过这种形式，能够找到并加以教育那种作为各种德性的榜样的自我呢？而且，在这种形式里自我可以找到它的用武之地吗？

第三方面的问题来自亚里士多德对柏拉图关于个体心灵（soul）与城邦之间统一与和谐的信仰的继承，以及随这个观点而来的亚里士多德把冲突看作是要避免或者控制的观点。我现在提的这个问题，在亚里士多德与索福克勒斯之间的对立中表现得最为突出。正如我已经指出的，对于亚里士多德来讲，只有存在有缺点的英雄，叙述的悲剧形式才得以成立，这种缺点是在实践理智方面不完全拥有或践行某种德性。一个人人都很完善的世界里是没有悲剧人物可描述的。显然，亚里士多德的这个观点，部分来自于他的道德心理学，部分来自于他所阅读的悲剧，尤其是《俄狄浦斯王》。然而，要是我前些地方对索福克勒斯的论述是正确的，亚里士多德的道德心理学使他误解了索福克勒斯。因为，悲剧冲突在一定程度上当然可以以这种形式出现，发生冲突是因为安提戈涅和克瑞翁，奥德修斯和费罗克忒忒斯自身的缺陷；但是构成这些人悲剧对立面和冲突的是体现在他们交往中的善与善的冲突，这种冲突是早于并且不依赖于任何个人的特点：在《诗学》中，亚里士多德没有看到悲剧的这个方面，而且也不可能看到。缺乏对立和冲突在人类生活中有着中心位置的观念，也使得亚里士多德看不到关于德性的人类知识的一个重要来源，以及人类德性实践的一个重要环境。

澳大利亚著名的哲学家约翰·安德生要求我们对一个社会制度不要问："它所服务的目的或者目标是什么？"而是问，"它是什么冲突发生的舞台？"[1] 如果亚里士多德对城邦和具体的行为者也问了这样的问题，他就会另有办法，来理解德性的目的论和给德性以背景条件的社会方式的目的论特征。因为这是安德生的观点——一个索福克勒斯式的观点——认为通过冲突，有时只有通过冲突，我们才能知道我们的目的和目标是什么。

---

[1] 帕斯莫尔：《约翰·安德生和二十世纪哲学——安德生的欧洲哲学研究》，导论，1962年版，第XXII页。

第十三章

中世纪的状况

现在，我们以一些已经系统提出过的问题来讨论一下亚里士多德传统中稍后一些的著作家，但在我们对中世纪的一些著作家提出这些问题以前，须先交代两点：第一，我要强调指出这样一个事实：我正力图描述的有关德性的思想传统不应当和亚里士多德主义的较狭窄的传统相混淆，这一较狭窄的传统仅仅是注释亚里士多德的原著。当我在本书第五章第一次提到这个传统时，我使用了同样容易使人误解的措辞："古典道德"，之所以说它容易使人误解，是因为"古典"一词太宽泛，正如"亚里士多德学派"一词太狭窄一样。不过，虽然这一传统不易命名，但也不难以辨认。亚里士多德之后，这个传统一般是用《尼各马科伦理学》和《政治学》为其主要教本，但这绝不意味着完全照搬亚里士多德。因为，这是一个始终处于与亚里士多德对话关系中的传统，而不是处在任何简单赞同关系中的传统。

在与亚里士多德相隔十八、九个世纪的现代世界开始系统地摈弃古典的人性观念——因为这一观念在很大程度上，从根本上看是伦理学的核心——的时候，它摈弃的正是亚里士多德主义。路德说亚里士多德是"把教堂引入歧途的丑角"，从而为这场反对亚里士多德主义的运动定了调。霍布斯把宗教改革理解为部分缘于"教士德性的堕落"，部分缘于"将哲学和亚里士多德的学

第十三章 中世纪的状况

说羼入宗教"①。因此，我必须首先指出的第二点是，事实上，中世纪是在相对来说较晚的时期才遇到亚里士多德的，即使是阿奎那，所读的也仅是翻译过来的亚里士多德的著作；而当中世纪真的碰到亚里士多德时，对一个已是反复提出过的中世纪的问题，亚里士多德所提供的至多是部分答案。这个问题就是：在一种人类生活处于被太多的理想和生活方式的冲突分裂的危险中的文化里，应当如何教育人，使人性文明化。

对我们来说，在所有那些掩盖中世纪真相的虚构的思考方式中，没有一个比中世纪描绘为一个一体化的统一基督教文化的虚构方式更使人误入歧途的，而且这还不仅仅因为中世纪的成就也是犹太教和伊斯兰教的。就中世纪文化毕竟是一整体而言，它是多种根本不同的和相互冲突的成分的一种脆弱的和多元性的平衡。要理解德性的理论和实践在这一文化中的地位，就必须要认识到在中世纪文化里的那些搅在一起的不同的和相互冲突的各种成分，其中的每一成分都把它的张力和压力施加于这个整体。

首先，中世纪文化来自于这个事实：中世纪社会是通过多样性途径完成从英雄社会到它自身的转变的。德意志人，盎格鲁撒克逊人，挪威人，冰岛人，爱尔兰人，威尔士人，都有一个前基督教的历史的记忆。他们的许多社会形式，许多诗篇和传说都体现了这个历史。这些社会形式和传说通常都基督教化了，从而使那些异教的武士首领能够作为基督教骑士出现，并且是明显地没有被改变。基督教的和异教的成分通常以不同程度的妥协和冲突形式同时存在；很像5世纪荷马的价值标准与城邦国家的价值标

---

① 《利维坦》第1卷第12章："罗马天主教会的宗教在英国和基督教世界许多其他地方被废除，一部分也是由于同一原因造成的，因为他们的教士道德败坏使人民动摇了信仰。还有另一部分原因则是由于经院学者将亚里士多德的哲学和学说羼入宗教。"《利维坦》中译本，商务印书馆1986年版，第91页。——译者

准共存一样。在欧洲的一部分地区是冰岛传奇起到了与荷马史诗相同的作用；另一部分地区，是爱尔兰的旦波格里格和非安那[①]传说，在第三部分地区，则是已经基督教化了的亚瑟传说的范围。所以，对英雄社会的记忆确实出现于这个传统中，我已两次认出这一传统：前一次是作为5至4世纪的雅典社会的背景，这一次是作为中世纪全盛期的背景。正是这个传统的两次出现，使得英雄社会的道德观点成为在这个我们所关注的传统范围内进行道德思考的一个必然起点。因而，中世纪的秩序不可能拒斥英雄的德目表。对于家庭的和朋友的忠诚，维持家庭或军事远征所需要的勇敢，接受道德的限制和宇宙秩序的强制要求的虔敬，都是主要的德性，它们部分地受到诸如传奇中的复仇的准则这类惯例的界定。

例如，在中世纪早期的德意志法律里，只有秘密地杀死一个身份不明者才构成谋杀罪。当一个熟人杀死另一个熟人，不是犯罪而被认为是血族复仇的适当的反应。这两种类型的杀人的区分，似乎在爱德华一世[②]统治期间的英格兰还保留着。这不仅仅是一种与道德品行形成对照的法律观点。中世纪社会的道德化恰恰在于创造了正当和错误的一般性范畴和理解正当和错误的一般模式（并且法的准则也出自于此），这种一般范畴和一般模式能够替代那些较陈旧的异教信仰的约束和异教的破裂。回顾历史，我们看到，虽然对许多现代著作家来说，神裁判法是迷信；但是，当它最初被介绍过来时，它的作用也就是以一种相当新的方

[①] 作者来信给译者说，旦波格里格（Tain Bó Cuailnge）是一有关前基督教时期的爱尔兰的史诗故事（story，或译传说），非安那（Fiarna）是有关一伙武士的早期爱尔兰的另一系列的故事（传说）。我们现有的这些传说的最早的文本是中世纪的手稿，但这些传说本身以口头形式流传却是更早得多的事情。——译者

[②] 爱德华一世（Edward Ⅰ，1239—1307）：英王，在位期间1272—1307年。——译者

式,将私人和当地生活中的错误,置于一种公共的和宇宙的背景中。

因此,当12世纪的神学家和哲学家明确提出异教与基督教的德性的关系的问题时,这一问题已远远超出了理论问题的范围。确实,古典著作的重新发现,而且对马克罗比乌斯①、西塞罗②、威吉尔③这些人的奇怪混杂在一起的古典著作的重新发现,首先引发了理论问题。但是,诸如索尔兹伯里的约翰、彼得·阿伯拉尔或康切斯的威廉等学者们与之斗争的异教信仰部分地就在他们自身和他们的社会之内,即使这种信仰的存在方式已完全不同于古代世界的。而且,他们对问题的解决,不仅必须得转化成修道院的或正规教会学校的课程,而且还得用于大学。他们之中的某些人甚至还成为有影响的学术权威:当阿伯拉尔执教于巴黎时,托马斯·贝开特在那里学习,而康切斯的威廉是英国的亨利二世的家庭教师——《道德哲学》这本教材可能就是他写的,这本书的思想主要来自于西塞罗的《论义务》(*De Officiis*)一书,但其中也接受了许多其他古典著作家的思想。

对古典传统的这种接受,即使是以如此不完整的和零碎的重新获得的方式来表现,也是与某种基督教学说完全不一致的一个过程,它在不同程度上影响了整个中世纪。这种基督教学说把所有异教学说看成是恶魔的思想而摒除,并把《圣经》看成是可以事事求教的导师。路德确实是这样的中世纪传统的继承人。但是基督教学说对异教的否定性摒除,留下了一个不可解决的问题:在12世纪或任何其他时期的人类社会里,一个基督教徒的

---

① 马克罗比乌斯(Macrobius,公元400年前后):拉丁文作家,哲学家,修辞学家,注释了西塞罗的著作。——译者
② 西塞罗(Cicero,公元前106—前43):罗马哲学家,政治家。——译者
③ 威吉尔(Virgil,公元前70—前19):罗马诗人。——译者

生活方式问题。这个问题是一个如何把《圣经》中的启示转换成在当代的各种选择中，进行具体入微的分辨的问题；要完成这个任务所需要的概念模式和探究方式，都不是从《圣经》本身中可以得到的。当然，有这样的时候：当代的世俗世界所提供的有价值的东西只应受到完全的抵制，如在罗马帝国统治下的犹太和基督教社会团体的那种抵制，他们不得不面对着要他们崇拜皇帝的要求。这就是殉难的时刻。但在基督教历史的长时期中，这种要么事事求教，要么全然抵制的态度并不是这个世界正视教会时的选择；基督徒必须学习的也并非如何殉难而死，而是如何与日常生活的各种形式相符合。12 世纪的著作家以德性的方式提出了这个问题。如何使正义、审慎、节制、勇敢这四种主德的实践与神学的德性——信仰、希望和慈爱（Charity）相符？早在14 世纪，使用拉丁语或本国语写作的著述家们就对神学的德性进行了这种划分。

在阿伯拉尔大约写于1138 年的《伦理学》中，为回答上述问题而作的关键性区分是对恶与罪的区分。阿伯拉尔所持有的是亚里士多德的德性定义，这是波依修斯传授给他的。他根据这一定义对恶作出了相应的限定。而在《哲学家、犹太人和基督教徒的对话》中，哲学家代表古代世界的观点，并以西塞罗的措辞，而不是以亚里士多德的措辞列举和界说了四大主德。阿伯拉尔对哲学家的指责，不仅是乃至是一个积极意义的错误；他所要强调的是，在异教的道德观念中的忽略性错误，异教徒对德性的阐述的不完善，甚至在他们的最好的代表西塞罗那里也是如此。阿伯拉尔认为，这种不完善在于哲学家的至善概念和哲学家有关人类意志与善和恶的关系的信念这两者的不完善。而正是这后一方面，是阿伯拉尔希望着重指出的。

基督教所需要的并不仅仅是品格缺陷或恶的概念，而且是违反神的律法的概念，即罪。一个人的品格也许在任何具体时刻都是德性与罪恶的混合物，并且这些品质就预设了意志向这个方向或向那个方向的活动。不过，意志总是可以赞同或反对这些激励因素的。并且，即使有了某种恶的品质，也并不意味着必然要发生某种特定的错误行为，一切取决于意志内在行动的品格。因此，作为德性和罪恶领域的品格，就完全变成了意志的一个外在环境。道德的真正领域是意志的领域，也仅仅是意志的领域。

这种把重点放在意志和律法上的道德生活的内在化观念不仅可追溯到《新约》，而且可追溯到斯多亚主义。为了显现任何德性之德和一定类型的律法之德之间的冲突，值得来看看这种内在化的始祖——斯多亚主义。

斯多亚学派的观点与亚里士多德的观点不同，它把德性（aretê）本质上看作是单数的表述词，个人要么具有全部德性，要么完全没有。一个人或者具有德性所要求的完美［在拉丁语中"德性"（aretê）同时译作"德性"：Virtus 和 "善"：bonestas］，或是完全不具有。某人有德性就有道德的价值，没有德性就没有道德的价值，这里不存在任何中间等级。因为具有德性需要正确的判断，因而根据斯多亚学派的观点，善者也是聪明人。但善者的行为并不必然是成功的或有成效的。行为正当并不必然产生快乐或幸福，不一定带来身体健康或世俗的成功，或任何其他的成功。不过，所有这些都不是真正的善，唯有在一定条件下，它们有助于有着健全意志的当事人的正当行为，才是善。只有这种健全意志才是无条件的善。因此，斯多亚主义摒弃任何一种目的观念。

一种正当行为的意志必须符合的标准就是体现在自然本身之中的法则的标准，就是宇宙秩序的标准。因此，德性就在内在品性和外行为这两方面同时与宇宙法则一致起来。这法则对所有有理性的存在物来说都是同一个法则，没有任何地方性的特殊性或环境可以强调。善者是世界的公民，他与其他任何集体、城邦、王国或帝国的关系都是次要的和偶然性的。因此,斯多亚主义要求我们与物质的和政治的环境世界相对立的同时,要求我们的行动合乎自然。这里不无自相矛盾之处,但它们并不使人产生误解。

因为一方面,德性在自身之外发现它的目的和意义,过美好的生活就是过神明的生活,过美好的生活也就是不服务于个人的目的,而服务于宇宙的秩序。但在每一个个人那里,行为正当就是根本不考虑个人将来的目的,而仅仅做其自身是正当的任何事。柏拉图和亚里士多德以及索福克勒斯和荷马那种把德性理解为多样性和在好生活中的目的论的等级秩序的论点没有存在余地了;一个单一的德性一元论取代了它的位置。斯多亚学派的和亚里士多德后来的追随者们彼此从未能没有论争,这是毫不奇怪的。

当然,斯多亚主义不仅是希腊和罗马文化的一个插曲;它为所有那些后来欧洲的道德学说确立了一种模式,这些学说诉诸律法概念,以它作为中心取代德性概念。在上一章中,我探讨了道德的两个部分之间的关系,一部分在于律法的消极的禁止性规则,另一部分涉及德性推动我们去实现的积极的善,这种以律法为中心阐述道德的学说是与以德性为中心的学说相对抗的,这是一种应该使人感到惊奇的对抗;虽然由于随后的道德史使我们对这种律法为中心的道德学说如此熟悉以至于我们事实上未必对它感到惊奇。在讨论亚里士多德对自然的正义的简短的评论时,我提出,一个把它的生活看作是直接向着一个共同享有的善的社会,并且这种善成为这个社会的共同任务,这种社会需要同时依据德性和法这两者来完备它的道德生活。这一论点可能是理解斯多亚主义的一条线索。因为假定这样一种共同体形式消失了,正如城邦这种政治生活形式首先被马其顿王国,其次被罗马帝国取而代之的这种消失一样,那么德性与法律之间的任何清楚明白的

第十三章 中世纪的状况

关系都将消失。不再有真正共同享有的善,唯一所有的善就是众多个人的各种善,因为在这样一种环境里,对任何个人善的追求,是经常地和必然地易于和他人的善发生冲突,所以个人对善的追求必将与道德律法的要求不一致。因此,如果我遵从这类律法,就要抑制个人的自我,这种律法不可能旨在使人达到该律法之外的某种善,因为这时似乎已根本不存在这种善了。

因此,如果我是正确的,斯多亚主义就是一种对社会和道德发展的某种特殊类型的反应,一种惊人地预期了现代的某些方面的发展类型。因此我们应该预见到,事实上我们已经看到,斯多亚主义的重新出现。

实际上,每当德性开始失去其中心位置时,斯多亚式的思想和行为都会立即重新出现。斯多亚主义是西方文化中具有永久性道德活力的思想之一。然而,对于那些后来使某种道德律法概念成为部或几乎全部道德的道德家来说,斯多亚主义并没有提供唯一的,甚至最重要的模式,其原因在于这样一个事实:另一个甚至更为严格的律法道德,即犹太教的道德,占据了古代世界。当然,得以如此流行的是以基督教形式出现的犹太教。但是,把基督教看成本质上是犹太教的那些人如尼采和纳粹等,却以他们怀有敌意的眼光理解到了一个被许多现代自以为是基督教的朋友的人所没有看到的真理。因为《新约》中的托拉①仍然是上帝发出的律法,正如在《旧约》中一样。根据《新约》的观点,也正如特伦托会议以法令的形式所强调的,作为弥赛亚的耶稣既是仲裁者又是立法者,是我们应当服从的。巴特②在这点至少有一次赞

---

① 托拉(Torah):犹太教名词,广义泛指上帝启示给以色列人的真义,亦即上帝启示给人类的教导。狭义常专指《旧约》的首五卷,又称律法书或摩西五经。托拉也指全部希伯来圣经,有时也包括口传律法与成文律法,因此"托拉"一词的含义可进一步扩大而包含全部犹太律法、习俗及礼仪。——译者

② 巴特(Barth, Karl, 1886—1968),瑞士神学家。——译者

同特伦托会议,他写道:"耶稣若不是审判官,也就不是救世主。"

一种有着毫不宽容的律法的道德怎能与任何德性的概念联系起来?阿伯拉尔的退回内心,从他同代人的观点来看,是拒绝正视为他们提出的这个问题提供具体的背景条件这样一个任务。正如我们所知的,从阿伯拉尔的观点来看,外在的社会领域仅仅是一些偶然性的环境,可是,对于许多阿伯拉尔的同代人来说,正是这些环境规定了当时的道德任务。因为他们并不是生活在一个社会制度环境基本不成问题的社会中,12世纪是一个不得不创造社会制度的时代。索尔兹伯里的约翰对政治家的品格问题的热衷就绝非偶然。当时尚须创造的还有这样一种制度秩序:在这种秩序中,神的律法的要求能够更为容易地听到,并能在修道院外的世俗社会中站住脚。因此,德性的问题就变得不可回避:哪一种人能够做到这点?哪一种教育能够培养这种人?

只有通过这些问题,才可能理解像阿伯拉尔与利尔的阿兰之间的区别问题。阿兰在其写于11世纪70年代的著作中,认为异教的著作与其说代表了一种相匹敌的道德,不如说是为回答政治问题提供了不同的资源。异教徒的著作家把各种德性看作是在创造和维持世俗社会秩序上的有用的品质;慈爱能够把这些品质转化为真正的德性,德性的实践通向人的超自然的和天堂的归宿。所以阿兰开创了把古代哲学和《新约》综合起来的运动。他对柏拉图和西塞罗的著作的处理方式,预示着阿奎那采用那些唯有在12世纪后半期和13世纪才有价值的亚里士多德的一些思想;但不同于阿奎那的是,阿兰强调德性的政治和社会意义。

什么是需要以德性的实践来解决的政治问题?这些问题是一种社会的问题,在这个社会里,既处其中心的,而又公正的合乎正义的政府,各类大学和其他维持学识和文化的社会设施,特别属于都市生活的那种文明礼仪等等,都仍处在产生的过程中。维系它们所需的社会制度,大部分还有待创建,它们将能够存在的

第十三章 中世纪的状况

文化空间，还有待于在下述两种主要主张之间加以确立：一种是激烈的地方乡村社区的特殊主义主张，它要把一切都纳入习俗和地方权力之中；另一种是教会的普遍化主张。要实现这个任务的途径是狭窄的：封建社会机构、修道院的教规戒律，拉丁语、曾经属于罗马的关于秩序和法的观念，以及 12 世纪复兴的新文化——这样少的文化怎么能够控制如此多的行为和开创如此多的制度呢？

这一问题的部分答案是：就整体和长远的观点来看，正是世俗与神圣、地方与国家、拉丁语与本国语、乡村与都市之间的紧张甚至冲突，创造而不是毁了这种可能。正是在这种冲突的背景条件下，道德教育才得以开展，德性才得到重视并且得以重新界定，让我们依次考察德性中的忠诚和正义、军人和武士的德性以及纯洁和容忍的德性，来强调这个过程的三个方面。

不难看出，在封建社会的等级制度中，忠诚必须占有关键性的地位；同样易于理解的是，一个有着相匹敌的杂乱要求和易于产生压制的社会对正义的需要。但是，对谁忠诚？从谁那里得到正义？让我们看看英王亨利二世和坎特伯雷大主教贝开特两人的冲突。他们都是精力充沛、性情暴躁而又鲁莽冲动的人。每人都代表着一种伟大事业。虽然亨利主要关心的是扩大王室的权力，但他的作为在一种根本的意义上扩展了法治，以一种比以往更为稳固，更中心化、更公平和公正的法院和行政体系取代了封建的、自治的和地方性的习俗惯例。而贝开特所代表的，多半是教会权力的权谋，而且，他一向热衷于此。在主教的专断和罗马教皇权力的背后是这样一种主张：人类的法律是上帝的律令的影子，法律制度具体体现了正义的德性。贝开特代表着对超出所有世俗的和具体的法典的绝对标准的诉诸。这种中世纪的观点就像古代世界的观点一样，没有现代自由主义那种将法和道德区分开来的余地，这是因为中世纪的王国有着亚里士多德所表述的城邦的特色。城邦和中世纪的王国都被看作是那种共同体,在这些共同体中,人们共同追求人类之善,并且不仅仅作为——像现代自由主义国家把它自己看作是——提供了一个这样的场所:在这个场所中,每一个人追寻他或她个人的善。

因此,在大多数古代和中世纪的社会中,像在许多其他前现代社会中一样,个人是通过他或她的角色来识别,而且是由这种角色构成的,这些角色把个人束缚在各种社会共同体中,并且只有在这些共同体中和通过这些共同体,那种人所特有的的善才可以实现;我是作为这个家庭、这个家族、这个氏族、这个部落、这个城邦、这个民族、这个王国的一个成员而面对这个世界的。把我与这一切分离开来,就没有"我"。这个论点,可能会遭到这样的反驳:那我的不朽的灵魂呢?确实,在上帝眼里,我是一个个人,先于我的角色和与我的角色相分离的个人。但这种反驳是一种错误观念的体现,这个错误观念部分地产生于对柏拉图的灵魂观念和天主教的基督教的灵魂观念的混淆。对柏拉图主义者而言,正如对后来的笛卡尔哲学的信奉者一样,灵魂先于所有肉体的和社会的存在,因而它确实必须具有一种先于所有社会角色的身份;但是,在天主教的基督教徒那里,正如在早期的亚里士多德哲学的信奉者那里一样,肉体和灵魂不是两个相互连接的实体。我就是我的肉体,而我的肉体是社会的、是在这个社会共同体中有着特定社会身份的父母所生下的。对于天主教的基督教徒而言,所不同的是:不论我属于尘世中什么样的社会共同体,我都同时也被看作是天国的一个成员,在这个永恒的共同体中,我也有一个角色,这个天国共同体在地上的代表就是教会。当然,我可能被任何一种形式的共同体(尘世的或天国的)驱逐、或我自己背离了这个共同体,或因其他别的什么而失去我在其中的位置。我可能成为一个被放逐者,一个陌生人,一个流浪者。但这些也是被指派的社会角色,它们也是为古代和中世纪社会所认可的。而总是作为一个有序的共同体的一部分的是，我必须追求人类之善，在共同体的这种意义上，孤独的隐士或荒漠山下的牧羊人像城市的居民一样，都是一个共同体的一个成员。因此，孤独不再有菲罗克忒忒斯的意味了。个人带着作为他的自我定义的一部分的社会角色，甚至进入他的离群索居状态中。

因此，当亨利二世和贝开特大主教相遇时，每人都必须认识到对方身上不仅是一个人的意志，而且是一个带有一种权威性角色的个人。贝开特不得不承认在公正的意义上他应当把什么归于国王。当1164年国王向他要求他不能做到的服从时，贝开特已认识到这已把他自己放到了殉难者的角色中了。而在这个决定面前，世俗权力至少是担忧害怕的，当时甚至找不到一个勇夫去通知这位大主教，递送皇家法庭的有敌意的审判结果。当最终将贝开特置于死地，亨利本人最后也不可避免地要为此赎罪。我这里说的"赎罪"，不仅是指比他要获得教皇亚历山大三世的和解的意思更多，而且其意不在此。因为在亨利与教皇和解一年多以前，当他一听到贝开特的死时，便立即走进自己的房间，悲切忏悔，并开始斋戒。两年后，他在坎特伯雷教堂作公开忏悔，并受到了牧师的惩罚。亨利和贝开特的争执发生在一个双方就人的与神的正义问题上有着完全一致意见的共同思想框架中。亨利和贝开特的争执之所以发生，完全是因为，他们在什么构成了对方的胜利和失败上有着深刻的一致意见，他们各自过去的历史把他们带到这个争执点上，并且是占据了国王和大主教的位置的人。所以当贝开特被迫进入一个他能够戏剧性地承担殉难者的角色时，他和亨利对于殉难的标准，意义，后果的看法并没有分歧。

因此，亨利二世和贝开特大主教的争执与后来的亨利八世（在位期1509—1547）和托马斯·莫尔的争执是根本不同的。亨利八世和莫尔的争执完全是关于应当如何理解事件的争执。亨利二世和贝开特处在一个单一的叙述结构中；而以亨利八世和托马斯·克伦威尔为一方，莫尔和波尔为另一方的争执双方则处在一个相互冲突的概念世界中，他们对自己正在做的事情和已做了的事情，有着完全不同的和互不相容的解说。在中世纪的争论中，叙述理解方面的一致意见表现在德性和罪恶问题上的一致。而在英国的都铎王朝（1485—1603）期间发生的争执中，中世纪这种一致意见的框架已经丧失。而正是这个框架是中世纪的亚里士多德信徒力求明确表达的。

174 　当然，在这样做的时候，他们必须得认识到亚里士多德没认识到的德性。其中有一个德性特别值得考虑。这就是神学德性慈爱。亚里士多德在考虑友谊的性质时，得出结论说，一个善良的人不可能是一个恶人的朋友；因为联结真正友谊的是对善的共同忠诚，因而这对亚里士多德来说是很正常的。但在《圣经》宗教的中心位置上的是对那些有罪的人的爱的概念。那么，什么是亚里士多德的世界所忽略的？并且由此使得这样一种爱的观念在亚里士多德的世界里不可思议？在试图理解德性之德和律法之德的关系的过程中，在前些地方我已指出，需要提供某种背景条件以使这种关系可以理解，这种背景条件是：为获得一种共同善的共有计划所构成的共同体形式；因此，需要认识到这样两方面：一类是其特性在于导致获得这种善的品质——德性；另一类是破坏这样一种共同体的必要关系的行为，即可依这个共同体的法律起诉的违法行为。对这种行为的适当反应就是惩罚，并且这也就是人类社会对这类行为的一般反应。但在《圣经》的文化思想中，与亚里士多德的方式相对照的是，另一种反应变得通行起来，这就是对这类行为的宽恕。

　　什么是宽恕的条件？它要求的是像罪犯承认恰当的惩罚的公正性一样，接受法律对他的行为的裁决，因此"赎罪"和"惩罚"同出一源。如果某个犯罪的人有如此意向，便可以得到宽恕。实行宽恕以审判为前提，不过这两者之间有根本的不同。审

第十三章 中世纪的状况

判在特征上为法官所执行，一种非个人性权威代表着整个社会；而宽恕只能由被侵犯的一方给予。宽恕中所体现的撼性就是慈爱（慈悲）。在亚里士多德时代的希腊，没有一个词能够正确地翻译"罪"、"悔悟"或"慈爱（慈悲）"。

当然，从《圣经》的观点来看，慈爱不仅仅是在德目表中又增加一个德性。它所包含的内容以一种根本的方式改变了善的概念；因为要在其中实现善的社会必须是一个和谐一致的社会。因而这是一个有着一种特殊历史的社会。在讨论英雄社会的德性概念和德性的作用时，我强调了这种概念和作用与那种把人类生活理解为具体体现了一定类型的叙述结构的方式之间的关联。现在我们可以试着概括一下这一论题。德性的每一种具体观点都与某种叙述结构的具体观念相关联，或与某种人类生活的结构相关联。在典型的中世纪框架中，核心特征是关于追寻或游历的故事。人在本质上是个过程。他所追寻的目的，是那种只要能够达到，就能补偿他一生的全部过错的东西。这种人生目的的观念当然不是亚里士多德的，它至少体现在两个根本方面。

第一，亚里士多德把人类生活的目的看作是某种类型的生活，目的不是在将来的某个时候要达到的东西，而是建构我们的整个生活的方式。确实，作为目的的好生活以对神明的沉思为顶点，因此，对亚里士多德和对中世纪而言，好的生活都趋向某个顶点。不过，如果像 J. L. 艾克里尔等学者是正确的话[①]，亚里士多德仍是在把好生活作为一个整体来讨论沉思的位置的，而在这个整体中的不同相关阶段，一定获得了多样性的人类卓越。这就是为什么一种几乎完全是怙恶不悛的生活最终可以得到解救的观念在亚里士多德的体系里没有位置，用亚里士多德的词汇无

[①] J. L. 艾克里尔（Ackrill）：《亚里士多德的幸福论》，1974年版，第16—18页。

法理解十字架上的贼的故事，这完全是因为在亚里士多德那里，慈爱不是一种德性。第二，把人类生活看作是一种追寻或旅程的观念，包含着在这一征程中，要遭遇到和要克服多种形式的恶，这就需要一个恶的概念，而在亚里士多德的著作中，对这样一种恶的概念，至多不过是有所暗示而已。在亚里士多德看来，恶就是没有德。所有品格上的坏处都是不足，都是丧失。因此，以亚里士多德的方式很难把"没能做到那样好"和"确凿无疑的恶"区别开来，无法区分亨利二世和吉尔·德·雷斯的品格，也不能区分我们每人身上潜在的或明显的品性。对这个恶的尺度问题，亚里士多德没有碰到，但圣·奥古斯丁却不得不正视。奥古斯丁追随新柏拉图主义的传统，把所有的恶都理解为善的丧失；但他认为人性的恶存在于意志对恶的赞同之中，赞同是在先的，这是因为每个具体的明确选择都以赞同为前提。恶与意志就是这样一种东西，意志能够喜欢恶。恶表现在对上帝律法和作为上帝律法模本的人类的法律的挑战之中；因而赞同恶恰恰就是违法的意愿。

因此，体现了人类生活的叙述具有这样一种形式，在这种形式中，叙述的主体，即个人（可能是一个人，也可能更多，例如以色列人，或罗马公民），负有一个使命，而这个使命的完成，在于他们对人类善的特殊占有。完成这个使命旅途中的障碍是多种多样的内在的和外在的恶。所谓德性，就是那些能够使恶被克服的一类品质，是使人完成其使命，走完其旅途的品质。因此，虽然德性的概念仍然是目的论的，但它至少在两个重要方面非常不同于亚里士多德的德性概念，这还没有把基督教徒和奥古斯丁的信徒所理解的恶算在内。

第一，亚里士多德认为，外来的不幸能够使人类的善——幸福实现的可能性夭折；他也承认，在很大程度上有德性能够对付不幸,但巨大的不幸:例如普里阿摩斯①的不幸就把他排除在幸福之外,而丑陋难看、出身卑微、断子绝孙等都如此。可是,在中世纪的视野里,不仅相信人不可能因具有这些不幸特征而得不到人类的善,而且相信,只要我们不成为恶的帮凶,不论发生什么,任何恶都不能把我们排除在人类的善之外。

第二,中世纪的视野是历史性的,而亚里士多德的则不是。亚里士多德把达到善的目的置于城邦政体中,中世纪却没有把它仅仅置于某特定的背景条件中,而是置于那些本身便具有历史的背景条件中。向着善走去,是在时间之中进行的,而这种行动本身对什么是朝着善的行动会产生新的理解。研究中世纪的现代历史学家常常强调中世纪史料的不足和薄弱,中世纪的最伟大的著作家们用叙述来描写的是被他们看作为人生的旅行,而这种旅行是虚构的和比喻式的。然而,这部分地是由于中世纪的思想家们把《圣经》的基本历史框架看作是一个他们能够确信的历史框架。他们确实缺乏一种把历史看作是持续地发现和再发现历史是什么的概念,但他们并没有因此而缺乏把人类生活看作历史的概念。

因此,根据中世纪的这种观点,德性就是那些使人能够在他们的历史旅程中幸免于恶的品质。我已经强调指出,一般而言,中世纪社会是充满冲突的社会,无法制的多元的社会。约翰·加德纳曾经描写了15世纪时,围绕英国爱德华三世的第四子冈特德约翰所形成的圈子的情况:"他们对他们的世界渴望的是法制和秩序、强有力的和不受挑战的君主,或者,以但丁的措辞来说,'一个决定众人意志的意志',而他们在自己周围看到并强烈憎恨的是:动荡、价值沦丧、争斗迭起,卑劣与崇高疯狂地掺

---

① 普里阿摩斯(Priam):传说中的特洛伊的最后一位国王,被希腊人所杀。——译者

和在一块,不是一致而是纷争——正如英国诗人乔塞在他对包伊夏斯①的一首诗的辉煌的阐述中所说的,像一个世界性的杂乱性关系。"② 这段话表明了在中世纪的道德生活观里的普遍模糊性。

而另一方面,这种生活又被一种把世界看成是一体化秩序的理想化的世界观所表达。在这个一体化秩序中,世俗是永恒的反映。在万物的秩序中,每一具体的事物都有它应有的位置。这就是理智的整体系统观,这一观点在但丁和阿奎那那里得到最高表达。大量的普通的中世纪思想却只是不断地向往着这种观念。但是,且不说中世纪的生活,即使在中世纪的思想中,也难以发现它是完整系统的。这不仅是因为封建制度难以与从英雄社会及基督教那里继承来的东西相适应,而且因为还有《圣经》和亚里士多德之间的冲突。阿奎那在他的论述德性的论文中,是依据主要德性(审慎、正义、节制和勇敢)和三位一体的神学德性这样惯用的框架来论述它们的。例如,什么是容忍?阿奎那援引(公元1世纪的)圣·詹姆斯的使徒书说:"容忍就有完美的行为,"并且探讨了容忍是否不应列为一个主要德性的问题。但然后他援引了西塞罗来反对圣·詹姆斯,并论证道,所有其他的德性都包括在四主德之内。但是,如果是如此,那么阿奎那就不能以主要德性的拉丁语名称来完全表达亚里士多德以希腊语的对等词所表达的意思,既然一个或更多的主要德性必定包含在容忍和另一个《圣经》中所列的德性——如阿奎那明确承认的谦卑中。而在亚里士多德对德性论述中,只有一处提到类似于"谦卑"德性的地方,在那里,它只作为一种恶提及;而容忍则根本没有被亚里士多德所提及。

---

① 包伊夏斯(Boethius, 480?—?524):罗马哲学家。——译者
② 加德纳(Thon Gardner):《乔塞的生活和时代》,1977年版,第227页。——译者

第十三章 中世纪的状况

可是，这都还没有揭示在中世纪的有关德性的论述里应当发现的那种范围和多样性。当乔托①在帕多瓦描绘德性和恶时，他是把它们成双配对地来表现的，以原创性、想象性的视觉表现形式展现德性与恶，这意味着：一种新的想象模式本身就是一种再思的方式；贝伦森论证道，在乔托那些表现贪婪和不正义之恶的壁画中，他回答了这个问题：在唯一地为这些恶所支配的人那里，什么是有意义的品质？他的画面的回答代表的那种有关恶的论点，既与亚里士多德的体系相冲突，又以亚里士多德的体系为前提。再也没有什么比这更能证明中世纪思想的异质性。

因此，即使是理想的综合也在某种程度上是靠不住的。在中世纪的实践使德性适用于中世纪的生活的冲突和恶的过程中，在不同的环境中造成了关于德性的排列顺序问题上的相当不同的观点。容忍和纯洁确实变得非常重要。纯洁是至关重要的，因为中世纪是这样一个世界，它认识到，任何对至善观念的把握，都极易因世俗的迷乱而丧失；容忍也是至关重要的，因为它是在恶面前忍耐的德性。一个英国14世纪的深受这些论点影响的诗人，写了一首题为"珍珠"的诗，描写一个人在梦中遇到了他死去女儿的鬼魂，他发现自己爱她甚于上帝；在另一首题为"容忍"的诗中，描写了先知约拿的故事，他最初因上帝推迟毁灭古亚述国首都尼尼微而苦恼，因为这使人们对他约拿的预言发生了怀疑，但他也不得不从中学到：那个邪恶的世界之所以能得以幸存，完全由于上帝有忍耐力和不轻易动怒。中世纪的意识认识到它持有的至善概念总是脆弱的和总是受到威胁的。因此，中世纪的世界是这样一个世界：在中世纪的世界中，不仅把德性的体系扩展到了亚里士多德的眼界以外，并且最重要的是，人类生活的明确的叙述性成分与恶的品格的连接，不仅是在《圣经》的语

---

① 乔托（Giotto, 1276? —? 1337）：意大利画家和建筑家。——译者

汇中，而且仍成为意识中的最突出部分。

因此，在这个意义上，一个至关重要的问题不得不提出。既然有这样多的中世纪的理论和实践与亚里士多德的某些中心论点不一致，那么，如果说这种理论和实践毕竟是亚里士多德式的，这是在什么意义上说的呢？或者可用另一种方式提出这同一问题：不正是我的关于中世纪的德性的论点使得一个严格意义上的亚里士多德主义者，诸如阿奎那，成为一个极不寻常的中世纪人物？应当看到，确实如此。并且，值得指出的是：阿奎那的德性论的某些主要特征，使阿奎那出乎意料地成为一个对我正在写的这个历史来说的边际人物。这并不是否定阿奎那作为亚里士多德的解释者所起的关键作用，阿奎那对《尼各马科伦理学》的注释无与伦比。但在一些关键问题上，阿奎那论述德性的模式是成问题的。

首先，是他的总分类体系问题，这我已经评述过了。阿奎那根据被描述为一个详尽的和一致的分类体系提出德目表，而这样大的分类体系总是应当引起我们怀疑的。植物分类学家林奈和化学家门捷列夫确实以他们的卓越的直觉把握了经验材料的秩序，他们的工作被后来的理论所证明；但在我们的知识是真正经验性的地方，我们必须小心地不要把我们从经验中所学到的东西与我们从理论推知的知识混淆起来，即使是从正确的理论中推论的。我们的大量的有关德性的知识是经验性的：我们只能主要通过观察我们自己的和他人的实践，才能学到什么品质是真诚或勇敢，这种实践相当于什么，这种实践会有什么问题，什么是它应避免的，等等。而且，因为我们必定要受教育才能有德性，而就我们一生的相当一部分时期而言，我们中的多数人在德性方面的教育是不完全的和参差不齐的，因而在我们所整理的德性的知识中必然有一种经验性的凌乱，尤其在每一种德性的实践与所有其他德性的实践的关系问题上，更是如此。在这些考虑面前，阿奎那德性分类论述和他的统一性的论述提出了一些问题，但并没有回答这些问题。

因为就一方面而言，他的分类体系的理论背景有两部分：第一重申亚里士多德的宇宙论，第二则尤其是基督教和神学。而我们有充分理由来摈弃亚里士多德的物理学和生物学，但涉及人的真正目的、不属于亚里士多德的形而上学的基督教神学部分，根据阿奎那本人的论点，它是信仰问题，而不是理性问题。让我们看看在阿奎那的主张中的见解：如果我们遇到了真正的道德冲突，总是因为我们自己某些原先的错误行为。这显然是冲突的一个原因。但这个论点能把安提戈涅和克瑞翁的冲突、奥德修斯和菲罗克忒忒斯、或者甚至俄狄浦斯的冲突包容在内吗？它能把亨利二世和贝开特的冲突包容在内吗？因为我们不得不弄清楚的是，即使我对这类情境内的阐释只是大体正确，那么这里的每个冲突既可以在不同的个人之间发生，也可能真正发生在一个人身上。

像亚里士多德一样，托马斯·阿奎那也不认为悲剧是人类缺陷、罪恶和错误的结果。但他与亚里士多德不同，认为这是一种神学的结果。这种神学认为，世界和人类被创造出来时，都是好的，其缺陷是人的意志行为的结果。当这样一种神学与一种亚里士多德的自然世界的知识论携手时，就要求一种自然的和道德的秩序的科学，一种知识形式，在这种形式中，每一项认识都能被置于一演绎等级体系中，在这一演绎等级体系中，最高位置由一组第一原则占有，这种第一原则的真理性是肯定能够被认识到的。但对于任何一个持有这种亚里士多德的知识论的人来说，都有一个问题，这个问题吸引了许多注释者的关注。因为按亚里士多德自己的看法，政治学和伦理学的一般概括并不适应于这样一种演绎性的论述。它们不具有必然性和普遍性，只是一般而言和大部分来说是如此。不过，如果这是正确的，那么我们就不应当希望能够给予，或者想要能够给予那种阿奎那给予我们的对德性的论述。

这里的问题既是认识论的，也是道德的。一个阿奎那的当代追随者P. T. 吉奇——至少在这点上是——以如下的方式提出了德性的统一性问题。[①] 假设有人声称，一个目的和意图一般都是恶（例如一个有献身精神的和聪明的纳粹分子）的人有勇敢的德性。吉奇说，我们应当回答，要么他具有的不是勇敢，要么在这种情况下，勇敢不是一种德性。这种回答显然是一个持有类似于阿奎那的德性统一论点的人都必定作出的回答。这个论点错在哪里？

让我们看看在对这个纳粹的道德再教育过程中，要涉及什么和事实上又涉及了什么：他必须痛改前非，必须学习许多德性，对这个纳粹分子来说，谦卑和慈爱对他来说，就多数方面而言，即使不是全新的，也是新的德性。但至关重要的是，对于他已知的在危险面前要避免怯懦和无节制的鲁莽，他是不必抛弃或重新学习的。而且，恰恰因为这样一个纳粹不是没有德性，因而他和那对他进行再教育的人之间的道德接触才有意义，有某种东西可以建树起来。否认这种纳粹是勇敢的或说他的勇敢不是德性，都抹去了这个人身上需要进行道德上的再教育的东西和不需进行这种教育的东西之间的区别。这样，我就可以说，如果道德上的亚里士多德主义的任何见解必然致力于一种更强烈的德性统一性的论点（正如不仅阿奎那，而且亚里士多德他自己就是），那么这种观点总有一个严重的缺陷。

因此，重要的是要强调，一，阿奎那式的亚里士多德的德性论的说法不是唯一可能的说法，二，阿奎那是一个没有代表性的中世纪的思想家，尽管他是中世纪最伟大的思想家。我自己对中

[①] P. T. 吉奇（Peter Geach）:《德性》，1977年版。

世纪运用、修正和扩展亚里士多德观点的多样性和杂乱性的强调，是理解如下问题的关键：中世纪的思想何以不仅是我正在描述的道德理论和实践的传统的一部分，而且标志着这个传统的一种真正推进。不过，这一传统的中世纪阶段，仍是一种浓重的亚里士多德式的，而不仅是基督教的。当迈蒙尼德①回答为什么上帝在《旧约·摩西王经》中制定了那么多的节假日这一问题时，他说：这是因为节假日提供了产生和发展友谊的机会，亚里士多德已经指出，友谊的德性是人类共同体的纽带。这种《圣经》的历史观与亚里士多德的历史观在德性问题上的联结，不仅是在基督教，而且也是在犹太教和伊斯兰教方面在中世纪取得的独特的成就。

---

① 迈蒙尼德（Maimonides，1135—1204）：西班牙的犹太教律法家、神学家和哲学家。——译者

第十四章

德性的性质

对我在前面已叙述的这个历史的一个反应也许就是,即使在我已粗略描述的相对一贯的思想传统内,也存在着许许多多不同的、彼此不相容的德性概念。因而不存在任何真正统一的德性概念,更不用说统一的历史了。荷马、索福克勒斯、亚里士多德、《新约》和中世纪的思想家们之间的差别太大了。他们提供给我们的是各种相同的和互不相容的德目表;对不同德性的重要性,他们各有不同的排列秩序;并且他们还有彼此不同的、相不相容的德性理论。如果我们再看看更晚些的西方著述家对德性的论述,这些不同和不相容性就会进一步扩大;假如我们把我们的研究扩展到日本或美洲印第安文化,这些差别还将扩大。很容易得出这样的结论:有一些相匹敌的和可选择的德性概念,但是,即使在我所叙述的这个传统范围内,没有单一的核心概念。

就这样一个结论而言,没有比一开始就对那在不同时间地点的不同著作家们的德目表中的非常不同的德目进行考察更富有建设性的了。这些德目表的某些,荷马的、亚里士多德的、新约的,我已经以或长或短的篇幅谈到了。让我冒重述之讳,回顾它们的某些关键特征,然后,为了作进一步比较,介绍两位稍晚些的西方作家,本杰明·富兰克林和简·奥斯汀。

第一个例子是荷马的德目表。至少在荷马的德性(aretai)表中的某些德目,今天根本不被我们中的大多数人看作是德性,

第十四章 德性的性质

体力是最明显的例子。对于这一点，有人可能会回答说，我们不应当以我们的词"德性"来翻译荷马的"aretai"一词，而应以"卓越"一词来译；如果我们这样来译它，荷马和我们自己之间貌似巨大的差别马上就消除了。因为我们对拥有体力就是拥有卓越，并不感到有多少唐突。但事实上我们并没有消除荷马同我们自己的差别，而只是重新标明了这种差别。因为我们现在好像是在说，荷马的德性（抑或卓越）概念是一回事，我们的德性概念是相当不同的另一回事，因为一种具体的品质在荷马眼中是一种卓越，但在我们眼中不是一种德性，反之亦然，

这当然不是说，荷马的德目表仅仅同我们自己的有差别，它与亚里士多德的德目表也有明显差别。当然亚里士多德的德目表也与我们自己的有差别。比如，前面指出，某些希腊文的德性词汇并不容易译成英语，或者宁可说，英语偏离了希腊文的意思。

再看看友谊作为一个德性在亚里士多德的德目表里的重要性，又是与我们的多么不同！或者智慧（phronesis）的位置，又是何等不同于荷马的和我们的！在亚里士多德那里精神所具有的地位等同于肉体在荷马那里的地位。但亚里士多德与荷马之间的差别不仅在于在他们各自的德目表中，有的德目涵入什么，有的德目又省略了什么。这差别还在于德目表的排列次序，有些德目被排得相对靠近人类的卓越（美德）的中心位置，有的则被排在边缘位置。

而且，德性与社会秩序的关系也改变了。对荷马来说，人的卓越范例是武士；对亚里士多德来说则是雅典的绅士。实际上，按照亚里士多德的看法，一定的德性只有富人、有社会地位的人才会有，有的德性是一个穷人（即使他是自由人）不可能有的。而这些德性，按照亚里士多德的看法，恰恰是人类生活的最重要的德性；恢弘大度——再说一次，对"megalopsucbia"的任何翻译都不是令人满意的——和慷慨不仅是德性，而且是亚里士多德

体系内的重要德性。

必须指出,我们发现与亚里士多德的德目表形成惊人对照的,既不是荷马,也不是我们的主张,而是《新约》一书,因为正是《新约》不仅赞美了亚里士多德所不知的德性:信仰、希望和爱,提都不提像智慧这样的对亚里士多德来说是至为重要的德性,而且还至少赞美了在亚里士多德看来是相应于恢弘大度的一种恶,即谦卑为德性。不仅如此,既然《新约》明确地把富人看作是命定要受地狱之苦,很清楚,那些重要德性是他们所不能有的;倒是奴隶可以获得的。再者,《新约》不同于荷马和亚里士多德,当然不仅体现在德性表中的具体德目上,并且也体现在德性的排列秩序上。

现在,将前面考察的这三个系列的德目表:荷马的、亚里士多德的和《新约》的与两个稍晚些的德目表相比较,一个是我们从简·奥斯汀的小说里能够搜集到的,另一个是富兰克林为自己制定的。奥斯汀的德目表有两个显著特征:首先是她强调她称为"坚贞"的德性的重要性,我将在后一章更多地谈到这种德性。在简·奥斯汀的德目表里,坚贞在某些方面起了类似智慧在亚里士多德那里所起的作用;这是这样一种德性:拥有这个德性,是拥有其他德性的先决条件。其次是她把被亚里士多德称为友好(agreabllness)(亚里士多德说这是一个还没有命名的德性)的一种德性仅看成是一个真正的德性的影像,这个真正的德性她称为"友善"(amiability)。因为据亚里士多德说那能践行友好德性的人是出于荣誉和权宜的考虑;而奥斯汀则认为拥有这种德性的人可以而且必需抱有对人的真实感情(这里的一个有关之点是,奥斯汀是一个基督教徒)。请回想一下亚里士多德自己也曾把战争中的勇敢看成是真正的勇敢的影像。这样我们就看到在德性问题上的另一种分歧。即,哪些人类的品质是真正的德性,而哪些又仅仅是影像。

第十四章 德性的性质

在本杰明·富兰克林的德目表中，我们几乎发现了那至少不同于我们已考察过的一个或更多一些德目表的所有类型，富兰克林所列的一些德性是我们没有探讨过的，例如清晰、沉静和勤奋；他显然认为追求利益（drive to acquire）是德性的一部分，而对大多数古代希腊人来说，这就是被称之为贪欲的（pleonexia）那种恶；他把早些年代看作是较次要的某些德性，看成是重要的德性；但他也重新界定了某些大家熟悉的德性。在富兰克林作为他私人道德价值体系一部分的十三个德目中，他借助一条格言来阐明一种德性，遵守这条格言就是德性本身。在阐明贞洁时，所引用的格言是"极少性生活，除非为着健康或生育；永远不要使性生活成为枯燥的，无力的活动，或成为对你自己或他人的宁静生活及名誉的伤害。"这显然不是先前的著作家使用"贞洁"一词的意义。

因此我们就已经举出了在五种明确陈述了的和隐含着的德性观中的大量的差别和不相容性。这样我在开头提出的问题变得更为迫切。如果处在不同的时代和不同的地方，但都属于西方文化的历史范围内的不同作家们在他们的德目表里包容着这样不同的德目类型和成分，我们有什么理由假定他们确实意在列出一种完全相同的德目条目，假定有某种共同拥有的概念呢？另一种考虑加强了对这一问题的否定性回答的意向。不仅五个著作家中每一个都提供了不同的和各异的德性条目，而且这些德目表的每一个都包含着，并且都是一种关于德性是什么的不同理论的表达。

在荷马史诗里，一种德性是一种品质，它的表现形式是某人能够完满履行他被明确规定了的社会角色所要求的义务。基本的角色是武士首领的角色，荷马列出了武士首领所有的那些德性；只要当我们认识到那关键性的德性必须是那些能够使一个人在战斗中和在竞赛中获胜的德性，荷马列出的那些德性就立即变得清楚明白；由此可知，除非我们先理解了荷马社会中的关键性的社

184

会角色和每个社会角色的要求，否则我们不能弄清荷马列出的德性。担负某种角色的人应当做什么的概念先于德性的概念，只有通过前者，后者才有实际意义。

按照亚里士多德的看法，情形则非常不同。在亚里士多德那里，虽然某些德性只有一定类型的人才可获得，不过，德性并不依赖于人所占据的社会角色而依系于人本身。正是人作为一个种类的目的，决定了什么样的人类品质就是德性。但是我们必须记住，虽然亚里士多德把德性的获得和践行看作是达到目的的手段，手段与目的的关系是内在的而不是外在的。我称一个手段对一个特定的目的来说是内在的，是说如脱离对手段的描述就不能适当地描述目的。所以按照亚里士多德的看法，作为人的好（善）生活的目的是和德性联系在一起的。德性的践行本身是好生活的一个重要部分。前已指出，这种对一个目的来说有内在和外在手段的区别，不是亚里士多德自己在《尼各马科伦理学》中作出的，但只要我们理解到亚里士多德打算要说的是什么，就可知道，必须引出这个实质性的区分。而这种明确区分是阿奎那在维护圣·奥古斯丁的德性定义的时候提出的，很清楚，阿奎那意识到，在这种区分中，他正在维持一种亚里士多德式的论点。

尽管《新约》的德性观在内容上与亚里士多德的很不同，（亚里士多德肯定不会钦佩耶稣基督，而圣·保罗又要使他感到惊骇），但与亚里士多德的德性观的逻辑和概念结构是相同的。与亚里士多德的看法一样，一种德性是一种品质，它的践行导向人的目的的实现。人的善当然是一种超自然的善，而不只是一种自然的善，但超自然却解救和完善自然。而且，德性作为手段与目的的关系，这目的是人与未来上帝的王国的合一，是内在的而不是外在的，这与在亚里士多德那里的情形一样。当然，正是这种类似性允许阿奎那糅合亚里士多德和《新约》，这种类似性的一个主要特点在于，人的好（善）生活的概念先于德性的概念，

第十四章 德性的性质

正如在荷马的德性观中一种社会角色的概念先于德性的概念一样。这里再一次是这种情况：前面的概念的运用决定了后面的概念如何运用。在这两种情形中的德性的概念都是一种第二层次的概念。

简·奥斯汀的德性理论的意义是另一种种类。C. S. 刘易斯正确地强调她的道德观点是何等的基督教式，赖尔同样正确地强调了她对莎甫茨伯里和亚里士多德的继承性。事实上，她的观点中还融会了荷马的思想成分。因为她关注社会角色的方式，既不是《新约》的，也不是亚里士多德的。因此，她的重要性就在于她发现能够把初看起来是根本不同的德性论观点结合起来。但此刻，我们必须把对奥斯汀综合的意义的评价放一放，我们必须先看看富兰克林的德性观表达的另一种相当不同风格的理论。

富兰克林的观点，像亚里士多德，是目的论的，但又不像亚里士多德，是功利主义的。富兰克林在他的《自传》中说，德性是达到目的的手段，但他把手段与目的的关系看成是外在的，而不是内在的。德性培养所服务的目的是幸福，但幸福既可看作是在费城也可看作是最终在天堂的成功和幸运。德性总是有用的，并且富兰克林的德性观不断地强调功利是个人行为的标准："不去花费精力，除非为他人和你自己做善事；即不浪费任何东西；""除非有益于他人和你自己，不去言谈。避免无聊的谈话，""以及我们已看到的，""尽量少性生活，除非因健康或生育之故……"当富兰克林在巴黎时，他被巴黎的建筑所震惊："大理石、瓷器和镀金物被浪费而没有任何功用。"

这样，我们就至少面对着三种十分不同的德性观：德性是一种能使个人负起他或她的社会角色的品质（荷马）；德性是一种使个人能够接近实现人的特有目的的品质，不论这目的是自然的，还是超自然的（亚里士多德，《新约》和阿奎那）；德性是一种在获得尘世的和天堂的成功方面功用性品质（富兰克林）。

我们该把这些观点看作是对同一种东西的三种不同的相匹敌的描述呢？还是对三种不同的东西的描述？可能古希腊，4世纪的希腊和18世纪的宾夕法尼亚州的道德结构是如此不同，以致我们应当把它们看作是体现了相当不同的概念，它们的差别一开始便被一种沿用的词汇这种历史性过程所掩盖，这种词汇在概念上的同一和相似已经丧失很久以后，因语言上的相似而误引着我们。我们最初所提的问题，以其双重的分量又摆在我们面前了。

然而，尽管我仔细考虑过这种明显的情形，在不同的德性观点之间的差别和不相容性至少揭示了：没有一个单一的，中心性的和核心的德性概念，这样一种德性概念却有着对其普遍遵从的要求（主张），我也应当指出的是，我已如此简明地勾画的五种道德观中的每一种都具体体现了这样一种要求。而恰恰因为这些道德观的这个特征，使它们有着比社会学或考古学研究更大的意义。这些德性观中的每一个所要求的不仅是理论上的而且是制度上的权威。对于奥德修斯来说，库克罗普斯人遭到谴责，是因为他们缺乏农业、公民大会和法律。对于亚里士多德而言，野蛮人处于被非难的位置上，是由于他们没有城邦，因此无能从事政治活动。对于《新约》来说，基督教徒在使徒的教堂以外，不可能得到拯救，并且我们知道，富兰克林发现德性更适合于费城而不是巴黎。对于简·奥斯汀而言，德性的试金石是一定类型的婚姻，实际上是某种类型的海军军官（就是说某种类型的英国海军军官）。

因此，现在可以直接提出这个问题：我们能够，还是不能够从这些相匹敌的，多样性的德性观中，理出一个统一的，核心的德性概念呢？对这个概念我们就给一个比到目前为止的这些论述更令人信服的论述吗？我即将论证道，事实上我们能够发现这样一个核心概念，并且这个概念将以它的概念上的统一来装备我已描述了的这个历史的传统。这个概念确实将使我们可以清楚地把

第十四章　德性的性质

那真正属于这个传统的德性信念与那些不属于这个传统的德性信念区分开来。毫不奇怪，可能这是一个复杂的概念，它的不同部分源于这个传统的不同发展阶段。因而在某种意义上这个概念本身体现了历史，它是历史本身的产物。

这个德性概念的诸多特征之一已经从已有的论证中以某种程度的清晰呈现出来了，这就是，德性的运用总是需要接受有关社会和道德生活的某些特征的某种先前的论点，并且必须依据这种论点来对德性进行界说和解释。所以，在荷马的德性观中，德性概念从属于社会角色的概念，在亚里士多德的德性观中，德性概念从属于内含着人的行为目的的好（善）生活的概念，在富兰克林的这个较晚出得多的德性观中，德性概念从属于功利概念。那么，在我正打算作出的这个德性论中，要以这种相似的方式为德性概念提供这种必要的背景，依靠这个背景，这个德性概念才是清楚的可理解的，那这个论点中都包含着什么？正是对这一问题的回答，德性这个核心概念的复杂的历史的，多层次的特征就变得清楚了。因为如果要理解德性的这个核心概念，在这个概念的逻辑发展中有不少于三个阶段是必须依次辨别的，并且每一阶段都有它自己的概念背景。第一阶段需要有个对我将称之为实践的东西的背景论述，第二阶段需要一个我已揭示为一种个人生活的叙述秩序的背景论述，第三阶段需要对是什么东西构成了一个道德传统，给予比我到目前为止的更充分详尽的论述。每一排后的阶段以前一个阶段为前提条件，而不是相反。每一前一阶段，既为每一后阶段所变更，又依据每一后阶段来重新解释，但也为每一后阶段提供了一种实质性的要素。在这个概念的发展中，进步是与这个传统的历史密切相关的，虽然这个进步不能以任何简单的方式来扼要概括，但它是这个传统的核心。

在荷马的德性观中——从更普遍的意义上，是在英雄社会中的德性观中——履行一种德性表现的品质，既是维持一个社会角色所必需的；也是在某些社会实践领域中表现卓越所必需的：卓越就是要在战争中或在竞赛中获胜如像阿基里斯所做的那样；又像珀涅罗帕自己那样去维持一个家庭；也像涅斯托耳那样，在公共集会上长于辞令；或像荷马他自己那样，擅长叙说传说。当亚里士多德谈到人类行为的卓越时，他虽然不总是，但有时提到的是某些明确的实践种类：长笛演奏，战争或几何学。我要指出的是，使德性得以表现的具体种类的实践和依据这种实践，德性就可获得其基本的（如果不是完全的话）定义的观点，对理出德性的核心概念的整个研究，是至关重要的。不过，我还得要加上两点警告。

第一是指出我的论证在任何方面都没有隐含着德性仅是在我所称为实践的过程中被践行之意。第二是要提醒读者，我将以一种特殊限定的方式，即一种与流行的一般用法不完全一致的，包括与我自己在前面对"实践"这词的用法不一致的方式来使用"实践"这词。那么，我打算赋予这个词的意思是什么？

我要赋予"实践"的意思是：通过任何一种连贯的、复杂的、有着社会稳定性的人类协作方式的活动，在力图达到那些卓越的标准——这些标准既适合于某种特定的活动方式，也对这种活动方式具有部分决定性——的过程中，这种活动方式的内在利益就可获得，其结果是，与这种活动和追求不可分离的，为实现卓越的人的力量，以及人的目的和利益观念都系统地扩展了。三连游戏[①]不是这个意义上的实践的例子，凭技艺踢出一个球也不是，但是球赛是，国际象棋赛也是，砌砖不是这种意义上的实践，但建筑学。培植萝卜不是，但农作的萝卜是。还有物理

[①] 一种简单的连成三个一行的游戏，画两条竖线和两条横线或直角正交，像中文的井字，一个人画叉另一个人画圈，看谁先连成横的，竖的或斜的三个一联。——译者

第十四章 德性的性质

学、化学和生物学的研究是这种实践，历史学家的工作是，绘画和音乐也是。在古代和中世纪世界，家庭、城市、民族等人类共同体的创造和维持，一般也被看作是这个我所界定的意义上的实践。因此，实践的范围是宽广的；艺术、科学、游戏，亚里士多德意义上的政治学、家庭生活的产生和维持等等都在这个概念的范围内。不过，实践的确切范围的问题，不是论述的这个阶段的第一重要的问题。让我们先解释我的定义里所涉及的某些关键术语，首先解释一下实践的内在利益的概念。

看看一个很易于理解的例子。我希望教一个有较高智商的七岁孩子玩国际象棋，虽然这孩子没有一点要学的欲望；可他对糖果有非常强烈的欲望，却几乎没有得到的机会。因此，我告诉这个孩子，假如他与我一星期玩一次国际象棋，我将给他值五十美分的糖果；他要赢我，虽然不容易，但也并不是不可能，而如果他赢了，他还可得到另一份值五十美分的糖果。我告诉他，我将一直以这种方式跟他下棋。诱饵使这个孩子下棋而且想下赢，不过要注意到，只要这孩子下棋的充足理由仅仅是糖果，并假如他能成功地行骗的话，那就没有理由不行骗，并且一意要行骗。不过，我们希望总有一天，在那些为下棋所特有的利益中，在一种非常具体的分析技艺，战略想象和激烈竞争中的成功，这孩子将发现一类新的理由，如果是这样，那现在下棋的理由就不仅是要在一个特殊机会中去赢，而且是要在棋赛的任何方面力图表现卓越。这时候，假设这个孩子还在行骗，他将要打败的就不是我，而是他自己。

因此，下棋就可能获得两种利益。一是有那些依系于这类下棋和其他靠社会环境的机遇的外在的偶然性的利益，在这设想的小孩的情形中的糖果，在真正的成年人那里诸如权势，地位和金钱等利益都是。总有一些可选择的方式来获得这些利益，而且这些利益的获得绝不是因仅从事某种实践。二是又有那些内在于下棋的实践的利益,除了下棋或其他某些特定类型的游戏,这种利益是任何途径都不可获得的。我们称这种利益是内在的,理由有二:第一,我已指出,因为我们只有依据下棋或其他某些特定类型的游戏,借助这些游戏的例子才可说明这些利益(而在谈到这种利益时,词汇的贫乏,迫使我们使用像我自己求助于"某种很特定的种类"这样的写法来处理);第二,是因为只有靠参加那种特定实践的经验才可识别和认识到这些利益。因此,那些缺乏相关经验的人是无能判断这些实践的内在利益的。

在那些实践的所有重要例证那里,这种情形都是显而易见的,看看如下的例证——虽然它是简短的和不充分的——处在肖像画的从中世纪的晚期到18世纪的发展时期的实践。在这一时期一个成功的肖像画家能够获得许多利益,如名声、财富、社会身份,有时甚至成为权力的尺度和宫廷上的有影响人物。这些利益在上述意义上恰恰被界定为是这个肖像画的实践的外在利益。但这些外在的利益并不是与这个实践的内在的利益混淆在一起的。这种内在利益是这样一种利益:它产生于这样一个扩展的意愿,这个意愿通过教我们把我们墙上的画所描绘的客体看作是客体本身(人物、风景画等等)[1] 这样一种相当新颖的方式来显示维特根斯坦的格言"人类的身体是人类灵魂的最好的画像"[2] 如何成为现实。维特根斯坦的格言有站得住脚的一面,也有使人误入歧途的一面,这就是它对乔治·奥威尔的,"到五十岁,每个人都有他应得的脸谱"这一论点中的真理的忽略。从乔托到伦勃朗的那些画家们所研究的是如何把任何年龄的人的脸作为肖像画的主题去描画出来。

起初,在中世纪的圣徒画里画像是圣像;所描绘的基督或圣

---

[1] 维特根斯坦:《哲学研究》,第205页e,第178页e。
[2] 同上。

彼得的肖像和耶稣或彼得的肖像的相似以及实际在哪个具体年龄的问题，还没有提出。这个圣像学的对立观点是十五世纪的法兰德斯的和德意志的画派中的相对自然主义。大眼睑，梳理整齐的头发，轮廓清楚的嘴唇，不可否认，这描画了某种别致的女子，不是现实中的就是想象中的。相对自然主义的相似已经取代了圣像关系。但伦勃朗还是综合性的：自然主义的肖像现在已被看成是圣像，但是一种新的、迄今为止没有构想过的圣像。相类似的是，在某种17世纪法国画派中的一种非常不同的后起的神学肖像，在18世纪变成了一种贵族的肖像。以后，在这些连续事件中的每一起肖像画和人体画至少有两种内在的利益已经获得。

首先是作品的卓越，这既是画家工作的卓越，又是每一肖像本身的卓越，对这个"卓越"，恰是同一个动词"胜过"所涵盖的——应当历史地理解。在朝着和超越其模式和种类多样的卓越的进步过程中，其发展的相续事件都有了它们的意义和目的。当然，这种发展中的相续事件既有进步的也有退步的；而进步几乎不可被理解为直线性的，但正是在维持进步和对问题的创造性反应中，就可以发现肖像画的实践内在的第二种利益。因为在对肖像画方面的卓越的追求中，艺术家所发现的是一种生活的利益（good）——这对肖像画的实践是不言而喻的，就一般而言的好的艺术实践也是如此。对于某人而言，也许作为艺术家的生活并不持续他整个一生，可就大的方面来看或至少他生活的某个时期而言，他是个画家，而类似于法国画家高更，他或她则是那样全身心地投入，以致几乎牺牲了一切。但正是这个画家所过的他作为一个画家的那或大或小的部分生活，是绘画的第二种内在利益。对这些内在利益的判断，至少要有某种能力，这种能力或者是作为一个画家才有的，或者是有系统地学习肖像画家所必须学的东西的意愿的人才可获得的。

一种实践，既要获得其利益，也涉及卓越的标准和服从规则。进入一种实践，就要接受这些标准的权威性，自己行为活动的不当处，依这些标准来裁决。我要使我自己的态度、选择、爱好和情趣服从这些标准，这些标准是通用的，也部分地规定了这种实践。正如我已注意到了的，实践有历史，游戏、科学和艺术都有它的历史。因而标准本身不是不可质疑的，不过，我们不能在不接受迄今为止已知最好的标准这种权威的情况下而进入一种实践。比如，在我开始学习听音乐的时候我不承认我自己无以正确判断，那我就绝不可能学会听，更不用说欣赏巴尔托克的最后四重奏。在我开始学玩棒球的时候，我就不承认，我何时发快球，何时又不发，别人要比我更清楚，那我就永远也学不会欣赏漂亮的投球，更不用说会自己投球。在实践领域，利益和标准两者的权威，就是以这种排除了所有主观主义的和情感主义的判断分析的方式发挥作用的。体验有争议性①（Degustibus est disputandum），实践则无。

这样，我们可以考察被我称为内在利益的东西和被我称为外在利益的东西之间的一个重要区分。这就是我所称之为外在利益的东西的特征：当我们获得这些利益时，它们总是某种个人的财产和占有物。它们的特性决定了某人得到的更多，就意味着其他人得到的更少。这有时是必然，像权力和名声，有时是偶然环境使然，像金钱。因此，外在的利益在本质上是竞争的对象，在竞争中，既有胜利者，也有失败者。内在利益也确实是竞争优胜的结果，但它们的特性是他们的实现有益于参加实践的整个群体。所以，当英国画家脱尔诺在海景绘画上有了突破，或当 W. G. 格雷斯以相当新颖的方式发展了板球艺术，他们的成就都充实了整个相关的整体。

---

① "体验有争议"，出自一条拉丁语的谚语："体验（味觉）无争议（De‑gustibus non est disputandum），作者反其意而用之。"——译者

第十四章 德性的性质

然而，上述一切或其中任何一点与德性概念有什么关系？我们现在可以以准确表述的形式为德性下个定义，即使是不完全的和暂时的：德性是一种获得性人类品质，这种德性的拥有和践行，使我们能够获得实践的内在利益，缺乏这种德性，就无从获得这些利益。这个定义在稍后些还需要扩充和修正。但作为一个初步近似于适当的定义，它已经阐明了德性在人类生活中的位置。因为这是不难证明的：如果没有全部那些主要德性，实践内在的利益就与我们无缘。但不仅是一般性地被排斥于内在利益之外，而且是在一个非常具体的方面把我们排斥于内在利益之外。

这个方面是我所概述的实践观的一个方面，并且我们大家在我们的实际生活中已经很熟悉它，即不论我们是画家还是物理学家，或球队进攻时的指挥，或确实恰是好画的真正爱好者，或做了第一流的实验，或投了一个好球；其中的利益只能在隶属于一定的实践范围内的我们与其他实践参加者的关系中才能有。我们不得不承认归之于他人的东西；我们不得不准备承受所要求的自我损害性危险，而不论这种危险是什么，并且我们要认真地倾听他人告诉我们自己的不足之所在，并且同样认真地处理这些事实。换句话说，我们不得不把正义、诚实、勇敢的德性看作是有着内在利益的任何实践和卓越的标准之必要成分而接受，因为如果不接受这些德性，而愿像我们所想象的孩子，在下棋初期时那样去打算骗人，就要远远地被排除在卓越的标准和实践的内在利益之外，除了这是获得外在利益的诡计外，这种实践毫无意义。

我们可以以另一种方式来说明个问题。每一种实践都需要有参加实践的人之间的一定种类的关系。既然德性就是那些利益，不论我们喜欢还是不喜欢它，我们是参照这些德性来界定我们与实践中的其他人的关系的，这些人与我们共同分享着蕴含在实践中的目的和标准。让我们看看一个如何在某种人的关系中参照德性的例子。

A、B、C、D四人是在亚里士多德把"共同享有着对某些利益的追求"看作是友谊的基础这一意义上的朋友,以我的术语来说,他们处于同一实践中。D死了,但死因不明。A发现了D的死因,对B说了实话而对C说了谎话。C发现A说谎。那么,A现在不能清楚地解释的是,是否与B和C有着同样的友谊关系。他以对一个人说真话,对另一个人说假话这个行为,已经在一定程度上明确了这种关系中的一个差别。当然,他可以以不同的说法来解释这种差别;如可能他力图想让C不痛苦,或可能只是欺骗C而已。但作为这个谎言的结果,现在有某种差别存于这种关系中。因为他们在对共同利益的追求中的相互忠诚已成问题。

正像只要我们共同分享体现实践的本性的标准和目的,不论我们是否承认,我们都要参照真诚和真实的标准来确定我们相互之间的关系一样,我们也要参照正义和勇敢的标准来规定这种关系。假如A是个教授,给了B和C的论文应得的成绩,但给D的成绩则因为他被D的蓝眼睛所吸引,或厌恶D的头皮屑,因此,不论他是否希望如此,他已经规定了他与D的关系不同于他与这个班的其他成员的关系。正义要求我们涉及他人的是非曲直时,要依据统一的和非个人的标准。在某些具体事例中,违背正义的标准来确定我们与相关人员的关系,是总有那么点特别或与众不同的。

勇敢这一德性则有所不同。我们把勇敢看作是一种德性,因为对个人,社会共同体和事业的关心和爱护,在实践中是如此至关重要,因而必须有这样一个德性。如果某人说他关心某人,某种社会团体或某种事业,但不愿冒使他或她自己的利益遭到危害或损害的危险,他的关心和爱护的真诚性就是个问题。勇敢,即自我甘冒风险的能力,由于它与这类关心和爱护的这个联结,而在人类生活中发挥它的作用。这并不是说,一个不能真正去关心

第十四章 德性的性质

的人也是一个懦夫。在某种程度上,这是说,一个真正能关心,但又怕自我有所损害的人,不论是对他自己还是对别人而言,都是一个懦夫。

因此,从这些类型关系的意义上看,没有这些德性,实践不可能得到维持,真诚、正义和勇敢并且可能还有一些类似的东西,既是真正的卓越,又是德性,我们都必须以它们来规范我们自己和他人,而不论我们个人的道德立场或我们社会的具体的道德准则是什么。因为我们不可避免地要依据这些德目来规定我们的关系,这样一种认识与不同社会有和已有不同的诚实、正义、勇敢的准则这样的认识完全可以相容共存。路德教派的牧师们教育他们的孩子相信,一个人应当在任何时候都说真话,而不论环境或后果是什么。康德就是他们的一个孩子。传统的班图人的父母亲教育他们的孩子不要对不相识的陌生人说真话,因为他们相信,如果说了真话,会使得他们家受到魔法的危害。在我们的文化中,我们许多人受到的教育是不要对那些炫示她们的新帽子的阿姨们说真话。但这每一个准则,都体现了对真诚这一德性的一种认识。正义和勇敢的多样性准则亦如此。

因而,实践就能够在有着非常不同的准则的各种社会中兴盛发展,而它绝不可能是这种情形;实践兴盛而德性不受重视;如果德性不被重视,服务于统一目的的社会机构和技术技能也许将继续兴盛(马上我将更多地谈到为了一个统一目的而动员起来的社会机构和技术技能与实践的对照)。因为这种合作,这种对权威和成就的认可,这种对标准的尊重和风险的承担,在本性上是为实践所蕴含的,因而要求,例如,在对自己和他人判断中的公正,——这是我的教授的例子所缺乏的;没有一种没有感情的真实,就不可能施行公正——这种真实是我的 A、B、C、D 的例子所缺乏的——和愿意信赖这样一些人的判断:他们在实践中的成就使他们成为判断的权威,而这种权威又以在他们的判断中的公正和真实为其前提条件；以及还要经常冒自我损害之虞，甚至作出某种牺牲。而在我的这个论点是，绝无伟大的小提琴手不可能是邪恶的或伟大的棋手不可能是卑鄙的意思。哪里需要德性，那里就有罪恶。对于实践而言，恰恰是罪恶和卑鄙的人必须依靠其他人的德性，这些罪恶和卑鄙的人会在实践中很得势，但也否定了他们自己获得内在利益的经验，而获得实践的内在利益的经验，却使不那么优秀的棋手和小提琴手得益。

要把德性置于实践更深层次，就必须以两个重要对照来进一步弄清实践的本性。我希望已有的考察已弄清了这点：实践——在我所赋予的意义上——绝不只是一套技术技能，甚至当这种技能被导引向着某种统一的目的时，以及即使这些技能的运用有时被重视，或者它的运用就自有其乐，它也不等同于实践。在一种实践里最有特色的东西部分地是这个方面：技术技能——每一种实践都需要运用技术技能——所服务的相关的利益和目的的各种概念，由于人类力量的扩展和对于实践本身内在利益的关注而增强和改变，实践本身的内在利益又部分地规定了每一具体的实践或实践类型。实践又绝不可能有一个或一些始终固定的目的——绘画没有，物理学也没有，——目的本身被活动的历史所改变。因此，这种情况绝非偶然：每一种实践有它自己的历史，一个比相关技术技能的改进史更丰富而且不同的历史。在与德性相关的问题上这种历史的尺度是至关重要的。

进入一种实践，就是进入一种不仅与当代的实践者，而且进入与在我们之前进入这一实践的那些人的关系中，特别是进入与那些人——他们的成就使实践的范围扩大到现在程度——的关系中。因此，一个传统的成就，更不用说传统的权威是我们所遇到的，也是我们不得不学习的。传统具体体现了正义、勇敢和真诚的德性，而对传统的这种学习和与过去的联系之所以是必要的，是因为德性恰恰是以同样的方式和同样的理由维持着实践里面的

第十四章 德性的性质

现存关系。

当然，不仅仅是技术技能是与实践相对照的，也绝不要把实践与社会机构相混淆。国际象棋，物理学和医学是实践；象棋俱乐部、大学实验室、医院是社会机构。社会机构在本性上是也必然地是与我称之为外在的利益有关。它们陷于金钱和其他物质财物的获取中，它们依据权力和社会身份来建构，它们把金钱、权利和身份地位作为奖赏来分配。而社会机构不可能做别的什么，如果它们必须维持的不仅是它们本身，而且是它们所负载的实践的话。因为没有社会机构的支撑，没有任何实践能够长期存在下去。实践与社会机构的关系确实如此密切——因而还有实践内在的利益与外在的利益的关系——以致社会机构和实践形成了一个单一的因果次序，在这种次序中，相对于社会机构的贪得性而言，实践的创造力和观念是脆弱的；相对于社会机构的竞争而言，对实践的共同利益的合作性关注也是脆弱的。在这样一种背景条件下，德性的实质性作用很明显，没有德性，没有正义，勇敢和真诚，实践无以抵抗社会机构的腐败权力。

而如果社会机构确有腐败的权力，人类共同体的制度的产生和维持——因此还有社会机构的产生和维持——本身就有一种实践所有的全部特征，而且是一种与德性的践行有着特别密切关系的实践所有的全部特征，这体现在两个重要方面：一，德性的践行本身就倾向于要求对社会和政治问题有一种非常明确的态度，二，我们永远是在某种有着它自己特点的机构制度的某个具体的社会共同体的范围内学会了或没有学会践行德性。当然，对于道德当事人与政治共同体的关系，从自由主义的个人主义者的现代立场和我概述的古代的和中世纪的德性的传统立场来看它，是根本不同的。对自由主义的个人主义来说，社会共同体只不过是一个活动场所，在这里，每个个人寻求着他自己的自我选择的好生活的观念，而政治机构的存在，则提供了使这种自我确定的活动能够进行的制度性尺度。政府和法律是，或应当是，在相互匹敌的好生活的观念面前保持中立，因此，虽然政府的任务就在于促进法律的遵守，而就自由主义的观点而言，政府的合法性功能里毫不包括灌输任何一种道德观的内容。

相反，就我所概述的特定的古代的和中世纪的观点而言，政治共同体不仅需把德性的履行看作是它自己的支柱，而且父辈的权威的任务之一就是使孩子成长为有德的成年人。这类似的经典陈述是苏格拉底在《克里托篇》中进行的。当然，接受苏格拉底的有关政治共同体和政治权威的论点，并不意味着我们应当像苏格拉底那样规定城邦和它的法律的道德功能那样规定现代国家的道德功能。实际上，自由主义的个人主义者的观点的力量部分地来自于这个明显的事实：现代国家确实完全不适应于作为任何社会共同体的道德教育者而行动。但是，现代国家形成的历史本身当然是一部道德史。如果我对德性与实践，德性与社会机构的复杂关系的观点是正确的，那就意味着，除非我们所写的实践和社会机构的历史也是德性和罪恶的历史，否则我们将不能够写一部真正的实践和社会机构的历史。因为，一种实践维持它的完整性的能力在于在维持机构制度的活动中的德性存在与践行的方式，而社会机构制度则是实践的社会承载者。一种实践的完整性，究其原因，在于德性的践行，这至少是说某些人的行为体现了这点；相反，社会机构的腐败总是在一定程度上，至少是罪恶的一种后果。

当然，德性本身反过来，也得到某种社会机构的促进，并也受到某种社会机构的危害。杰斐逊认为唯有在小农社会德性才能兴盛；弗格森则更深邃得多地看到，现代商业社会的机构对德性至少对某些传统德性造成危害。弗格森类型的社会学，是对我的对德性的概念论述的经验性配对物，是一种旨在力求揭示德性，实践和机构之间的经验的和因果的联结的社会学。因为我的这种

第十四章 德性的性质

概念论述有浓厚的经验蕴含,它提供了一个可在具体例证中得到检验的解释体系。而且,我的论点还有另一方面的经验内涵,这是指若没有德性,就只能认识到我称之为外在利益的东西,而根本认识不到在实践背景条件下的内在利益。并且,在任何只承认外在利益的社会,竞争居支配地位,甚至是唯一特征。在霍布斯的自然状态学说里,我们看到这样一个社会的出色画像;特恩布尔教授的艾克人(IK)①的命运的报告,以最可怕的方式证实了我的和霍布斯的论点表达的社会现实。

可见,德性与外在利益和内在利益有一种不同的关系。拥有德性(不仅是拥有德性的类似物和德性的影像)就必然可获得内在利益;也完全有可能使我们在获取外在利益时受挫。在这个意义上,我需要强调的是,外在利益是真正的利益。不仅它们在本质上是人类欲求的客体,它们的社会分配使正义和慷慨的德性有了意义,除了某些伪善者外,无人完全藐视它们。但声誉扫地的是,养成真诚、正义和勇敢的品格,常常使我们远离于富裕、声望或权势,虽然世俗中人有很大的偶然性。因而,虽然我们也许希望,我们因拥有德性,不仅可以达到卓越的水准和获得某种实践的内在利益,而且成为富有的,有声望和有权势的人,可德性总是实现这种周全抱负的潜在绊脚石。因此,我们可以预料,如果在某个社会,对外在利益的追求变得压倒一切,德性的概念起初可能是其本性被改变,然后可能几近被抹杀,虽然其影像可能还很丰饶。

有一问题必须提出:即对德性的核心概念的这部分的论述——我要强调的是,我到此所展开的只是这个论述的第一阶

---

① 作者来信给译者解释道,艾克是一个非洲民族,他们被剥夺掉了他们的传统生活模式的经济基础,结果是其成员从合作性的个人成了好攻击性的只关注自己的个人。——译者

段——是在多大程度上忠实于我所概述的传统的。多大程度的问题，例如，在什么方向它是亚里士多德主义的？碰巧，它在两个方面不是亚里士多德主义的，而在这两个方面，这个传统的其他许多人也不赞同亚里士多德。第一，虽然德性的这个论点是目的论的，但这个论点并不需要遵奉亚里士多德的形而上学的生物学。第二，恰恰因为人类实践的多重性和对利益的追求中的后果的多样性（在这种追求中践行德性）——利益也常常有条件地互不相容，因此也以相互匹敌的主张要我们趋奉——冲突将不单是因个人品格的缺点而产生。而恰是在这两个问题上，亚里士多德的德性论似乎最脆弱；因而，如果这种社会目的论论点，不仅能够支持亚里士多德自己的生物学的目的论论点，而且也能支持他的一般性德性论点，那么，从亚里士多德本身来看，这些差别就能够恰当地看作为，不是削弱而是加强了一种一般性的亚里士多德的观点。

我的这个理论至少在三个方面显然是亚里士多德主义的。第一，就这个理论的完整性而言，它要求对那些恰是亚里士多德的理论所要求的区分和概念有一个中肯的阐发，如意愿、理智之德和品格之德的区分，两种德性与天赋能力和情感的关系，实践理性的结构等。如果我自己的论点是合理的话，这每一个论题的论点都是那种很类似亚里士多德的论点必须捍卫的东西。

第二，我的理论能容纳亚里士多德关于愉快和快乐的论点。有趣的是，它与任何功利主义者的论点，尤其与富兰克林的德性论不相容。我们可以从看看怎样回答某人来接近这些问题，这人已经考虑过了我的有关对实践来说的内在利益和外在利益两者的差别的论点，而询问，愉快或快乐应是哪一类呢？这回答是："某些愉快归于前者，某些则归于后者。"

在实践中达到卓越的某人，如他下棋或踢球很在行，或他修完物理学这门学科或在绘画的试验性探索上获得成功，他的快乐，在本质上是因成功和成功的活动而快乐。在另一人那里，情形也如此：这人虽然还没有突破成功的界限，而他则是在朝着这样一种突破的路上比赛，思考或活动。正如亚里士多德所说，活动的快乐和成功的快乐不是当事人的目的所在，但快乐伴随着成功的活动而产生，因此，获取的活动和快乐的活动是同一种活动。因此目的在此也就是目的在彼，并且也就很容易把对卓越的追求与在这种特定意义上的对快乐的追求相混淆。这种混淆是无害的，而并不无害的是把这种特定意义的快乐与其他形式的愉快相混淆。

因为某种愉快是与声望、身份地位、权力和金钱等外在利益相关连的。不是所有愉快都是伴随获取性活动产生的快乐；有些心理上的愉快或身体愉快的状态与任何活动无关。这样一些状态，——如接连吃英国牡蛎、卡宴辣椒和法式寡妇辣瓜而来的混合感受这样一种正常味觉产生的身体感受——也可能作为外在利益去追求，作为金钱可买到的或因声望而获得的外在的奖赏。因此，也可以依据内在利益和外在利益的划分来简单适当地对愉快进行分类。

正是这种分类，在富兰克林的德性论中不能找到它的位置，他的德性论的构架完全依据外在关系和外在利益。因此，虽然在论证的这个阶段可能有人认为，我的论点确实抓住了那个处在我所略述的古代的和中世纪的传统的核心位置的德性概念，但同样很显然有远不止一种德性概念，而且，富兰克林的观点，或者的确任何功利主义的观点，如果要接受它们那就要拒斥传统，反之也一样。

这种互不相容性的一个至关重要的意义早就被 D. H. 劳伦斯注意到了。当富兰克林断言，"除了健康或生育之故，极少过性生活……"劳伦斯回答道，"绝不过性生活。"这就是德性的特征，为了有效地产生内在利益；践行德性应当不考虑后果，而这种内在利益就是对德性的奖赏。而结果是——这至少部分地是一种更带经验事实性的主张——虽然德性正是那些趋于导向某种类型的利益的实现的品质，不过，除非我们不考虑在任何具体情况下它们是产生还是不产生这些利益都践行它们，否则我们根本不能拥有它们。我们不能是真正勇敢的或真诚的人，而只能偶尔如此。而且，正如我们已认识到的，德性的养成总是阻碍那些外在利益的获得，但那些外在利益是人世间的成功的标志。在费城成功的道路和通向天堂的道路毕竟不是重合的。

此外，我们现在能够指明任何向功利主义观点的一种严重困境，（这是对我前些论点的补充）。功利主义不能容纳对实践而言的内在利益与外在利益的区分。内在利益与外在利益不仅是相区分的，——没有一个古典的功利主义认识到了这点，不论是在边沁的著作里，还是在密尔或西季威克的著作里都发现不了这种区分——而且是不可通约的。因此，累计利益的观念毫无意义，更不用说依据我有关愉快和快乐的论点来看待这个观点，在某个单一公式或功利的概念意义上累计幸福的观念，不论它是富兰克林的边沁的或密尔的，一概如此。不过，我们应当注意到，虽然这种区分与 J. S. 密尔的思想不相容，但可以似乎有理地和并不恭维地设想，他在《功利主义》一书中，当他区别"较高"和"较低"的愉快时，他正在力图表明类似这种区分的东西。至多我们能说"类似这种区分的东西"；因为 J. S. 密尔的教养给了他一种有关人类生活和人的力量的有限的观念，例如，有些教育使他不能欣赏游戏恰是因为有些教育使他能欣赏哲学。不过，使人类的力量得以发展的对卓越的追求外在人类生活的中心位置这种观念，我们即刻可知，它不仅适合于 J. S. 密尔的政治和社会思想也适合于他与泰勒太太的生活。我若要选择，有在我的理解意义上的某些德性的人的范例，当然，有许多人可提及。如圣·本尼迪克特、阿西西的圣·弗朗西斯、圣·德肋撒的

第十四章 德性的性质

例子，也有弗里德里希·恩格斯、埃利诺·马克思和托洛茨基的例子。而J. S. 密尔也肯定和其他人一样就在其中。

第三，我的德性论是亚里士多德主义的，因为我以一种实质上是亚里士多德主义的方式，把评价和解释连接起来。从一种亚里士多德主义的立场去识别某种行为是表明了或是没有表明一种德性或多种德性，这绝不仅是评价；而且，这是迈向解释为什么履行这些行为而不履行另一些行为的第一步。因此，一个亚里士多德主义者完全像一个柏拉图主义者那样认为，一个城邦或一个个人的命运能够从一个暴君的非正义或它的保卫者的勇敢那样得到说明。确实，不提到那正义和非正义，勇敢和怯懦在人类生活中所起的作用，极少能把这些德性解释清楚。因而，现代社会科学许多解释方案注定要失败，因为，它们的一个方法论准则就是把"事实"（这个"事实"概念是我在第七章中所概述的那个）与所有的评价分离开。对于某人是或不是勇敢的这一事实，恰恰不能被那些接受这种方法论准则的人承认为"一个事实"。在这个意义上我的德性论完全是亚里士多德式的。不过，有人也许会问道：你的理论在许多方面也许是亚里士多德主义的，但亚里士多德主义不是在某些方面是错误的吗？看看如下的重要反对理由。

我界说德性部分地依据它们在实践中的位置。但确实，正如有人所指出的，某种实践——这是说，某种连贯性的人类活动，它合乎对我称之为一种实践的东西的描述——是恶。某些道德哲学家在对这种德性理论的讨论中指示，酷刑和施虐受虐狂的性活动也许是这种实践的例证。但假如正是这种气质维持着实践，而这些实践又导致罪恶，这种气质还是一种德性吗？我对这个异议的回答分为两点。

第一，我想要承认，也许有的实践，——在我所理解的实践概念的意义上——只是恶而已。但我很难确信有这样的实践，并且，事实上我并不相信，不论是酷刑，还是施虐受虐狂的性活动合乎我的德性理论所采用的那种对实践的描述。但是，我也不想把我的看法放在这种不确信上，特别是因为这是很清楚的：作为一种偶然性事实的是，在具体条件下，许多类型的实践都会产生罪恶。因为实践的范围包括艺术、科学、某种类型的智力和体育竞赛等。显然这些实践的任何一种在一定条件下都有可能成为罪恶之源：获胜或赢的欲望就可使人败坏，某人过于专注于他的绘画中，就会忽视他的家庭，起初对战争的诉诸是光荣的，却能导致残酷的暴行。但这意味着什么？

当然，肯定不是这种情形：我的理论内含着我们应当原谅或宽恕这些罪恶，或德性所产生的任何后果都是正确的这样的论点。我必须承认，勇敢有时维持着非正义，而我们都知道，忠诚使杀人成性的侵略者更肆无忌惮，慷慨有时削弱了行善的能力。如果否定这些，就是逃避面对我在批判阿奎那的德性统一论时所援引的那些经验事实。德性的概念的初步界定和解释需要参考实践的概念，但这丝毫不意味着要赞同在所有条件下的所有实践。德性——就它作为对象本身的前提条件而言——不是依据善和正当的实践，而是依据实践来界定，这也并不意味着或隐含着：在具体时间和地点实际发生的实践没有道德批评的必要。而且，这种批评的资源并不缺乏。首先，并不矛盾的是诉诸一种德性的要求来批评一种实践。正义起初被界定为一种品质，因它的特殊作用，这种品质对于维持实践来说是必须的；但这并不意味着，力求合乎一种实践的要求而侵犯正义不应被谴责。而且，我在第十二章中已经指出，道德德性需要作为它的配对物的道德律法的概念。这种需要也必定被实践所遇到。但可能有人会问：所有这一切不是隐含着，更需要论及处在某种更大的道德背景条件中的实践的位置吗？这不是至少揭示了，对于德性的核心概念，还有比依据实践说得更清楚些的？毕竟我已强调，人类生活中的任何德

第十四章 德性的性质

性的范围都已扩展到实践范围之外，而依据实践，我已初步界定了德性的范围。然而，人类生活的更大领域中的德性的位置又是什么？

我早就强调，依据实践的任何德性论都只能是部分的和初步的。需要什么来补充这个德性论，论述到此，我的理论和可称为亚里士多德式的任何理论的最显著的差别是，虽然我绝不把对德性的践行限定在实践的背景条件下，但正是依据实践，我确立了德性的意义和功能，而亚里士多德依据某种被他称为善的整体生活的观念来确立其意义和功能。而且，必须回答"一个缺乏德性的人缺少什么？"这样一个问题，而似乎这种回答超出了我已说的任何东西。因为这样一个人不仅仅是在实践的许多方面在与卓越有关的方面失败了，这种卓越是可以通过参加实践获得的。也不仅是在维持这种卓越所需的人的关系方面失败了，而是作为一个整体来评价的他的生活就是有缺陷的，这种整体生活不是某人力图回答"对于这种男人或女人所过的生活而言，哪种生活是最好的生活？"时所描述的那种生活。并且至少如果不提出亚里士多德自己的"什么是人的好生活"这一问题，前面的那个问题得不到回答。看看如下三个方面，仅仅体现了为我已述的德性概念的人类生活，总是有缺陷的。

首先，人类生活为太多的冲突和太多的专横所充塞。我在前面已说过，依据利益的多样性的德性论一个优点在于考虑到了悲剧冲突的可能，而亚里士多德的德性论则不然。但即使是在一个有德性的和受过训导的人的生活中，也有产生悲剧冲突的可能。总有太多的时候是一种忠诚指向一个方向，而另一种指向另一个方向。一种实践的主张也可以这样的方式与另一种实践的主张不相容，因而某人将发现他自己在以一种任意的方式摆动，而不是在进行合理的选择。这似乎是 T. E. 劳伦斯的状况。维持某种德性能够兴盛的共同体的义务，与某种实践（如艺术）所要求的献身，可能是不相容的。所以，在家庭生活的要求和艺术的要求之间有许多紧张处——高更逃往波利尼西亚，既解决了这问题，又没有解决这问题，或在政治要求和艺术要求之间有许多紧张处——列宁拒绝听贝多芬的音乐既解决了这问题，又解决不了这个问题。

如果德性的生活因多种选择而持续地受挫，因为在选择中对一种主张的忠诚就显然意味着要武断地放弃另一种，那么似乎实践的内在利益，其权威性都根源于我们个人的选择；因为当不同的利益从不同的和不相容的方向召唤我们时，"我"不得不在相冲突的主张之间进行选择。无选择标准的现代自我明显地反复出现在与被称作是亚里士多德的世界完全不同的背景条件中。这个指责能部分地遭到如下反驳：一是返回到这个问题：为什么利益和德性在我们的生活中有权威？并且总是重复在这一章的前些地方所说的东西。但是，这个反驳只能是部分地成功的；颇具特色的现代选择观念确实反复出现，即便它所起作用的范围比它一般宣称的更为有限。

其次，没有一个至上的整体生活和目的概念，某些个别的德性概念必定仍然是部分的、不完全的。看看两个例子。从亚里士多德的观点来看，正义是依据每个人的应得赏罚界定的，应得的好报赏是由于在某种实质性方面为这些利益的获取作出了贡献，利益的分享和对利益的共同追求为人类共同体提供了基础。但如果我们打算要评估相关的应得赏罚，就需要以某种方式对实践的内在利益，包括产生和维持共同体制度的实践的内在利益，进行评价和分类。这样，对亚里士多德的正义概念的任何实质性运用，都需要对利益（goods）有一个理解和对那种蕴含在实践中的利益（goods）之外的善（good）有一个理解。正义如此，忍耐也一样。忍耐是没有抱怨而专注地等待的德性，但为了任何事都这样等待就根本不是德性。把忍耐看成是德性的前提条件在于

第十四章 德性的性质

某人适当地回答了这样的问题，等待什么？在实践的背景条件之内，如下回答虽对许多意图都是适合的，但也是不完全的：有着难以处理的材料的一个工艺人的忍耐，有着一个接受能力较差的学生的教师的忍耐，在谈判中的一个政治家的忍耐，这些都是不同种类的忍耐。但如果材料恰恰太难处理，学生接受能力太差，谈判受挫太大，那这又意味着什么呢？我们是否总是应当在一定的临界点上放弃实践本身的利益？对忍耐德性的一种中世纪的说法是：存在某种类型的处境，在这种处境中，忍耐的德性要求我绝不放弃某个人，某种任务，正像中世纪的说法所说的，在这种处境中，我应在对某个人，某种任务的态度中体现像上帝对待他的创造物的态度那样的忍耐。但是，只有服务于某种至上的善（good），某种确把其他各种利益置于一从属位置的目的才能做到这种忍耐。这样，结果是忍耐德性的内涵不仅取决于我们如何将不同的利益安排在一个等级体系内，而且更不用说，也取决于我们是否能够合理地去安排这些个别利益。

我已指出，除非有一个目的（telos）一个借助构成整体生活的善（good），即把一个人的生活看成是一个统一体的善，而超越了实践的有限利益的目的，否则就将是这两种情形：某种破坏性的专横将侵犯道德生活；我们将不能够适当地说明某些德性的背景条件。这两种问题由于第三种问题而更为严重：至少有一种为传统所认识到的德性。它除了依据个人生活的整体，根本不能得到说明——这就是完善的或坚贞的德性，克尔凯郭尔说："心灵的纯洁在于向往一个东西。"在一个人的全部生活中，除非有一整体生活的观念，一元的目的观念就无立足之地。

因此，很清楚，我以实践为依据的对德性的初步论述获得了亚里士多德主义的传统关于德性所教导的东西，但所获又远不是这个传统的全部。这也是清楚的：要对这个传统给予一个更充分适当的论述和合理的辩护，必须提出一个问题，对这个问题，亚里士多德的传统含有一个回答，这个回答为前现代的世界如此广泛的共有，因而，绝没有以任何具体方式来使之明确的而系统地陈述。这个问题就是：应该把每个人的生活正当合理地看作一个统一体［整体］，以至于我们能够指明每个人的这样的生活都有它的善，并使我们能把德性看作是能够使一个人的生活成为某种统一体而不是另一种情形因而有它的功能？

第十五章

德性，个人生活的整体和传统的概念

任何一个把每个人的生活看作是一个整体，一个统一体，他的品格使德性有一个适当的目的的当代设想，都要碰到两种不同的障碍：一种是社会的，一种是哲学的。社会的障碍来自这个方面：现代把每个人的生活分隔成多种片段，每个片段都有它自己的准则和行为模式。因此工作与休息相分离，私人生活与公共生活相分离，团体则与个人相分离。所以人的童年和老年都被扭曲而从人的生活的其余部分分离出去，成了两个不同的领域。所有这些分离都已实现，所以个人所经历的，是这些相区别的片段，而不是生活的统一体，而且教育我们要立足于这些片段去思考和体验。

哲学的障碍来自两种不同的趋向，一种是主要的，虽然不仅仅是这种，这就是在分析哲学中成为主流的趋向，另一种是在社会学理论和存在主义之中的趋向。前者是这样的趋向：依据简单的成分，以原子论的方式思考人的行为，分析复杂的行为和处理问题。因此"一个基本行为"这种观念在多种背景条件中重复出现。具体行为作为更大整体的部分而有它们的特点这一观点是一个与我们主导思想相异的观点，但只要我们开始懂得，个人生活远不仅是个别行为和事件的一个后果的时候，我们就至少必须考虑这个观点。

同样，当个人和他或她扮演的角色明显地分离时（这种分离的特征不仅是萨特的存在主义的,也是达伦多夫的社会学理论的),或者是个人生活所扮演的不同角色及准角色分离,使得个人的生活就仅仅表现为一系列的不连贯的事件时,正如我早注意到的,这是考夫曼的社会学理论的自我特征的消失——个人生活的整体性消失了。在第三章我也揭示了,萨特和戈夫曼的自我概念颇具现代思想和实践模式的特征。因此,毫不奇怪,被这样构想的自我不能把它看作是亚里士多德的德性的承担者。

因为在萨特模式中,一种与角色分离的自我,丧失了亚里士多德的德性能起作用的社会关系领域——如果这些德性起作用的话。德性生活的各种范式都被当作习俗来谴责。在《恶心》中,萨特通过安东纳·洛根丁的嘴来谴责,而他自己则在《存在与虚无》中说出它。确实,自我对习俗性社会关系的虚伪的拒绝,变成了被贬抑了的正直进入萨特的理论中。

同时,自我消解成一系列角色扮演的分离领域,不允许那被真正看作是德性——在任何一点亚里士多德主义的意义上的那些品质有践行的余地。因为一种德性不是一种使人只在某种特定类型的场合中获得成功的品质。被说成是一个好委员、一个好的管理人员、一个赌徒或一个诈骗团伙中的歹徒的德性的东西,是职业技艺在这些场合中的职业性运用,在这些地方,职业技艺是有效用的,但它不是德性。某人真正拥有一种德性,就可以指望他能在非常不同类型的环境场合中表现出它来,在许多环境场合,我们不能指望一种德性的践行会有效用,却可以指望一种职业技艺能够做到。赫克托耳在他与安德洛玛刻分手和在与阿基里斯交战时,表现了完全相同的勇敢;埃利诺·马克思在与她父亲的关系中,在同职业工会主义者一起工作中,和在与艾夫林的纠葛中,表现了同一个同情心。在某人的生活中的一个德性之整体,唯有作为一个整体生活,即一个能被看作也可被评价为一个整体的生活的特征才是可理解的。因此,正像在本书前些部分,在讨

第十五章 德性，个人生活的整体和传统的概念

论到与现代的出现相伴随的道德的破碎和变化时所指出的，有着现代特征的道德判断的论点的出现的每一阶段，为一个有着现代特征的自我概念的相应阶段的出现所伴随，所以现在，在界定特定的前现代的德性概念（这一概念是我书中早就有的）时，必然要对相伴随的自我概念说点什么，这是这样一个自我概念：它的整体性在于这样一种叙述的整体中，这种叙述把诞生、生活和死亡联结起来作为叙述的开端、中间和结尾。

这样一种自我概念可能我们在这里或许并不太陌生了。恰恰因为它在我们自己的历史前辈文化中起了一个关键性作用，所以，如果它实际上仍是一个在我们的思想和行为的许多方面未被认识到的存在，那可能是并不奇怪的。因此，以认真考察我们大家都认为是最不成问题的，但虽然是正确的概念性见解的关于人类行为和自我的某种东西开始，这不是不适当的；而为了弄清它的性质，让我们看看一种叙述模式中的自我。

对于哲学家和一般的行为者来说，能以一些不同的方式来正确描述人类行为的同一个片段，这是一个概念性常识。对于"你正在做什么？"这一问题的回答，可能同样真实的和适当的是："挖地""整理花园""锻炼""为过冬作准备"或"使他的妻子高兴"。这些回答中的某些描述了行为者的意图，有的则没有言及他的行为的后果，而这些没有言及的后果，有的是行为者意识到了的，有的则不是。重要的是要立即注意到，对我们要如何理解或解释一个行为的某一个片段，这一问题的任何回答的前提条件，是先回答如下问题：对"他正在做什么"这问题的这些不同的正确回答的相互关系是什么？因为如果某人的基本意图是要在入冬前整理好花园，而以此来锻炼身体和使他的妻子高兴，只不过副产品而已。这样，我们就有了一种要解释的行为类型；但如果行为者的基本意图在于通过锻炼来使他的妻子高兴，我们就有了相当不同的另一种要解释的行为类型并且我们将不得

不从不同的方向来理解和解释。

首先，把这个事件置于一年一度的家务活动中，并且这个行为具体体现的意图，其前提条件是有着锻炼的叙述历史的一种特定类型的家庭花园环境，在这花园环境的叙述历史中，行为的这个片段现在成了一个事件。其次，把这个事件置于一个婚姻的叙述历史中，一种即使是相关的，但又是非常不同的社会环境。也就是说，我们既不能脱离意图来描述行为，也不能脱离环境来描述意图，对于行为者本人或其他人来说，这些环境使得这些意图可清楚理解。

我在这用了"环境"作为一个相对概括的词，一种社会环境也许是一种社会制度，它也许是我所称之为的一种实践，或者也许是另一种人类的环境（milieu）。但是，对环境概念来说至关重要的是（我的理解也如此）——一种环境有一个历史，而个人行为者的历史不仅是，而且应当是置于这个历史中的，因为没有环境和环境在时间中的变化，个人行为者的历史和他在时间中的变化就是不可理解的。当然，同一个行为可能不止属于一个环境。之所以这样，至少有两个方面的原因。

第一，在前面所举的行为者的活动的例子，既是家庭活动范围的，又是他的婚姻的历史的一部分，两种历史交织在一起。这家庭也许有它自己的可追溯数百年的历史，例如某些欧洲的农庄的历史，在那里，农庄有它自己的生活，虽然不同的家庭在不同的时期居住在那里；同样，婚姻肯定有它自己的历史，这种历史本身的前提条件是，在婚姻制度的历史中某种特定时刻的到来。如果我们要以任何准确的方式把行为的某些具体的片段与行为者的意图以及和行为者所处的环境联系起来，我们就应该以一种确切的方式理解到对行为者的行为与这些因素是如何相互联系的正确描述的多样性。首先，要识别哪些特征为我们提示了一个意图，而哪些又没有。其次，把相关内容分归这样两大类。

第十五章 德性，个人生活的整体和传统的概念

在涉及意图的地方，我们需要认识到，哪一种意图或哪些意图是基本的，也就是说，如果行为者有别的打算，他将不会有那一个行为。因此，如果我们知道，那个正在整理花园的人，自称他的目的在于锻炼身体和使他的妻子高兴，但我们还不知道他正在做什么，除非我们知道了他对这样一些问题的回答：如果他继续相信整理花园是有益健康的锻炼，但发现整理花园不再使他的妻子高兴了，他是否还将继续整理花园；或者，如果他不再相信整理花园是有益健康的锻炼，但继续相信这会使他的妻子高兴，他是否还将继续整理花园，或者，在这两方面他都改变了他的信念，是否他还将继续整理花园。也就是说，我们既需要知道他的信念中的确切的信念是什么，又需要知道哪些信念具有因果性效果；或者说，我们需要知道，是否与事实相反的某些假设的陈述是真实的，还是虚假的。并且在我们知道这些以前，我们将不知道如何来正确地描述行为者正在做什么。

我们可看看另一个同样很平常的例子，对于"他正在做什么？"可有这样一系列不相矛盾的正确回答："写一个句子；""完成他的著作；""对行为理论的争论出一份力；""力图得到占有权。"因此，可以依据时间的扩展来安排意图，有了这种时间，也就有了参照。每一个短期的意图，不仅是参照长期的意图才可理解，而且是参照长期的意图才确立的；只有依据长期意图对行为的描述才是正确的，即使某些依据短期意图的描述也是正确的。因此，只有当我们知道了我们所援引的较长期的和最长期的意图是什么，和短期意图是如何与长期意图相关联的，行为才可得到适当的描述。这里我们再一次涉及了写一种可叙述的历史的问题。

因此，需要在因果性和时间性这两方面来整理意图，而在这两方面的整理，都将参照环境，而使用诸如"整理花园，""妻子""书"和"占有权"这样一些基本的词汇就已经间接参照了

环境。而且，正确地识别行为者的信念将是这个任务的一个本质构成部分；在这一点上的失败将意味着整个认识的失败。（结论似乎是明显的；并且这个结论已经有某种重要后果。没有这样一种被看作是"行为"却先于和独立于意图、信念和环境的东西，因此，这样一种行为科学的计划就呈现出神秘的和某种荒诞的特征，这不是说这种科学是不可能的；而是说它除了是像 B. F. 斯金纳所希望的那种有关不可解释的身体运动的科学以外，就什么都不是。在这里，我丝毫没有考察斯金纳的问题的必要；但是，值得注意的是，即使某人是斯金纳的信徒，也根本就不清楚一种科学实验的概念是什么。因为一种实验的概念肯定是一种有着意图和信念的行为概念。而把意图、信念和环境的研究撇开的一种行为，例如政治行为的科学计划，是注定要失败的。这也可能是值得注意的，当"行为科学"这一措辞在《一九五三年的福特基金会报告》第一次有影响的使用时，"行为"这词被这样界定，因而包括了"明显的活动"，还包括"态度、信念、期望、动机和渴望这样的主体行为。"但报告的言词似乎隐含着的是：正在把这样两类相区别的内容进行分类，它们可以独立地研究。而如果我们的论证是正确的，那就只能有一类内容。）

看看以上有关意图、社会和历史之间的相互联系的论证隐含着什么。我们唯有援引两种背景条件（这条件如果不是明晰的，就是隐含着的），才可识别一具体的行为。我已揭示，我们参照着行为者的意图在他或她的历史中的作用来把行为者的意图置于因果秩序和时间秩序中；我们也参照着意图在环境的历史或意图所属的环境中的作用，把意图置于因果和时间秩序中。这样，在确定行为者的意图在一个方向或几个方向起什么样的因果性效能，以及他的短期意图是怎样成功地构成或没能构成长期意图方面，我们自己就可以写这些历史的更进一步的部分。一定类型的叙述史实际就是对人类行为描述的基本的和实质性样式。

第十五章 德性，个人生活的整体和传统的概念

重要的是，现在清楚了，以上论证所预设的立场与那些以"一个"行为的观念为中心建构行为理论分析哲学家的立场的不同。然而，把人的事件的过程看成是个人行为的一种复杂后果，一个自然而然的问题是：我们又是怎样把人的行为个体化的呢？现在，可以回答这问题，这里有一些这些概念存在的语境。例如，在烹调法著作的食谱中的行为是个体化的，某些分析哲学家们认为所有的行为都可能以这种方式个体化了，"拿6个鸡蛋，然后在一个碗里打碎它们。加上面粉、盐、糖等等。"但这样一种连续的点，这连续过程的每一成分作为一个行为，只有作为在连续中的一个可能的成分才清楚明白。而且即使是这样一种连续也需要有一种背景才可理解。如果在我讲康德伦理学课的中间，我突然打破6个鸡蛋放进一个碗里，加上面粉和盐，在此种举动的同时我还解释着康德，但仅仅由于我仿效《弗兰利农夫烹饪手册》规定的一系列动作这一事实，我并没有一个可理解的行为。

对我说的这点，可能有人要反驳说，我肯定有了一个行为或一系列行为，即使不是一种可理解的行为。但是，对这种反驳，我想要回答：一种可理解的行为的概念是比一种行为的概念本身更为基本的概念。不可理解的行为与可理解的行为不可同日而语，把不可理解的行为和可理解的行为混为一类行为，然后依据两种行为的共同处来描述它，这是犯了一个不顾这种区分的错误。这也是对可理解性概念的极端重要性的忽视。

可理解概念的重要与这一事实密切相关：我们的叙述和我们的实践所包容的一切，在这个领域里的一个最基本的区分，就是人类存在物和其他存在物的区分。人类存在物是能够阐述的，他们是阐述的作者；而其他存在物则不能。把一个事件看作一个行为，是在一种描述下，把它放在范例中去认识它，这种描述能使我们把那个事件看作是清楚明白地来自于某个当事人的意图、动

机、情感和目的。因此，理解一个行为就是把它看作是某人可说明的某种东西，对于这种行为，人们总是可以适当地要求行为者给予一个可理解的阐明的。当一个事件显然是一个行为者的有意图的行为，但我们不能如此去认识它时，我们不仅要在理智上，而且要在实践上感到困惑。我们不知道如何反应；也不知道如何解释；我们甚至不知道如何最起码地把它描述为一种可理解的行为。人类的可阐述性和仅仅是自然的东西之间的区分没有了。而在相当不同的环境中，这种困惑确实发生了。当我们进入一种与我们不同的文化中，或者甚至进入我们文化的不同的社会结构中，或者当我们碰到一定类型的精神病患者（正是这些病人的行为的这种不可理解性，才把他们看作病人；而不仅对每个人而且对他自己而言也是不可理解的行为，就恰恰被看作是一种病），我们都会感到困惑。但在日常生活中这类困惑也常发生。看看一个例子。

我正站着等一辆公共汽车，一个年轻人挨着我站着，突然他说："一般野鸭的名称是 Histrionicus, Histrionicus, Histrionicus。"他所说的这句话的意思是没有问题的，但问题是，如何回答这个问题，他说出这句话是要干什么？可设想他刚才说出的这个句子是间发性的偶然说出的，这可能是疯了的一种可能的形式。但如果如下的情况是真实的，他说这句话这个行为就是可理解的。他把我错误地看成是昨日他在图书馆所碰到的问他如下问题的某人，"你碰巧知道一般野鸭的拉丁文名称吗？"或者他刚从心理治疗医生那里上课回来，他的医生鼓励他通过与陌生人谈话来消除他的羞怯。"但是我将说什么呢？"医生说："你说什么都行。"或者他是一个苏联间谍，在一预先安排好的约会地点等待着，说出这句选择不当的暗语句子，以使人能认出他来和他接触。在这每一个情形里，通过寻找这句话在一种叙述中的位置，说话这个行动变得可理解了。

第十五章 德性，个人生活的整体和传统的概念

对此，可能有人会答复说，提供一种叙述也不必然就使得这样一种行动可以理解。这里理解所需要的是，我们能识别相关类型的言语活动。（例如，"他正在回答一个问题"）或者他的话有某种目的（例如，"他正力图引起你的注意"）。但言语活动和目的也能是可理解的，或不可理解的。设想，那个在公共汽车站的人以如下话来解释他的言语："我正在回答一个问题。"我回答说："但我绝没有向你问任何问题，而对于那个问题，但愿那能是个回答。"他说："噢，我知道了。"因而，他的行为又变得不可理解。并且，我们能够很容易地举一个同等的例子指出，服务于一种已知类型的某些目的的行为——仅仅这个事实还不足于使得一种行为可理解。目的和言语活动都需要背景条件。

背景条件的最熟悉的类型和参照这种背景就使言语活动和目的都可理解的是对话。对话在人类世界的无处不在的特征使得它易于逃避哲学的注视。然而，如果从人类生活中去掉对话，那还剩下了什么？不过，让我们看看在如下的一种对话中涉及了什么，并发现它是可理解的，或是不可理解的。（发现一次对话是可理解的并不等于懂得了它；因为我偶然听到的一次对话也许是可理解的，但也许不能懂得它。）如果我在听两个人之间的一次对话，我的抓住对话线索的能力将包括把谈话归在某种描述下的能力；在这样一些描述中，谈话的某种程度的连贯性出现了："一种醉态的、散漫的争吵"，"一种严重的理智上的分歧"，"相互之间一种悲剧性的错误理解"，"对相互动机的喜剧式的，甚至有点滑稽剧式的曲解"，"双方论点的深入交流"，"一次相互间谁支配谁的斗争"，"一次微不足道的闲言的交谈"。

使用"悲剧"、"喜剧"、"滑稽剧"这些词汇对这种评价不是无关紧要的。我们确定对话的类型，恰与我们确定文字叙述类型一样。确实，一次对话是一次戏剧创作，即使是非常短的一种，在这里，参与者不仅是演员，而且是作者，或是一致的或是

有分歧的制作出他们的产品的模式。因为不仅对话的那些类型是戏剧和小说所有的，而且对话有开端、中间和结尾，也与文学作品一样。对话包括了倒退和认可，推向高潮和离开高潮。在一次较长的对话里，有离题话和次要情节，而且，在离题话中有离题话，在次要情节中有次要情节。

但如果这对对话而言是正确的，那么，具体来说，战役、棋赛、求爱、哲学研究班、餐桌上的家庭成员、商业谈判契约——即一般的人类事务而言，都是如此。因为对话，就宽泛的理解，它是人类事务的一般形式。对话行为不是人类活动的某个特殊类型或某个方面，虽然语言使用的各种形式和人类生活的各种形式使得人们涉及对话的行为如同他们的词汇一样多。而把对话看作某种人类行为的可能性，仅仅因为它们是那些有言词的人的行为。

我正在描述的既有作为叙述的特殊情况的对话，又有一般的人类行为。叙述不是诗人、戏剧家和小说家的那些作品，这些作品反映的事件，在歌唱家或作家把叙述秩序加在事件上之前，没有叙述秩序；叙述形式不是伪装也不是装饰。哈迪写道，"我们在叙述中做梦，在叙述中做白日梦，通过叙述来记事，表达期望、希望、绝望、相信、怀疑、计划、修改、批判、设计、闲谈、学习、爱和恨。"① 哈迪表明了同样的论点。

在这章的开始时，我表明，要成功地识别和理解某人正在做什么，我们总是要把一个特殊事件置于一些叙述的历史背景条件中，这历史既有个人所涉及的历史，也有个人在其中活动和所经历的环境的历史。现在在这点变得很清楚了：我们通过这种方式使得其他人的行为可以理解，因为行为本身有一种基本的历史特

---

① 哈迪（Hardy, Barbara）：《走向诗意的虚构：由叙述而入门》，载《小说》1968年第2期，第5页。

征。正是因为我们过着可叙述的生活，也因为我们依据我们所过的叙述生活理解我们自己的生活，叙述形式才是理解其他人的行为的适当形式。故事在它被说出以前就存在——除了虚构的以外。

当然，这个论点也被最近的争论所否定。明克与哈迪的论点争论道，他断言："除了被说出以外，故事并不存在。生活没有开端、中间和结尾；有聚会，但作为一件事情的开始是属于我们后来告诉我们自己的；有离别，但最终的离别只是在故事里。有希望、计划、战役和思想，但只有在回顾性的故事里，它们才是没有实现的希望，失败的计划，决定性的战役和创新的思想。只有在故事里，美国是哥伦布的发现，也只有在故事里，对于英国想要一个钉子来说，她是失败了。"①

对这个论点我们应当说什么？毋庸置疑，我们必须承认，只有回顾，希望才可被描述为没有实现的，或战役才可被描述为决定性的，等等。但我们在生活中如此描述它们如同在艺术中一样多。并且，对说在生活中没有终点，或最终的离别只发生在故事里的人，某人会立即反驳道："你从未听说过死亡吗？"在安德洛玛刻悲叹希望破灭和最后离别以前，荷马无从说赫克托耳的传说。有无数个赫克托耳和无数个安德洛玛刻，他们的生活体现了他们的荷马那里的同名人的方式，但他们绝不会引起任何诗人的注意。正确的是，拿一个事件作为开端或结尾，使它有一种意义，这也许是要引起争议的。罗马共和国的结束是由于凯撒之死，还是菲利皮战役②，或由于早期帝政的创立？回答无疑是：

---

① 明克：《历史和虚构：理解的模式》，《新文学史》第1卷，1970年版，第557—558页。
② 菲利皮战役：在希腊卡瓦拉州境内的菲利皮城，公元前42年发生战役，安东尼和屋大维在此击败布鲁图和卡修斯。——译者

像17世纪英王查理二世那样,它有一个长时期的垂死状态,但这个回答隐含着它的结束的现实如同前面的任何一个一样。如下事件都有一关键性意义,在这意义上,奥古斯都帝政或网球场宣誓①,或在洛斯阿拉莫斯制造原子弹的决定构成了开端;公元前404年的和平,② 苏格兰议会的废除,滑铁卢战役这些事件同样构成了结束;而有许多事件既是结束又是开端。

类型与包容现象的问题也如同开端、中间、结束的问题一样。可以看看这个问题:坎特伯雷大主教托马斯·贝开特的生活属什么类型?在我们决定如何写他的生活以前,不得不要提出和回答这个问题。(就明克的荒谬的论点而言,在这个生活没有被写出以前,不能提出这个问题。从某种中世纪的观点看,托马斯的生涯要以中世纪的圣徒言行录的标准来描述。在冰岛的《托马斯传说》中,他被描述为一个传说中的英雄。在诺尔斯的现代传说文学中,这是一个悲剧性故事,托马斯和亨利二世的悲剧性关系,他们两人都满足了亚里士多德的"英雄是一个有着致命缺点的伟大人物"的要求。现在,我们要问上述这些叙述到底哪个是对的,这显然是有意义的。我们要问,坎特伯雷的修士威廉,传说的作者或剑桥的国王钦定讲座名誉教授,这些人的描述谁的对?回答显然是最后那个。他的生活的真正类型,不是圣徒言行录或传说,而是悲剧。所以,对于作为现代叙述主题的托洛茨基的生活或列宁的生活,苏联共产党的历史或美国总统制的历史,我们也许也要问道:它们(他们)的历史属于什么类型?而同样的问题是:对它们的历史的什么类型的论述能够既是真实的又是可理解的?

---

① 法国大革命初期召开三级会议期间,法国无特权的第三等级的戏剧性挑战行动,因此迫使国王路易十六作了让步。——译者
② 指伯罗奔尼撒战争的结束。——译者

第十五章 德性，个人生活的整体和传统的概念

或者再考虑一下，一种叙述如何能被另一种所包容。在戏剧和小说中，有许多为大家所熟悉的例子：在《哈姆雷特》戏剧中演的戏，在《雷德冈特内特》中漫游的维利的传说，在《埃涅德》第二篇中的埃涅阿斯对狄多的叙述，等等。而在现实生活中，也有同样大家所熟悉的例子。在这方面，让我们再看看包括在亨利二世的统治范围内作为大主教和枢密大臣的贝开特的生涯，或在伊丽莎白一世统治下的玛丽·斯图亚特的悲剧生活，或是在美国历史中的美国南部邦联的历史。某人也许发现（或没有发现），他或她同时是若干种叙述中的一个人物，这些叙述中的某些包括在其他叙述中。或者，在一种似乎是可以理解的叙述中，某人所起的一部分作用整个地或部分地变成了一个不可理解的事件的故事。这里最后所说的就是卡夫卡在《审问》和《城堡》中的人物K所发生的事（卡夫卡没有结束他的小说，这绝非偶然，因为一个结束的概念像一个开始的概念，只有依据可理解的叙述才有它的意义）。

在前面我说到一个当事人不仅是一个行为者，还是一个作者。现在我必须强调，一个当事人作为一个行为者所能说所能做的是可理解的，是深刻地取决于这一事实：我们就处在我们自己的叙述合作作者的位置（有时还不及他们）。唯有在想象中，我们生活在无忧虑的故事里。在生活中，正如亚里士多德和黑格尔所注意到的，我们总是处于一定的约束之下。我们进入了一个不是我们自己所搭的舞台，我们发现我们自己对一个不是我们自己产生的行为的作用。在自己的戏中扮演一个主要角色的我们中的每一个人，在其他人的戏里起一些次要作用，并且每个人的戏都制约着其他人的戏。在我的戏里，我是哈姆雷特，或鬼魂，或至少是也许要成为王子的养猪人，但对你来说，我只是一个绅士或充其量是杀人犯的帮凶，而你是我的大臣波洛涅斯或考尼律斯，但是你自己的英雄。我们每个人的戏都对其他人的戏施加制约，

使整体不同于部分，但仍然是戏。

值得注意的是，像在涉及可理解性概念中的这些内容一样复杂的是行为概念和叙述概念之间的概念联结。一旦我们理解了这种联结的意义，对一个行为的概念从属于一个可理解的行为的概念的这个论点，将显得不那么奇怪。同样，对如下论点也将有所理解：一个行为的观念，在最高度的实践意义上，总是一种潜在的使人误解的抽象。一个行为是一种可能有的或实际存在的历史中的一瞬间，或一些这样的历史中的一瞬间。一个历史的概念如同一个行为的概念一样，是一个基本的概念。双方都需要对方。但我不注意到这恰恰是萨特所否定的就不能谈论这一点。他的整个自我理论——这一理论如此准确地抓住了现代精神——确实要求他应有这种否定。在《恶心》里，萨特使安东纳·洛根丁所表明的不仅是明克的观点，即叙述是非常不同于生活的，而且提出一种叙述形式中的人的生活永远是虚假的。没有，也不能有任何真正的故事。人类生活由导致虚无的不连贯的行为组成，这种行为是无序的；说故事的人回顾性地把一种秩序加之于人类的事件，而这种秩序是当故事还在发生时所没有的。很清楚，如果萨特的洛根丁是正确的——我谈到萨特的洛根丁，是把他与另外一些大家所熟悉的人物如萨特的海德格尔和萨特的马克思区分开来的——我的中心论点必定是错误的。不过，我的论点和萨特的洛根丁的论点之间在一个重要问题上是一致的。我们都认为在一种叙述序列中有其位置的一个行为是可理解的。而唯有萨特的洛根丁认为，人类行为是这样不可理解的偶发事件：这是对如下事情的形而上学含义的一个认识——洛根丁被带进小说的过程中，而对他的实际作用就是终止了他自己的写一部历史性传记的计划。这个计划不再有意义。或者他将写那真实的东西，或者他将写可理解的历史，但一种可能排除另一种。萨特的洛根丁是正确的？

第十五章 德性，个人生活的整体和传统的概念

我们能够从以下两个方面的任何一方来发现萨特论点的错误。我们应当问道：人类行为要是剥夺了任何虚假的叙述秩序将是什么东西？萨特自己绝没有回答这个问题；令人感到惊奇的是，为了证明没有真正的叙述，他自己写了一种叙述，虽然是虚构的。但是我发现我自己能够形成人类的本性，这是先于叙述的曲解的——这种倒错性次序，是约翰博士在他的法国旅行的笔记中为我们提供的："在那里，我们等待着太太们——莫尔维拉的——西班牙。乡村城镇所有乞丐。在第戎，他不能找到去奥尔良的路——法国的交叉路很讨厌。——五个士兵。——妇女。——士兵们逃走。——上校不能为了一个妇女的缘故而失去五个男人。——除了上校的许可外，地方行政官吏不能抓一个士兵，等等，等等。①"这所揭示的是我所认为正确的东西，即被说成是先于任何叙述形式，叙述形式是强加在行为上的我们行为的特征，总是那显然是某种可能有的叙述的分离部分的东西的展示。

我们也能以另一种方式接近这个问题，我所称为一种历史的东西是一种演出了的戏剧叙述，在这种戏剧叙述中，角色也是作者。当然，角色确实不可能从头开始；他们插入戏中，对于他们来说，他们的故事的开端已经被在过去的人和事创造了。但当格伦菲尔或爱德华·托马斯在1914—1918年战争期间逃离法国，他们所扮演的那种叙述毫不亚于墨涅拉俄斯或奥德修斯逃跑时所扮演的。想象的人物和现实的人物的不同不是在对他们做什么的叙述形式中；而是对叙述形式和他们自己行为的创造加工的程度上。当然，正如他们没有在他们满意的地方开始一样，他们也不能恰如他们所愿地发展下去；每个人都被其他人的行为和被作为他的和他们的行为的前提条件的社会环境制约着，在马克思的经典著作《路易·波拿巴的雾月十八日》里，即使没有对戏剧性

---

① 菲利浦·霍布鲍姆：《狄更斯作品阅读指导》，1973年版，第32页。

叙述的人类生活作完全满意的论述，但这一论点却是强有力的。

我称马克思的论述不甚完满，部分地是因为他希望把人类社会生活的可叙述性看作是在某种意义上可以与这样一种社会生活观点相容的：人类社会生活是以一种特殊方式为法则所支配的并且是可以预言。但至关重要的是，在戏剧性叙述中的任何既定点上，我们都不知道下一步将发生什么。这种不可预言性（我在第八章已做了论述）为人类生活的叙述结构所需要。社会科学家所发现的经验性普遍概括和探索，对人类生活提供的一种理解，是与这种叙述结构完全相容的。

人类生活的不可预言性与所有生活叙述的第二个最为重要的特征、某种目的论特征合并存在。我们依赖某种可能具有的将来这样一些观念，既独自地，也在与他人的关系中，过着我们自己的生活。这个将来是这样一些可能性：某些可能性召唤我们向前，另外一些可能性排斥我们，某些可能性似乎已经在我们之外，而另外有些可能性可能是不可避免的。没有不抱有某些对未来的想象的存在，而对将来的想象本身永远存在于一种目的（telos）的形式中，或存在于多种目的或目标形式中，我们在现实中向着这些目的（或目标）前进，或无从迈向这些目标。因此，不可预言性和目的论作为我们生活的要素合并存在；像在虚构的叙述中的人物，我们并不知道从现在往后将要发生什么，但不过，我们生活的有一定的形式，这形式规划着它本身朝着我们的未来。因此，我们的生活叙述有着不可预言性和部分地目的性的特征。如果我们个人的和社会的生活的叙述还是继续可理解的——而这两种类型的任何一种都可能会变得不可理解——就永远是这样两种情况：使这种故事能够继续下去的制约还将存在；和在这制约中，不可确定的许多方面还将继续存在。

因而，从这呈现的一个中心论点是：人在他的虚构中，也在他的行为和实践中，本质上都是一个说故事的动物。他不是必然

第十五章 德性，个人生活的整体和传统的概念

的，但通过他的历史，成了一个渴望真实性的说故事者。不过，人的关键问题不是关于他们自己的原创作者的问题，假如我首先能够回答"在哪个故事或哪些故事里，我能发现我自己那一部分？"这问题，我就能够回答"我要做什么？"这个问题，我们进入人类社会，也就是带着一个或多个被委以的角色——进入那些指派给我们的角色——并且，为了能够理解他人对我们的反应如何和我们对他人的反应是怎样被理解的，我们不得不了解角色是什么。正是通过听许多这样的故事——邪恶的后母，丢失的小孩，善良但被错误引导的国王，养育孪生兄弟的狼，最年轻的兄弟们没有得到遗产但却在这个世界上获得了成功，年纪大的兄长们在放荡的生活中浪费了他们的遗产，离乡背井和猪生活在一块——儿童领会到或没有领会到一个孩子是什么，一个父亲或母亲是什么，而这一切都是这个戏剧中的那些角色，儿童们就降生在这种戏剧中；而这一切也就是这个世界的这些方面，儿童们就处在这个世界中。如果你使得儿童没有这些故事，那你就使得他们在言语上成为了焦虑的口吃者那样，在行为方面则没有了依据。因此，除了通过作为最初的戏剧资源的那些故事，我们无从理解包括我们自己的社会在内的任何社会。神话，就它的原始意义而言，是心中的事物。维柯是正确的，乔伊斯也是正确的。所以从英雄社会到它的中世纪的继承者的道德传统当然也是对的，根据这个传统，说故事在教育我们成为有德的过程中，起了一个关键作用。

我在前面指出，"一个"行为永远是一种可能有的历史中的一个事件，关于另一个概念，我有一个相关的联想，这个概念是：个人身份（identity）。帕菲特和其他人最近把严格意义上的身份标准和人格的心理连续性进行对照，引起了我们的注意。身份是一种或有或无的东西，要么蒂奇伯恩的合法权利所有者是最后那个蒂奇伯恩的继承人。要么他就不是，要么最后那个继承人

的所有财产是属于那合法权利所有者，要么合法权利所有者不是那个继承——"莱布尼兹法则"的运用。而人格的心理连续性是一种不太确定的东西（more or less）（就我的记忆力，理智力量和对批评的反应而言，我在50岁的时候还和在40岁的我是同一个人吗？回答是或多或少。）但是，作为在一定叙述中的角色的人类存在物，唯一拥有心理连续性资源的人，至关重要的是，必须能够对严格的身份的委派作出反应。在任何时候，对其他人而言，我永远是我已是的任何东西——并且在任何时候都要求我对身份负责——不管我现在可能发生了怎样的变化，自我的心理上的连续性或不连续性，绝不是我的身份的基础，或缺乏这种身份的依据。自我居于角色中，而角色的整体性就是一个角色的整体。在经验主义者或分析哲学家与存在主义者之间，这里又有一严重分歧。

经验主义者，例如洛克或休谟，力图孤立地依据心理状态或事件阐明个人身份。分析哲学家在许多方面既是经验主义的批评者，又是他们的继承者，他们扭曲了这些状态和事件与依据莱布尼兹法则理解的严格的身份之间的联结。经验主义者和分析哲学家都没有认识到背景条件已经被省略，而缺乏背景条件，许多问题都无从解决。这种背景条件是一个故事的概念和一个故事所需要的角色整体的概念提供的。正如一个历史不是行为的一种连续，而一个行为的概念是为着某种目的从这历史中抽取出来。与实际的或可能的历史中的一瞬间的概念一样，在一个历史中的多种角色不是许多个人的集合，而个人的概念是从一个历史中抽取出来的角色的概念。

因此，自我的叙述概念所需要的是双重的。一方面，我是在我从生到死的生活的故事过程中合理地被他人所接受的人；另一方面，我是一个历史的主体，这个历史是我自己的而不是任何别人的，这个历史有它自己的特殊意义。当某人抱怨——如有人企

第十五章 德性，个人生活的整体和传统的概念

图自杀或自杀——他或她的生活没有意义，他或她常常是或可能其特点就是抱怨；他们生活的叙述对他们来说已经变得不可理解了，生活缺乏任何意义，缺乏任何朝着顶点或目的的运动。因此，在他们生活的那些至关重要的时刻，做某件事而不是别的事的意义，似乎对这个人而言已经丧失。

我前面已谈到，成为经历从生到死的这样一种叙述的主体，就是对组成这个可叙述的生命的那些行为和经验而言，是可阐明的。也就是说，在提出要求给予叙述这一问题的时候之前的某个人的生活，对他做了什么，或发生了什么，或目睹了什么，都是可以要求给予某种说明的。当然，我们所要求说明的东西，是早于我们提出这问题的任何时刻的。当然，某人也许忘记了，或大脑受了损伤，或者仅仅不能在相关的时候充分给予相关的阐述。但是，在某种叙述中的某人（如"城堡的囚犯"），他又是以相当不同的描述（如"蒙泰克里斯托伯爵"）表示的同一人，而以这样的叙述谈到某人，就是要求他给予一个可理解的叙述性陈述，使我们能够理解到在不同时间不同地点，如何地就是他这同一个人，而且被如此不同地描述。因此，个人的身份恰恰是以角色之整体为前提，而叙述的完整性要求角色的整体性。没有这种整体，就没有能讲故事的主体。

叙述性自我的另一方面是与上述特性相关的：我不仅是可说明的，还是一个可以永远要求其他人给予一种说明的人，一个可以把其他人放在这个问题中的人。我是他们的故事的一部分，正如他们是我的故事的一部分一样。任何一种生活的叙述是相互联结的一组叙述的一部分。而且，这种要求阐明和给予阐述本身在叙述构成中起了重要作用。问你做什么和为什么做这，说我做什么和为什么做这，想想你对我所做的事情的阐明和我对所做的事情的阐明的不同，而且反过来也如此，除了那些最简单的和最勉强的叙述外，这些都是所有叙述的实质性要素。因此，自我没有

可阐明性，构成所有叙述事件的系列就不能出现，当然，那些最简单的和最勉强的叙述除外；而且，没有同样可阐明的叙述，将缺乏事件及行为所需要的连续性，而正是连续的行为构成了叙述的可理解性。

这里重要的是要注意到，我没有主张叙述概念、可理解性概念或可阐明性概念是比个人身份概念更基本的概念。叙述概念和可阐明性概念以个人身份概念的运用为前提条件，正如身份概念以前三个概念的运用为前提条件一样，也正如这三个概念的每一个的运用以其他两个的运用为前提条件一样。它们的关系是一个互为前提条件的关系。因而，所有独立于和分隔开叙述概念、可理解性和可阐明性概念来阐发个人身份概念的企图，都注定要失败，正如所有这些企图所应有的那样。

现在可能要返回到我的研究进入到人类行为的性质和身份所开始的问题：个人生活的整体在于什么？回答是，这种整体性是体现了一个单一生活的叙述整体。要回答"对我来说什么是善的，"就是回答我如何最好地生活和如何最好地过完它。要问"对人来说什么是善的"就要问对前一个问题的所有一般性回答是什么。而现在重要的是要强调，正是对这两个问题的系统的探问和不仅在言语上而是在行动上试图回答它们，将把道德生活的整体性给予道德生活。一个人的生活的整体性是一种叙述寻求的整体，这种寻求有时失败、受挫、被放弃或因厌倦而涣散；而且人们的生活可能在所有那些方面都失败。但是，把一个人的生活看作一个整体的成功或失败的标准是一种被叙述的或将被叙述的寻求中的成功和失败的标准。但寻求什么？

需要回忆中世纪的寻求概念的两个关键特征。第一若没有某种至少是部分地决定性的最终目的概念，就不可能有一个寻求的任何开端。某种对人而言的善的概念是必需的。这样一种概念来自何处？确切地说，恰恰这样一些问题使得我们企图超越在实践中和通过实践而得到的各种德性的有限概念。又因为那种能够使我们整理我们的利益（goods）的善（good）的概念，将能够使我扩大对德性的目的和内容的理解，将能使我们理解到生活的整体性和连续性的地位，因而正是对这种善（good）的寻求过程，我们才初步把这种生活界定为对善的一种寻求。但其次，很清楚，中世纪的寻求概念根本不是一种对某种已经适当描述了的东西的寻求的概念，像矿工寻找金子，或地质学家寻找石油那样。而正是在寻求的过程中，和只有通过把许多事件提供给任何寻求的那些所遭遇到的和所对付的多种伤害、危险、诱惑和涣散，寻求的目的最终定能领悟。一种寻求永远是一种有关所寻求之物的特征和自我认识的教育。

因此，德性必定被理解为这样的品质：将不仅维持实践，使我们获得实践的内在利益，而且也将使我们能够克服我们所遭遇的伤害、危险、诱惑和涣散，从而在对相关类型的善的追求中支撑我们，并且还将把不断增长的自我认识和对善的认识充实我们。因此，德目表不仅包括维持家庭和维持那使男人和女人能在一块寻求善的政治共同体所必需的德性，而且包括对善的特征的哲学探究所必需的德性。不过，我们已经由此而得到了有关人的好生活的暂时性结论：人的好的生活是在寻求好生活之中度过的生活，对追寻所必需的德性是将使我们懂得更多的有关人的好生活是什么的那些德性，我们把德性不仅置于与实践相关的情形中，而且置于与人的好生活相关的情形中，因而完成了对德性的第二阶段的阐述。但我们的探究需要第三阶段。

对我来说，绝不可能仅仅以个人的资格寻求善和践行德性。这部分是因为从一种环境到另一种环境，过一种好生活是具体多样的，即使是在有着完全同一种好生活的概念时和体现在一个人的生活中的同一类德性里。一个5世纪雅典将军的好生活不同于一个中世纪的修女的或一个17世纪的农夫的。并且不仅是在不同的社会环境里的不同的个人生活，而且我们都是作为一个特殊的社会身份的承担者与我们自己的环境打交道的。我是某人的儿子或女儿，另外某人的表兄或叔叔；我是这个或那个城邦的公民，这个或那个行业或职业的一个成员；我属于这个氏族、那个部落或这个民族。因此，那对我来说是好的事情必定对那处于这些角色中的任何人都是好的。这样，我从我的家庭，我的城邦、我的部族、我的民族承继了它们的过去，各种各样的债务、遗产、合法的前程和义务。这些构成了我的生活的既定部分，我的道德的起点。在一定程度上，正是这一切使我的生活有它自己的道德特殊性。

从现代个人主义的立场看，这个思想不仅显得相左，而且甚至令人吃惊。个人主义的观点认为，我是我自己所选择的那种存在。只要我愿意，我就永远能对被看作是我的存在的那些仅仅是偶然性的社会特征提出质疑。我从生物学意义上看是我父亲的儿子；但不能认为我可以对他们做的负责，除非我隐然地或明确地选择要承担这种责任。我在法律上是某个国家的公民；但不能认为我就对我的国家所做的或已做的负责，除非我隐然地或明确地选择了要承担这种责任。这种个人主义为那些现代美国人所表达，他们否定对美国黑人所实行的奴隶制的后果负任何责任，说："我并没拥有任何奴隶。"另一些现代美国人则有一个更微妙的立场，他们依据他们自己作为个人已间接地从奴隶制接收的利益来精确地算计这些后果，接受了一个很好地统计了的责任。在这两种情形中，作为一个美国人它本身并没有看作是一定个人的道德身份的一部分。所以，现代美国人不会对下面这个态度感到有什么吃惊：英国人说，"我绝没有对爱尔兰做什么错事，为什么重提那古老的历史，好像我在那时做了什么似的？"或者，年轻的德国人相信，在1945年后出生，意味着纳粹对犹太人所做的与他对他的犹太同时代人的关系，没有任何道德上的相关性,这都展示了同样的态度,根据这种态度,自我与它的社会的和历史的角色和地位是可拆开的。如此被拆开了的自我当然是一个非常适合于萨特和戈夫曼的世界观的自我,这是一个没有历史的自我。这与叙述观点的自我相对照是很清楚的。因为我的生活的故事是永远被包括在我得到我的身份的那些社会共同体的故事中。我的出生就带着一个过去,可个人主义者的模式则力图把我自己与这个过去切断,而这就要扭曲我现在的关系。一种历史身份的占有和一种社会身份的占有是重合的。要注意到,对我的身份的反叛永远是表达它的一种可能有的模式。

也要注意到这个事实:自我不得不在社会共同体中和通过它的成员资格发现它的道德身份,如家庭、邻居、城邦、部族等共同体,但并不意味着,自我必须接受这些形式的共同体的特殊性的道德限度。但没有这些道德特殊性作为开端,就绝不可能从任何地方开始;而对善和普遍性的寻求就出自于这种特殊性的向前的运动。但是,特殊性绝不可能被简单地滞留在后面或被遗忘。摆脱特殊性进入完全普遍性的准则的领域,并认为这种普遍准则是人本身所有的观念,不论在18世纪的康德哲学的形式中,或在某些现代分析道德哲学的描述中,都是一种错觉,并且是一种有着痛苦后果的错觉。而当人们那么轻易地和那么完全地把他们的事实上是部分的和特殊的原因与某些普遍原则的原因相等同时,他们总是比不这样做时更糟。

因此,在关键部分,我是我所继承的东西,一种特殊的过去某种程度地呈现在我的现在之中。我发现一个历史的我自己的部分,并且一般而言,不论我是否喜欢,是否认识到它,我都是一个传统的承载者之一。因而在我描述一个实践概念时,重要地是注意到,实践永远有历史,在任何既定时刻,一种实践是什么取决于理解它的一种模式,而这种理解模式常常为许多代人所传承。因此,就德性维持实践所需的关系而言,德性必须维持的不仅有对现在的关系，还有对过去的关系，甚至对将来的关系。而通过传统，那些具体的实践得以传递和赐予新的形式，但传统绝不可能在更大的社会传统之外孤立地存在。是什么构成了这样的传统？

在这里，我们易于被意识形态上对传统概念的运用误入歧途，保守主义的政治理论家已经如此运用了传统的概念。就其特征而言，这些理论家追随柏克，① 把理性和传统，冲突和传统的稳定性对照起来。这两种对照都是使人困惑的。因为所有的推理都发生在某种传统的思想模式的背景条件中，通过批判和创新而超越在那传统的范围内迄今为止被思考的东西的限度；这对中世纪的逻辑学如同现代物理学一样，都是真实的。而且，当一种传统处于良好的状态，总是部分地为一种有关利益（goods）的论证所构成，而对这些利益的追求，把它的特殊的意义和目的给了这个传统。

所以，当一个机构（例如一所大学、或一个农场、或一个医院）是一种实践或诸种实践的传统的承载者时，它的共同的生活将部分地，但却在一个极重要的方面，为一个持续的论证所构成，这个论证是关于什么是一所大学，和一所大学应当是什么、或一个好的农场是什么或好的医院是什么的持续的论证。传统，当它富有生命力时，就包括了冲突的继续。确实，当一个传统变成了柏克式的传统，它总是垂死的或已死了的。

当然，现代个人主义在它自己的概念框架内，除了把传统观念看作是一个对手的观念外，不能发现它的任何用处；因此，现代个人主义者都很愿意放弃它，因而都不是柏克哲学信徒。他们忠实于柏克自己所忠诚的，力图把对有着一种证明1688年的寡头政治革命的正当性的传统观念的政治学的信奉和对有着自由市

---

① 柏克（BurBe, 1729—1797）：英国政治家、思想家。——译者

场制度和学说的经济学的信奉结合起来。但这种不适当搭配的不一致性，并没有使它失去意识形态的用法。不过，结果是，现代保守主义者绝大部分仅仅维持陈旧的而不是后来的自由个人主义论点。他们自己的中心学说像自由主义和个人主义一样，是自我标榜的自由主义学说。

一个活着的传统是一种历史性的伸展了的，社会性的具体化了的论证，并且恰恰有几分是有关构成传统的利益的一种论证。在一个传统内对利益的追求，延伸几代人有时甚至是许多代人。因此，个人对他或她的利益的追求，就一般的和特殊的意义而言，是被引导在那些传统所限定的范围内的，而个人生活就是这些传统的一部分，这不论对于实践的内在利益还是对个人生活的利益而言，都是如此。再一次地我们看到，包容的叙述现象是至关重要的：我们时代的一种实践的历史；在一般的和特征的意义上，是被那属于传统的更大和更长的历史所包容，也只有依据这个更大更长的历史才可理解，通过这个传统，实践以它现在的形式被传递给我们；我们个人自己的生活的历史在一般的和特征的意义上，也是包容于一些属于传统的更大更长的历史中，也只有依据这些更大更长的历史才可理解。我不得不说"在一般的和特征的意义上的"，而不说"总是"，因为传统在衰败，分解和消失。那是什么维持着和强化着这些传统，又是什么削弱和摧毁了它们？

关键性的回答是：相关德行的践行或缺乏相关德行的践行。如果要获得实践的多种内在利益的话，德性就要维持那些必需的关系，而德性不仅在维持那些必需的关系中，也不仅在维持个人生活的方式中——在这种方式中，个人以他的整体生活的善（利益）作为他的善（利益）来寻求——有它的意义和作用，而且在维持那些把必然的历史关联条件提供给实践和个人的传统中有它的意义和作用。缺乏正义，缺乏真诚，缺乏勇敢，缺乏相关的理智德性，这些都腐败着传统，正如它们腐败着从传统中获得其生命的那些机构和实践一样，而这些机构和实践是传统在当代的具体体现。认识到这一点当然也在于认识到另外一种德性的存在，这种德性是当它几近不存在时，它的重要性可能就最为明显，这是一个对传统有适当意义的德性，一个属于传统，或传统所遇到的德性。不要把这种德性与任何保守主义的古董形式相混淆，我不赞成那些选择了充当赞美过去的传统的保守主义角色的人。宁可说，传统的一种适当意义是在对将来的那些可能性的把握中表明的，这种可能性就是说，过去已使现在的出现有其可能。活着的传统，恰恰因为它们继续着一个未完的叙述而面对一个未来，而就这个未来具有的任何确定的和可确定的特征而言，它来自于过去。

在实践理性方面，拥有这种德性并不就意味着有如此多的可供我们实践推理的大前提的普遍规则或格言的知识；倒不如说这种德性表现在一种判断能力中，行为者具有这种能力，在于知道如何在相关的许多准则中选择准则和如何在特殊的环境中运用准则。主教波尔①有这种德性，玛丽·都铎②则不具有；蒙特罗斯侯爵③有，查理一世④则没有。主教波尔和蒙特罗斯侯爵实际上所拥有的是这些德性，这些德性能够使他们的拥有者既追求他们自己的善又追求传统的善，即使是在悲剧性的必然所规定的环境中，在两难选择的困境中，这些德性也都是传统的承载者。放在

---

① 主教波尔（Pole, Reginald, 1500—1558）：英国坎特伯雷的红衣主教。——译者
② 玛丽·都铎（Mary Tudor, 1496—1533）：法国路易十二的王后。——译者
③ 蒙特罗斯（Montrose, James Graham, 1612—1650）：苏格兰将军，侯爵。——译者
④ 查理一世（Charles I, 1600—1669）：英国国王，在位于1625—1649年。——译者

第十五章 德性，个人生活的整体和传统的概念

德性的传统的背景条件中理解那些两难选择，是非常不同于在本书第二章中我所写的面对着争论中的相互冲突和不可通约的道德前提的现代的那些选择的。这种不同在哪里？

常常被揭示（例如，被 J. L. 奥斯汀所揭示），或者我们能够承认相互冲突的和有条件的互不相容的利益的存在，这些利益对我们的实践义务（allegiomce）有着互不相容的主张；或者我们能够信奉某些有关人的好生活的决定性的概念，但这是相互排斥的选择对象。没有一个人能够一致地持有这两类观念。这种主张无从认识到的是，也许个人有较好或较坏的方式来度过善与善的悲剧性冲突。并且，要知道对什么是好生活，就要知道在这种环境中和度过这种环境时，什么是好的和什么是坏的生活方式。不能先验地排除这种可能性；这也意味着在诸如奥斯汀的那种论点内，隐藏着一种对那些悲剧环境的特征而言的未知的经验前提。

在一种悲剧性环境中，在相互匹敌的善（与善）之间选择，不同于在不可通约的道德前提之间的现代选择的是，在某种意义上，摆在个人面前的行为的可选择路线的双方，不得不被看作是正导致某种可靠的和实质性的善。通过选择其中之一，我丝毫没有减损那另一种要我选择的主张；因此不论我做什么，我都将留下那是我应当做而没有做的。悲剧主角不像萨特和黑尔所描写的道德行为者，不是选择对这个而不对那个道德原则的忠诚；他或她也不正在不同的道德原则之间决定某种优先原则。因此，悲剧所涉及的"应当"与一种现代方式所理解的道德原则中的"应当"，有一种不同的意义和力量。因为悲剧主角不能做他或她应当做的一切。这个"应当"不像康德的"应当"，并不隐含着"能够"。而且，为了产生一种义务论的逻辑说法，而力图把这种"应当"的断言逻辑描绘为某种程式计算的任何企图，都必

不过，悲剧主角的道德任务显然可能被履行得好或坏，是独立于他或她在可选择物之间的选择的——假定他或她无权作出选择。悲剧主角的行为可能是有英雄气概的或没有英雄气概的，慷慨大度的或不是慷慨大度的，优雅的或不优雅的，审慎的或不审慎的。他或她的任务履行得较好而不是较坏在于做到这样两个方面：以他或她的个人资格而言这样做是较好的和以父母亲或孩子的资格或公民或一种职业的成员，或可能以这些之中的某些或全部资格而言这样做是较好的。悲剧性的两难困境的存在，既没有使如下论点站不住脚，也没提供反证："以这种方式做这将对 X 和 C 或者他或她的家庭，城邦或职业较好"的形式的断言，易受客观真假的影响。可选择的和有条件的互不相容的治疗方式的存在，却使如下论点站不住脚："以这个方式忍受他的治疗将对 X 和 C 或者对他或她的家庭更好些"这一形式的断言易受客观真假的影响。②

当然，这种客观性的前提条件是我们所能理解的"对 X 来说是好的"的观念和依据 X 的生活整体的某种概念的同性质的观念。对 X 而言那较好的或较坏的东西取决于理解性叙述的特征，这种叙述把 X 生活的整体性给了 X。毫不奇怪，正是任何这样一个人的生活整体概念的缺乏，隐含着对道德判断的事实特征，并且尤其是那些把道德或恶归之于个人的道德判断的事实特征的当代否定。

在本书前些地方我指出，每一种道德哲学都有某种特殊的社

---

① 巴斯·C. 范·弗伦尔森的一种非常不同的观点：《价值和感情控制》，载《哲学杂志》1973 年第 70 册。
② 萨姆尔·古藤普兰的启发性讨论中的不同的论点：《道德现实主义和道德的两难境地》，《亚里士多德社会的活动》，1979—1980 年版，第 61—80 页。

会学作为它的配对物。在这章中我力图详尽说明的是，对社会生活的这种理解是德性的传统所需要的，是一种非常不同于官僚主义和个人主义文化中占支配地位的那些理解的理解。在这样一种文化范围内，德性的概念变成了边缘性的概念，只是在那些在这中心文化的边缘上存在的社会团体的生活中，德性的传统仍居其中心位置。在自由主义或官僚个人主义的中心文化内，诸多新的德性概念出现了，德性概念本身也改变了。这种改变的历史我现在就要着手叙述，如果我们知道哪种衰退已被证明是易于发生的，才能把德性的传统理解得更为充分。

第十六章

从诸德性到德性及德性之后

　　大约在本书的开初部分,我曾提出:如此多的当代道德争议的无休无止和无法解决的特征是从各种异质的和不可通约的概念衍生出来的,这些概念是这场争论的参加者所持的大前提。在这些杂陈的概念中,各种各样的德性概念与诸如功利和权利的现代概念较量角力,以各种不同的方式发挥着作用。但是,不管是与其他道德概念相关的德性概念的地位问题,还是哪种气质应列入德目表的问题,以及对具体德性的要求,人们都缺乏任何明显的一致意见。当然,在特定的现代亚文化中,德性的传统体系的观点仍然存在。但是,当代公共辩论的状况致使这亚文化中有代表性的观点在参加这一辩论时,极易被解释为并且是错误地解释为是多元的,而多元的状况有使我们被湮没的危险。这种错误的解释是从中世纪后期到现代这一漫长历史的产物。在这段历史期间,主要的德性发生了变化,个别德性的概念发生了变化,甚至德性概念本身也不再和从前一样了。这些变化几乎是必然的。正如刚才我在前几章所主张的,为一种传统的德性论提供了必要背景的两个概念,即叙述的整体概念和实践概念,也在这同一时期内被替换了。从奥尔巴赫到加德纳的文学史家追溯了叙述的文化地位逐渐削弱的过程,而且对叙述的解释方式也发生了变化,直至像萨特(我对他的观点已有讨论)、威廉·加斯这些不同的现代理论家,得以把叙述的形式理解为不是把讲故事和人的生活方

第十六章 从诸德性到德性及德性之后

式联系在一起，而恰恰是把叙述与生活分割开，并把它限定在被看作是分离的和有区别的艺术领域里。

艺术与生活的差异甚至对立（它事实上常常被这些理论家作为前提而非结论），为艺术（包括叙述）免除了道德上的任务。现代性将艺术变为基本上是少数人的活动和兴趣这样一种状况，这就进一步使我们难以对自己作任何叙述性的理解。不过，由于在生活本身未被排除的情况下，叙述性的理解也不可能最终地和完全地被排除，所以这种理解继续在艺术中反复出现：在19世纪的现实主义小说中，在20世纪的电影中，在每天早晨报纸上为阅读提供条理性的压缩了一半的背景材料摘要中。然而，把人的生活当作叙述整体来思考，是一种与现代文化中占支配地位的个人主义和官僚主义模式格格不入的思维方式。

而且，像我已经努力推断的那样，一种具有内在利益的实践概念，也同样被移到了我们生活的边缘。我初次介绍这个概念时，根据的是艺术、科学和竞赛方面的例子，并指出，家族、家庭、部落、城市和王国等人类共同体的创建和重建，是在与古代和中世纪相同但与现代世界不同的意义上，被视为实践的一种类型的。在亚里士多德看来，政治是一种具有内在利益的实践活动，而在詹姆士·密尔看来却不是。此外，现代世界大多数居民所做的工作的性质，不能理解为是一种具有内在利益、并有极好理由的实践的性质。现代性诞生的一个关键时刻是生产走出家庭。只要生产劳动存于家庭的结构中，就很容易也很正确地可以把劳动理解为是支撑家庭共同体并支撑家庭所继而支撑的那些更大范围的共同体的要素。当劳动发展到走出家庭并为非人格的资本服务的程度时，劳动的范围就倾向于除了一方面为生物性的生存和劳动力的再生产服务，另一方面为机构化了的贪欲服务外，和别的一切事物都分割开来了。贪欲（Pleonexia）在亚里士多德看来是一种罪恶，现在却成了当代生产活动的动力。主要体现在上述劳动中（例如以生产流水线为基础）的目的—手段关系，显然是外在于劳动者所寻求的利益的；这种劳动当然也被排除在本身具有内在利益的实践范围外。相应地实践也接着被排挤至社会和文化生活的边缘。艺术、科学和竞赛只被少数专门家理解为是劳动；我们其余的人则只能在余暇时间作为旁观者或消费者来获得一些附带的好处。在以前从事一种实践活动的观念曾有社会重要意义的地方，如今审美的消费观念取而代之，至少对大多数人来说是如此。

因此，依靠和通过这个历史过程，审美者，官僚机构管理者（组织现代工作的最基本的工具）及其他们的社会类似者成为现代社会主要的特性角色（我在第三章里曾简要描述这一过程），也正是这同一个历史过程，把对人类生活的整体的叙述性理解和实践概念的驱逐到现代文化的边缘。这个历史的一方面是社会生活方式的转变：市场、工厂，最终是官僚机构不断重新确立了对个人的支配。而个人本身有时被看成是独立的、有理性的人，自己为自己确定道德立场的人；有时又被看成环境的不正常产物，其幸福是为他所设计的。这个历史的另一方面恰恰是德性在概念上和实践中的转变。我现在就来谈这个问题。

假如你把具有内在利益的实践概念和人类生活的叙述整体概念，这样一些背景概念从人类生活大部分领域抽取出来，所剩下来的对德性还意味着什么？对亚里士多德哲学的毫不含糊地坚决彻底地摈弃，是那些其结果剥夺了德性的概念背景条件的社会变迁在哲学层次上的对应物，而对亚里士多德哲学的摈弃，使得17世纪末没有任何像传统的德性论和对德性的合理论证的东西。可是对德性的赞美和德性的实践依然常以非常传统的方式遍及社会生活中，虽然任何希望对德性在这种生活中的地位给予一个系统地阐述和合理论证的人已碰到不少相当新的问题。一旦德性在思想上和实践中与它们传统的背景条件分隔开来，确实就有了一

第十六章 从诸德性到德性及德性之后

种理解德性的特别的新办法,那就是把德性作为气质(dospsitions)来看待,气质通过如下两种可选择的途径中的任何一种与新发明的社会机制即个人的心理相联系:要么把德性——或者有些德性——理解成个人自然感情的表露;要么把它们——或者部分德性——理解成借以约束和限制同样的自然感情的破坏作用所必要的气质。

正是在 17 和 18 世纪,道德被一般地理解为为利己主义带来的问题提供了一种解答,道德的内容逐渐和利他主义大致相当。因为正是在这同一时期,人被认为是(在某种危险的程度上是)本性利己的;而一旦我们认为人类在本性上是某种危险的利己主义,利他主义立刻成为社会所必需的,而又显然地是不可能的了,即使它出现了,也是令人费解的。根据传统的亚里士多德观点,这些问题不会出现,因为德性的教育教导我们的是,作为个人的我们的利益(善)[①] 和那些在人类共同体中和我有密切联系的人的利益(善)是同一的。我追求我的利益(善)绝不会和你追求的你的利益(善)必然相冲突,因为这个利益(善)即非为我特有也非为你特有——利益(善)不是私有财产。因此,亚里士多德对友谊,即人类关系的最基本形式的定义,是依据共同的利益(善)的。在古代和中世纪世界里,利己主义者总是这样的人:他因他自己的利益在何处犯了一个基本的错误,因此落到了把他自己逐出人类关系的地步。

但是对于许多 17 世纪和 18 世纪的思想家来说,无论如何,共同利益(善)的概念只是亚里士多德式的幻想;每个人在本质上追求的是满足自己的欲望。但是倘若如此,至少可以有强有力的理由设想,一个互相破坏的无政府状态就会接踵而至,除非欲望为一种更为明智的利己主义的观点所限制。正是在对这些问

[①] 此处及以下相关内容的英文概念均为"good"。——译者

题考虑的背景条件下，大量的 17 世纪和 18 世纪的关于德性的思想才应运而生。譬如说，大卫·休谟便把德性区分为自然德性（natural virtue）和人为德性（artificial virtue）。自然德性是指这样一些品质，它们对于感情和欲望正常的人来说是有用的或者令人愉快的，或者既有用又令人愉快。人为德性却是社会、文化所造就的，用以抑制那些我们通常认为以一种反社会的方式为我们的私利服务的情感和欲望的表达。我们自然发现，我们对别人的慷慨是对我们自己有用的和令人愉快的；我们人为地在我们和他人心中培植起对正义规则的一种尊重，即使遵守这些规则并不总是对我们有直接的利益。但是，为什么我们应当在别人那里发现某些对我们没价值但却令人愉快的某些品质？——休谟相信我们确实发现了这些品质——当服从规则对我们没有益处时，我们为什么还应服从这些规则呢？

休谟对这些问题的回答暴露了他的德性论的根本弱点。因为当他的所有前提所确保的是青年拉摩的结论：通常就我们的长远利益而言，人们一般应当是公正的，他力图在《人性论》中得出结论说，我们的长远利益在于做到公正。而他某种程度地在《人性论》里，更强烈的多在《道德原则探究》里，他不得不诉诸的，是他称之为"沟通的同情感"的东西：某些品质对别人是令人愉快的，我们也发现这是令人愉快的，因为我们生就自然而然地同情别人。可青年拉摩的回答本应该是："我们有时这样做，有时却不这样做；当我们不这样做时，我们为什么应当做呢？"

在对休谟论点的反驳形式中，回顾狄德罗通过拉摩说出的那些自我怀疑，重要性不仅是休谟无能超越 19 世纪利己主义的前提条件的问题。它们所指出的乃是更为基本的弱点，让我们看看休谟对对立的德目表的态度，这种弱点就更为明显。一方面，休谟在他的著作中有时把对德性和恶的认识问题似乎看成是人人皆能的简单反映问题："那种宣布品格和行动，友善和可憎，值得赞誉或该受责备的最后宣判是可能的；这个最后宣判给这些品格和行动打上荣誉或羞辱，赞许或非难的印记，使道德成为积极能动的原则，并且，它构成了德性或幸福，罪恶或苦难。而它之所以可能，在我看来取决于某种内在感或感情，自然已使这种内在感或感情普遍存在于所有物种之中。"[1] 因此，当休谟考虑如何确定哪些品质可以纳入德目表中时，指出："人类精神普遍具有的敏捷的感受力，足以使哲学家深信他在拟订德目表时绝不会犯错误，也不会有将其考虑的对象误置的危险：他只需稍许反观本心，看看他是否应当欲求这种或那种属于他的品质……"显然我们不会在德性方面犯错误。可我们是谁？因为休谟还十分有力地相信，有些德性论是错误的。第欧根尼、巴斯卡尔和其他主张休谟憎恶的"僧侣德性"的人，以及上个世纪的平均派都遭到了休谟的严厉责难。

休谟并没有根据他一贯信奉的一般性论点来处理这些例子：道德方面的明显的变化和不同完全被解释为相同的人性对不同的情境的反应。而一种不可回避的现实主义迫使他认识到有些不能如此处理的情形的存在。当然，休谟为自己的德性观所局限，没能认识到这些事件根本就没有办法处理。当我们讨论了休谟对这些事例的两种不相容的态度后，其中的缘由就一清二楚了。

因为，一方面休谟坚持认为，对善恶的判断，除了是赞成或反对的感情表达以外，别无他物：所以，我们就不可能有任何一种外在于这些感情的标准来判断这些感情。休谟确实认识到了，第欧根尼和巴斯卡尔的哲学理论导致（或者如休谟所认为的是错误地导致）他们相信存在这样一个标准。可是他自己的理论必然排除这种标准存在的可能性。而与此同时，他想谴责那些对

---

[1] 《道德原则探究》第1章。

德性持其他观点的人，有时不惜用上最尖刻的措辞。我们也许以为这些谴责是以休谟的形而上学观点为基础的。在写给弗朗西斯·哈奇逊的信中，①休谟表明了他个人的道德倾向，他写道："总的说来，我想从西塞罗的《义务论》，而不是从基督教修道士的著作《人的全部职责》中引出我的德目表。"他偏爱西塞罗而甚于基督教徒的作品，显然至少主要在于这个事实：他认为基督教的核心信仰是虚假的，而这在西塞罗信仰的方式和程度上都并非如此。在这封信的开头，休谟还攻击了任何目的论的人性观点，从而明确地清除了任何亚里士多德的观点。但是，当某种形而上学观点的虚假性是必然的时候，如果休谟要把自己的德性观证明为正确的，这样一种虚假性就是不充分的。并且休谟关于"应该"何以从"是"中推演出来的问题，使他不能公开诉诸他自己的对事物本质的理解以补充这种不充分。因此，虽然休谟可能在他认为是基督教的虚假中找到谴责僧侣德性的信徒的理由——例如休谟把卑微视为无用——但他能诉诸的最后法庭无非是有着善感的人的感情，诉诸世俗中人的感情共鸣而已。

因此结果证明，所谓诉诸人类的普遍正当性不过是一张面具，掩饰着对那些从生理和社会意义上有着休谟式态度和世界观（Weltanschauung）的人的诉诸。一些人的情感得到偏宠而别人的情感被怠慢。哪些人获得的偏爱最多？那些同意财产稳定的人，那些只因为贞洁对于保证财产只传给合法的继承人是一个有用的办法而把贞洁看做妇女的一种德性的人，还有那些相信时间的流逝可以把合法性赋予起初靠暴力和侵犯夺得事物的人。休谟认定为普遍人性的观点，结果事实上是汉诺威统治精英的偏见。休谟的道德哲学，如同亚里士多德的道德哲学，是以效忠一个特

---

① 1939 年 9 月 17 日信件 B，见盖里格（J. Y. T. Greig）编：《大卫·休谟通信集》，牛津版，1932 年。

第十六章 从诸德性到德性及德性之后

定的社会结构为先决条件的,不过是效忠于一种高度意识形态化的社会结构罢了。

这样,休谟为事实上只是18世纪北欧部分地区的地方道德的东西要求一种普遍合理的权威的企图铺设了一个不太令人满意的基础——我在这正在重复第四章中的部分论证。为达到这同一普遍化目的的相匹敌的努力层出不穷,这并不奇怪。举其中的几个例子,比如狄德罗和康德的努力,我在前面也已经谈到过。我马上将涉及别的例子。在此之前,至关重要的是,要注意休谟在处理反复出现在其他18、19世纪道德哲学中的德性观点时所表现的三大特征。

其一涉及对具体德性特征的描述。在一个社会里,不再有一个共同享有的共同体的善这样一个概念来作为对人而言的善,也就不再会有为达到那种善而多少要贡献点什么的任何实质性观念。因此,赏罚和荣誉的观念与它们起初所处的那种背景条件分裂开来。荣誉不过成了贵族地位以及地位本身的标志,它和财产如此牢固地联系在一起,而跟奖赏毫不相干。分配上的公平也再不能以赏罚界说,于是有了别的界说公正的方式:以某种平等的观念(休谟本人拒绝这种做法)或以法定权利来界说。而正义不是唯一地需要重新界说的德性。

贞洁作为一个德性的任何观念——在这词的任何类似传统的东西的意义上——在一个对亚里士多德式的或对《圣经》的观念一无所知的社会中,将对主流文化的追随者们没有什么意义。休谟把女性的贞洁和财产联系起来,这不过是为贞洁寻找地盘所作的一系列拼死努力的开端。其他德性的情况稍好一点,虽然自从功利不仅对休谟,而且对诸如富兰克林来说都成了一种德性的标志后,功利这个观念的模糊性和笼统性影响到任何"行善"观念,尤其是仁慈这样一个新的德性概念。18世纪的仁慈概念所涵盖的范围相当于按照基督教的德性体系赋予慈爱的范围。但是，不同于慈爱的是，仁慈作为一个德性几乎成了任何一种想操纵干涉他人事务的许可证。

休谟对新近的思想和实践中反复出现的德性的论述的第二个特征是他对德性与规则关系一种相当新的认识。我先前谈到过在现代个人主义道德中，规则的概念在何种程度上取得了一种新的中心地位。现在德性确实不像在亚里士多德的体系中那样具备一种与规则或法律相区别相对照的作用和功能，而不过是对道德规则的服从所必要的气质。正义这一德性，正如休谟所描述的那样，只是服从正义规则的气质而已。在这方面，休谟将拥有许多继承者，其中包括康德和密尔，还包括一位当代作者，他是这个现代传统的继承者，他实际上以道德原则的观点界说了德性概念："德性就是情感，即为一种较高有序欲望所调节的多种相互关联的气质、倾向；在这里，一种行动的欲望来自于相应的道德准则。"[1] 绝非偶然的是，正是这个作者把我们对准则和德性的遵奉从对人而言的善的任何根本信念中割裂开来（关于这一点，请再参看十七章）。

休谟处理德性的第三个特征是他从视德性为复数的观点转变为主要为单数的观点，这一特征在后来更为突出。作为一种语言学现象，这只是道德词汇逐渐简化和同化的总过程的一部分。在亚里士多德的体系中，"道德的德性"并非是一个同义语重复的表述；可是到18世纪末，"道德的"（moral）和"德性的"（virtuous）被当作同义词使用。再往后，"职责"（duty）和"义务"（obligation）也被看作基本上可互换使用的。"尽职责的"（dutiful）和"有德性的"（virtuous）也可互换使用。一旦在道德的日常语言中，甚至在每天的言谈中，都包括了一套以一个复杂的道德体系为先决条件的明确区分，那么就会出现难以说明的

---

[1] 罗尔斯：《正义论》，1971年版，第192页。

第十六章 从诸德性到德性及德性之后

语言混合体。在这种趋势下，当然会出现更加专门化的新的语言区分：在19世纪，"不道德"（immoral）和"恶"（vice）跟任何威胁到维多利亚时代婚姻的圣洁的东西联系起来。这种婚姻对那些一心想在家庭圈子外成为恶棍的人提供了最后的避难所，因此这两个词在一些社会圈子内获得了专门的性的含义。镇压邪恶协会并没有镇压不义或懦弱的兴趣。这种语言上的曲折发展所证实的是，道德词汇已经变得与任何理解所需的明确的中心背景条件分割开来，不同的相匹敌的道德群体都可用以达到他们的特殊的和不同的目的。可这种命运只是在"德性"基本上变成单数的将来才出现的。起初这种语言变化只和一种明确的道德取向有关联。

我在第十三章中提到，在目的论（无论是亚里士多德式的还是基督教式的目的论）被摒弃时，总有一种以某种形式的斯多亚主义取代它的趋势。现在把德性付诸实践并不是为了别的某种善，而只是为了德性实践本身。德性就是，而且确实不得不是，它自己的目的，它自己的奖赏和自己的动机。斯多亚主义的中心倾向在于相信，只有唯一的德性标准，道德成就在于对这一德性标准的绝对服从。正如在古代世界和12世纪斯多亚主义重复出现一样，18世纪的斯多亚主义的变种亦复如此。这毫不足怪，因为18世纪斯多亚伦理学的背景是一种类似于和受惠于古代斯多亚主义的形而上学的自然学说。

对许多著作家来说，自然犹如上帝之于基督教。自然被视为一个能动的仁慈的行为者；自然是我们的善的立法者。经常对自然作如是观的狄德罗，被迫提出这样一个问题：自然既然这么仁慈和有力，怎么能容许罪恶的产生？这个问题恰好类似于基督教神学家所提的由全能而仁慈的神明所创造和主宰的宇宙中竟会有罪恶产生的问题。这样，狄德罗较之其他人更清楚地揭示了自然本身以一种怎样的方式成了一个新的神。自然带来和谐，自然发出指令，自然为我们提供了生活的法则。因此，甚至一些基督教徒也倾向于把顺从他们的自然去理解和生活的准则看成是他们的伦理学至关重要的东西。由此产生了斯多亚主义和基督教的奇特的融合，约翰逊博士就是一个引人注目的例证。

在约翰逊的作品中，尤维那利斯①和埃皮克泰图斯②的影响为他的如下判断所减轻，他认为，斯多亚派对人性的评价过高，而在《漫步者第六》中，他却得出结论说，"一个对人性知之甚少的人如果想通过改变一切但却不想通过改变他自己的气质的式来寻求幸福，将在进一步的努力中浪费生命，并增加他本想祛除的悲伤。"但德性的培养不能带来更多的幸福。结果，当约翰逊对忍耐（patience）加以赞誉时，他的忍耐概念与中世纪传统的忍耐概念差距之大，犹如休谟的正义概念之于亚里士多德的。对中世纪的人们来说，忍耐的德性，正如我早已指出的那样，是和希望（hope）的德性紧密相关的；保持忍耐就是要准备等到生活的指望得以实现。在约翰逊看来——至少就今生今世而言——保持忍耐就是没有希望地活下去。希望被理所当然地推到另一个世界。这里再一次地是，一种具体的德性概念的改变是与对德性的一般性理解的改变一致的。

一个更加乐观的斯多亚主义的学说可以在亚当·斯密的著作中找到。亚当·斯密是有神论者，而不是基督徒。斯密对从斯多亚派道德哲学中大大受益毫不隐讳。对斯密来说，德性分为两类。一方面，有三种德性。一个人如果完全拥有它们，就能使一个人完美地展示德性行为。"一个人的行为符合完美谨慎的、严

---

① 尤维那利斯（Decimus Junius Juvenalis，约公元58—138）：古罗马讽刺作家。——译者
② 埃皮克泰图斯（Epictetus，约公元50—130）：古希腊埃皮克鲁斯地方的伦理教师。——译者

格公正的和恰当的仁慈的规则,他就可称得上具有完美的德性。"① 当然这里仍要注意,保持德性和遵守规则的等同。在斯密进而讨论正义时,他指责"古代道德家"说:我们并没发现"指向一个具体的正义规则表目的任何努力"。可在斯密看来,对规则是什么的认识,无论是指正义的规则或谨慎的规则或仁慈的规则,都不足以使我们去遵守;要做到这点,需要另一种非常不同的德性——斯多亚的自律,当情感使我们背离德性的要求时,它能使我们控制我们的情感。

那么,斯密的德目表和休谟的并不一样。我们已经到了对对立的和不相容的德目表更为司空见惯的地步了。这种程度和种类的多样性并不限于道德哲学。在英国,对17、18世纪的对德性的一般信念的认识至少有一个来源是英国教堂墓碑或一般教堂和墓地的纪念碑。不管是新教异己分子,还是罗马天主教徒,总的来说在这个时期都没有以系统的方式来进行丧葬时为死者镌刻碑文的活动,因此,我们从墓碑上了解到的是仅能涉及部分人口,而且更多的是表面上对基督教的目的论仍有宗教信奉的那部分人。不过,这倒使丧葬时所列的各种德目表之间的差异程度更加显著。举几篇休谟式的碑文为例。1780年休·帕利泽爵士在自己的土地上为库克船长树了一块纪念碑,上面说库克禀有"每一种有价值的,友善的品质。"还有这样一些碑文,其中"道德的"这个词已经只有极其限定的意义。因此,若要赞扬某人的德性,你就不得只赞扬他(或她)的道德:"道德正直,仪态优雅,友谊持久,仁慈广被。"这话出自1797年为纪念弗朗西斯·拉米爵士在圣·詹姆士皮卡迪利教堂所立的纪念碑。碑文让人想到,亚里士多德关于伟大灵魂的人的理想依然有生命力。还有很有特色的基督教碑文:"爱、和平、善、信仰、希望、慈爱、谦

---

① 亚当·斯密:《道德情操论》,第6卷,iii 1。

卑、真诚、优雅"这是 1817 年置于同一教堂中归之于玛格丽特·耶特的德性。我们应当注意到这个德目表中"真诚"是一相对新的德性——莱昂内尔·特里林在其《真诚与真实》(Sincenity and Authenticity)一书中对其中的原因作了精彩的分析——给库克的碑文追随休谟（当然还有亚里士多德），不仅赞扬品格的德性，而且还赞扬了实际判断中理智的德性。而耶特的碑文似乎在暗示："做一个善良可爱的小姑娘，让别人去耍小聪明吧！"是那些重要的格言之一。

236　　足以清楚的是，在日常生活中与在道德哲学里一样，以依据感情的德性定义代替亚里士多德或基督教目的论并不等于，或者说根本不等于以一套标准来代替另一套标准，宁可说，是一种朝着和进入一种不再有任何明确标准的境地的运动。因而，以下情形毫不足怪：德性的维护者们已开始为道德信仰寻找别的基础；多种形式的道德理性主义和直觉主义重又出现，并得到诸如自认是斯多亚派最杰出的现代继承人的康德和理查德·普莱斯等哲学家的表述，这个朝着唯有规则的道德的运动也继续为哲学家们所清楚表明。亚当·斯密确实承认这样一个道德领域：规则不能提供我们所需要的东西，总有一些模棱两可的情况，在这种情形中，我们不知道如何运用相应的规则，而有微妙的感情却肯定能引导我们。斯密把诡辩术的整个观念即使在这种情形下以备规则的运用，攻击为一种刚愎自用的企图。相比之下，在康德的道德著作中，我们已到了这种地步：道德可以是任何东西除了对规则的服从外——这种观念，如果不是全部也可说是基本上消失了。这样道德哲学的中心问题就逐渐围绕到这个问题上，即："我们怎么知道遵从哪条规则呢？"德性概念对道德哲学家和对他所处社会的社会道德来说都已变成边缘性概念。

　　不过，这种边缘性还有另一个来源。那些论述德性的 18 世纪的各类著作家们，即那些以德性与情感的关系来界说德性的人，已把社会看作是个人在其中求得有价值的或令人愉快的东西的竞技场所。因而他们便趋于把任何以社会为共同体的观念排斥掉，这样一种共同体统一于对人类之善的共同观念（它先于并且独立于任何个人利益的总和）以及随之而有的对德性的共同实践中。但是，这些著作家们并不总是或完全排斥这种观念。斯多亚主义在特性上有一政治眼界，例如亚当·斯密终生都是一个共和主义者。斯密对德性的偏爱与他的共和主义的联结对其思想并不显得很特别。18 世纪共和主义是一项旨在恢复有德性的共同体的运动。可是共和主义所体现的这项运动，在其表达方式上，所继承的是来自于罗马而不是从希腊源头并且是通过中世纪的意大利的共和政体流传下来的东西。马基雅弗利把公民德性置于基督教和异教德性之上，表明了共和传统的一个方面，可仅限于一个方面。这个传统的核心所在乃是公共利益（善）的观念，这个观念既先于在特征上又独立于个人欲望和利益的总和。个人的德性（virtue）不多不少只是让公共利益为个人行为提供标准。各种德性（virtues）①乃是那些维持那种绝对忠诚的各种气质。因而，共和主义跟斯多亚主义一样，把德性（virtue）放在首要位置而把各种德性（virtues）放在第二位。18 世纪共和主义与 18 世纪的斯多亚主义的联结是一种松散的联结；许多斯多亚主义者不是共和主义者——约翰逊博士对汉诺威王室就是虔诚而尽忠的——反过来许多共和主义者也不是斯多亚主义者。但是，他们共有一个表达方式，共同使用同样的道德词汇资源；所以，我们在遇到像亚当·斯密这样同时忠于两种主义的人时不要感到奇怪。

---

① 德性（Virtue）与各种德性（Virtues）的区别在于，前者指这个时代的思想家尤其是共和主义者所强调的与公共利益相关的公民德性（Civil Virtue）或公共德性（Public Virtue），后者是从古代和中世纪继承下来的德性，这些德性仅与个人生活相关。——译者

因此，共和主义代表着一种旨在部分地恢复我称之为古典传统的东西的努力。它进入现代世界，没有带上两大消极特征中任何一大特征。这两大特征与在文艺复兴时期和现代世界早期古典传统遭到毁誉有极大关系。如同我刚提到过的那样，共和主义并不以亚里士多德的表达方式说话，因而并没有承受与自然科学的一种失败学说明显结盟之嫌。而且，它并没有由于那些国家的和教会的绝对专制主义的庇护而受到损害。与此同时，绝对专制主义在摧毁中世纪的继承物的同时，企图用传统语言来装扮自己，杜撰出诸如16、17世纪那种邪说，亦即君王的绝对神圣权力的学说。

相比之下，共和主义从中世纪和文艺复兴时期共和政体的体制中继承了那种对平等的热衷。布鲁克写道："团体精神"根本上就是平等主义的。行会、政治团体（Parte）或者民兵团体（gonfalone）的成员理当拥有平等权利且享有优惠，对团体及其他同伴负有平等的义务。[①] 对中等的尊重是为团体服务的基础。这就是基本上以平等其次以公共应得、公共优点来界定的共和主义的正义概念的缘由。公共应得、公共优点的观念应该重新得到人们的重视。亚里士多德式的友谊和德性与基督教对邻人的爱，在18世纪对那个新名称的德性——博爱起了共同的作用。自由（liberty）的共和观念也带着基督教的色彩。祈祷者在向上帝祈祷时说："Cui servire est regnare。"英译为"服伺上帝者仍有完全自由。"在基督教徒祷告上帝的地方共和主义者谈论的是共和。后来一系列著作家，例如J. L. 塔尔蒙，伯林以及丹尼尔·贝尔，都在共和主义对公德的遵奉中发现了极权主义甚至恐怖的起源。对他们的主要论点作一个简短的回答必然不够，但我

---

① 布鲁克（Gene Brucker）:《早期文艺复兴时期佛罗伦萨的市民社会》，1977年版，第15页。

第十六章　从诸德性到德性及德性之后　303

还是想反驳的是，我希望对德性的任何遵奉是如此有力以致它本身就会有如此巨大的作用。所以，我倒趋于主张，与其说对德性的遵奉本身，还不如说对德性的遵奉得以在政治上制度化的方式，引起了一些至少是遵奉者们所憎恶的后果；事实上，大多数现代极权主义和恐怖跟德性遵奉毫不相干。因此，我认为18世纪共和主义对道德的忠诚是一种比这些著作家所认为的更为严肃的要求。特别值得进一步探讨的是共和主义的德目表，比如雅各宾俱乐部的例子。

雅各宾的德性不限于自由、博爱和平等。爱国主义和爱家庭都很重要：固执的单身汉被当作德性的敌人。谁要是没能做有益的生产性工作或没能做好工作，也同样是德性的敌人。被看作为有德性的是：衣着朴素，居住简陋，当然得经常参加俱乐部活动并履行其他公民义务，在完成革命任务时表现勇敢，兢兢业业。长发是德性的标志——去理发是一种恶，过分注重外表也是一种恶——还有不留络腮胡，因为络腮胡与旧政权有牵连。[①] 在此不难看到，受到民主思想鼓舞的手工业者，小商业者团体对古典理想的改造。在雅各宾俱乐部里，亚里士多德的一些思想（同时更大量的是卢梭的思想）还有生命力，可是其文化力量极为有限。何以如此？雅各宾派俱乐部及其垮台的真正教训在于，当你试图重新创造的那种道德表达方式一方面为普通大众不相容，另一方面又与知识精英格格不入时，你不能希望在全民族范围内重塑道德。以恐怖方式把道德强加在他人身上的企图——圣·贾斯特的方法——是那些瞥见这个事实但却不愿意承认它的人出于孤注一掷的权宜之计（所以我认为，正是这个问题而不是公德的理想滋生了极权主义）。理解这一点，是要给所有那些德性的古

[①] 参看科布（Richard Cobb）著《对"法兰西革命精神"的再认识》，1969年版。

老传统的信奉者的困境提供关键线索——其中有些人甚至不能认识到：他们所做的就是那些力求重建德性的人要做的。我们简要地讨论一下这些人中的两个：威廉·科贝特和简·奥斯汀。

科贝特——马克思称之为"旧英格兰最后一个人和新英格兰第一个人"——为彻底改变社会而斗争过；奥斯汀力图为德性生活在异国他乡找到一块属己的领地。科贝特回顾到他的孩童时代的英格兰，再追溯到1688年寡头政治的和解①直至宗教革命之前的英格兰，他把一直到他所处的时代的每一个阶段都看成一次衰落。同杰斐逊一样，科贝特相信小农是有德性的人的社会类型。"一般说来，如果说土地的耕耘者也算不上人类最有德性和最幸福的人，那么人类共同体中一定有一种与自然的运作相对抗的东西"。② 大自然制约着农民，因此他不得不具备实践性智慧："村童较之哲学家更加熟知所有有生命的事物的本性与特质。"科贝特提到哲学家时，通常是指马尔萨斯和著《国富论》的亚当·斯密，因为人们已开始按照李嘉图的学说来读《国富论》，而科贝特也在参照着李嘉图来读它。科贝特特别加以赞美的德性包括不嫉妒、爱自由、坚韧、勤奋、爱国、正直和正义。那种在共同体中阻挠产生一个富有德性的和幸福的共同体的趋向的是贪欲（虽然这不是科贝特的词汇）的无所不在的影响，以高利贷（usury，这是科贝特的词汇）形式出现的这种贪欲凭借一种个人主义经济和市场来使社会受损害，在市场上，土地、劳动和金钱本身都被转变成了商品。恰恰因为科贝特的眼光跨过人类历史的伟大分界线，投向个人主义和市场威力之前的过去，即卡尔·波兰霓称为"伟大的转变"之前的那段过去，马克思才把科贝特看成对英格兰历史具有特殊意义。

---

① 指1688年的光荣革命。——译者
② 科贝特：《政治年鉴》1821年5月5日，第XXXIX页。

第十六章　从诸德性到德性及德性之后

与科贝特相对照是简·奥斯汀看到了德性得以继续履行的那个社会领域。当然不是说她看不见科贝特所鞭挞的经济现实。我们可以在她的小说的某处了解到主人公的收入从何处来；我们看到在科贝特的视线里，占据中心位置的是，在经济上大量地追求私利的活动和贪欲。——确实，简·奥斯汀对此描述如此之多，以至于大卫·戴希斯曾经把她说成"马克思之前的马克思主义者"。她书中的女主人公如果想活下来，就必须寻求经济保障。但这并不只是因为外部经济社会的威胁；而更是因为她的女主人公的生活目的只是局限在一种特定的婚姻以及以这种婚姻为中心点的特定的家庭范围内。她的小说对父母和监护人的道德批评如同对浪漫的青年人一样多。如果这些浪漫青年人在准备结婚的过程中没有吸取他们应该吸取的教训，那么他们将来也会变成诸如愚蠢的本尼特夫人和不负责任的本尼特先生这样最坏的父母及监护人。可婚姻为什么这样重要呢？

正是最终在18世纪，当生产走出了家庭时，大部分妇女不再从事就工种和工作关系而言与男子很不同的工作了。而妇女们却被分成两大类：一小部分闲散妇女无事打发她们的时光，得为她们创造一些职业——做做细致的针线活，读读低劣的小说，组织聚会聊聊天，当时男男女女都以为这些活动是基本的女性活动。另外还有一大批妇女像囚犯一样从事单调乏味的家庭劳动、磨坊工作、工厂苦力活，甚至卖淫。当生产还在家庭内进行时，未婚的妹妹或姑姑是一个有用的和受尊敬的家庭成员；"未婚女子"（Spinster）就是指纺织者（the spinning），这就不足为奇了。只是到了18世纪初叶，这个措辞才有了贬义；到这时，未婚妇女才对被赶去从事非人的劳动的特定命运感到恐惧。因此，就是想拒绝一件糟糕的婚事也是一件莫大勇气的行为，这种行为正是《曼斯费尔德公园》（*Mansfield Park*）情节的中心所在。简·奥斯汀小说所蕴含的主要情感就是D. W. 哈定所说的她的对社会对未婚妇女的态度的"有节制的憎恨"。"她女儿作为一个既不年轻又不漂亮,也不富有而且未婚的女人,能如此讨人喜欢,真是非同寻常。贝茨小姐为了博得如此多的世人的欢心,而使自己落到世上最糟的困境;因为她没有智力上的优势来弥补自己,也不能使那些可能恨她的人在表面上尊敬她。她的青春没有光彩地逝去了,她的中年时期又一心照顾体弱多病的老母,尽其可能地挣得一份微薄的收入。不过她是一个幸福的女人,没有一个人不怀善意提到她。正是她自己非常善良和知足创造了这样的奇迹。"你将注意到,贝茨小姐之所以特别讨人喜欢是因为她特别善良。一般说来,如果你既不富裕,也又不漂亮,不年轻又没结婚,你通常就只有用你的智力优势去威慑那些不然就会蔑视你的人,从而赢得表面上的尊重。我们可以猜想,简·奥斯汀就是这样做的。

当简·奥斯汀谈到幸福,就像是一个亚里士多德哲学的信徒所说的。吉尔贝特·莱尔相信,她的亚里士多德哲学——他把这看作她的小说的道德倾向的线索——可能是通过阅读沙甫茨伯利的著作得来的。C. S. 刘易斯也同样公正地把她视为实质上的基督教作家。正是这种基督教主题与亚里士多德主题在一个确定的社会背景条件下的结合,才使得奥斯汀成为我已经力图确认的这个德性思想和德性实践的传统的最后一个伟大有力而富于想象力的代表。这样,她就避开了18世纪那些对立的德性体系,恢复了目的论的观点。她的女主人公就是通过在婚姻中寻求她们自己的利益来寻求善的。《海伯里》和《曼斯费尔德公园》那些受约束的家庭必定可以作为希腊城邦和中世纪的王国的替代物。

因此,她对德性和恶习所作的描述的相当多的部分彻底地是传统的。她跟亚里士多德一样赞扬社交性的令人愉快的德性,虽然她在信中和小说里更重视友善的德性。这种友善的德性不仅需要在举止中给人留下友好的印象,而且需要对其他人本身怀着一种挚爱的尊重。并且,她是一个基督徒,因而深深地怀疑使人愉快掩盖了真正友善的缺乏。她以亚里士多德的方式赞美实践的智慧，又用基督的方式赞美谦卑。可是她一点也没有再造这个传统；她不断对这一传统加以发扬，在这发扬的过程中，她有三个主要的关注。

第一个我已提及。她以一种相当新颖的方式来关注德性的虚假性——确实，就她的时代的道德气氛而言，她不得不如此。在简·奥斯汀看来道德从来不是对情感的抑制和约束；虽然在诸如玛丽安·达西伍德这样的人看来如此。这样的人天真地把他们自己和一种起支配作用的情感等同起来，并以一种非休谟的方式使理性成为情感的奴隶。诚然，道德就意味着培养情感；但道德的外表却总可以掩饰未被教化的情感。玛丽安·达西伍德的刚愎自用只是一个牺牲品的刚愎自用，而亨利和玛丽·克罗福特表面的礼貌，加之雅致和魅力，确实掩饰了道德上未被教化的情感，这不仅仅使他们自己成为牺牲品，也会使他人成为牺牲品。亨利·克罗福特是一个十足的伪君子。他夸耀自己的扮演角色的能力，并在一次谈话中公开说他认为做一名牧师就在于装出牧师的样子。自我如果说还没有完全，也可以说基本上被分解成自我表象。可是在戈夫曼的社会领域中成为自我的特定形式的那种东西，在简·奥斯汀的世界中还只是恶的征兆而已。

与简·奥斯汀对虚假性的关切相应的是，她赋予自知（self—knowledge）的中心位置。这种自知与其说是苏格拉底式的，还不如说是基督徒式的，它只有通过某种忏悔才能达到。在她的六部伟大小说中，其中四部有一种认识情景，在这一情景中，男主人公或女人主人公认出的是他（她）自己。伊丽莎白·本利特说："直到此刻，我都不认识我自己。"埃玛思索着说"如何才能理解她一直这样欺骗自己，而且活在这种自我欺瞒中！"对简·奥斯汀来说，自知既是理智的德性又是道德的德性，并且正是因为它与另一德性紧密相关，而被简·奥斯汀放在德目表的中心位置，因而对德目表来说又是较为新颖的。

当克尔凯郭尔在《非此即彼》中比较伦理的生活方式和审美的生活方式时，他主张，审美的生活方式是指一个人的生活被分解为一系列独立的现时瞬间，其中一个人的生活的统一体消逝了。相反，在伦理的生活方式中，对未来的使命和责任都来自过去的事件。在过去的事件里，义务产生了，债务也承担了，而正是这种使命和责任把现在与过去、将来统一起来，使一个人的生活成为统一体。克尔凯郭尔所指的统一性就是叙述的统一性，我在前一章曾指出了它在德性生活中的重要地位。到简·奥斯汀创作的时代，这种统一体不再被看作一种德性生活的前提条件或背景条件。这个统一本身则不断强化，在实践中而不是在语言中的它的强化，就是简·奥斯汀称为"坚贞"的德性。坚贞至少在《曼斯费尔德公园》和《劝告》两部小说中非常重要，是这部小说中女主人公的主要德性。简·奥斯汀让安·艾略特在小说的后半部分无可辩驳地指出，坚贞这一德性，妇女较之男人，更易付诸实践。如果没有坚贞，所有其他的德性都在一定程度上失去意义。坚贞被基督教的忍耐的德性所加强，反过来又加强了基督教忍耐的德性，可坚贞并不等于忍耐；好比忍耐被亚里士多德的勇敢的德性所加强，也强化了这一勇敢德性一样，而忍耐也不等于勇敢。正如忍耐必然涉及对世界的特征的认识，而勇敢并不必然有这样一种要求一样，坚贞要求对一种在特殊的现代化社会领域里对人格的完善的特殊威胁的认识，而忍耐并不必然有这样的要求。

较之她的其他小说的女主人公，简·奥斯汀的这两篇小说的两个女主人公的坚贞表现得最为突出，但却不那么富有魅力。这绝不是偶然的。许多评论家都发现其中一个叫范妮·普莱丝的女主人公没有什么吸引人的地方。不过让范妮缺乏魅力，正是简·奥斯汀的关键意图。因为魅力是特有的现代气质。在典型的现代

第十六章 从诸德性到德性及德性之后

社会生活环境中,那些没有德性或装着有德性的人常常靠的是魅力。加谬曾把魅力界说为那种在任何问题被提出之前就得到"是"的肯定回答的品质。伊丽莎白·本利特或者甚至埃玛这类人的魅力虽然有真正的吸引力,但却使我们在判断她们的品格时失误。范妮没有什么魅力;她只有一些德性,真正的德性来保护自己。她违背她的保护人托马斯·伯特汉姆的意愿,拒绝跟亨利·克罗福特结婚,那仅仅是因为坚贞的要求所致。由于拒绝这桩婚事,在对她来说所获得的将是整个世界的报偿的面前,她把她自己置于丧失她的灵魂的危险处境。她寻求德性是为了一种幸福,而不是为了它的功利性。奥斯汀通过范妮·普莱丝的形象拒斥了我们可以在大卫·休谟和本杰明·富兰克林那里发现的那些德目表。

简·奥斯汀的道德观与她小说的叙事方式正好吻合。她的小说的形式是讽刺喜剧形式。奥斯汀创作喜剧而不是悲剧,其理由跟但丁一样。她是一个基督徒,她认为人生的目的蕴含在日常生活的形式中。她的讽刺手法在于使她书中的人物和读者看到的和表达的要比心中打算看到的和表达的更多,或者不是他们所预料到的。这样,这些人物和作为读者的我们就可以纠正我们的错误。唯有德性才可克服危害和罪恶,而德性、危害和罪恶既提供了一个有目的的生活结构,又提供了一个这种生活得以在其中展开的故事的叙述的结构。在这里,又一次的是,任何特定的德性论总是预设了一种同样特定的叙述结构和一个人的生活统一性的论点,反过来也一样。

在一种至关重要的意义上,简·奥斯汀,还有科贝特和雅各宾俱乐部成员,都是古典德性传统的最后的伟大代表。事实证明,后来几代人并不容易理解她作为道德家的重要性,因为她毕竟是一位小说家。对他们来说,她不仅只是一个小说家,而且是一个关注一个非常有限的社会领域的小说家。把他们没有注意到的加上把奥斯汀的见识与科贝特和雅各宾俱乐部成员的见识放在一起，就会使我们注意到：在她的时代以及之后，德性的生活必然被赋予一个相当有限的文化和社会空间。在大多数公共或私人的生活领域，古典和中世纪的德性由现代道德所提供的贫乏的替代物所取代。当然，我说奥斯汀在一种至关重要的意义上是古典传统的最后代表时，我不是想否认她有任何继承者。基普林在一篇现在很少人问津的短篇小说中，卓有远见地通过他小说中的人物说：简·奥斯汀是亨利·詹姆斯之母（他最好说是祖母）。可是在詹姆斯所描写的世界里，正如他的小说发展所证实的那样，道德的本质越来越难以捉摸。这种难以捉摸的性质改变了私人以及公共生活的特征。它对公共生活的意义特别取决于一种具体的德性概念，即正义的概念的命运。对于我们的正义概念发生了什么变化的问题，我现在就来讨论。

第十七章

正义：变化中的德性概念

当亚里士多德把正义誉为政治生活的首要德性时，他这样说就是指出，一个对正义概念没有实际一致看法的共同体，必将缺乏作为政治共同体的必要基础。这种基础的缺乏也将危及我们自己的社会。因为这个历史的结果（它的某些方面我已在前面章节中描述了）不仅是无能在德目表上达到一致，而且一个更基本的无能是，在一个权利和功利概念有关键位置的道德体系中，在德性概念的相对重要性问题上不能达成一致。在具体德性的内容和特征问题上也是不能达成一致的。因为既然德性如今被普遍理解为使我们服从一定规则的气质和感情，所以有关规则内容上的一致总是某一德性的性质和内容一致的一个先决条件。然而，正如在本书的较前部分我强调的那样，这种对规则的先在性一致见解（prior agreement）是我们个人主义的文化所不能确保的。而涉及正义，则没有哪里有比在正义那里这种分歧更为明显，也没有哪里的后果有比在正义那里更具危险性。日常生活为各种正义概念所充斥，因此，基本争论不能合理地解决。让我们看看这样一个争论，这是当代的美国政治生活所特有的。我将用两个并非想象的理想的典型人物 A 和 B 的争论为例来说明问题。

假设 A 是一个店老板或警察，或建筑工人，他不得不努力从他的劳动所得中，省下钱来买幢小房子，送子女上本地大学，为父母支付某种特殊类型的医疗费。现在，他发现他的个人规划遭到不断上涨的税收的威胁。他认为这种威胁是不公正的；他声称对他的劳动所得他有一种权利，任何人无权掠走他的合法收入，对合法收入，他有正当权利。他决定投票支持能保持他的财产，支持他的规划，并且维护他的正义观念的候选人担任政府公职。

245　　假设B是一名自由职业者或福利事业工人，或遗产继承人，财富、收入和机会的社会分配的不平等及专横使他不满。更令他不满的是，由于权力分配的不平等而使穷人和被剥夺者无力改善自身的状况。他认为，这两种不平等是不公正的，而且将持续地引起新的不公正。他的更为普遍性的信念是：对一切不平等都要进行合理论证，而唯一可能得到合理论证的是改善穷人和被剥夺者的条件的不平等，比如说不平等促进经济增长。他得出结论，在现有条件下，资助福利事业和社会服务的再分配税制符合正义的要求。他决定投票支持将保护再分配税制和符合他本人正义观的候选人为政府官员。

　　显然，在我们社会和政治秩序的实际环境中，A和B对政治和政治家的看法将是不一致的。但是，他们必须如此分歧吗？答案似乎是：在一定类型的经济条件下，他们的分歧无需表现为政治冲突。如果A和B同属一个这样的社会，该社会的经济资源是，或至少相信是能保证B的公共再分配计划得以实现，同时，至少在某种程度上不影响A的个人生活规划，那么A和B也许会支持同一类政治家和同一种政策。他们偶尔也许确实如同一人。但是，如果经济境况是，或变成这种状况：要满足A的规划就要牺牲B的规划，反之也一样，那么，立即就很清楚了，A和B的正义观不仅变得在逻辑上不相容，而且双方各自——像我在第二章中讨论的那些争论的各方的信念——诉诸的那些考虑与对方提出的那些是不可通约的。

　　这里逻辑上的不相容性是不难认识到的。A所持的正当所得和权利原则限制了再分配的可能性。如果正当所得与权利原则的运用造成严重的不平等，那么，正义的代价就是不得不忍受不平等。B所持的公正分配原则限制了合法所得与权利。如果公正分配原则的运用的结果是以税制或国家支配权之类的方式干预目前的社会秩序中一直被认为是合法所得与权利，那么正义的代价就是不得不忍受这种干预。我们也许注意到——这在后面不会不重要——在A与B的原则的情形中，一个人或一部分人得到正义，总是要其他人付出代价。因此，不同的社会群体按各自的利益接受某项原则，拒绝其他原则。没有任何一项原则在社会意义或政治意义上是中立的。

此外，A和B并不只是提出了产生互不相容实际结果的原则。形成他们各自主张的概念类型很不相同，以至于他们之间的争论如何、是否能合理解决他们的争论，这些问题都是难处理的。因为A渴求的正义的基础是在这种理论中，一个人有权得到什么和怎样得到是取决于他所获取和他所挣得的；而B渴求的正义基础是，从人的基本需求，以及解决基本需求的手段这个方面来考虑的人人平等。对一份既定财产或资源，A可能声明，这正当地属他所有，因为这是他的——他合法地赚到的；B也许声明这是别人的，因为别人更需要，如果缺少这笔财产，他们的基本需要就得不到满足。但是，我们的多元文化中找不到适当的衡量方法或理性标准来判定基于合法权利与基本需要的主张之间的是非。因此，正如我所揭示的，这两种类型的主张确实不可通约，并且，"衡量"道德主张的说法不仅不合适，而且使人误入歧途。

目前的分析道德哲学正是在这个问题上作出了一些重要论断。因为它渴望为利益冲突的双方力图提供可诉诸的合理原则。在这方面，有两个最为引人注目的探索，都与A和B的争论密切相关。罗伯特·诺齐克的正义理论（1974）① 至少在很大程度上是对 A 的观点中的主要思想所作的理性说明，约翰·罗尔斯的正义理论（1971）② 则以同样的方式对 B 的观点中的核心成分给予了一个合理性的表述。如果罗尔斯或诺齐克向我们提出的哲学思考在理性上令人信服，那么，A 与 B 的争论可以说用某种方式已经得到合理的解决，我对这场争论的特征的描述也将被证明是虚假的。

让我们先看看罗尔斯的论点。罗尔斯认为，正义原则是"处于无知帷幕之后"的有理性的行为者将会选择的原则③。他不知自己在社会上占有什么位置，即不知自己的阶层与地位，不知自己有什么能力；他既不知他的善的概念是什么，也不知生活目标是什么，他也不知他的性格是什么，对他将置身的经济、政治、文化和社会制度也一无所知。罗尔斯认为，任何有理性的行为者在这样的处境中，在任何社会秩序条件下，都会依据两条原则和一条规则（该规则在两条原则发生冲突时决定主次）来确定财富的公正分配。

第一条原则："每个人对平等的基本自由的最广泛的总体体系，都享有平等的权利，这种自由可以与所有人的相似的自由体系和谐共存。"第二条原则："社会与经济不平等应当被调整：1）为最少获利者带来最大利益，这种安排应与共同储备原则一致（共同储备原则着眼于后代的幸福进行公平投资）。2）在机会的公正平等条件下，一切公职向一切人开放。④ 第一条原则优先于第二条原则；自由只因自由之故而受限制。正义优先于效

---

① 诺齐克：《无政府、国家和乌托邦》，1974 年版。
② 罗尔斯：《正义论》，1971 年版。
③ 同上书，第 136 页。
④ 同上书，第 303 页。

第十七章　正义：变化中的德性概念

率。罗尔斯因此得出他的普遍性结论：社会的所有基本利益——自由与机会、收入与财富、自我尊重的基础——均须平等分配，除非这些利益的任何一项或全部的不平等分配能给最少受益者受惠。

很多批评罗尔斯的人把他们的注意力集中在罗尔斯的推导方法上，罗尔斯的正义原则是他对"处于无知帷幕之后"的有理性个人原初位置所作的陈述中演绎来的。此类批评不乏中肯之处，但我不想在此详述。这是因为，我认为不仅处在某种类似于无知帷幕之后的有理性的人的确会选择罗尔斯所说的某种正义原则，而且也只有处于这样一种处境中的理性个人才会选择这种原则。这一点在我的论证的后些地方将很重要，在此我将先讨论诺齐克观点的特征。

诺齐克说："如果世界完全公正，"① 那么，唯一有权拥有任何东西、即依照自己的意愿，也仅依照自己的意愿就可享用它的人，是这样一些人：他们恰恰因某个最先获取的正当行为而正当地获得了他们所拥有的；或者他们是通过某种正当的转让活动而从那些或因某个最先获取行为而获得它、或因某种正当地转让而获得它的人那里公正地获得了他们现持有的东西等等。换句话说，"你为何有权按自己的意愿使用那个贝壳？"对这一问题，答案有两个：第一，"那些贝壳是我在海边拾的，它不属于任何人，那儿还多着呢，谁都可以去拾"（一个正当的最先获取行为）；第二，"那些贝壳是别人从海边拾的，他自由地出售或送给了某人……这个人又自由地出售或送给了我。"（一系列正当的转让行为）因此，如果遵循诺齐克的这个论点，那就正如他立即指出的那样："分配公正的完善原则仅仅表明：如果每个人都有对他们因分配而拥有的东西的权利，那么，这种分配就是公

---

① 诺齐克：《无政府、国家和乌托邦》，第151页。

正的。"①

诺齐克得出这些结论是从每个人都有不可剥夺的权利这一前提出发的,但他本人对此没有论证。正如我对待罗尔斯的情形,对诺齐克从前提到原则的推论过程,我不想同他争论。我想再次强调的是,只有从这样一些前提中才能合理地推断出这样一些原则。这就是说,对诺齐克和罗尔斯两人对正义的阐述,我要提出的问题不涉及其论证内部结构的连贯性。当然,我本人的论证要求他们的阐述不缺乏这种连贯性。

我想证明三点。第一,罗尔斯与诺齐克的阐述的互不相容实质上反映了 A 和 B 所持观点的互不相容,从而在一定程度上从道德哲学的高度成功地表达了像 A 和 B 两人这种作为哲学门外汉的普通平民之间的意见分歧。但在哲学论证方面,罗尔斯和诺齐克也重新产生了相同的互不相容性和不可通约性,并致使 A 和 B 两人的争论无法在社会冲突的层次上得到解决。第二,A 和 B 两人观点中有个共同因素在罗尔斯和诺齐克的阐述中被忽视了,这个共同因素可以追溯到以德性为中心的古老的古典传统。当我们考虑了上述两个问题,就将引出第三点:在他们两人的交叉点上,有着罗尔斯和诺齐克在某种程度上共有的社会前提的重要线索。

罗尔斯把涉及需要的平等原则设定为起始物。他的关于社会共同体"最贫困"部分的思想,代表了在收益、财富和其他利益方面最贫穷的人们的观点。诺齐克则把权利的平等原则设定为起始物。在罗尔斯看来,现在处于严重匮乏状态的人何以会处于严重匮乏之中,这是无关紧要的;正义涉及的只是目前的分配程式问题,这种分配与过去是不相干的。在诺齐克看来,只有关于过去的一切合法所得的证据才同正义相关,目前的分配方式本身

---

① 诺齐克:《无政府、国家和乌托邦》,第 153 页。

第十七章　正义：变化中的德性概念

不涉及正义问题（虽然可能涉及仁慈行为或慷慨助人）。这一切足以说明，罗尔斯的观点同B多么接近，而诺齐克的观点同A多么接近。这是因为，A反对分配原则而赞成尊重权利的公正，而B反对权利原则而赞成尊重需要的公正。而且，立即这也很清楚：不仅罗尔斯与诺齐克的优先性原则不相容，正如A和B的观点互不相容一样；而且，罗尔斯的观点与诺齐克观点的不可通约的方式，也如A和B的观点不可通约的方式一样。一个需要平等的优先的主张，怎能合理地同权利优先的主张权衡优劣呢？如果罗尔斯要证明"无知帷幕之后"的任何人，他不知其需要能否满足，怎样满足，也不知其权利是什么）应该合理地赞成尊重需要的原则而不赞成尊重权利的原则，并可能援引合理决定论的原则如此行动，那么，对此的直接回答是，我们不但绝没处在这样的无知帷幕之后，而且诺齐克关于不可剥夺的权利的前提也无可指摘。另一方面，如果诺齐克要证明：任何分配原则一旦强行实施，就会违反每个人都享有的自由权利（正如他论证的那样），那么，对此的直接回答是，他如此解释基本权利的不可侵犯性，乞求这个问题有利于他自己的论证，倒使得罗尔斯的前提无可指摘了。

不过，假如从消极的方面看，罗尔斯和诺齐克的阐述还有一个重要的共同点。在他们对正义的阐述中，都未提到应得的概念，也不可能始终如一地谈论应得。可是，A、B两人在谈及正义问题时都参照了应得。在这里必须注意到，"A"和"B"绝非我在这里的虚构，最近在加利福尼亚、新泽西和其他地方的财政辩论中，A和B的论证为人们忠实地、大量地重复制造出来。A站在他自己的立场上，抱怨不仅他有权拥有自己所挣得的，而且认为他付出了艰辛的劳动，因而那是他应得的。B站在穷人和被剥夺者的立场上，抱怨他们的贫困和被剥夺是不应得的，因而是不正当的。显然，对实际生活中的A、B双方，正是对应得的参照使他们强烈地感到所抱怨之事的非正义，而不是其他类型的错误伤害。

在罗尔斯和诺齐克的阐述中的正义与非正义的主张里，应得赏罚都没有占据这样的中心位置，或者说，根本就没占任何位置。罗尔斯承认，一般意义的正义观念同应得赏罚相关联，但他又认为：第一，除非详细阐明正义原则，否则我们不知道任何人应得什么（因而我们对正义的理解不能以应得赏罚为基础）；第二，一旦正义原则得到详细阐明，那么，值得讨论的不是应得赏罚，而仅仅是合法的期望。[①] 他还认为，运用应得赏罚概念的企图是行不通的——由此可见，休谟的幽灵仍在他的字里行间游荡。

诺齐克没有像罗尔斯这样明确说明，但他的正义方案的全部基础只是权利而已，而不允许为应得赏罚留下任何地盘。他在某种意义上讨论过非正义的矫正原则的可能性问题，但论述得十分含糊，对修正他的总的观点没有任何指导作用。无论如何，可以肯定的是，诺齐克和罗尔斯都认为，社会是由各自有其自身利益的个人组成的，然而这些人不得不走到一起，共同制定公共生活准则。在诺齐克那里，对一系列基本权利附以否定的限制，而罗尔斯的那些限制是由深谋远虑的理性所提出来的。因此，在他们的阐述中都是个人第一、社会第二，而且对个人利益的认定优先于、并独立于人们之间的任何道德的或社会的联结结构。但是正如我们已经看到的一样，应得赏罚的概念只有在这样的一个社会共同体的背景条件下才适用，即该共同体的基本联结物是对人而言的善和共同体的利益（good）这两者有一个共同的理解，个人根据这种善和利益判定自己的根本利益。罗尔斯明确地把下述论断作为其观点的前提：对人而言的好生活是什么，我们必然与他

---

① 罗尔斯：《正义论》，第310页。

第十七章 正义：变化中的德性概念 319

人有不同看法，所以，我们必须把对这种善和这种利益的任何理解排除在我们对正义原则的阐述外。只有这样一些利益（goods）：不论我们大家关于好生活的观点是什么，每个人都能从中得到一份利益（interest）——才是值得我们考虑的。诺齐克的论证同样缺乏运用应得赏罚概念所必需的社会共同体的概念。为了理解这一点，我将说明两个问题：

第一点是关于罗尔斯和诺齐克理论共有的社会前提。在他们看来，我们似乎是一群在海上遇难后被抛到荒岛上的人，而且互不相识。在这种环境下，就必须制定若干规则，最大限度地保护我们每个人。诺齐克关于权利的前提提出了一些严格的限制条件。正如我们所知，某些相互干扰的因素受到绝对禁止。然而，我们之间的契约有一界限，一个为我们的个人的和相竞争的利益所确定的界限。这种个人主义观点当然是来自其杰出的前辈，即霍布斯、洛克（诺齐克非常尊重他的观点）、马基雅弗利等人。这种观点本身包含了一定的对现代社会的现实主义观察；现代社会至少在表象上常常是陌生人的集合，其中每个人都选择阻力最小的道路追逐自身利益。当然，即使在现代社会，我们仍然觉得以这样一种方式难以关心家庭、学校以及其他真正的共同体；即使我们对这些共同体的关注，现在也为日益增长的个人主义观念所侵蚀，这特别表现在法庭上。因此，罗尔斯和诺齐克强有力地表述了一个共同观念，这个观念设想进入社会生活中——至少在观念层面上——是那些有着先天利益权利的，至少是潜在的有理性的个人的自愿的行为，这些人必定问道："我与他人签订什么社会契约，对我介入进去才是合理的？"毫不奇怪，一个必然后果就是：他们的观点排除了对这样一个人类共同体的任何阐述，在这个共同体内，在追求共有的利益的过程中，对共同体的共同任务的贡献相关的赏罚概念，为有关德性和非正义的判断提供了基础。

第二点是关于取消应得赏罚概念的另一种方式。我已经评论过了罗尔斯的分配原则是如何排除了对过去的参照，从而也排除了依据以往行为和苦难予以应得赏罚的主张。诺齐克把关心权利的合法性作为在过去得到利益的唯一理由，正是这种合法性是与正义相关的，因而同样把可以作为赏罚依据的过去排除在外。重要的是，诺齐克的论述恰恰通过排除上述主张①，来为一种关于过去的特殊神话般的利益服务。这是因为，诺齐克的阐述的中心是这个论点：一切合理权利都可以追溯到最先获得物的合理行为。然而，实际情况即使如此，也为数极少，就世界大多数地区而言，没有这种合理权利。现代世界的财产所有者并不是洛克式个人主义者的合法继承人，尽管这些人履行了准洛克式（"准"字考虑到了诺齐克对洛克理论的修正）的最先获取的行动；倒是下述一类人的继承人，例如从平民手中偷窃或使用暴力抢夺了大部分英格兰公共土地的人；从美洲印第安人手中掠夺了北美洲的大片土地的人；从爱尔兰人手中掠夺许多爱尔兰土地的人，从以前的非德意志普鲁士人那里抢夺了普鲁士的人。这正是被洛克的论点所隐蔽的历史真实。因此，对于诺齐克的论点来说，缺乏任何矫正原则，就不是一个小问题；这将致使他的整个理论信誉扫地——即使我们制止了对任何不可转让的人权的强大反对意见。

　　A和B两人不同于罗尔斯和诺齐克的，是他们的矛盾处与罗尔斯和诺齐克的不一样。他们把罗杰斯的或诺齐克的原则与应得的要求相结合，体现了对更加古老、更合乎传统的、更加接近亚里士多德学说和基督教教义的正义观的信奉。因此，这种前后矛盾是对传统影响和残留力量的礼赞，这种影响力有两个不同的来源。（一）今天，在道德思想和实践的概念杂烩中，从传统而来

---

① 指上段文字所说的有着共同利益，共同任务的共同体的共同追求，是赏罚的依据。——译者

第十七章 正义：变化中的德性概念

的残片——德性概念是主要部分——在特征上，仍被发现在诸如权利或功利这些现代的和个人主义的概念的旁边。（二）传统也仍然以一种不那么残破、较少被扭曲的形式存活在某些社会共同体的生活之中，即那些与它们的过去的历史联系仍强有力的共同体中。因此，古老的道德传统仍可在美国等地的，比如一些信奉天主教的爱尔兰人和信奉东正教的希腊人和犹太人中辨别出来。所有这些共同体不仅通过宗教，而且还通过其父辈生活过的位于现代欧洲边缘地区的农庄和家庭结构，继承其道德传统。不过，不能由于我强调中世纪的背景，便错误地认为一些地区的新教就没有继承这个道德传统。例如在苏格兰，亚里士多德的《尼各马科伦理学》和《政治学》作为大学里的世俗道德的教科书，与一种加尔文派神学和谐共存，直到1690年和这以后，而在其他地方加尔文派神学常常是亚里士多德上述著作的敌对力量。再如，美国今天的黑人和白人新教团体，尤其是美国南方人和出生于南方的美国人的新教团体，他们会认识到德性的传统是他们的文化继承物中的一个主要部分。

然而，即使这样一些共同体，为了寻求大家都能运用和都能诉诸的一种概念和准则的共同基础，从而有着进入公共论争的必要，因而也就掺入到这文化的杂烩中。结果，这样一些边际性的共同体对传统的信奉也持续地处于被侵蚀的危险之中，而且，假如我的论证是正确的，这种寻求就是幻想。对A和B两人观点的分析再次表明，我们有太多的根本不同的、相互匹敌的道德概念，在这里，是根本不同的、相互匹敌的正义概念，而文化的道德资源没有提供合理解决其冲突的办法。道德哲学，正如占支配地位的看法所理解的，它如此忠实地反映了文化上的争论和分歧，因而它的争论恰如政治争论和道德争论本身一样是难以解决的。

因此，我们的社会不能指望达成道德共识。即使按照非马克思主义的理由，马克思在反对19世纪60年代英国贸易工联主义者时，也正确地证明了诉诸正义是无意义的，因为对立的团体生活形成了和体现了对立的正义观。当然，马克思错误地认为在正义问题上的这种分歧仅仅是第二位的，它只不过反映了对立阶级的经济利益。正义观念和对这种正义观的信奉在一定程度上是社会团体生活的基本要素，经济利益常常部分地受正义观的规定，而不是相反。但是，马克思基本正确地看到了现代社会结构实质上是冲突而不是一致。这不仅是说，我们的生活过多依赖多样化破碎的观念，而且还是说，这些观念同时被用以表达对立的、互不相容的社会理想和社会政策，并且把一种其功能在于掩盖深刻冲突的多元的政治辩术提供给我们。

再谈谈宪法理论方面的一些重要结论。诸如R.德沃金等自由主义著作家要我们把最高法院的职责视为实行一套一致性原则，其中大多数甚至全部原则都具有道德意义，具体法规和决策都要以此来评价。按照这样被构想的原则，持有这一观点的人一定会认为最高法院的某些决定是不合适的。现在我手头上有的巴克案件就是这样的决定的例子。在该案审理中，法庭成员所持两种观点一看便知极不相容，而签署决定的J.鲍威尔先生就是持有这两种观点的一个法官。但是，如果我的论证正确的话，最高法院的职责之一就是要做不偏不倚的判决，主持公理，从而在坚持对立的正义原则的相互冲突的社会团体之间维持和平。所以，最高法院在巴克案件中一方面禁止在大学招生中有明确规定的种族限额，另一方面又允许有所区别以有利于曾被剥夺受教育权利的少数民族。让我们设想一下此类决定和灵活性背后的一致性原则吧，设计之精巧使你可能发现（或不可能发现）该法院并不负有形式不一致的罪过。但即使这样设想，你也没有抓住一致性原则的要害。正如审理其他案件一样，最高法院在巴克案件中通过寻求打破冲突僵局的途径，而不是援引我们共有的道德首要原

第十七章 正义：变化中的德性概念

则，发挥了调解或平息争端的作用。因为从总体上说，我们的社会不存在任何道德首要原则。

由此可见，现代政治不可能，也确实不具备真正的道德一致，事实就是这样。现代政治是使用特殊手段的内战，而巴克案件似的交战以前在葛底斯堡和施洛赫两地都发生过。A. 弗格森道出了现代政治的真理："我们不要求任何国家的法律制定得如同道德训诫。……法律，无论是民法还是政治法，都是调整当事人各方权利、确保社会和平的权宜之计。这种权宜之计适应于各种特殊情况……"① 因此，解释社会的性质不仅仅要依据法律，而且要依赖于那些被理解为社会冲突标志的东西来解释。法律所指明的是社会冲突必须得到抑制的范围和程度。

如果上述情形是如此，那么，另一种德性也已经被置换了。由于我们缺乏完全意义上的 patria②，爱国主义就不可能具有本来的含义。我所指明的这点与常见的自由主义对爱国主义的拒斥是不同的。自由主义者常常（并非总是）采取对爱国主义的拒斥，甚至敌对的态度，其原因部分在于他们所信奉的价值观自视为是普遍的，而不是局部的或特殊的价值观，部分地在于他们颇有根据地怀疑现代世界的爱国主义往往成为掩饰沙文主义和帝国主义的面具。不过我目前的观点并不是评说作为情感的爱国主义或好或坏，而是在发达社会中，爱国主义作为一种德性的实践，再也不可能是过去那种方式的实践了。在任何社会中，如果其政府不代表也不体现公民的道德共同体，而是由一套制度安排，把一个官僚化的统一体强加在一个缺乏真正的道德一致性的社会上，那么，这个社会的政治义务的性质从整体上看就是模糊不清的。爱国主义曾经是，现在也是一种德性，首先是附属于一个政

---

① A. 弗格森：《道德政治学原理》第 2 卷，第 144 页。
② 拉丁文"patria"：父亲的，父辈的，引申为祖国的。——译者

治的和道德的共同体，其次才是附属于该共同体的政府；然而，现在对爱国主义的履行，从其特性上看，却成了为这样一个政府尽职和体现在这样一个政府的范围内。而由于已变质了的政府和社会中道德一致的缺乏，从而使政府和道德共同体的关系成为问题时，那就难于有任何清晰、简单和可教授的爱国主义概念。忠于祖国，忠于社会共同体——这仍然是不可改变的主要德性——从对那恰恰统治我的政府的服从中分离开来。

正如我们对爱国主义含义的转换的这种理解不能同对道德特殊性的自由主义批评相混淆一样，道德本身同现代国家的政府之间必然拉开距离也不能混同于对国家的无政府主义的批评。在我的论证中丝毫没有提示，更不用说隐含着，有任何充足的理由来否认某些类型的政府是必要的和合法的；我想说明的是，现代国家不是这种形式的政府。我在此书的前几部分已经清楚表明，德性传统与现代经济制度的主要特征不一致，尤其是同它的个人主义占有欲以及把市场价值提升到社会的中心位置的属性不一致。现在又很清楚，德性传统还是对现代政治制度的拒斥。这并不意味着，在政府之中或通过政府没有许多任务要履行，政府仍然需要行动：就在一个现代国家可能的范围内而言，法规的正当性必须维护，非正义和不正当苦难不得不处理，慷慨宽容必须实行，自由务须得到保护，所有这些有时唯有通过发挥政府机构的职能才可能实现。但是，每项具体任务，每项具体责任，都必须按照它自身的价值来评价。现代系统的政治观，不论是自由主义的，还是保守主义的；不论是激进主义的，还是社会主义的，从一种真正忠实于德性传统的立场看，都不得不拒斥，因为现代政治观本身在它的制度形式中体现了对传统的系统的摈弃。

第十八章

德性之后及追寻德性：尼采或亚里士多德、托洛茨基和圣·本尼迪克特

我在第九章中提出一个严肃的问题：是选择尼采还是亚里士多德？得以提出这一问题的论证有两个主要前提：第一个前提是：当代的道德语言——在很大程度上也是道德实践——处于严重无序状态。这一无序源于一种语言习惯的无所不在的文化力量，在这语言习惯中，来自过去的不同方面的杂乱的概念碎片都被运用在私下的和公共的争论中。而这些争论值得注意的主要是正在进行的争论无休止性和论战双方的显然的任意性。

第二个前提是：自从亚里士多德目的论的信仰受到怀疑后，道德哲学家们试图对道德的地位和性质给予某种替代的合理的世俗性论述。这些尝试虽然多种多样，也给人留下多种印象，但它们实际上都失败了。尼采最清楚地认识到了这一点。结果是，尼采要铲除所继承的道德信念和论证的结构基础的否定性建议就有一定的可能性（不用说这一信念的令人绝望和自以为是的性质，我们不论是看看日常的道德信念和论证，还是看看道德哲学家的解释都可知这一点）。当然，除非对道德传统（对这个传统而言，亚里士多德有关德性的教导是其中心）的最初摈弃证明是对传统的误解而且是错误的。除非这一传统能得到合理地辩护，否则尼采的立场就有它可怕的合理性。

即使如此，在当代要成为一个理智的尼采式人物也绝非易

事。现代社会生活戏剧中的那些公认的特性角色过于完美地体现的道德信念和论证的模式与概念，是一个亚里士多德主义者和尼采的追随者都会一致加以摒弃的。官僚机构管理者，消费性审美者、治疗专家，抗议者和他们的无数同类者占据了几乎所有在文化意义上得到承认的角色；技术专家是少数和人人都是道德行为者这样两种观念是那些特性角色演出的戏剧的先决条件。喊一声皇帝没穿衣服，仅仅是挑出了一个人来为众人取乐；而宣称几乎每个人都是破衣烂衫很可能不受人欢迎。然而，尼采的追随者们至少可以得到一点欣慰；因为他们虽然不受欢迎，但却是正确的——除非摒弃亚里士多德的传统是一个错误。

亚里士多德的传统在我的论证中发挥了两个独特的作用。首先，因为我曾指出，现代道德的大部分只有作为传统的一些破碎的残存物才能被理解。确实，现代道德哲学家不能将他们的分析和论证工作做彻底，是与这一事实紧密相关的：他们使用的概念是一个破碎残存物和难以置信的现代发明物的混合体；但是，除此之外，对亚里士多德的传统的否定，也是对一种相当有特色的道德的否定，在这种道德中，规则的地位是在一个以德性为中心的更大的体系中找到其位置的（而规则在现代的道德概念中是占支配地位的）；因此，尼采对那些现代的规则道德观的拒斥和摒弃的中肯性，不论是功利主义的规则观还是康德式的，都不必然扩展到早期的亚里士多德的传统。

而我的一个重要论点是，违背这一传统，尼采式的驳斥将完全失败。其理由在两个不同方面。其一我已在本书第九章说到过；倘若尼采视为对手的所有人都失败了，那么尼采便成功了。其他人只能依靠自己积极论证的推理力量才能成功；但如果说尼采胜利了，那么他却是不战而胜。

但他并没有取胜。在第十四、十五章中，我已经为一个以亚里士多德的道德和政治教科书为规范的传统勾勒了一个推理情

第十八章 德性之后及追寻德性：尼采或亚里士多德、托洛茨基和圣·本尼迪克特

形，而继我所论证的东西之后的尼采或尼采的追随者总要遭到驳斥。但为什么又不能如此反驳它们？最好考虑第二个方面，在这个方面，对尼采主张的否定会有争辩。尼采式人物——超人（the ubermensch）在迄今为止的人类社会的任何地方都找不到对他而言的善，他的超越不过是在他自己那里，他为自己颁布自己的新法则以及他自己的新的德目表。为什么他绝不可能在人类社会找到具有支配他的权威的客观的善呢？答案并不难找：尼采的形象清楚地表明超越者在关系和活动两方面非常欠缺。让我们看看《权力意志》中的一段话："一个超人——一个自然用她宏伟的风格创造和发明的人——他是什么？如果他不能率领众人，那他就独行；那么他也许会嘲笑一路遇到的某种东西……他不需要'同情的'心，他只需要仆人和工具。在他与人类的交往中，他总是想从人们身上证明点什么。他知道自己无法与人交流：他发现同别人熟悉索然寡味。当某人认为，他是什么，他就总不是什么。他不自言自语时就戴上面具。他宁愿撒谎也不愿说真话：撒谎需要更强的精神和意志。他在精神上独立不羁，不为赞美或责难所动，他自己的正义至高无上，无须诉诸他物。"①

对"超人"的这一描绘扎根于尼采这一论点中：他认为自古希腊以来，欧洲社会的道德不过是权力意志的一系列伪装，而这种道德有其客观性的说法是不能得到合理维持的。正因为如此，超人不能进入以共同的标准或德性和善来传递的关系之中；他本人就是自己唯一的权威，他与别人的关系就是这种权威的实践。但是，我们现在可以清楚地看出，如果我所为之辩护的德性论可以成立；那么，是"超人"的孤立和自我专注给他带来了他自己的自足的道德权威的包袱。因为如果依据诸如实践、个人生活的叙述统一体和道德传统的概念，善的概念就

---

① 尼采：《权力意志》，第962节。

可得到阐释，那么，因为有了这些概念，利益（goods），律法和德性的权威的唯一基础，就可在进入构成共同体的那些关系中发现，而这个共同体的中心纽带就是对利益有一个共同的观念和理解。如果一个人把自己从起初像学徒一样在其中恭顺地学习的共同活动中分离出来，并把自己与在这些活动中发现其意义和目的的共同体隔离开来，那么，他在自己身外就不可能发现任何善，这将是给自己定上道德唯我论的罪名，而道德唯我论正是尼采的伟大之处。因此，我们不能不得出这样的结论：不仅尼采以不与亚里士多德传统论战的方式并没有使他获胜；而且更重要的是，正是从这一传统的观点出发，我们才清楚不过地理解了尼采立场的根本错误。

尼采立场的魅力在于它一目了然的诚实。当我正陈述那种有利于一种经修正和重新表述的情感主义的情形时，它显然是接受情感主义的真理的后果，那就是：由于过去的道德使人误入歧途的特征，一个诚实的人至少是不再想使用过去的大部分道德语言的人。尼采是唯一没有向这个结论退缩的重要哲学家。既然现代道德语言背上了诸如功利和自然权利这样的伪概念的包袱，似乎唯有尼采的解决方式能将我们从这样的概念的纠缠中解救出来。不过，显然这一解放要以陷入另一类错误为代价。尼采的"超人"也是一个伪概念，虽然也许并不总是那种我在前面（很不幸地）所指的那样一个虚构的东西。它代表了个人主义企图摆脱它自己的后果的最后努力。尼采式的立场结果并不是逃脱自由个人主义者的现代概念体系的模式，也不是自由个人主义的现代概念体系的替代品，而是一个在这个体系内部展开的更有代表性的阶段。我们也许因此可以期待自由个人主义的社会不时地产生一些"超人"。呜呼！

在某种意义上视尼采为亚里士多德传统的极端的反叛者是有道理的。但是，现在看来尼采的立场最终不过是那种道德文化的

第十八章　德性之后及追寻德性：尼采或亚里士多德、托洛茨基和圣·本尼迪克特

另一方面，尽管尼采把自己当作这种道德文化毫不宽容的批判者。因此，最根本的道德对立最终是在某种形式的自由个人主义与某种形式的亚里士多德传统之间。

这两者之间的差别是很深刻的。这些差别超越了伦理和道德的意义而涉及对人类行为的理解，使得有关社会科学的，以及社会科学的界限及可能性的那些相匹敌的概念与观察人类社会的这样两种可替代的方法的对抗性冲突紧密相连。这也就是为什么我的论证扩展到了如事实概念、人类事务可预言性的限度以及意识形态的本质之类的论题。我希望读者明白，在涉及这些题目的那些章节中，我不仅仅是在总结反对自由个人主义的社会体现的论证，而且也是为看待两种社会科学和社会——其中之一是亚里士多德的传统易于扎根的——所呈现出来的一种可选择的方式的那些论证铺垫基础。

我本人的结论很清楚。一方面，尽管人们对道德哲学作过三个世纪的研究，对社会学作过一个世纪的研究，但我们仍然没有对自由个人主义观点作出任何连贯的合理的经得起批评的论述；另一方面，亚里士多德传统可以重新表述，以使我们的道德、社会态度和责任恢复它们的可理解性和合理性。但是，虽然我以为两类论证的价值和倾向都在于理性的说服力，但我们不能不注意三种不同的反对意见，这三种意见是针对这一结论从三种不同的观点提出来的。

哲学辩论很少采取证明的方式，就哲学主题展开的成功辩论一贯如此（在哲学领域证明的理想相对来说是很枯燥的）。因此，那些想抵制某一结论的人同样很少没有任何凭借。我在此亟须补充的是，我这样说并不意味着哲学的主要问题都是无法解决的。相反，在没有任何证明的领域我们常常能确立真理。但问题的解决常常是因为争论的双方——或争论中的某人——退到争论之外系统地提出问题：解决这一特定类型的争端的适当而又合理

的步骤是什么？我个人认为，现在又是道德哲学的这个任务亟待完成的重要时刻。不过本书中我不想假装已开始处理这个问题。我对某些论争的否定和肯定的评价确实是以一种系统的（虽然这里没有提及）理性的阐述为先决条件的。

我希望展开而且几乎肯定需要展开讨论的正是这一论述——这个阐述将在随后的一本书里。我的论述将反对那些对我的主要论点持批评态度的人，他们的批评主要地或全部地建立在对争论的一种不同的和不相容的评价之上。由自由个人主义拥护者所组成的混杂的一方可能会对我提出此类异议；这些人有的是功利主义者，有的是康德主义者，有的自豪地声明奉行我所界定的那种自由个人主义；其他人宣称，将他们与我所阐述的自由个人主义联系在一起是一种误解，虽然他们之间意见分歧，但他们都或许提出了这种异议。

第二种异议肯定涉及我对我称之为亚里士多德的或古典传统的解释。因为很清楚，我所作的论述在很多方面，有时在一些根本方面与对亚里士多德道德立场的其他的利用和解释都有不同之处。在这里，我至少在某种程度上与一些哲学家意见不一：如刚过世的雅克·马利腾和健在的彼得·基奇。我十分尊敬他们，从他们那里我受益匪浅（但他们的追随者会说我学得还不够）。但是，如果我的有关道德传统的性质的论点是正确的，那么，一个传统是由它内部的论争和冲突维持下来并得以发展的。即使我的解释的很大一部分都经不起批评，对这一点的证明本身也会加强我正努力维持和发展的传统。因此，对那些我以为是我正在维护的道德传统内部的批评和纯粹是外部的批评，我的态度是不同的。后者并非不重要，只是它们的重要性在其他方面。

第三，肯定会出现一批迥然不同的批评者。他们一开始会从根本上同意我关于自由个人主义的论述，但他们不仅否定亚里士多德传统是一个可行的选择，而且否定从自由个人主义与这一传

第十八章 德性之后及追寻德性：尼采或亚里士多德、托洛茨基和圣·本尼迪克特

统的对立出发对待现代性这个问题。这些批评家会申明，我们时代的最重要的思想对立是自由个人主义与某种马克思主义和新马克思主义的思想对立。这一观点最有说服力的倡导者也许是那些追踪了从康德、黑格尔到马克思的思想体系的世系的人，并且主张人类自主性这一观点可以通过马克思主义从它原来的个人主义原则中挽救出来，并且在诉诸一种可能有的共同体形式的背景条件中恢复过来。在这种共同体中，异化已被克服，摒弃了虚假意识，实现了平等和博爱的价值。我对前面两种批评家的回答在很大程度上或明或暗地包含在我已经写了的东西中。我对第三种批评的答复需进一步地说明。我的答复分成两部分。

首先，马克思主义对一种道德上鲜明立场的要求又遭到了马克思主义自身的道德历史的破坏。马克思主义者不得不采取明确的道德立场对待所有那些危机——例如上世纪末本世纪初德国社会民主党中伯恩斯坦的修正主义，或者赫鲁晓夫对斯大林的否定以及1956年匈牙利起义。马克思主义者总是退回到相对来说某种直接的康德主义或功利主义的形式中去。这也并不奇怪。从一开始，马克思主义学说内部就隐藏着某种激进的个人主义。在《资本论》第一章中，马克思描述了"当人们日常生活的实际关系是完全可理解的和合理的关系时"，将会出现什么情形，他所描绘的是"一个自由的个人的联合体"，这些自由人全都自由地赞同生产资料公有制，赞同生产及分配的多种规则。这种自由的个人被马克思当作社会化的鲁滨逊来描写；但是马克思并没有告诉我们自由的个人在什么基础上进入他与其他人的自由联合之中。马克思主义理论的关键部分中有项没有一个后来的马克思主义者充分填补了的空白。这并不奇怪，抽象的道德原则和功利事实上就是马克思主义者所诉诸的联合原则，而且马克思主义者在实践中正好体现了在其他人那里他们斥之为意识形态的那种道德态度。

其次，我早先说过，马克思主义者在向权力靠拢的时候，他们总有成为韦伯主义者的倾向。这里我当然指的是最好的马克思主义者，比如南斯拉夫或意大利的马克思主义者。主宰莫斯科的集体沙皇制的野蛮的专制与马克思主义的道德实质问题毫不相干，正如鲍吉亚教皇的生活与基督教的道德实质不相干一样。然而，马克思主义明确地自荐为一种实践的指导，一种具有特殊启发性的政治学。不过，正是在这里，马克思主义才有时有些微益处。托洛茨基在晚年面临的问题是：苏联究竟是否还称得上社会主义国家？而所面对的问题隐含着这样一个问题：马克思主义范畴能否照亮前程？他自己把一切都寄予对苏联可能有的将来事件的一系列假设性预测的结果上。而这些预测只有在他死后才得到验证。返回到这些预测本身，其回答是清楚的：托洛茨基自己的前提意味着苏联不是社会主义；而本应照亮人类解放之路的理论实际上导向了黑暗。

马克思主义的社会主义实质上是深刻的乐观主义精神。因为不论它对资本主义和资产阶级制度的批判多么彻底，它都致力于：在由那些制度构成的社会中，一个更好的未来的人和物的先决条件正在积累。但是，如果发达的资本主义的道德贫困是这么多马克思主义者一致认为的样子，那么未来的资源从何而来？毫不奇怪，在这一点上马克思主义倾向于创造自己那种说法的超人（ubermensch）：卢卡奇的理想无产者和列宁主义理想的革命者。如果马克思主义不变成韦伯式社会民主制或者残酷的独裁制，它就会成为尼采式的幻想。托洛茨基冷静的方案最值得敬佩的一点就是他自己对所有这类幻想的拒斥。

一个十分严肃地对待托洛茨基晚期的著作的马克思主义者，就会被迫陷入与马克思主义传统相悖的悲观主义。而且在成为悲观主义者过程中他将以某种重要方式转变成为非马克思主义者。因为他找不到任何可以忍受的政治、经济结构的替代物来代替先

第十八章 德性之后及追寻德性：尼采或亚里士多德、托洛茨基和圣·本尼迪克特

进的资本主义结构。当然这种结论与我本人的结论相符。因为我不仅认为，马克思主义作为一种政治传统已山穷水尽，这个论点为现在都高举着马克思主义的旗帜的几乎是无限多的和相冲突的政治信奉者所证明——但这并不意味着马克思主义将不再是关于现代社会的思想的最丰富的源泉之一——但我相信，我们文化内的其他所有政治传统也都共同有着这样的枯竭。这就是从前一章的论述中得出的结论之一。这是否可以更具体地推断出，我所维护的道德传统缺乏相关的当代政纲，而且是否可以更一般性地推断出，我的论证使我和接受这一论证的其他人陷入一种普遍的社会悲观主义呢？根本不会。

在两个历史时期之间作过分精确的比较往往是很危险的。这类比较最易引起误解的是欧洲和北美的现代和罗马帝国衰退至黑暗时代①的那个时期的比较。不过，相似之处是存在的。当满怀善良愿望的男女逃避支持罗马统治的任务，并且不再把这一统治的维持看成文明和道德共同体的继续，早期历史的关键转折时刻便出现了。这时，他们为自己所确立的目标是——人们常常没有充分意识到他们在干什么——某些新形式的共同体的建设，在这种共同体里道德生活将得以维持，以使道德和文明能在即将来临的野蛮黑暗时代中继存下去。如果我的有关我们的道德状况的论点是正确的，那么我们也应推断出这一结论：近来我们也进入了那个转折时刻。在这个阶段最紧要的问题是地方形式的共同体的建构，在这种共同体中，文明、知识分子和道德生活能够度过已经降临的新的黑暗时代而维持下来。如果德性传统能在上一个黑暗时代的恐怖中继存下来，那我们就不会完全失去希望的基础。不过，这次野蛮人不是仍然远在边疆等待，他们控制我们已有相当一段时间。对这一点缺乏意识是我们陷入困境的部分原因。我

---

① 黑暗时代：指欧洲历史上约为公元476—1000年的这一时期。——译者

们正在等待的不是戈多（Godor），而是另一个完全不同的人——圣·本尼迪克特。①

---

① 作者给我们来信解释："等待的不是戈多，而是圣·本尼迪克特"（not for a Godot, but for another st. Benedict），这句话的前半句是参照爱尔兰作家贝克特（Beckett, Samuel）的一个戏剧"等待戈多"，在这个戏里，剧中人物正盼望着一个绝不会到来的某人的到达。圣·本尼迪克特为公元6世纪（约480—约547）修士，西方基督教隐修制度的创始人，他创建了一种新的富有特色的修士团体形式，以他命名的隐修院规章在西欧普遍遵行迄今。——译者

第十九章

第二版跋

　　此书第一版的无数批评家使我受益匪浅，而且远不止在一个方面。有的人指出了书中的错误——范围从一些名字的混乱到有关乔托的一个事实性错误都有；有的人指出历史叙述的不充分，而正是这种叙述使《德性之后》有着论证的连续性；有的人对我对现代的、特别是当代社会的状况的诊断提出争议；有的人对一些具体论证的实质和方法提出质疑。

　　对第一类批评是易于回答的：在第二版里，到目前为止所认识到的所有错误都已更正。在这方面，我特别感激休·劳埃德—琼斯和罗伯特·瓦克布罗特。对另外那些类型的批评的回答，不仅是一个更困难的任务，而且是一个需要我从事一些有关我的批评家所涉及的那些不同学科的长期计划的任务。对于《德性之后》既是长处又是不足的是，在写作《德性之后》时，我有两个压倒一切的意愿：一，展开德性在人类生活中的位置这样一个复杂的论题的全面性结构，如果能这样做的话，我打算勾勒出它来而不是想在这个论题的范围内进行充分而又详尽的陈述；二，我这种打算多少使得这点也清楚了：我的论题与那些一般学科的划分是如何深刻的不相容，这些划分如此经常地受到分隔化意识的影响，致使扭曲或模糊了关键性的联系，即使是从那每一独立的学术学科里的那些根深蒂固的观点看，它需要某种程度的不充分。不过，我希望，至少某些不足部分，将在《探求》、《分析与批评》和《争鸣》等杂志上,在我与多种批评家的进一步交流中得到补充,而且更多地将在我正在著述的、继《德性之后》的著作《论正义和推理》①中得到纠正。但是,一些批评家使我确信,某些《德性之后》的读者可能会有些直接的不满。而如果我对本书的论证的全面框架的中心的或预设的位置进行更充分的重述的话,就是不打消,至少也能缓和这种不满。在三个不同方面,这个需要最为紧迫。

一 哲学与历史的关系

威廉·K.弗兰肯那说:"令我困惑的是没有把历史与哲学区分开来,""或者说给人印象的是,一种历史的探求能确立一种哲学的观点,麦金太尔似乎正在这样做。"② 弗兰肯那在这里所辩护的仍是学术上的正统观念,虽然它像其他现代正统观念一样,但表现得还不太明显。就弗兰肯那的观点看,哲学是一回事,历史则是相当不同的另一回事。思想史学家的任务就是重述思想观念的消长,恰如政治史学家的任务就是重述帝国的出现和消亡一样。而留给哲学家的任务是这样两个:在论题不是哲学的地方,如道德,哲学家的责任就是决定在这个具体领域里,理性和真理的恰当标准是什么;在哲学就是哲学自己的论题的地方,哲学家的责任在于以最好的理性方法决定事实上什么是正确的。当弗兰肯那谈到情感主义作为一种哲学理论时,正是这种学术工作区分的概念是他的前提。他说:"只要我掌握了正确的概念工具,没有认识到这种观念是一种历史发展的结果也能理解到它是什么;并且,就我能认识到的而言,不把它看作是这样一种结

---

① 此书正式出版后书名为《谁的正义?何种合理性?》。——译者
② 《伦理学》第93期,1983年版,第500页。

果，也能评估其真假性或合理地确信这种真假。确实，麦金太尔自己反对情感主义的论证是从分析哲学那得来的；并且，他的主张，即现代论证道德合理性的企图的失败、并且不得不失败的主张，是一个唯有靠分析哲学、而不是靠某种历史才可确立的主张。"

与这论点相反，我应当坚持的是：虽然为分析哲学家所首肯的这种论证具有不容忽视的力量，而正是在一种历史研究的特殊流派这样的背景条件中，这种论证才能够支持那从哲学家的本性上希望为之辩护的有关真理和理性的主张。正如弗兰肯那所注意到的，我并不是如此进行论证的首创者；他提到了黑格尔和科林伍德，不过，他还应提到维柯。因为正是维柯，第一次强调了那不容否认的事实的重要性。当然，要重述这事实就很冗长了，这事实就是：至少道德哲学的论题——道德哲学家所探寻的评价和准则概念、格言以及道德论证和道德判断——除了具体体现在具体的社会群体的那些历史生活中，不在任何别的地方，因而它具有历史存在物的那些明显的特性：既有自身特性又通过时间而变化，既表现在交谈中，多样性活动的相互作用和相互关系中，也表现在制度化的实践中。不存在于具体社会中的道德是在任何地方也发现不了的：有4世纪雅典的道德，有公元13世纪西方欧洲的多种道德，有大量的这样的道德，但是否曾有，或现在是否有就道德而言的道德［道德本身］？

当然，康德相信他成功地回答了这个问题。并且，重要的是，弗兰肯那所捍卫的分析的道德哲学和我所捍卫的历史主义类型是对康德的先验性回答的批判的主要反应。康德的论点是，人类理性的性质决定了有那些为任何有理性的存在物在思想上和意志上必然赞同的原则和概念。康德的论点遭到两种截然不同的至关重要的反对。第一种（黑格尔及其后继的历史学家们对其有着极大的贡献）是认为，康德看作是人类精神的普遍和必然原则的东西，其实在事实上是人类活动和探求的具体阶段、具体时间和具体地点的原则。正如康德所承认的，自然科学的原理和先决条件，就其本身而言，不过是牛顿物理学的原理和先决条件而已一样，康德也承认，道德的原理和先决条件本身，不过是一种相当具体的道德、一种新教的世俗化观念的原理和先决条件而已，这种新教观念把它的那些基本特许权的一种给了现代自由个人主义。因而，康德的普遍性主张就失败了。

第二种类型的反对意见的大意是，康德的先验计划所探求的必然性概念、先验概念、概念和范畴与经验的关系的概念不能得到维护，并且，发端于康德立场的后继的哲学批判的历史，首先得到新康德主义的革新，后来从更根本上得到逻辑经验主义重新修正的历史，以及依次对这些修正的批判的历史，是分析哲学渐次形成的历史的中心。理查德·罗蒂以编年顺序记述了以康德学说为轴心和与出于奎因、塞拉斯、古德曼门下的康德哲学的后继者和其他人为轴心的差别的最终的和新近的消失，罗蒂注意到了的一个后果就是，在哲学的中心问题是什么的问题上，分析哲学家的同仁在某种程度上的一致性意见正在减少。[①] 但这并不是唯一的或甚至最重要的后果。

分析哲学的进步成功地确立了的是：在纯粹的形式探寻外，除了相应的某些假设，没有任何理由相信普遍必然的原则。笛卡尔的第一原则，康德的先验理性甚至那些萦绕着经验主义如此之久的概念的幽灵，都从哲学范围里驱除出去了。这后果是，分析哲学成了一个学科（或亚学科？），它的权限被限定在推理研究上。罗蒂对此说道"哲学能力的完美典范就是把握那些可能论断的相互之间的推理关系之整体，这样就能够建构或批评任何论

[①] 罗蒂（Rorty）：《实用主义的后果》，明尼阿波利斯1982年版，第214—217页。

证。"戴维·刘易斯写道："各种哲学理论绝没有受到致命的驳难（或者极少有过，哥德尔和格特尔也许这样做了）。哲学理论以某种代价经受住了对它的反驳而存在……我们的'各种直觉'不过是各种见解；我们的各种哲学理论也同样如此……哲学家的一个合理在于摆平它们。我们的共同任务在于发现有什么样的平衡能经得住考验，不过，我们当中的每一个人总要把这些理论中的这个或那个作为依托……一旦那些制作得很好的各种理论的菜单摆在我们面前，哲学就是一个见解问题……"①

这就是说，分析哲学恰有可能实际地产生一种否定性的最终后果。分析哲学能够表明，在有些情形中，对于任何有理性的人继续处于某处位置而言，总会卷入太多的不连贯不一致里。但分析哲学绝不可能确立任何具体位置的合理的可接受性，因为在这种情形下，每一个可选择的相匹敌的位置都有充分的范围和幅度，而每一位置的追随者都愿付出必要代价来确保其连贯性和一致性。因此，如此多的当代分析著作就具有一种特别的风味——为那些比罗蒂或刘易斯更少哲学意义上的自我意识的著作家所写——在这些著作中，在其论证的段落中，最高超的逻辑的和语言学的技术都施展开来以确保最精确地轮流使用那些段落，而这样做，似乎不过是修补一些有松散联系的武断偏爱而已。当代分析哲学在一种深深地受惠于弗里格和卡尔纳普的风格和从更笨拙的存在主义形式派生的风格之间表现了一种奇怪的伙伴关系。

对历史学家而言，这个后果所意味的是，首先，以罗蒂和刘易斯乃至更确切地说以弗兰肯那为代表的分析哲学家，似乎注定了打算把论证看作是从活动和探寻的社会和历史背景条件中抽取出来的研究对象，在这种论证中，他们现在和过去都很到家，并

---

① 刘易斯（Lewis, Devid）：《哲学论文集》第1卷，牛津1983年版，第ⅹ—ⅹi页。

且就他们的特性而言，他们的特殊意义也来自于此。但这样做，分析哲学家就易于从他的康德哲学的前辈们那里继承那些错误的东西，这些错误来自于康德自己的先验学说的两个主要目标的第一个。因为假如我们把牛顿的机械论的范畴和原则看作是对理性本身的要求的满足，恰恰就会认识不清正是在17世纪后期和18世纪的早期的物理学研究的实际背景条件下，这些范畴和原则才合理地优越于它们的匹敌者。

使牛顿物理学合理地优越于它的伽利略的和亚里士多德哲学的前辈们、优越于它的笛卡尔主义的匹敌者的是，牛顿物理学能够解决一些领域里的问题，从而超越了他们的局限性，在这些领域里，它的前辈们和匹敌者就他们自己的科学进步的标准而言，他们是停滞不前的。因此，除了历史地依据牛顿物理学与它的前辈和匹敌者——这是它与之挑战和取代的——的关系，我们不能说牛顿物理学的合理的优越性在哪里。把牛顿物理学从它的背景条件中抽取出来，然后问它对另一个理论的合理优越性在哪里，你将会碰到不可解决的不可通约的问题。因而，只要我们知道了牛顿和牛顿的学说实际上是怎样采用和捍卫了其前辈和相匹敌者的论点，也就从实质上知道了，为什么牛顿的物理学可被看作是合理的优越的。物理科学的哲学取决于物理科学的历史。道德与这也没有两样。

各种道德哲学总是描述着有着具体的社会和文化观点的道德，虽然它们总希望获得比这更多些。亚里士多德是4世纪雅典的一个阶级的代言人，康德也正如我所注意到的，为自由个人主义所展示的社会力量提供了一个合理的声音。但即使是处理材料的这种方式也是不适当的，因为道德是一回事，而道德哲学则是另一回事。然而，任何具体道德都有它自己的核心标准，要依据这个标准来判断行为的理由是否适当；还有角色品质与行为品质是怎样的关系的那些概念，以及对规则应如何系统阐述的判断，等等。因此，虽然对任何具体道德而言，总有比隐含在其中的哲学更多的东西，但没有哪种对道德的信奉而不涉及某种哲学态度的，这种哲学态度或明或暗都有。道德哲学，在它们也是别的任何东西以前，是对具体道德的合理信奉的主张的明确陈述。这就是为什么道德的历史和道德哲学的历史是一个单一的历史。因而，当相匹敌的道德产生相竞争的和不相容的主张时，在道德哲学的水平上，总有一个涉及哪一个能把它合理地优越于对方说得很完善的问题。

应当怎样判断这些主张？恰如自然科学中的情形一样，没有一般的永恒的标准。正是在一种具体道德哲学表述一种具体道德的主张以识别和超越相匹敌的道德哲学的限度的能力中（这些限度能够被——虽然它们在实际上也许并不被——合理的标准所识别，这些标准也为相匹敌的道德的拥护者所信奉），某种道德哲学和某种道德的合理的优势就出现了。道德和道德哲学的历史是对某些以往存在的道德秩序持续地挑战的历史，在这个历史中，哪一部分在合理论证中打败了哪一部分的问题是永远与哪一部分保留着或获得社会和政治的霸主地位的问题相区别的。并且，也只有参照这个历史，合理优势的问题才得以解决。以这个观点来写的道德和道德哲学的历史，是构成当代道德哲学事业的整体的必要部分。正如科学史是当代科学哲学的事业整体的必要部分一样。

我希望，现在对于弗兰肯那和我为什么有分歧是比较清楚了。他似乎认为，分析哲学的方法能够在道德哲学中充分确立什么是真或假，以及什么是合理信念，而历史的探求则是不相干的。我则不仅认为，为了确立一种具体的观点是什么，历史的探求是必要的；而且认为，正是在观念的历史性冲突中，在某种特定的背景条件下，任何特定的观点相对于它的特定的匹敌者而言，或者是确立了或者是没有确立它的合理优势。在进行这种探求中，许多分析哲学的技术和技能将要运用到；而又极少有可能，这些技术能够充分地非难某个论点。所以，当弗兰肯那正确地说到，有时我运用得自于分析哲学的论证去确立某个或某些理论的失足，他归咎于我与我的历史主义和与我对如下论点的拒斥没有不一致处。我的这一论点是：在道德哲学中，分析哲学绝不可能为有任何明确立场的断言提供充足理由。

因此，当我们把情感主义理解为是对一种直觉主义者的道德推理和一种特殊的道德判断的实践的特殊的历史结合的回答，我们就能够理解到情感主义的主张不仅是一个关于在道德判断中使用的句子的永恒意义的论点（这个论点几乎没有合理性），而且更重要的是一个有关在较宽广或较狭窄的历史条件下的道德判断的功能和使用的经验性论点。因此我们也就可以理解了，这种理论怎样渐次发展起来和什么类型的环境是与对这个理论的理解和评价有关的，在某种意义上，这也正是弗兰肯那把哲学研究与历史明确区分开来弄模糊了的地方。

对上述问题我们也可作如下回答。如果我能够写一种我打算写的哲学史——并且这正是我在《德性之后》中打算写的——那么，在合理优势方面的以年代秩序出现的一种理论的失败或另一种理论得势的问题，我们作为编年史作者就必须把历史标准引入，依据这个标准才可判断是否一种理论合理地优越于另一种理论。但这些标准本身需要合理的证明，而历史并不能提供这个证明，而且也只有这些标准被证明以后才能写这个历史。因此，历史学家暗暗地诉诸那些非历史的标准，并且总是认为，这类标准或被一种先验的或被一种分析的证明所提供，而这些类型的证明是我已摈弃了的。

这种回答是不成功的。因为在理论方面有关什么使一种理论合理地优越于另一种理论的我们的处境，与在科学理论方面或道德和道德哲学方面的我们的处境没有不同之处。在前一种情形中

第十九章 第二版跋

和在后一种情形中一样，我们不得不希望的，不是一种完美的理论，一种在反对意见面前无懈可击或几乎无懈可击因而必然为任何有理性的存在物所赞同的理论，而宁可说，是这类理论的历史中到目前为止所有的最好的理论。所以，我们应当希望提供到目前为止的最好的理论，至于到目前为止的最好理论的那种类型的理论必定是：不多也不少。

这就意味着，这种哲学史的著作绝不可能是完善的。在任何具体领域，不论是自然科学或道德和道德哲学，或理论的理论，对已确立的到目前为止的最好理论的某种新的挑战总会出现，而且总会被取代，这种可能性永远存在。因此，这种历史主义，不像黑格尔的历史主义，包括了一种易错形式；这种历史主义排除了所有那些绝对知识的主张。不过，如果某些个别的道德体系成功地超越了它的前辈们的限度，并且因此而提供了理解到目前为止的前辈们的最好工具，那么，就已经持续地迎接了一定数量的相匹敌的论点的挑战，而且，在避免这些论点的弱点和局限时，每每能够汲取那些论点的长处而修正自己，并且对这些论点的弱点和局限性提供了到目前为止的最好的解释，那么，我们就有最好的可能有的理由确信，将来的挑战也能成功地迎接，而那些界定一个道德体系的核心的原则是持久性的原则。在《德性之后》里，恰恰这是我归之于亚里士多德的基本道德体系的成就。

正是这样一种历史主义者的主张是我已表述的和正在表述的，而以前并没有适当清晰地表述它；我所采用的有利于它的那种论证方法也没有得到适当明确的陈述。因为我不仅仅声言，我称之为启蒙运动的方案的东西，就它自己的标准而言，它失败了，这是因为它的倡导者们在说明唯一的一套可证明为正当的道德原则时绝没有获得成功，对于这套道德原则，任何完全有理性的行为者，不论他是谁，都不会赞同，或者就尼采的道德哲学的原则来说，就它自己的标准而言，也是失败的；而且认为，理解这些失败的理由只有从一种亚里士多德的德性论产生的资源里得到，在这个方面正如我已描述的，这理论作为到目前为止的最好的理论从它的特殊的历史冲突中产生出来。但值得注意的是，在《德性之后》中，我没有断定我维持了这个主张，我现在也没有这样声称。那么，还必须做些什么？

安妮特·贝尔责备我没有理解休谟观点的力量（见即将出版的《分析与批判》中的一篇论文）；奥拉·奥尼尔则认为我对康德的论述是有选择的和简单化的（见即将出版的《探求》中的一篇论文）。我相当同情这两位对此的抱怨，因为确实正是由休谟和康德所提出的这两种相当不同的实践理性的理论代表了对亚里士多德的体系和体现在这体系内的实践理性论的主要挑战。而在这三种理论的关系没有澄清以前，《德性之后》的中心主张将不能确立，而这正是作为《德性之后》的论证性叙述的先决条件的认识的历史理论所需要的。

最后，对于《德性之后》中的哲学与历史的联系还有一种相当不同的批评是不能忽视的。弗兰肯那认为我对分析哲学的欣赏是不充分的；艾布拉姆·伊德尔则认为我作为一个分析者都过头了，指责我不过是"一个其异端仍被分析传统束缚住的异端分析者。"[1] 他的批评的要义是：第一，我把太多的注意力集中在明晰的推理、明确表达了的概念，不同民族的有关他们的状况的传说这一层次水平，而没有足够地注意到这些民族的实际社会的和习俗化的生活；第二，我的党派偏见使我为了我自己的亚里士多德主义的观点的缘故，而扭曲了实际道德的复杂的历史。在弗兰肯那把我看作是一个有着额外的、不完全相关的历史兴趣的不适当的分析哲学家的地方，伊德尔把我看作是一个在分析哲学方面落伍的不适当的社会历史学家。因此，伊德尔的批评是弗兰

---

[1] 《萨哥》（Zygon）第18期，1983年版，第344页。

第十九章 第二版跋

肯那的批评的镜像（mirror image），这并不奇怪。

因为正是这种我希望写的哲学史在一定意义上打破了分析哲学的标准，所以，对他们而言，是违犯了学院化的社会历史的标准的。这可能在两个方面。第一，从我所持的观点看，我认为理论和哲学事业，它们的成功或失败，在历史中是比学院的历史学家们所认为的影响大得多。不过，在这个领域需要解决的问题是涉及因果性影响的事实问题。它包括这样一些问题，如苏格兰启蒙运动的思想家们对不列颠、法兰西和美国的社会、道德和政治变化的影响的性质问题。对这样一些问题的回答取决于对作为那些观念的承载者的那些大学和学院的社会作用和效果的探讨。但是，历史的探讨也许将最终表明，我对明晰的推理、明确表达了的概念和史话述说的注意应被置换。不过，到目前为止，我仍不敢肯定。

第二，学院化的社会历史的叙述多少都是以事实问题和价值问题和逻辑区分为先决条件，我的《德性之后》的叙述理论责成我否定这种区分。并且，构成《德性之后》的中心叙述的哲学史本身，即是从这个结论的观点写就的，它本身也达到和维护了这个结论，或者宁可说，假如要扩展这个叙述的话，它也将维护这个结论，而我也希望，我将在《德性之后》的著述中扩展它。所以，《德性之后》的叙述不是偶然性的成为一种带有它自己的审慎用意的党派性叙述，或者说它根本就不是这样一种党派性叙述。

不过，在某种实质性程度上，伊德尔的訾议在两个方面是正确的。大量的社会和习俗史，《德性之后》至多是间接地参照了它；而事实上，它是我在《德性之后》中所指出的那种叙述的实质，但在著述中，这种叙述并不成功；而亚里士多德的德性论和自从柏拉图哲学到现代的其他道德体系的相互关系的历史，当然比我所考虑到的要复杂得多。因此，弗兰肯那和伊德尔对我和我的读者们在这个问题上（对这个问题，我确实没有充分注意到）发出了有益的警告。他们的评论使我永远感激。

二 德性和相对主义的问题

塞缪尔·谢弗利对我提出的德性论提出了重要的怀疑。[①] 斯坦利·豪尔瓦斯和保罗·韦德也提出了同样的疑问。[②] 罗伯特·瓦赫布罗特则认为，这个理论的一个隐含着的论点就是：某种相对主义是不可避免的。[③] 因为只要我能成功地回答谢弗·豪尔瓦斯和韦德提出的问题，我就能适当地回答瓦赫布罗特的论点，所以，他们对我的建设性的论证的中心论点的怀疑能够有效地放在一块来考虑。

我对德性的论述有这样三个阶段：第一，把德性看作是获得实践的内在利益的必需的品质；第二，把德性看作是有益于一整体生活的善的品质；第三，把德性与对人而言的善的追求相联系；这个善的概念只有在一种继续存在的社会传统的范围内才可得到阐释和才能拥有。为什么从实践开始？其他道德哲学家毕竟已从对情感或欲望的考虑，从对责任或善的概念的阐述开始。在这些情形中，其讨论一开始就易于为某种手段目的的区分的观点所支配，这样的观点认为，所有人类活动，或者是被作为已经既定的或已被决定的目的的手段来引导，或者仅活动本身就是有价值的，或者两者兼而有之。这个框架所省略了的是那些人类活动的进行方式。在这些方式内，目的不得不被发现或重新发现，而手段则被设计出来去追求这些目的；因此，这种观点所弄模糊了的是这个方面的重要性：那些活动模式产生新的目的和目的概念

---

① 《哲学评论》第3期，1983年7月版，第92页。
② 神学哲学杂志《托马斯》第2期，1982年4月版，第46页。
③ 《耶鲁大学法律杂志》第3期，1983年1月版，第92页。

第十九章 第二版跋

的方式。实践的分类——如我所界说的那样，是那些活动方式的分类，而对豪尔瓦斯和韦德提出的为什么这种类型的活动包括了某些东西而不包括另外一些（他们问道，为什么包括了结构但不包括材料？）的问题的最简明的回答是，这些不被包括的东西不是这些活动方式。

因此，从实践开始的对德性的任何研究的意义是，履行德性不仅因其本身的原因是值得的（如不仅仅是为这些德性的缘故，你即使履行了勇敢、正义等德性，你也不可能是真正勇敢的或正义的），而且有进一步的意义和目的，确实，正是对这种目的意义的把握，我们就可在实质上初步地评价德性了。而德性不以那种技能与目的相关的方式将德性与善关联起来；这种方式的关联，在它的成功实践过程中，利益（Goods）把进一步的意义与目的给了德性，也不以技能与我们欲望的客体关联的方式相关联，在这种方式中，技能的成功实践也能够使我们获得利益。在这里，康德是相当正确的：他认为，道德命令既不是技能的命令，也不是审慎的命令，而是像他规定它们那样被规定的。康德的错误在于认为，对道德命令而言，唯一可替代它们的仍然是，即应该是（就他的意义而言）绝对命令。而如果一个人试图在实践的背景条件之外理解德性，没有康德在这样构想时的那些为自己添加的理由，也可以得出这样一个结论。因为没有德行的践行，实践的内在利益不能获得，而实践的内在利益并不是特殊的个人在特殊场合追求的目的，而恰是由于人们总是在特殊场合追求自己的特殊目的或目标，人们因此而获得了或没能获得，趋向了或没能趋向那就那些类型的实践而言的卓越，而我们的卓越概念正如我们的目标一样，都已改变了。

理解这一点，是回答谢弗利对我的德性与实践相连接的论点的反驳的一个必要前提，"虽然麦金太尔否定了伟大的国际象棋手不可能是邪恶的这个论点是出于他的德性论的，我并不能完全信服的是，他自称否定了它，然而，给我印象深刻的是，在任何情况下，他似乎乐意说那几乎没有什么合理性的东西，即一个罪恶的国际象棋手不能获得任何下棋所有的内在利益。"① 在这个论点中，谢弗利归之于我的东西是相当正确的，不过，只要他所说的"内在利益"的意思正是我所表示的意思。而假如某人所意指的正是我所表示的意思，那么，对谢弗的回答就是清楚的。

可以设想一下，一个有着超凡技能的国际象棋手，他所关心的就是赢，而且对赢十分着迷。他的技能使他荣列为超级大师，因而他确是一个伟大的棋手。但是既然他所关心的只是赢——可能还有偶然伴随的利益，如名声、威望和金钱——那他所关心的利益就绝不是下棋或如同下棋这同一类比赛所特有的利益，即在我使用这个措辞的意义上的那种内在于下棋的实践的利益。因为他在任何其他领域，只要有竞争，有胜利者，他就恰恰能够获得同样的利益，赢得利益和它的偶尔的报赏，假如他在其他领域可达到一个比较高水平的技艺的话。因此，那作为他的利益所关心的所获得的东西，不是光属于下棋所有的那种卓越和伴随这种卓越的那种享受，甚至是那些很次棋艺的棋手在他们的水平上获得的利益。因此，谢弗利的反驳是站不住脚的；德性与实践的关系，一旦比我在前面的论述有了一个与技艺与实践的关系更清楚的区分，也就并不必承受谢弗归咎于它的不幸的后果了。

谢弗利的反驳似乎也把某种东西归之于我在论述中的某些不够清楚的缺点上。因为他说，我的论点是"德性是参照实践来暂时性地被描述的，而这个暂时性的论述在后面又被修正和补充了。"② 我应当说得更清楚些的是，我原并不打算指出——虽然我已经很清楚地指出了——依据实践对德性进行的初步论述为我

---

① 《哲学评论》，第 446 页。
② 同上。

第十九章 第二版跋

们提供了一个德性的适当概念，然后，这个概念仅因与一个整体生活的善的概念和一个持续的传统的概念相连接而丰富和得到补充。宁可说，它是这样一种情形：没有一个人类品质被看作是一种德性，除非它满足了这样三个阶段的每一个所规定的条件。这一点很重要，因为有些品质，可把它们多少合理地看作是满足了那些从实践的概念引出的条件的要求，但它们不是德性，这些品质可经受这第一阶段的检验而得到确认，但在第二或第三阶段却过不了关。

可以看看这样一些品质的例子，诸如无情和残忍，以及通过识别何时残忍和无情而把它们与疯狂的品质区别开来。很清楚，有许多实践——野外考察是一个例子——在这些实践中，驱使某人自己和他人残忍和无情的能力不仅是使人们能够在这种实践中成功，而且也是使人们能够生存下去的条件。这样一种能力的履行需要一个条件，这就是需要培育一种对其他人的感情的麻木感，而关心他们的感情就有可能妨碍对他们的生存的关心。把这种复杂的品质置于加入到一个家庭生活的创造和维持的实践中，你就要有对待灾难的方法。在一种背景条件下似乎是一种德性的东西，在另一种背景条件下似乎就变成了一种恶，但这种品质在我的论点里既不是一种德性，也不是一种恶。它不是一种德性，因为它不能满足如下要求必须的条件：一种德性是有益于一种整体生活的善的，在这个整体生活中，特殊实践的利益被整合进了一个目标的总体模式中，这个模式对如下问题给出了一个回答："对一个像我这样的人所过的生活而言，哪种生活是最好的生活？"当然，也可能有些品质在满足第二种类的要求方面是成功的，但却不能满足第三阶段的要求，在这个阶段，具体生活的各种利益被整合进了一个涵入了对善和至善的寻求的一种传统的总体模式中。

正是在我的德性论对这个第三阶段特征的描述里，其方式似乎部分地为远不止一个批评家提供了批评我犯了相对主义的理由。罗伯特·瓦赫布罗特争论道，我依据对善的探求的对人类的善的描述，即使是为我的论述的前两个阶段的限定，但也是可以与有着相区别的、不相容的和相匹敌的德性传统的存在这样一种认识相容的。在这一点上，他是对的。然而，他是企图把我逼迫进两难的位置上。设想有两个相匹敌的和不相容的道德传统在某种特别的历史条件下相冲突，在这里，接受一种主张就必然与另一种主张相冲突。那么，要么是有可能诉诸某些合理的独立于相冲突双方的基本原则，要么它们之间的分歧不可能得到合理解决。但如果是前者，那么就确实有一套原则，对于这套原则的诉诸，就能为基本道德问题的解决确立一个合理的基础，这个基础是独立于传统的那些社会特殊性的；如果是后者，就没有道德理性可言，道德理性既不是某些具体传统内在具有的，也不是与之相关的。而在这种情形中，我们就没有充足理由信奉某个具体传统而不信奉另一个。并且既然我对启蒙运动的方案的拒绝使我必然否定这两种选择中的前者，那似乎我就不可避免地要接受后一种选择的这些后果。

这个论证的力量取决于这个二者取一的选言陈述是不是穷尽无余的。它并没有穷尽。因为有时至少有这种可能，这样一个传统可能诉诸某种类型的考虑来作出有利于它而反对它的匹敌者的裁决，这种考虑是与相匹敌的传统双方的力量影响一致的。这些考虑是些什么类型的考虑？

如果两个道德传统在重要问题上提出相匹敌的论点时能够彼此了解，那么，它们必然共有某些特征。因为既然某种对实践的关系，某种人类利益的概念，某些从传统的性质中产生的特征，都是相匹敌的两者的特点，这种共同性就不奇怪了。但一个传统的追随者诉诸的标准是完全不能与那相匹敌的传统的追随者所诉诸的标准通约的问题，在这样一种情形下，问题就将不是并且也

第十九章 第二版跋

不可能是上述那种问题。对于每一传统的信奉者而言，有时至少有这样的可能：能够理解和评价为他们的匹敌者所提出的对他们的观点的描述——以他们自己的标准去理解。并且，没有什么东西不可包括在匹敌者的发现中，这些描述揭示了他们自己的观点的特征，而这是他们迄今为止没有注意到的或考虑到的，可从他们自己的标准看，这类考虑是他们早该有了的，但实际却没有。确实没有什么不能包括在这种发现里，相匹敌的传统对对方传统的弱点，表述的无能或适当解决问题的无能，多种不一致等提出了中肯的解释，对于这一切，这一传统本身的资源并不能够提出一种令人信服的解说。

以传统自身的兴衰标准而言，传统有时也败落，而与一个相匹敌的传统的相遇，可能在这以这种方式提供了在某种根本方面重建一个传统或抛弃一个传统的充足的理由。而正如我在前些地方已注意到了的，也有这种情形：如果在这样一种连续的遭遇中，对某种道德传统而言，当从传统内或从传统外来的合理考虑推动它的追随者们，并且这种合理考虑对它的匹敌者的缺陷和弱点，以及对它自己的问题，一般提出了比那些匹敌传统所能提供的——不论是就他们自己的还是就其他传统而言——更中肯的解说，那么这个传统就能成功地重新建构自身。当然，所有这一切都是依据传统的内在标准的，而标准在这些兴衰过程中，它本身也在许多方面被修改和扩展了，然而，这个传统的追随者完全有资格在一个很大程度上确信，他们就生活在这个传统里，并且他们把他们的道德生活的实质归之于这个传统，而这个传统也将能找到成功地解决将来挑战的资源。因为体现在他们的思想和行为模式中的道德现实的理论，已经证明它本身就是到目前为止的最好理论——在我给这个措辞规定的意义上。

对此，瓦赫布罗特也许会答道，我并没有回答他的异议。因为我所说的根本就没有证明，不会出现这样一种处境，在这种处境里，没有合理的方式来解决两种相匹敌的伦理的和认识论的传统的分歧，所以，一种相对主义论点的明确理由呈现出来了。不过，我没有兴趣否定这一点。因为我的观点决定了，没有任何一个成功的事先论证将能确保这样一种处境不会发生。确实，没有任何东西能给我们这样一项保证，一项不涉及康德的先验学说成功的复活的保证。

几乎毋庸赘言的是，《德性之后》的中心论点是，亚里士多德的道德传统是我们具有的一个传统的最好例证，它的追随者们完全有资格在一个很大程度上对它的认识论的和伦理的资源抱有信心。但对亚里士多德进行一种历史主义的辩护，注定要令某些抱有怀疑的批评家吃惊的是，这既是堂·吉诃德式的事业，又是一项自相矛盾之举。因为亚里士多德本人，正如我在对他自己的德性论的讨论中已指出的，并不是任何一种历史主义者，虽然某些著名的历史主义者，包括维柯和黑格尔，或多或少都是亚里士多德主义者。要证明在这里没有自相矛盾，看来是一项更必要的任务；但要在更大规模上完成它，也只有在《德性之后》的续卷里了。

三 道德哲学与神学的关系

许多批评家指出了《德性之后》中至关重要的论证叙述得不足。这些批评中最突出的是说对亚里士多德的德性传统与《圣经》的宗教及其神学的关系没有进行适当论述。杰弗里斯·斯托特已经指出了它的某些不幸的后果，提出了一个极重要的问题。① 从《圣经》的宗教和亚里士多德主义两者相遇以来，人类

---

① 见《在毁灭中的德性》一文，载即将出版的德文杂志《系统的神学和宗教哲学新杂志》。

第十九章 第二版跋

德性的主张和神圣律法及神的戒律的主张的关系问题就需要回答。《圣经》的神学和亚里士多德主义的任何和谐一致都不得不维持对这个论点的辩护：一个其核心部分是对律法的服从的生活能够充分展示那些德性，而没有这些德性，人们就不能实现他们的目的（telos）。对这样一种和谐的任何正当的拒绝，都不得不给出否定这个论点的理由。对这个论点的经典陈述和辩护当然是阿奎那；而对这种论辩的最有说服力的陈述是在一本最微不足道的现代经典著作：《〈尼各马科伦理学〉，托马斯和亚里士多德主义》[1] 中的哈里·V. 贾菲对托马斯的注释的注释中。

由于回避了托马斯对《圣经》经文的神学信奉和对亚里士多德的哲学信奉的结合这个问题，我弄模糊和扭曲了许多那应当是我的叙述的后半部分核心的地方：新教和詹森派教徒对亚里士多德主义的反应的复杂性及其变化的性质，以及后来康德企图为律法的道德确立一个世俗理性的基础，这个律法道德所预设的是上帝的存在；但这样做，不仅需要拒绝亚里士多德主义，而且要把亚里士多德主义看成是一个道德错误的最初来源。所以，如果我从这里得出的主要结论是对他们的主张进行合理辩护的话，我的叙述内容不少方面都需要再一次地增加和修正。

因此，对《德性之后》，在这个方面和在其他方面一样，应当把它读作是一部有待完善的著作，而且，由于如此众多的哲学家、社会学家、人类学家、历史学家和神学家以他们的友善而又深刻的方式通过他们的批评而有益于这项工作，因此，如果我能把这项工作向前推进的话，这些批评起了至关重要的作用。

---

[1] 见芝加哥版，1952 年出版。

参考书目

这个参考书目表所列的仅仅是那些在书中直接参考和引用的著作；而那些仅需要指出某个具体译本或版本的哲学经典著作和社会科学书，不在此列。

J. L. 阿克里尔（Ackrill）：《亚里士多德的幸福论》，1974年版。

A. W. H. 艾德金斯（Adkins）：《美德和责任》，1960年版。

S. 安德斯克（Andreski）：《作为巫术的社会科学》，1973年版。

G. E. M. 安斯库姆（Anscombe）：《当代道德哲学》，载《哲学》第33期，1958年版。

R. 阿隆（Aron）：《在社会学主流思想中的马克斯·韦伯》，R. 霍华德和H. 韦弗译，1967年版。

P. 伯杰（Berger）、B. 伯杰（Berger）和H. 凯尔纳：《无家可归的精神》，1973年版。

比特（Bittner, Egon）：《组织概念》，载《社会研究》第32期，1965年版。

《当代社会的政策的功能》，1970年版。

布鲁克（Brucker, Gence）：《文艺复兴时期早期的佛罗伦萨的市民社会》，1977年版。

汤姆·伯恩（Tom Burns）：《新时代的工业》，载《新社会》

第 31 期，1963 年 1 月版。

汤姆·伯恩和 G. N. 斯托克（Stalker）：《管理革新》，1968 年版。

索　引

阿伯拉尔，Abelard 212，215 - 216

阿克里尔，Ackrill，J. L. 200，221

阿奎那 Aquinas 12，67，121，180，208，216，224 - 228，235，253

阿隆，Aron，C 32

阿诺德，Arnold.，T 38，92

阿什，Ash，C 112

阿西西的弗朗西斯，Francis of Assisi 252

埃尔维舍斯，Helvetius，C. A 116

埃斯库勒斯 Aeschylus 180，199

艾耶尔，Ayer，A. J 97，135

爱德金斯，Adkins，W. H 168，171，175 - 176

爱尔温，Irwin，T 188

安德生，Anderson，J 206 - 207

安德斯克，Andreski，S 111

安斯库姆 Anscombe，G. E. M 67

奥布里，Aubrey 100

奥尔巴赫，Auerbach，E 288

奥古斯丁，Augustine 221

奥斯汀，Austen，J. L 230 - 237，304 - 309

奥威尔，Orwell，G 134，239

巴贝奇，Babbage，C 120

巴赫，Bach，J. S 48

巴克案例，Bakke Case 322

巴克尔 Buckle，H. T 116

巴特，Barth，K 215

巴特勒，Butler，J 41

巴特勒 Berkley，G 41

柏克，Burke，E 281 - 282

柏拉图 Plato 13，29，166，177 - 183，186，199 - 200，206，213，216，247

保罗 Paul 19，233

贝尔，Bell，D 343

贝尔，Baier，A 301

贝开特，Becket，T 210，217 - 218，227，257

本尼迪克特，Benedict 252，

索 引

333

比特，Bittner, E 94 – 96, 113
俾斯麦，Bismarck, O. von 12
边沁，Bentham, J 80 – 81, 89
波尔菲里 porphyry 186
波兰霓 Polanyi, K 304
波普 Popper, K 117 – 120
伯恩，Burns, T 134
伯杰，Berger, P. B 147
伯里，Bury, J. B 125
伯里克利，Pericles 172
伯林，Berlin, I 138, 301
布恩 Booth, C 85
布莱德雷，Bradley, F. H 19
布鲁克 Brucker, G 301
查德威克，Chadwick, E 82
存在主义，Existentialism 4, 26
达伦多夫，Dahrendorf, R 204
戴维，Davis, J. C 113
戴希斯，Daiches, D 304
但丁，Dante 222, 309
道德分歧，Moral disagreement 7 – 14
道格拉斯，Douglas, M 140
德雷斯，de Retz, Gilles 221
德沃克，Dworkin, R 88 – 89, 320 – 322
德助撒 Theresa 252
邓肯－琼斯，Duncan － Jones 20
狄德罗，Diderot., D 31, 51,

59 – 63, 65 – 66, 68 – 69, 77, 93, 110, 116, 150, 291 – 292
多尼根，Donegan, A 28
多依奇，Deutsch, K 112
多兹，Dodds, E. R 171
恩格斯，Engels, F 139, 252, 270
恩林 Thring, E 299
法拉本德 Feieraben, R and I 113
范弗伦尔森 Van Fraasen, B. C 285
费希特，Fichte, J. G 12
分析哲学，analytical 2 – 3, 25 – 26, 336 – 337
芬利，Finley, M. I 154
弗格森，Fergusen, A 47, 247 – 248, 322 – 323
弗吉尔，Virgil 211
弗赖依，Fry, R 19
弗兰克尔，Frankel, H 154
弗兰肯那，Franena, W 336, 338, 341, 343
弗里德曼，Friedman, M 8
弗洛依德，Freud, S 92
福斯特，Forster, E. M 197
富兰克林，Franklin, B 230 – 236, 251 – 252, 295, 309
盖里格，Grieg, J. Y. T 293
冈特的约翰，John of Gaunt
高尔顿，Galton, F 120

高更，Gauguin, P 255

戈德曼，Goldmann, L 139

戈夫曼，Goffmann, E 40, 44, 145-148, 257, 281

格林，Green, T. H 12

格特，Gert, B 26

格瓦拉，Guevara, C 8

格维茨，Gewirth, A 26, 84-86, 88

葛蒂，Gadd, D 19

个人身份 personal identity 41

功利主义 utilitarianism 16-19, 80-84, 90-91, 202, 251-252, 326, 329-331

古藤普兰，Guttenplan, S 286

管理者的态度，mangangerial attitudes 32-34, 38-40, 94-99, 107-110

哈迪，Hardy, B 267-268

哈定，Harding, D. W 305

哈奇逊，Hutcheson, F 293

豪尔瓦斯，Hauerwas, S 345-346

荷马，Homer 153-169, 174-175, 202, 213, 230-237

赫胥黎，Huxley, A 134

黑尔，Hare, R. M 24-26, 32, 143, 285

黑格尔，Hegal, G. W. F 3, 4, 106, 331, 365, 342, 351

亨德尔，Handel, G. F 48

亨利二世 Henry Ⅱ 210, 217-218, 227, 270

胡塞尔，Husserl, E 2

霍布鲍姆，Hobsbaun, P 273

霍布斯，Hobbes, T 77, 208, 248, 318

霍夫施塔特，Hofstadter, R 4

霍曼，Humans, G. C 111

基普林，Kaping, R 309

吉奇，Geach, P. T 227, 331

加德纳，Gardner, J 222, 388

加尔文 Calvin, J 67

加斯，Gass, W 30, 288

贾菲，Jaffa 352

坚贞，constancy 232, 257, 308

杰弗逊，Jefferson, T 77, 247, 304

经验主义，empiricism 100-102

卡恩，Kahn, H 8

卡尔纳普，Carnap, R 22, 97, 135

卡夫卡，Kafka, F 270

卡米哈米哈二世，Kamehameha Ⅱ 142-143

卡姆斯，Kames, Lord 47

坎特伯雷的威廉 William of canterbury 270

康道塞，Condorcet, marquis de 77, 110, 116

康德，Kant, I 12, 13, 29,

47，55-59，62-63，65-66，71，80，00，103，120，143，177，187-188，195-196，285，295，296，326，337，343，346-347，352

康切丝的威廉 William of Conches 210

考夫曼，Kaufman, H 134

科贝特，Cobbet, W 303-304, 309

科布，Cobb, R 301

科林伍德，Collingwood, R. G 3, 4, 123, 336

可预言性和不可预言性 predictability and unpredictability 117-134, 328

克尔凯郭尔，Kierkegaard, S 31, 50-57, 62-63, 65-66, 68

克拉克，Clark, S. R. L 200

克劳塞维茨，Clausewitz, K. Von 12

肯尼，Kenny, A 186

肯尼斯，Keynes, J. M 16, 19, 135

孔德，Comte, A 111, 116

库克，Cook, J 140, 299

奎因 Quine, W. V. O 2, 92, 104-106, 337

拉克尔，Laqueur, W 113

拉姆齐 Ramsey, F. P 20

拉斯金 Ruskin, J 72

赖尔 Ryle, G 16, 235, 305

赖克 Riker, W. H 123

赖特 Righter, A 181-182

劳埃德-琼斯，Lloyd-Jones, H 169, 335

劳伦斯，Lawrence, D. H 92, 251

劳伦斯，Lawrence, T. E 255

李，Lee, R. E 125

里夫 Rieff, P 32, 38-39

理查森 Richardson, L. F 125

历史，history 3, 4

利尔的阿兰，Alan of Lille 216

利克，Likert, R 34

利普塞特，Lipset, S. M 4

利维，Levy, M. E 112

列宁，Lenin, V. I 255

刘易斯，Lewis, C. S 235, 305

刘易斯，Lewis, D 338

卢梭，Rousseau, J. J 12, 301

路德，Luther, M 120, 208, 210

伦勃朗，Rembrandt 239

罗蒂，Rorty, R 337-338

罗尔斯，Rawls, J. 26, 150, 193, 296, 313-320

罗森鲍姆 RosenbaumM S. P 16

罗斯，Ross, W. D 143, 193

罗素，Russeu, B 54

洛尼迪金森，Lowes Dickenson, G 20

洛克，Locke, J 12, 41, 276,

318-319

马尔萨斯, Malthus, T. R 304

马基雅弗利, Machiavelli, N 77, 116-117, 132, 301, 318

马克罗比乌斯, Macrobius 210

马克思, Marx, E 252, 260

马克思, Marx, K 12, 100, 107, 138-139, 273, 304, 320-322, 331-332

马兰茨查克, Malantschuk, G 52

马利腾, Maritain, J 329

马奇, March, J. G 34

迈蒙尼德, Maimonides, M 67, 228

麦基, Mackey, L 52

麦卡蒂 Mccarthy, D 16

麦克雷, Macrae, D. G 32

曼海姆, Mannheim, K 139

梅洛-庞蒂, Merlean-Ponty, M 2

蒙博多, Monboddo, Lord 47

米尔斯坦, Milstein, J. S 125

米勒, Millar, J 47

米勒, Miller, J 145

米切尔, Mitchell, W. C 125

密尔, Mill, J 289

密尔, Mill, J. S. 13, 81-83, 89, 111, 116, 149-150, 174, 251-252, 296

明克, Mink, L. O 268

摩尔, Moore, G. E 16-19, 22, 29, 83, 92, 135, 141-142, 187

莫扎特, Mozart, W. A 47-48

默顿, Merton, R. K 4

纳米尔, Namier, L. B 4

尼采, Nietzsche, F 26, 27, 32, 44, 139, 143-144, 147-152, 163-165, 174, 206, 325-328, 344

牛顿, Newton, I 102, 104, 340

纽曼, Newman, O 113

诺尔斯, Knowles, D 270

诺奇克, Nozick, R 193, 313-320

帕菲特 Parfit, D 274

帕森斯 Parsons, K. P 145

帕斯卡尔 Pascal, B 51, 65, 125

帕斯莫尔 Passmore, J. A 206

培根, Bacon, F 100

品达罗斯 Pindar 172-174

普遍概括, generalizations 103-104, 112-115, 201

普拉特 Platt, J 112

普赖尔 Prior, A. N 72

普赖斯, de Solla Price, D 120

普赖斯 Price, R 300

普里查德 Prichard, H. A 22, 143

乔塞，Chaucer, G 222

乔托，Giotto 224，239

情感主义，emotivism 13 - 16, 19 - 44

丘奇，Church, A 119，128

权利 right 84 - 89

人工流产，abortion 7 - 8

忍耐 patience 224，256

萨特 sartre, J. P 26，32，40，44，260，272，281，285，288

塞拉斯 Sellars, W 337

森格尔斯 Senghours, D 112

莎士比亚 Shakespeare, W 181

审美态度 aesthetic attitude 30 - 31，51 - 52，93，336 - 337

实践理性 practical reasoning 29 - 30，57 - 58，203 - 205，282 - 286

实用主义 pragmatism 83 - 84

史蒂文森 Stevenson, C. L 14，20，23 - 24，44，92，141 - 143

史密斯，Smyth, D. J. C 112

事实与价值的区分，fact - value distinction 72 - 75，104 - 106

斯蒂芬，Stephen, L 19

斯多亚主义，Stoicism 111，212 - 215，297 - 301

斯金纳 Skinne. B. F 263

斯密，Smith, A 12，27，47，65，68，77，297 - 298，300，304

斯潘塞，Spencer, H 145

斯坦纳，Steiner, F 141

斯特朗，Strong, T 145

斯特劳森，Strawson, P. F 2

斯特雷奇，Strachey, L 16，19 - 20，92

斯特纳，Sterne, L 102

斯托克，Stalker, G. H 134

苏格兰启蒙运动 scottich enlightenment 47，345

所罗门 Solomen, R 145

索尔仁尼琴 Solzhenitsyn, A 44

索尔兹伯里的约翰 John of Salisbwry 210，215

索福克勒斯 Sophocles 166 - 167，169 - 171，180 - 183，199 - 206

塔尔蒙 Talmon, J. L 301

泰勒 Talor, E. B 140

泰勒 taylor, H 252

特里林，Trilling, L 299

特伦托会议，Trent, Council of 215

特性角色，Characters 34 - 39，93

图灵，Turing, A 120

托洛茨基，Trotsky, L 252，332

脱尔诺，Turner, G. M. W 242

瓦克布罗特，Wachbroit, R 335，343 - 346，351

威恩，Verne, J 118 - 119

韦伯，Weber，M 32－34，38，94，109，138，144－145，181－182，332

韦德，Wadel，P 345－346

韦尔，Weil，S 161－162

维柯，Vico，G 47，266，336，351

维特根斯坦，Wittgenstein？

沃巴诺加印第安部落，Wanmpanoag Indians 193

伍尔夫，Woolf，L 19

伍尔夫，Woolf，V 16，19

西季威克，Sidgwick，H 19，82－83，251

西蒙，Simon，H. A 34

西塞罗，Cicero 48，210，293

现象学，phenomenology 2，3

谢弗利，Scheffler，S 345－347

谢林，Schelling，T 129

幸福，happiness 80－82，187，202，251

休谟，Hume，D 13，29，41，47，60－71，77，150，203－206，276，291－296，299，308，343

雅各宾，Jacobin 303，309

亚里士多德，Aristotle 12，18，29，66－68，102－103，133－152，171，180，185－207，208－213，221－237，248－257，270，289－291，295－296，300，305，311，320，326－328，340，351，352

伊德尔，Edel，A 344－345

伊索克拉底，Isocrates 172

依本罗希德，Ibn Roschd 3

意义与使用，meaning and use 15，16，87

勇敢，courage 154－158，178，196，224，244－245，252，283

友谊，friendship 154－157，169－171，196－197，200，244－245

约翰逊，Johnson，S 214－215

运气，Fortuna 117，132

詹姆斯，James，H 30－31，34，158，309

真诚，truthfulness 244－245，283

正义，justice 8，169，178，193，224，244－245，252，256，283

治疗学的态度，therapeutic attitude 38－39

自我，self，the 40－44，77，159－161，274－282